— 여자로 나이든다는 것

여자로 나이든다는 것

동화, 전설, 신화에서 배우는 나이듦의 지혜

앤 G. 토머스 지음 · 박은영 옮김

열대림

여자로 나이든다는 것

— 동화, 전설, 신화에서 배우는 나이듦의 지혜

초판 1쇄 발행 2013년 7월 10일
개정판 1쇄 발행 2021년 10월 25일

지은이 앤 G. 토머스
옮긴이 박은영
디자인 예온
펴낸이 정차임
펴낸곳 도서출판 열대림
출판등록 2003년 6월 4일 제313-2003-202호
주소 서울시 서대문구 연희로11자길 14-14, 401호
전화 02-332-1212
팩스 02-332-2111
이메일 yoldaerim@naver.com

ISBN 978-89-90989-72-7 03180

인간을 가장 쉬이 늙게 하는 것은
나이가 많다는 이유로
그 어떠한 것이든 체념하는 마음이다.

— T. F. 그린

거울 속 나이든 여자와의 조우

심리치료사로 오랫동안 일해온 나는 '나이듦'이라는 문제에 맞닥뜨린 여성들을 아주 많이 만났다. 그러면서 신화와 민담 등의 설화가 적잖이 도움이 된다는 사실을 알게 되었다. 이런 옛 '이야기들'이 여자의 감성을 건드리며, 나이듦의 의미를 더 깊이 이해하고 기억할 수 있게 지혜를 전해준다는 깨달음이었다. 실제로도 "이런 일 저런 일들이 일어났을 때, 선생님이 해주신 이야기가 생각이 났어요"라는 전화와 편지를 수도 없이 받았다.

이 책은 몇몇 강력한 설화를 재구성한 것들과, 나이듦에 대한 심리학자들의 인식력 있는 정보를 결합시킨 것이다. 심리학자들은 대개 인간의 건강하고 의미 있는 삶에 필요한 모든 성장과 변화가 인생의 첫 다섯 해에서 스무 해 사이에 일어난다고 생각한다. 그러나 설화의 이야기꾼들이 수천 년을 이어 내려오면서 알려준 것들은 좀 다르다. 건강하고 희망적인 노년을 위해 필요한 것은 정서적 성장의 끈을 놓지 않는 것이라는 사실이다. 삶 '전체'가 성공적이기를 바란다면 단지 신체와 두뇌의 기능을 유지하는 것만으로는 부족하며, 정신적이고 영적인 요구에 응답해야 한다. 그렇지 않으면 우리의 영혼은 쇠퇴하고 끝내 죽음을 맞이하게 될 것이다.

구전시대 이래로 심리학자, 종교 지도자, 설화의 이야기꾼들은 모두 문화와 사회, 시대가 변해도 우주의 섭리와 인간의 내적 본성은 변하지 않고 유지된다는 사실을 이해하는 사람들이었다. 이들에 따르면 나이 듦의 지혜와 평정심, 큰 목표에 도달하고자 하는 사람은 남성 또는 여성 영웅이 지나갔던 내면의 여정을 통과해야 한다.

이 책은 고대의 이야기를 통해 바로 이 여정에서 해내야 할 과업 또는 지날 경로를 일러준다. 각 이야기들이 담고 있는 은유를 깊이 있게 들여다보면, 현대 심리학자들의 이론에서 볼 수 있는 새롭고 유효적절한 통찰이 옛이야기에도 똑같이 들어 있음을 알게 될 것이다.

그러면 이 책을 어떻게 쓰게 되었는지부터 시작해 보겠다.

포근한 산들바람에 재스민 향이 부드럽게 침실 창으로 느껴지던 어느 아침이었다. 그날은 업무 일정도 없었다. 그야말로 완벽한 하루의 시작이었다.

나는 어릴 적 방학이 시작되는 날에 느꼈던 것 같은 기분이 되었다. 마치 마법처럼 기대에 찬, 가볍고 자유로운 기분. 그 하루는 곧 펼쳐질 자유 시간에 동반되는 온갖 것들을 약속하는 듯했다.

화장실에 가서 세수를 하느라 얼굴에 물을 끼얹었다가 문득 거울을 쳐다보았다. 새삼스럽게 그 속에 비친 내 얼굴을 물끄러미 바라보다가 어느 늙은 여자와 눈이 마주쳤다.

우리는 아무 말 없이 서로를 바라보았다.

잠시 후, 내가 내게 말했다. "너, 늙었구나."

거울 속 여자는 내가 자신의 잔주름과 깊은 주름을, 마치 그런 걸 처음 보는 것처럼 자세히 관찰하는 동안 참을성 있게 기다리며 나를 응시했다.

"너 정말 늙었구나, 그렇지?" 내가 말했다. "넌 늙은 여자야. 눈부신 여름날에, 난 꼭 내가 스무 살인 것만 같은 기분이었는데, 네가 나타났어."

여자는 눈썹을 치켜 올리고는 약간 이죽거리듯이 말했다. "지금 혼자 중얼거리고 있는 거지? 이거 네 할머니가 자주 하시던 그 행동 맞지?"

나는 믿을 수 없어하는 심정으로 고개를 끄덕였다. 나는 마법 같은 하루를 시작했지만, 어느새 마법의 종류가 달라져 있었다.

새 마법은 주문을 외워 어딘가에 있던 늙은 여자를 소환했고, 그 여자는 남들 눈에 잘 띄지도 않는 곳에 자리한 내 집 화장실에 모습을 드러냈다. 그냥 넘길 수 없었다. 생각할 시간이 필요했다.

"거울 속의 이 맞닥뜨림은 나이들어 가는 일에 관한 것이 아니야. 늙어 있음에 대한 거지." 나는 스스로에게 말했다.

"그렇지만 넌 아직 늙지 않았잖아. 어쩌면 잠을 잘 못 자서 얼굴이 그런 건지도 몰라. 또 그렇다 해도 늙는 게 그렇게 끔찍한 일은 아니지 않아?"

그러나 나중 질문에 대한 대답은 아주 쉬웠다. 늙는 건 끔찍한 게 맞고, 늙음이 끔찍한 이유를 대기란 일도 아니었다. 주름살, 배의 임신선, 검버섯, 셀룰라이트 등등. 기력이 달리는 건 또 어떻고. 전화번호부를 읽기가 점점 힘들어지고, 바늘에 실 꿰기도 쉽지 않다. 몸 놀리는 것도 굼떠진다. 즉 나이가 든다는 것은 일단 신체 기능이 저하된다는 것이다. 이뿐이면 다행이지만, 나이라고 하는 숫자가 버티고 있다. 이 숫자가 가리키는 것은 결국 '쓸모없어짐'이라는 한 가지로 귀결된다.

나이든 여자의 외모를 흔히 '주름투성이 할멈'이라고 표현한다. 한때는 이 말이 지혜와 영성을 지닌 여성에 대한 경의의 표현인 시절도 있었지만 지금은 부정적이고 성난 태도로 세상에 자신을 드러내는 늙은 여자에게 붙이는 꼬리표가 되었다. 나아가 이 꼬리표는 나이를 앞세워 말썽을 일으키거나 무례하게 굴지 말라고 여자들에게 주는 경고의 표시로 주로 쓰인다.

그러니 나이듦을 받아들이기가 쉽지 않은 것은 당연한 일이다. 문화가 나이듦을 가치 절하시키고, 가족과 친구들도 그 편견을 되비춘다. 노화에 따른 자연적인 쇠퇴와 변화는 누가 뭐래도 소름 끼치는 일이다. 나 역시 나를 찬찬히 관찰하면서 두려움과 분노를 동시에 느꼈다.

그러나 노인이 되어서도 평화롭고 내적으로 풍요로운 나날을 보내는 사람들이 분명히 있다. 이 사람들은 뚜렷이 규명할 수 없지만 무언가를 알고 있는 것처럼 보인다. 이들과 이야기를 해보면 평온한 태도 속에서도 열정적이고 충만한 희망이 자리잡고 있음을 느낄 수 있다.

이런 변화는 어떻게 생기는 것일까? 거울 속 나이든 여자와의 조우로 나는 예기치 않게 삶의 노정의 끝자락에 서 있음을 불현듯 느끼게 되었다. 준비 없이 닥치는 죽음의 고비에 동반되는 그런 공포를 말이다. 공포는 시간이 부리는 술수에 대한 깨달음과 함께 왔다. 거울 속의 나는 젊은이들이 말하는 '노부인'에 딱 맞는 여자였다. 시간은 점점 더 빨리 가는 것 같았다. 하루의 바로 아래에서 급회전이 느껴졌다. 통제를 잃은 휘돌기, 죽음을 향해 미친 듯이 돌진하는 소용돌이였다. 내 시간은 이제 끝난 것인가?

그 조우의 순간까지, 젊은 시절과 중년의 삶 동안 시간은 늘 풍부했다. 그 시간 동안 내가 알던 모든 이들은 현재 또는 미래를 바라보고 살았다. 우리 모두 자신이 그리는 성년의 모습을 염두에 두고 아이들을 키웠다. 소유하고 싶은 '것'들을 축적하기 위해 일했고, 필요하다고 느끼는 기반을 닦기 위해 심사숙고했으며, 가난이나 무지나 질병 같은,

우리가 만들어낸 문화적 '허섭스레기'를 일소하는 일에 힘을 쏟았다. 우리의 삶은 이렇듯 목표 지향적 행위에 온통 바쳐졌으며, 거기에 숱한 시간을 들인 뒤 어느 날 아침, 선물과는 거리가 멀어 보이는 늙은 여자를 소환하는 거울과 마주하게 된다. 그것은 공포라는 선물이다.

나는 충만한 희망을 지닌 저들 노인들을 찾아다니고, 여러 문화권에서 나이듦에 대한 이야기들을 수집하기 시작했다. 그러면서 사람들, 이야기들에서 공히 찾아낸 것은 노화에 '목적'이 있음을 이해하는 일이었다. 다름 아닌 서구 심리학이 재발견하고 있는 그 목적이다.

이 책은 의미 있고 충만한 노년을 위한 여섯 가지의 과업 또는 여정을 탐험하고 있다. 그 첫 번째는, 좀 이상하게 들릴 수도 있겠지만, 노년으로부터 아직은 먼 사십대 무렵의 여성들을 위한 것이다. 즉 우리는 죽음이라는 현실을 지적으로, 정서적으로 받아들여야 한다는 것이다. 이 조기 계발에 해당하는 과업을 회피하려는 여성은 바로 그 시점부터 내내 삶의 의미와 기쁨을 찾을 수 없게 되며, 결국 두려움의 포로가 되고 만다.

삶의 유한함을 받아들이는 것은, 우주적 섭리 안에서 자신의 위치에 대한 질문을 시작하게 한다. 실제로 우주적 섭리라는 것이 있다면 말이다. '받아들임'은 이전에 존재하던 것과는 다른 질문과 응답을 구한다는 의미이며, 그 과정에서 미지로 떠나는 혼자만의 여행에 꼭 필요한 도구들을 찾을 수 있다.

두 번째 과업은 자신이 살아온 지난날을 탐색하는 것이다. 우리 대부분은 기쁨이나 성공뿐 아니라 채워지지 않은 꿈들, 이르지 못한 목표들, 알게 모르게 저질러버린 실수들을 안고 살아간다. 누구에게나 이런 낙담거리들이 꼭 숨어 있다. 결국 더 나은 방법을 몰랐거나, 우리 잘못이 아니었거나, 무슨 이유로든 댐의 수위를 넘은 물이 기어이 넘쳐흐른 것들이다. 그러므로 우리 삶을 온전히 이해하려면 이런 낙담과 실수들이 삶이라는 전체 직조물에 어떤 식으로 기여했는지 파악하여 수긍할 필요가 있다.

우리가 알아내는 것은 모든 것을 '더 낫게' 만들 날들이 충분히 남아 있지 않다는 사실이다. 소외는 정작 가족 내부에서 일어났으며, 사람들은 미처 하지 못한 말들을 품고 세상을 떠났다. 기회는 지나가 버렸다. 언젠가는 모든 것이 달라질 거라고 스스로를 속일 날이 더는 남아 있지 않다.

과거의 이런 문제들로부터 숨기를 계속하는 것은 실패감을 삶의 직조물을 관통해 내처 달리도록 허용하는 일이나 다름없다. 많은 이들이 의미나 받아들임과 씨름하기보다는 술, 우울증, 각종 질병 속으로 달아나버린다. 그러나 낙담과 실패를 던져넣어 두었던 해묵은 옷장을 열어젖히는 것은, 지난 시절의 고통과 실망이 대개는 의미를 지니고 있었음을 알게 되는 기회, 현실과 화해할 기회를 얻는 것이다. 의미를 찾아내고 현실을 받아들이면 용서와 치유의 길이 보인다. 바로, 우리 모두가 함께 겪는 노화의 여러 측면들을 지혜의 통찰로 이끌어주는 길이다.

'삶에서 일어난 일들을 다른 사람들과 더불어 이해하는 과정'인 나이듦은 자신의 내면적 본질에 대해 더 많이 발견할 수 있는 기회를 얻는 것이다. 이 내적 자아의 일부는 스스로 용납할 수 없다거나 추하다고 판단하여 오랫동안 억눌러 온 우리 자신의 모습이다. 융 학파에서는 개개인의 정신 중 이런 특질들이 저장된 곳을 '그림자'라고 부른다.

대부분의 사람들은 자신의 퍼스낼리티(personality, 평생 동안 지속되는 한 개인의 특징적인 행동 양상. 인격이나 성격으로 번역되기도 한다 – 옮긴이)에서 이 부분들이 성공적으로 '극복'되었다고 믿지만 대개는 스스로를 속이는 것에 지나지 않는다. 스스로 키워온 어린 시절의 기질, 일정 유형의 사람들이 지니는 과민함, 분노하면 아무 말이나 뱉어내는 성향 등은 여전히 건재하며, '그림자' 속에 묻혀 있다가 스트레스나 나이듦 또는 그 외 방어기재를 약화시키는 일이 생기면 언제라도 튀어나온다. 언제든 부주의한 태도로 행동하여 사랑하는 사람에게 상처를 주거나 스스로 낭패를 겪을 수 있다는 이야기다.

게다가 우리가 지닌 눈에 보이지 않는 최악의 기질 중 적어도 몇몇은 주변 사람들에게는 꽤 잘 보인다는 것도 명심해야 할 점이다. 이를테면 그저 일이 되어가는 데 도움을 주려고 그랬다거나 그럴 수밖에 없었다고 스스로에게 변명을 늘어놓을 때도, 타인은 아주 침착하게 또는 화가 난 채로 우리를 똑바로 바라본다는 것이다. 나이듦은 억눌린 내면을 의식의 밝은 빛 속으로 끌어내 거기에 무엇이 있는지 볼 수 있게 해주며, 특정한 기질이 삶의 어디에 속해 있는지를 가늠해 볼 수 있게 한다. 그런 뒤 정확한 지점을 파악하여 눌러보면 그것이 거기에 여전히 들어 있음을 알 수 있고, 밖으로 튀어나올 때도 어느 정도 제어가 되는지 연습해 볼 수 있다.

'그림자'처럼 인간의 정신에는 또 다른 영역들이 존재하는데 융 학파가 '집단 무의식'이라고 부르는 영역은 더 깊숙한 곳에 있다. 이 가장 깊은 영역에 인간 본능의 심리적 표상들인 '원형'이 자리하고 있다. 원형은 한 가지가 아니라 다양한 모습으로 개개인의 내면에 거주하면서 삶에 영향을 미친다.

다크 페미닌(dark feminine)은 모든 여성들, 특히 나이든 여성들의 삶에 영향을 미치는 원형들 중 하나다. 많은 여성 노인이 사악한 마녀나 마귀 같은 노파의 모습으로 희화화되며, 옛이야기에서는 다크 페미닌 에너지와 맞닥뜨려 그것을 이용할 줄 알게 된 지혜로운 여성들이 등장하기도 한다.

현실에서의 다크 페미닌은 주로, 나이가 들어 상황에 빠르게 대처하는 능력이나 힘든 일을 극복하는 능력이 감퇴할 때 나타나는 '내면의 마녀'를 가리킨다. 이때 마녀를 어떤 식으로 다룰 것인지, 다시 말해 우리 정신의 마녀 원형과 어떤 식으로 관계를 맺을지 판단하는 것이 우리 삶의 중요한 과업이 된다.

이 외에 나이들어 가는 여자로서 우리에게 적합한 또 다른 과업은 좋은 어머니의 원형을 발견하는 일이다. 여자라면 대개 아이를 키우고 어머니가 되는 법을 터득하게 마련이지만 개중에는 자기 자신의 어머니가 되는 일을 특히 잘하는 이들이 있다. 흔히들 나이가 들면 좋은 엄마의 자질이 고갈된다고 여기는데, 이것은 스스로의 정신 깊은 곳에 커다란 힘과 행복의 위대한 원천이 존재한다는 사실을 깨닫지 못하는 데서 비롯되는 오해이다. 따라서 우리를 기다리는 과업 중 하나는 이 원형을 자신의 내면에 자리잡게 하고, 스스로가 자신의 어머니 역할을 해줄 수 있는 방법을 배우는 일이다.

한편, 여성 정신의 깊은 곳에 자리한 집단 무의식 안에는 남성적인 원형도 깃들어 있다. 이 인간 본연의 에너지가 심리적으로 구현된 것을 중국인들은 '양기(陽氣)'라고 하고, 융 학파에서는 '아니무스'라고 부른다. 이 남성적 원형은 성별이나 남자다운 언행과는 아무런 연관이 없다. 젊은 시절에는 아이를 키우고 집안일을 하느라 대개의 여성들이 이 내재적 잠재성을 인식하지 못하고 지내지만, 족벌적 기업 체제에서 살아남기 위해 악전고투하는 여성들 중에는 견고한 남성적 가면을 개발하는 경우가 꽤 많다. 물론 두 경우 모두 어느 한 쪽으로 정확히 분류해 넣기는 힘들며, 실제로 도움 되는 아니무스 에너지의 통합을 경험하는 경우는 드물다. 그러나 이 에너지는 분명히 존재한다. 외부의 구속력을 제거해 내고 스스로의 내면세계로 탐사 여행을 떠날 기회를 부여해 줄 때까지 휴면하고 있을 따름이다. 이 내면세계로의 탐사 여행이라는 과업은 '자신과 하나 되기'의 관념으로 우리를 이끌어준다.

아니무스 에너지를 찾거나 통합되지 못한 여성들은 나이가 들어 가면서 과도하게 공격적이고 까칠한 성정을 드러내는 경우가 많다. 자신감 대신에 공격성을 움켜쥐는 것이다. 받아들임 대신에 반감을 찾아내는 것이다. 지혜로운 현자가 되는 대신에 '바가지 긁는 여편네'가 되는 것이다. 혹은 그 반대의 극단인 '유치한 의존의 늪'에 빠지거나.

마지막으로, 각각의 과업은 모두 서로 연결되어 있다는 사실을 이해해야 한다. 계속해 성장한다는 것은 진행형 과정이지 단기간의 자기 계발 코스가 아니다. 과정으로서의 삶을 받아들이는 것은 우리가 인간이라는 존재로서 지니는 의미의 정수를 마주보게 해준다. 과정으로서의 삶이라는 자각은 노년의 삶에서도 내내 계속되며, 서구의 장미나 동양의 연꽃처럼 우리를 활짝 피어나게 해준다. 심리적, 정신적 과업의 최종 지향점은 '온전함(wholeness)'이다. 일단 이 여정에 나선 여성은 창조성, 활력의 재생, 떠나보냄과 연결됨이 동시에 이루어지는 느낌이 용솟음치는 것을 깨닫게 될 것이다.

자, 그럼 이제 떠나보자. 옛날 옛적의 세계로.

차례

1

눈처녀와 연리지

죽음의 진실

어느 옛날, 나이든 여인이 벽난로 옆 걸상에 앉아 있었다. 그날 밤은 추웠다. 남자가 난로에 장작을 더 던져넣었지만 추위를 더는 데 별 도움이 되지는 않았다. 여인은 검정 숄을 잡아당겨 어깨를 더 단단히 여몄다.

주위에는 어린아이들과 그 아이들의 부모들이 모여 있었다. 모두가 핏줄로 연결되었고 그녀와도 혈연인 이들이었다. 그러나 이제 그녀는 복잡한 가계도가 명확히 기억나지 않았다. 불이 탁탁 소리를 내며 타는 소리, 그녀의 발치에서 잠든 사냥개의 숨소리를 제외하면 집안은 조용했다.

그녀는 모여 앉아 자기를 바라보는, 사랑하는 가족들을 지켜보았다. 그 시간, 가족들 사이의 틈새 공간에서는 서로의 친밀함에서 뿜어져 나오는 에너지가 빙빙 소용돌이를 만들고 있었다.

나이든 여인은 고뇌, 고통, 기쁨, 기대감 등을 정서의 뒤얽힌 타래로 부터 떼어내면서 그 에너지를 주의 깊게 살폈다. 그리고 각각의 가닥을 따라서 인간의 근원으로 되돌아갔다.

나이든 여인은 한 번도 읽기와 쓰기를 배운 적이 없지만 사람들을 읽어낼 줄 알았고 그 에너지를 읽을 수 있었다. 그녀는 새로운 정보를 찾아보았다. 누가 생활고를 겪고 있을까? 고통스러워하는 사람은 누구지? 인생의 변화를 겪는 이는 또 누군가? 누가 비탄에 잠겨 있나?

삶의 모퉁이를 돌면 거기에는 늘 난관이 기다리고 있다. 사람들은 정신이 말로 표현하기 어려운 난관에 부딪히면 그것을 몸으로 뿜어낸다. 굳이 표현하자면 이런 것들이다. 여기를 어떻게 벗어나지? 왜 내가 여기 있는 거야? 전에 여기 있어본 사람 없어? 이 낯설고 새로운 땅이 두려워. 길을 찾아야 해. 안내해 줄 사람도.

이 나이든 여인은 사람들의 얼굴과 영혼에서 읽어낸 것들로 어떤 이야기를 할지 판단한다. 매일 밤 그녀가 들려주는 이야기는 그녀의 마음에 담긴 수백 가지 중 고작 몇 개 정도다. 아이들과 몇몇 무지렁이 어른들이야 재미로만 받아들였을지 모르지만 그 이야기들은 그저 재미있기만 한 것들이 결코 아니었다.

그녀의 이야기들은 듣는 이의 내면세계로 흘러들어 갔다. 만약 이야기가 자신의 것으로 여겨지고 의미 있게 받아들여지면, 그 사람의 삶에서 새로운 실체가 생겨났다. 즉 새로운 존재가 태어나는 것이다. 내면에서 무언가가 점화되고 자라나며 사람들과의 연대감을 깨닫게 됨으로써, 누구도 혼자서 여행하지는 않는다는 삶의 진실을 이해하게 된다. 이야기가 자신의 속으로 들어오면 내면에 있던 무언가가 '의미 있음'에 대해 감지하기 시작하는 것이다.

반면에 이야기가 듣는 이에게 아무런 의미를 주지 않을 때 그 이야기는 사산아나 마찬가지다. 나이든 여인은 이런 경우도 많이 보아왔으며, 그것 또한 진실임을 알았다.

그날 밤 대륙의 건너편 캠프파이어 가에서는 또 다른 나이든 여인이 앉아 자신의 청자들에게 이야기를 들려주고 있었다. 이들은 캐러밴 무리처럼 한 곳에서 다른 곳으로 옮겨 다니고 있었는데 서로 혈연이거나 또는 역사로 얽혀 있었다. 이들 역시 치유의 이야기를 필요로 했고, 자주 어둠 속에 모여 앉아 자신들의 영혼을 탐색하기 위해 이 나이든 여인을 기다렸다. 그녀가 축적해 둔 수백 가지의 이야기 중 그녀가 함께 여행하고 사랑한 사람들에게 의미를 가져다줄 그날 밤의 이야기 하나를.

그러나 그것은 수백 년 전이었다. 지금 우리의 벽난로, 나이든 여인은 어디에 있을까?

오늘날, 사람들은 좀처럼 벽난로에 불을 지피지 않으며, 그 주변에 모여 둘러앉는 일도 거의 없다. 또 캠프파이어는 여름 방학 동안만 잠깐 타오른다. 나이든 여인은 어떤가? 갱년기를 지나고도 오래 생존하는 여성들은 많아졌는데 현명한 노파들은 다 어디로 사라진 것일까? 점점 더 많은 여성들이 '노년이란 안내가 필요한 낯설고 새로운 영역'이라고 이해하고 있지만, 정작 우리 문화는 나이듦의 가치를 대단치 않게 여긴다.

나이든 여인들 중 많은 수는 자신이 속한 문화로부터 배운 것을 곧이곧대로 받아들임으로써 현명할 수 있는 기회를 스스로 놓쳐버린다. 자기 자신의 노년에서 어떤 가치도 발견하지 못하는 것이다. 이들은 기술에 관한 배움이 얕다는 이유로 자신들의 세대가 특별히 내놓을 것이 없다는 사실을 수긍하고는 실버타운이나 요양소로 사라져 우리 눈앞에서 모습을 감춘다. 자신들이 평생 모아온 지혜까지 거둬가 버리는 것이다.

그것은 우리들 모두 — 이미 노년이거나 중년의 와중에 있는 — 가 스스로의 삶에서 의미 찾기, 소속되기, 악과 맞서기, 사랑을 북돋기, 온 전히 내놓기 등등이 영원한 주제임을 망각하는 것이나 마찬가지다. 또 누군가의 삶에 관심을 기울이는 방법을 잊어버리고, 인생이 만들어내 는 통찰과 지혜가 때로 기계적인 일상에서는 유효하지 않을 수 있음도 잊어버린다. 이것들이야말로 오래 살 기회들이며, 긴 삶을 생각하는 이 들에게 필요한 통찰들인데 말이다.

안내자 역할을 해줄 현명한 노파와 만나지 못한 우리에게 남은 것은 이야기다. 지난날 지혜는 이야기의 형태로 회자되곤 했다. 우화, 민담, 신화들이 오늘날의 인기 텔레비전 쇼만큼이나 친숙했다. 수많은 이야 기들이 잊혀졌지만 영 사라진 것은 아니어서 이런 이야기들을 반복해 읽고 들려주다 보면 그 속에 엄청난 자원의 상징들이 가득 차 있다는 것을 알 수 있다. 그 자원은 의미 있는 노년을 위한 통찰들로 넘쳐난다. 뿐만 아니라 이야기 속에는 잘못된 길로 접어들게 된 실수의 사례들도 들어 있다. 삶의 보편적 관심사는 시간이 지난다고 해서 변하는 것이 아니기 때문에 이런 통찰들은 이야기꾼들의 시대에도 그랬듯 오늘날 에도 황금빛을 발한다.

이런 이야기들의 청자는 노년을 준비하는 일에 관심을 보이기 시작 하는 중년의 여성인 경우가 많았고, 그것은 지금도 마찬가지다. 우리가 필요로 하는 길 안내에는 성공적인 나이듦을 위한 작은 길을 찾는 일이 포함된다. 의미 있는 노년을 바란다면 길 안내자가 필요하다는 말이다. 우리는 그 방향을 잡아줄 이야기를 원한다. 로드맵을 줄 이야기, 위험 과 막다른 길을 구별해 줄 이야기를 원한다. 그리고 때로는, 사실은 자 주, 이 여정에 격려가 되어줄 이야기들을 듣고 싶어 한다.

이 책에 실린 이야기는, 멘토 역할을 하는 나이든 여성이 주인공인 경우가 많다. 개중에는 직설적인 것도 있고, 상징을 통해 위험을 우회적으로 경고하는 것도 있지만, 어느 것이나 제각기 독특한 정서적, 정신적 작용에 대해 역설한다. 대개 삶은 모순으로 가득하며, 삶에 내재된 모순을 이해하려는 분투 없이는 의미나 방향을 찾기가 불가능하다는 사실을 우리에게 일깨우는 이야기들이다.

이 패러독스는 나이가 들어갈수록 더 분명해진다. 삶이란 검정이냐 흰색이냐 하는 식으로 단순하게 이해할 수 있는 것이 아님을 알게 되고, 대부분의 사건에 대해 온전히 옳다거나 아예 나쁘게 보는 식의 느낌은 희미해진다. 삶에 관한 한 논리적인 귀결이나 순서조차 단순하지가 않아진다.

그러므로 나이듦에 대한 탐구는 모순에서부터 시작한다. 논리적으로 하자면, 기회의 상실 또는 육체적인 상실에서 시작하여 죽음으로 마무리하는 식으로, 젊은 시절에서부터 노년까지의 단계를 개괄한 뒤 한번에 하나씩 따라가는 것이 맞는 순서일 것이다. 그 '사이'의 단계에 대해서는 순서에 관한 논의가 있을 수도 있겠지만 끝이 죽음이라는 부분에 대해서는 이견이 없을 것이다. 이것이 우리가 만나는 첫 모순의 지점이다. 가장 분명한 끝에서 시작하여 거슬러 올라가는 작업을 하지 않는 한 찾고자 하는 의미를 알아낼 방법이 없다는 것. 즉 삶의 마지막을 의미 있게 사는 법에 대한 지혜는, 삶이 끝날 것이라는 진실을 탐구함으로써 찾을 수 있다.

죽음이라는 문제는 대개 사십대의 어느 날 홀연히 떠오른다. 흔히 '중년의 위기'라고 하여 우리 모두가 겪는 일이다. 중년의 위기는 삶의 덧없음을 둘러싼 '죽음 공황(d=panic)'과 '현실 부정'이라고 하는 핵을 지니고 있다. 이때쯤 외부의 것들로부터 눈을 돌려 자신의 내부에 존재하는 것들을 바라보아야 하는 상황이 닥치는 것이다. 이 지점에서 앞으로 나아가지 못하고 머무르는 사람은 삶의 남은 시간 동안 더 빨리 움직이면서 이 현실 부정을 메우려 애쓴다. 한 꺼풀 아래에서는 여전히 공황상태인 채로.

이것이 죽음의 문제를 반드시 해결해야 하는 이유이다. 회피하려 들면 우리는, 공황의 느낌을 억제하기 위해 현실 부정을 메우는 데 기력을 소진해야 하는 상황에 맞닥뜨릴 수밖에 없다. 이렇게 방어적인 태도를 지속하는 한 다른 방향으로는 나아갈 수가 없다. 성장을 향해 자신을 열지 않은 채 그저 자신이 아닌 누군가를 연기하는 늙은이가 되어가는 것이다. 스스로를 희화화한 캐리커처가 되는 것이다.

죽음은 은유이기도 하다. 젊은 시절에는 삶의 초점을 외부에 맞출 수밖에 없다. 세상 돌아가는 원리를 이해할 필요가 있기 때문이다. 이 시기에 현실에서 자신의 자리를 찾는 것은 중요한 일이다. 그러나 중년에 이르면 이 과업은 완수된 상태여야 하며, 이후부터는 '내려놓고' 초점을 내면에 맞춰야 한다.

많은 이야기들이 죽음을 다룬다. 죽음을 다루는 이야기들의 공통된 중심 주제는 대체로 두 가지다. 첫 번째는 죽음이란 '옮겨감(형질 전환)'이라는 것이다. 두 번째는 오직 삶의 의미를 찾는 일만이 '두려움'을 대체할 수 있다는 것이다. 앞으로의 이야기를 들어보면 이 말들을 더 잘 이해할 수 있을 것이다.

이야기의 힘은 은유에 있다. 고대와 현대의 이야기꾼들은 상징을 통해 메시지를 전달했다. 상징은 우회적이며, 복잡하고, 다층적이다. 논리와 합리성은 직접적이며 사물의 작동 원리를 이해할 필요가 있을 때 매우 유용하지만 나이듦과 죽음의 의미에 관한 한 이 합리적 접근법은 별 도움이 되지 않는다. 우리 모두 '어떻게' 노년과 죽음에 다다르는지에 대해 전혀 모르는 채로, 그저 살아가고 있을 뿐이다.

어린 시절에 나의 할머니가 지인에 대해 이렇게 말씀하신 기억이 있다. "그 여자는 다 내려놓고 그냥 죽는 게 좋아." 그게 남부의 관용적인 표현이었는지, 할머니만의 말 습관이었는지는 모르겠다. 어느 쪽이든 어린 내게는 충격이었다. 할머니는 내 주변 사람들 중 가장 상냥한 분이었고, 이 말을 할 때에도 말투에 전혀 화난 기색이 없었기 때문에 나로서는 도무지 이해가 되지 않았다. 그런데 최근에 이 말이 내게 되돌아왔다. 아마 할머니께서 하신 말씀의 의미는 아래의 이야기가 담고 있는 의미와 같은 것이 아니었을까?

영원히 살고 싶은 여자

옛날에 죽음을 두려워하는 여자가 있었다. 그녀는 툭하면 이런 말을 하곤 했다. "영원히 사는 방법을 찾을 수만 있다면. 죽지 않기만 한다면."

"죽음은 결국 오게 되어 있어요"라고 모두들 그녀에게 말했다. "영원히 사는 사람은 없답니다."

"방법을 찾을 거예요." 그녀는 대답했다.

어느 날 그녀는 먼 곳에 현명한 남자가 산다는 말을 듣고 마을을 떠났다. 여행 끝에 그 사람을 찾아가 물었다. "영원히 사는 법을 말해줄 수 있나요?"

"오, 아니오." 그는 대답했다. "누구도 영원히 살지는 않아요. 내가 말해줄 수 있는 건 이백 년 동안 살 수 있는 방법인데, 내 생각엔 그 정도로도 충분하다고 봅니다. 그보다도 더 오래 살고 싶으면 숲에 사는 노파를 찾아가야 해요. 그분은 나보다 더 나이가 많으니 어쩌면 방법을 알고 있을지도 모르지요."

여자는 다시 길을 떠났고, 여러 날이 걸려서야 숲속 노파의 작은 집에 다다랐다. "영원히 사는 법을 말해줄 수 있나요?" 그녀가 물었다.

"오, 아니에요." 노파가 대답했다. "누구도 영원히 살지는 않아요. 내가 말해줄 수 있는 건 오백 년 동안 살 수 있는 방법인데, 내 생각엔 그 정도로도 충분하다고 봐요. 그보다도 더 오래 살고 싶으면 산꼭대기에 사는 남자를 찾아가야 해요. 그분은 나보다 더 나이가 많으니 어쩌면 방법을 알고 있을지도 모르지요."

여자는 다시 길을 떠났고, 여러 날이 걸려 산꼭대기에 다다랐다. 거기엔 아주, 아주 늙어 보이는 남자가 꼼짝도 하지 않고 앉아 있었다. 처음에 여자는 그 노인이 혹시 죽은 게 아닐까 생각했다. 그런데 한참 만에 그가 몸을 돌려 여자를 바라보았다.

"영원히 사는 법을 말해줄 수 있나요?" 여자가 물었다.

"나도 모르오." 노인이 대답했다. "누구든 영원히 살 수 있을 거라고는 생각지 않소만, 내가 아주, 아주 오랫동안 살았으니, 내가 아는 걸 배우고 싶다면 여기 있어도 좋소."

그리하여 여자는 노인 곁에서 수백 년을 지냈다. 어느 날 여자는 자기가 살던 마을을 한번 둘러보고 싶어서 돌아갈 결심을 했다. 노인은 만류했지만 여자의 결심이 완고하자 결국 말 한 필을 내주며 타고 가게 했다.

"말에서 내리지 말아요"라고 노인은 당부했다. "말을 탄 채로 마을로 들어가 둘러보고 곧장 돌아오도록 해요. 해가 지기 전까지는 돌아와야 해."

여자는 그러겠다고 약속하고 길을 떠났다. 마을에 도착했을 때, 여자는 세월이 얼마나 흘렀는지를 이해하지 못해 어리둥절해했다. 그녀는 잠시 둘러보고서 산을 향해 말머리를 돌렸다.

돌아가는 길에 여자는, 싣고 있던 짐을 떨어뜨린 마차 때문에 잠시 멈추어 섰다. 다 해진 신발들이 길을 가로질러 온통 널려 있었다. 어느 쪽으로든 지나간다는 것이 불가능한 상황이었다. 나이들어 보이는 남자가 신발을 한 짝씩 줍고 있었다. 신발을 줍느라 허리를 굽힐 때마다 등의 통증 때문에 힘들어한다는 것을 알 수 있었다. 노인의 동작은 아주 느릿느릿했고, 주운 신발을 마차에 던져넣을 때에도 팔을 드는 것조차 힘겨워 보였다.

"서둘러 주세요. 산에 있는 집으로 돌아가야 해서요." 여자가 말했다.

"이보다 더 빨리 할 수는 없다오. 댁이 도와준다면 몰라도." 노인이 말했다.

여자는 거대한 신발 더미를 쳐다보았다. '이 노인이 이것들을 다 주우려면 며칠이 걸리겠어.' 여자는 노동에 시달리는 늙디 늙은 남자를 바라보면서 생각했다. '불쌍한 노인 같으니라고.'

여자는 말에서 내리며 노인에게 물었다. "대체 이 많은 낡아빠진 신발들을 어디서 가져오신 거예요?"

"다 내가 신어서 닳은 것들이오"라고 노인이 말했다. "온 세상을 걸어다녔다오. 해가 가고 또 해가 가고 하는 동안 말이오. 바로 당신을 찾기 위해서였어. 내 이름은 죽음의 아버지요."

여자는 발이 땅에 닿기가 무섭게 뼛가루가 되어버렸다. 죽음의 아버지는 상냥한 손길로 여자의 유골을 그러모았다. "누구도 영원히 살지는 않는 법이라오." 그는 여자를 데려가면서 부드럽게 속삭였다.

~~~~~~~~~

죽음은 뒤집을 수 없는 단 한 번의 변화이다. 인간은 이 완벽한 마지막에 대해 무력감을 느낀다.

'죽음을 유예할 수는 있다'고, 그러나 '영원히 살 수는 없다'고 이탈리아에서 전해 내려오는 이 이야기는 말한다. 오늘날 이 유예는 식이요법, 운동, 유전학 등을 통해 가능하다. 이것들은 죽음을 모면하는 방법을 질문할 때의 논리적 응답이다. 그러나 '아무도 영원히 살 수 없다'는 명제는, 이야기가 사람들에게 처음으로 구연될 때와 마찬가지로 지금도 참이다.

그렇다면 왜 어떤 사람들은 저 마지막 시간을 향해 수월하게 가고, 또 어떤 사람들은 걱정하고 두려워하며 심지어 분노하는 것일까? 부서지는 것이 아닌 온전함, 고뇌하는 것이 아닌 평온함을 느끼기 위해, 또한 당황과 혼란에 휩싸이는 것이 아니라 반대로 삶의 의미를 깨닫기 위해 우리에게 필요한 것은 어떤 정보, 무슨 경험일까?

꿈에서 흔히 그렇듯, 이야기 속의 인물들은 주인공 또는 꿈꾸는 당사자 한 사람의 다양한 측면으로 이해할 수 있다. 이 이야기는 등장인물이 매우 적다. 중심이 되는 인물 이외에 '모두들'이라고 명명된 이들, 그리고 세 사람, 즉 현명한 남자, 언덕 위의 노파, 그리고 산꼭대기의 마지막 노인이 등장한다. 그 중심에 '죽음'이 있다. 주인공 여자의 내적, 외적 생활에는 노래하고 춤추고 사랑할 공간이 없다. 마을의 공동생활이나 가족간의 상호작용을 위한 공간도 없고, 친구도, 친척도, 연인도 없다. 여자의 영혼을 풍요롭게 할 공간이 전무한 것이다. 여자의 두려움이 외적, 내적 생활의 대부분을 떨이로 넘겨버렸기 때문이다.

등장인물들은 내적으로 현명한 한 인물의 몇 가지 다른 버전들이다. 산꼭대기의 노인 말고는 모두 같은 말을 했다. "누구도 영원히 살지는 못한다." 이 말은 여자의 영혼이 듣기를 거부한 정보였다. "당신처럼 생각하면 성공할 수 없을 거야"라고 여자의 직관 또는 본능이 이야기한 것이다. "그만하고 다른 방법을 찾아."

이런 식으로 뭔가를 알게 되는 일은 우리의 삶에서 무수히 일어난다. 특별히 누가 이야기해 주지 않아도 아는 것들. 말하자면 특정 질문은 하지 말라고, 특정한 방향으로 가지 말라고 내면의 목소리가 경고해 주는 것이다. 심지어 어린아이들조차도 육감이라고 하는 이 능력을 발휘한다. "아빠가 오실 때까지 기다렸다가 물어봐야 해"라거나 "엄마 기분이 별로야. 안 된다고 하실걸"이라고 친구에게 말하는 것이 바로 그런 예이다. 이야기의 여자는 내면의 목소리에게서 실효를 얻지 못하자 탐색을 계속한다.

이것이 패러독스이다. 주어진 삶을 살고 싶으면 죽음의 공포와 맞서야 한다는 것, 공포를 떨치고 죽음으로부터 달아날 방법은 없다는 것.

우리가 배운, 달아나 숨을 수 있는 방법들 중 하나는 가장 실체적인 대상인 몸에 집중하는 것이다. 결국 살아가는 동안 몸이 '집'이 되어주기 때문이다. 많은 이들이 어찌나 몸과 일체가 되는지 어느 순간부터 몸이 바로 자신이라고 믿기 시작한다. "나는 키가 커, 키가 작아, 뚱뚱해, 말랐어, 예뻐, 솔직해" 등으로 스스로를 표현한다. 이렇게 자신이 거주하는 몸과 스스로를 동일시하기 때문에 몸이 노화하면서 영혼도 함께 늙어가는 위험에 처하게 되는 것이다.

물리적 노화는 피할 수 없는 것이기 때문에 동반해서 영혼이 나이드는 것은 우울한 일이기가 쉽다. 내가 아는 여성들 중에 일찍부터 아주 늙어 보이는 이들이 있다. 주로 놀이감각을 잃어버린 사람들이다. 재미, 유머감각, 모험심 등이 습관, 타성, 신체적 기능에의 몰두 등으로 대체된 것이다. 이들이 스스로에 대해 하는 말들은 한결같이 이런 식이다. "나 병인가 봐, 변비에 걸렸어, 기운이 없어, 통증에 시달려, 건망증이 심해졌어, 피곤해, 늙었어."

이에 반해 실제로 나이가 훨씬 더 많은 다른 여성들 중에는 삶으로 충만해 보이는 이들이 있다. 이들 역시 신체의 약화에 대해 모르지 않고 오히려 너무 많이 안다고 할 정도의 지식을 지니고 있지만 여전히 삶의 다른 측면들에 매혹되고 이끌리는 사람들이다. 이 사람들은 자신의 영혼을 몸에다 결박하지 않는 쪽을 택했다.

이런 차이는 왜 생기는 것일까? 그것은 바로 "나는 누구인가?"라는 질문에 대한 대답 때문이다. 자신을 '몸'이라고 생각하는 여성들은 점점 늙어간다. 정체성을 영혼에 두는 여성들은 다른 식으로 나이가 든다.

우리가 누구인가에 대한 질문을 하기 시작하면 공포는 퇴색한다. 나는 마지막 시간에 직면한 몇몇 사람들에게서 더 이상은 두렵지 않다는 말을 들었다. 죽음을 다음 단계로 나아가는 탄생이라는, 또 한 번의 전환으로 여기는 것이다. 그들에게는 내적 평화와 연속성의 감각이 있었다. 과연 무엇을 해야 이런 지점에 도달할 수 있는지 궁금하지 않을 수 없다.

이런 질문을 하는 것으로 시작해 보자. 온전함, 평화, 자기 응집성, 그리고 의미를 어떻게 찾을 것인가? 우리가 누구인지를 어떻게 발견할 것인가? 우리의 영혼을 발견할 수 있는 길은 무엇인가? 치유의 느낌 속에서 생을 마감하는 사람들은 어떤 방법으로 그것이 가능했을까? "이렇게 하면 돼!" 같은 간단한 답으로 귀결될 수 있는 질문들은 분명 아니다.

다음 이야기는 이누잇의 전설로, 외모에 집중한 결과에 대한 통찰을 얻은 여자의 이야기다.

나 젊어 보이나요?

아주 멀고 추운 북쪽 지방에 두 여자가 함께 살고 있었다. 부족의 다른 사람들은 떠나버렸고, 두 여자는 천막 안에 함께 웅크려 앉아 추운 겨울이 빠르게 다가오고 있다는 이야기를 나누고 있었다.

"먹을 게 조금 있으니까 최대한 아껴 먹으면서 희망을 가져봐야지. 죽으면 죽는 거고." 한 명이 말했다.

나머지 한 명은 이 대책을 내켜하지 않았다. 그러나 만족스럽지 않다고 해서 달리 방법이 있는 것도 아니었다. 둘은 잠이 들었다.

한참 잠을 자다가 불만족스러워하는 여자가 무슨 소리에 잠을 깼다. 여자가 일어나 밖을 내다보니 잘생긴 젊은이 하나가 서 있었다. 젊은이가 손을 내밀었고 그녀가 그를 꽉 잡자 두 사람은 함께 공중으로 날아올랐다. 그들은 계속해서 날아올라 하늘에 뚫린 구멍에까지 이르렀다.

하늘 저편에서 여자는 어느덧 아름다운 집 안에 서 있었다. 집안은 따뜻했고 사방에 먹을 것이 가득했다. 여자는 에너지가 충만한 기분이 되었고, 꽤나 행복했다. 여자와 젊은이는 그곳에서 몇 달을 함께 지냈다.

그러던 어느 날 젊은이가 여자에게 말했다. "오늘, 한동안 가봐야 할 곳이 있어요. 주변에 위험한 것들이 많으니 부디 조심해요." 이렇게 이상한 당부의 말을 남기고 젊은이는 떠났다.

여자는 집 주변과 뜰을 걸어다니다가 금세 싫증이 났다. "나의 젊은이는 참 잘생기기도 했지. 그 사람에게 나는 어떤 모습으로 비칠까?" 여자는 이런 생각을 하며 멀리 떨어진 연못으로 걸음을 옮겼다. 연못에 자신의 모습을 비춰보고 싶었던 것이다.

연못가에는 조그만 집 한 채가 있었다. 거기서 젊은 여자 하나가 나와 반겨주었고, 두 사람은 이야기를 나누기 시작했다. 나이든 쪽이 말했다. "젊은 애인에게 내 모습이 충분히 매력적이지 않으면 어떡하나 걱정되어서 연못에 얼굴을 비춰보려고 온 거랍니다."

젊은 여자는 알겠다는 듯 미소를 지었다. "제가 도울 수 있어요." 두 사람은 함께 연못으로 가 몸을 구부렸다. 젊은 여자는 나이든 여자의 주름살과 검버섯을 콕 짚어주었다. "그리고 흰머리도 좀 나기 시작하셨네요"라고 일러주었다.

나이든 여자는 젊은 여자가 짚어준 곳을 바라보았다. 그것을 시작으로 하여 자신의 이곳저곳을 뜯어볼수록 더 많은 노화의 징후가 보였다. 여자는 점점 더 피곤해졌고, 기력이 더 많이 딸렸다. 뜯어보기가 끝날 때쯤, 여자는 너무나 의기소침해진 나머지 집으로 돌아갈 수조차 없을 지경이 되었다. 젊은 여자는 나뭇가지를 잘라 지팡이를 만들어주며 짚고 돌아가시라고 했다.

집에 도착한 여자는 곧바로 쉬어야 했다. 여자가 쉬는 동안 젊은이가 돌아왔다. 그는 여자를 보자마자 무슨 일이 일어났는지를 알았다. 그는 여자를 외면했고, 그와 동시에 늙은 여자는 한없이 추락했다. 여자는 한참 만에 감았던 눈을 가까스로 떴다. 여자는 다시 오랜 친구와 함께 천막 안에 웅크리고 있었다.

~~~~~~~~~

오늘날 우리가 이 이야기의 상징과 의미를 이해하려면 꿈을 꾸었을 때와 같은 방식으로 접근해야 한다는 사실을 기억해 둘 필요가 있다.

이야기와 꿈이 무의식의 세계에서 같은 기원을 지니고 있다는 사실을 이해한다면 동일한 방식으로 이 둘에 접근해야 하는 까닭을 이해하기는 어렵지 않다. 개인의 꿈은 무의식에서 길어올려 꾸는 것으로, 이전에 생각해 보지 못한 방식으로 정보를 전달해 준다. 반면에 설화는, 여러 화자와 청자들이 입에서 입으로 전하며 오랜 세월 갈고 닦아 현재와 같은 형태가 된, 집단적인 무의식의 소산이다. 따라서 설화가 개별 이야기 속에서 다루는 집단 경험이 무엇이든 상징 자체는 그 자리에 참여하고 있는 모두에게 해당된다.

그러면 위의 이야기에서 들려주는 나이듦의 집단 경험은 어떤 것이며, 여자로서 나이드는 일에 대한 통찰은 어떤 것일까?

한 여자에게 진실을 경험할 기회가 주어진다. 잠을 자는 동안 여자의 한 쪽은 현실의 일상 속에서 계속 잠을 자고 있고, 또 한 쪽은 다른 차원으로 이동한다. 여자는 영혼의 세계에서 자신이 젊은 사람인 것 같은 경험을 한다. '마음은 늘 젊은' 우리 모두와 마찬가지의 경험을 실제처럼 하게 된 것이다.

영혼의 세계에서 살아가는 법을 배우는 일은, 삶의 다양한 '이중성'을 이해하는 능력을 기르는 것이기도 하다. 그 동안 우리는 삶을 '이것 아니면 저것(either/or)' 중 하나를 선택하는 방식으로 살았지만, 영혼의 세계에서는 한 쪽이 늘 그 반대인(혹은 반대처럼 보이는) 것과 합쳐진다. 이 이야기의 여자도 몸과 영혼의 이중성을 이해하고 둘의 합일을 이루어냈더라면 행복할 수 있었을 것이다.

사실 이것은 서구의 사고방식으로는 받아들이기가 대단히 힘들 수 있는 진실이다. 서구에서는 자신이 눈으로 확인하여 아는 것만을 진실이라고 확신하며, 이런 시각으로 보면 그 반대는 거짓이어야 한다. 둘 다 진실이라는 믿음, 즉 이중성의 관념은 《이상한 나라의 앨리스》에 나오는 세상에서처럼 제정신이 아닌 것으로 여겨진다. 이렇게나 단단한 내 손이 실제로는 고형의 물질이나 세포보다 빈 공간으로 주로 이루어져 있다고? 어떻게 내 몸을 구성하는 낱낱의 세포가 신체 기능을 조절하기 위해 끊임없이 상호 소통을 할 수가 있는 거지? 어떻게 우주가 회전하는데 그 속에서 우리가 안정되게 있을 수 있지? 또는 어떻게 우리는 유일무이한 존재이면서 동시에 같은 존재일 수 있지? 어떻게 여자인 내 속에 여성성과 남성성, 기쁨과 슬픔, 친절함과 무자비함이 동시에 들어 있을 수 있지?

이런 것들은 하나가 지나간 후 다음 것이 오는 식으로, 순차적으로 이루어지는 것들이 아니다. 슬픔과 행복은 맞물려서 오고 간다. 맞물림이라는 것은 실은 지극히 단순한 이치다. 가을이 오면 천수국은 지고, 그 씨앗이 생명을 이어간다. 하나에는 다른 하나가 깃들어 있다. 새로운 생명이 태어나는 순간 이미 소멸의 길을 향한 여정도 시작된다. 밤이 내려 덮이고 달이 솟아오르는 순간, 지구는 낮과 햇볕 쪽으로 회전하기 시작한다.

내 의뢰인들은 종종 '이것 아니면 저것' 식의 극단적인 상황을 숨막혀하며 상담치료실로 찾아온다. "이렇게 할 수도 있고, 아니면 저렇게 할 수도 있어요. 결정을 못 내리겠어요."

이 갈등은 사실 이것과 저것이 아닌 그 중간에 붙들린 느낌 때문이다. 그런데 바로 거기, 그 중간이야말로 그들의 진실 또는 의미가 존재하게 될 문제의 이중성 또는 패러독스의 심장부이다.

"남편이 밉고 그에게서 떠나고 싶어요"라는 말은 "그렇지만 이혼하는 게 과연 옳은 일인지 확신이 들지 않네요"라는 말로 이어진다.

"다시 대학으로 돌아가 학위를 따고 싶어요. 그렇지만 막상 가서 입학요강을 가져오거나 등록을 하는 일은 결국 하지 않게 돼요."

"남편과 어디로 이사할지를 놓고 언쟁 중이에요. 제각기 생각이 있는데 둘이 너무 다르거든요. 그 사람이 추천하는 곳으로는 가고 싶지 않은데, 그렇다고 해서 그가 언짢아하는 건 또 싫어요. 내가 이기고 싶지만 남편이 지는 것도 원하지 않아요."

마찬가지로 우리의 이야기 속 여자는 지상에서 잠들고 있으면서 동시에 공중으로 솟아올랐다. 그녀는 나이가 들었지만 여전히 젊었다. 그녀는 육체적인 것에 신경 쓰지 않고 자신에 차 있었지만 동시에 외모에 대해 불안해하고 예민했다.

이 이야기 또는 꿈에서는 여자가 몸과 영혼 사이의 균열에 새삼스럽게 신경을 집중시키기 전까지는 만사가 잘 흘러가고 있었다. 그러다가 어느 날 문득, 몸에 의미를 두게 되고, 감각과 정서가 이를 뒤따르자, 여자는 다시금 노인으로서의 자신을 경험했다. 이와 더불어 그녀는 영혼 세계와 단절되면서 다시 땅으로 떨어졌다. 그리고 자신의 천막에서 잠을 깼다.

이 이야기에는 이 외에도 또 하나의 의미가 숨어 있다. 이야기의 첫 부분에서 여자가 살아 있음을 느끼고 싶을 때 인생의 나머지를 어떻게 살아야 하는가에 대한 충고가 그것이다. 그녀가 들은 이야기들은 이런 식이다.

"먹을 게 충분치 않아." 그녀의 한 부분이 말한다. "내 인생에 다가오는 이 겨울 동안 버틸 음식이 너무 적어. 너무 적어서 난 죽을지도 몰라."

"상황을 바꾸기 위해 네가 할 수 있는 일은 없어"라고 여자의 다른 부분이 대답한다. "충분치 않을 수 있어. 죽으면 죽는 거지."

"노년과 죽음을 바라보는 다른 방식이 있어." 여자의 영혼의 세 번째 부분이 말한다. "초점을 다른 데로 돌리는 법을 배워야 해. 몸에다 신경을 집중시키지 마. 몸의 노화에 주의를 기울이지 말고 젊음을 기억하라고. 네 몸이 너인 건 아니야. 그렇게 믿으면 늙음과 죽음의 덫에 빠지게 돼."

우리의 주인공 여자는 이런 진실을 무의식의 심연으로부터 경험했고, 꿈이 매개가 되어주었다.

다음 이야기에서는 어느 나이든 러시아 여자가 삶의 끝에서 자신이 외롭다는 사실을 깨닫게 된다. 이야기에서 외적인 외로움이 다루어지는 동안 이야기꾼은, 우리가 처음으로 죽음의 문제를 심사숙고하기 시작할 때 생기는 내적 공허를 은유를 통해 보여준다. 이 나이든 여자는 해결 방법이 외부에 있다고 믿는 매우 인간적인 실수를 저지른다. 여자는 자신의 삶에 무언가를 더하면 외로움이라는 감정을 피할 수 있을 것이라고 믿는다. 그 감정이야말로 스스로의 인생과 그 의미를 마주하게 도와줄 열쇠임을 결코 깨닫지 못한 채.

눈처녀의 슬픔

아주 오랜 옛날, 러시아의 어느 마을에 나이든 여자와 그 남편이 살고 있었다. 나이든 여자는 외롭다고 느끼자 불행해하면서 아이가 있으면 만사가 해결될 거라고 생각했다. 그래서 어느 날 여자와 남편은 눈으로 아름다운 소녀 하나를 만들었다. 눈으로 만든 아이는 대단히 창백하고 차가웠지만 아무튼 살아 있기는 했고, 부부와 함께 살게 되었다.

나이든 여자는 행복해하며 밤낮으로 소녀를 돌보았다. 소녀는 누구도 이전에 본 적이 없는 속도로 빠르게 자랐으며, 이내 나이든 여자가 낮에 하는 일을 돕기 시작했다. 누가 봐도 행복한 가족의 모습이었다. 많은 사람들은 그 아이가 노래하는 소리를 들었다고 생각했다. 어쩌면 그 소리가 대초원에서 불어오는 바람소리였을지도 모르지만.

겨울은 늘 그렇듯이 지나갔고, 이 러시아의 마을에도 봄이 돌아왔다. 눈이 녹고 꽃이 피기 시작했으며, 새들이 따뜻한 남쪽나라에서 다시 날아왔다. 날이 점점 더 따뜻하고 밝아졌다. 그러나 눈처녀는 나날이 슬픔이 깊어졌다. 마을 사람들 몇몇은 소녀가 울고 있는 걸 보았다고 생각했다. 어쩌면 봄비가 내리는 것이었을지도 모르지만.

한번은 나이든 여자가 물었다. "무슨 일이니, 어린 딸아?" 눈처녀는 한숨만 내쉬고는 대답을 하지 않았다. 나이든 여자는 다시 묻지 않았다. 그러나 처녀가 행복하지 않다는 것은 아주 분명해 보였다.

봄이 가고 따뜻한 여름이 왔다. 이때쯤 눈처녀는 날마다 눈물을 닦으며 지냈지만 나이든 여자는 모르는 척했다. 그러던 어느 날 마을의 다른 아이들이 나이든 여자의 집에 찾아왔다. "우린 숲으로 놀러갈 거예요. 눈처녀도 같이 가면 좋겠어요"라고 아이들이 말했다.

나이든 여자는 다른 아이들과 함께 노는 시간이 딸의 기운을 북돋워주기를 바라면서 눈물을 흘리는 처녀를 함께 보냈다. 그러나 눈처녀는 깊은 슬픔에 잠겨 아이들과 어울려 놀지 않았다.

저녁이 되자 숲의 추위 때문에 여자 아이들은 나무를 모아 불을 지폈다. 그들은 불가에 둘러앉아 노래를 불렀지만 눈처녀의 목소리는 그 속에 없었다. 아이들이 이야기를 할 때에도 눈처녀는 듣는 것 같지 않았다. 마지막으로 아이들은 깡충깡충 뛰기 놀이를 하기 시작했다. 한 사람씩 차례로 모닥불을 뛰어넘는 놀이였다. 한 사람도 남김없이 불을 뛰어넘은 뒤 아이들은 눈처녀를 모닥불 쪽으로 이끌었다. "뛰어넘어"라고 아이들이 입을 모아 말했다. "이제 네 차례야. 재미있어. 뛰어봐."

눈처녀는 마지못해 깡충 뛰었고, 몸이 모닥불의 중간 부분을 지나는 순간 뜨거운 열기에 녹아버렸다. 눈처녀는 증기처럼 '칙' 소리를 내며 사라졌는데, 그 소리가 꼭 한숨처럼 들렸다.

〰〰〰

이 이야기에 대한 내 반응은 언제나 가벼운 슬픔이었다. 이 겨울 이야기를 읽을 때마다 눈송이가 흩어져 내리는 유리구슬 속의 겨울 풍경이 떠오르는데, 아름다운 풍경과는 대조적으로 결말은 행복하지 않다.

이야기의 여자는 노년에 이르러 자신의 삶이 커다란 결핍으로 점철되었음을 느낀다. 여자는 자신의 결핍이 아이가 없기 때문이라고 생각한다. 이것은 무엇을 상징하는 걸까? 아이라고 하는 존재의 이미지는 다양한 의미와 연관된다. 새로움, 신선함, 순진무구함 등이 그것이다. 아이를 생산하는 것은 자아의 깊숙한 내면에서 새로움을 창조해 내는 것과 같다. 이 신(新) 창조는 인간의 눈에는 보이지 않는 지극히 작은 알갱이에서 시작되며, 시간이 흐른 후 자신의 삶을 살아갈 수 있을 때 독립적인 존재로 떠오른다.

이 이야기는, 나이들어 죽음을 향해 가는 무렵의 사람들은 그 동안 자신의 삶에서 일어나지 않았던 것으로부터 비롯되는 슬픔을 경험한다는 사실을 들려준다. 이 사례에서 여자는 생명을 생산해 보지 못했다. 즉 자신의 영혼이 다시 태어나는 경험을 해보지 못한 것이다. 이제 여자는 생명 창조를 원하고 있다. 이 갈망과 창조적 에너지의 시작은 특별한 재능을 발현하는 결과로 이어진다. 여기까지는 자연스러운 진행이다.

문제는 여자가 밖으로 나가, 눈 속에서, 짧은 시간에, 아이를 창조한 것에서 시작된다. 아이는 유일무이하고, 순수하며, 무엇보다 중요한 것은 살아 있다는 것이었다. 여자는 창조란 원래 느리게 진행되며, 속성으로 해치우면 무서운 결과가 초래된다는 사실을 알지 못한다.

생명은, 상징 속에서조차 생명에서 태어나는 것이며, 눈은 생명의 상징이 아니다. 어린아이는 물, 땅, 숲, 정원 또는 봄의 씨앗 등 새 생명의 의미를 지닌 상징물에서 탄생한다. 그런데 새 피조물이 눈처럼 생명 없는 것에서 비롯되었을 때는 어떻게 될까? 이 같은 상징에서 우리는 무엇을 이해할 수 있을까?

물론 눈은 다른 형태의 물이며, 어쩌면 러시아의 근원 설화에서 눈은 물을 암시할 수도 있다. 그러나 물은 액체 상태에서 유동성을 띠고 흐를 때만 살아 있다. 물은 우리 모두의 근원인 생명을 품은 바다와 시내로서, 여성성의 상징이다. 물이 고체가 되면 우리는 죽음을 떠올린다. 얼음과 눈은 무색이고, 얼어서 차가우며, 움직이지 않는 물질로서 죽음과 닮았다.

나이든 여자는 새로운 존재를 창조하는 일이 생명 프로세스 안에서 일어나야 한다는 사실을 인지한다. 심지어 여자는 이 창조에 생명을 지닌, 그녀 자신을 뛰어넘어 살아갈 무언가가 필요하다는 사실을 알고 있다. 어린아이는 종종 우리 자신의 삶을 초월하는 이미지를 지닌다.

그러나 여자의 내면 어딘가는 차갑고 얼어붙어 있다. 본능적인 어느 부분이 딱딱하게 굳어 생명이 없는 상태이다. 이 여자가 창조하고자 하는 갈망은 이 생명 없는 부분에서 뻗어나왔다. 그 결과는 삶을 존속해 갈 수 없는 존재의 탄생으로 이어졌다. 여자는 진짜로는 살지 못하는 존재를 창조한 것이다.

이야기 속 여자는 끊임없이 분석하며 충동적으로 행동하는 우리들 각자의 내면이다. 뭔가 새로운 것이 필요하다고 느끼면 그 일이 빨리 일어나도록 저지르고 보는, 참을성 없는 우리 내면의 일부이다. 삶의 깊은 질문에 대해 만족할 만한 대답이 되어줄 무언가를 찾는답시고 얼어붙은 불모의 땅에 들어앉아 바깥만 살피는 우리의 한 부분이다. 우리 각자의 내면 어딘가에는 저 이야기 속 여자가 살고 있다.

살아가다 보면 재충전이 필요할 때가 많다. 늙어서 삶의 유한성과 맞닥뜨리는 순간이 그 중 하나다. 이 이야기가 우리에게 주는 경고는, 처음으로 유한성의 깨달음으로 인한 마음의 혼란이 닥칠 때 순순히 용인하지 말고 인내심으로 버텨야 한다는 것이다. 혼란한 마음은 차갑고 얼어붙어 있다. 거기에는 온기가 없다. 혼란한 마음에 대항해서는, 늘 그랬듯 아무 것도 하지 말아야 한다. 이때야말로 바야흐로 새로운 방식을 찾아야 하는 시기인 것이다.

상상할 수 없는 일에 대처하기란 대단히 어려운 일이며, 이것이 이야기의 여자에게도 마찬가지로 어려운 대목이었다. 여자는 온통 눈으로 둘러싸여 있었다. 그녀는 익숙한 것으로 창조를 시도했다. 누구라도 십중팔구는 그랬을 것이다. 그러나 익숙함에 기댄 여자의 시도는 우리가 필요로 하는 창조력 대신에 진짜로 살아 있지는 않으며 살아갈 수 없는 존재를 탄생시킬 것이라는 진실을 들려줄 뿐이다.

인도의 설화 중에 선한 신들과 악한 신들 사이의 끝나지 않는 전쟁에 대한 이야기가 있다. 한 쪽이 먼저 이기고, 다른 쪽이 다음에 이기는 식으로 전쟁이 계속되는 것이다. 우리의 삶도 마찬가지다. 바로 이중성의 삶인 것이다. 이를테면 행과 불행, 애정과 증오, 건강함과 병약함, 결혼과 독신, 마름과 비만, 원기 왕성함과 피곤함의 공존으로서, 삶속에서 서로 반대적인 요소들이 맞물려 돌아가는 것이다. 우리는 최후의 이중성, 즉 '살아 있음과 죽음'을 생각하면서 그제야 내내 하나만 선택해 온 스스로를 발견하고는 갑자기 어느 하나를 선택하지 못하는 공황상태에 빠진다. 그리하여 안에서부터 꽁꽁 언 채로 그 중간의 해법을 부여잡는다.

　인도 설화에서는 신들이 양편 어디에도 속하지 않는 해결책을 소환한다. 전쟁을 종식시킬 능력을 지닌 칼리 여신의 중재를 청한 것이다. 문제 해결에 새로운 무언가를 개입시키는 것이다. 이 인도 설화에서 칼리는 정서적 에너지를 지닌 여성적 힘을 대표한다. 두 대립항은, 합리적인 극단으로부터 떨어져 있으면서 여전히 그 중간쯤에 존재하고 있던 감정, 즉 창조성의 작은 배아를 필요로 한다. 이것은 어느 나라, 어느 문화에서 온 것이든 오래된 지혜에는 오늘날의 우리들이 필요로 하는 진실이 내포되어 있음을 보여주는 또 하나의 사례이다. 즉 "기존의 방식으로 계속하지 말라"는 것이다. "새롭게 하라"는 말이다. 이 경우에도 핵심은 둘 사이의 감정이다. 변화의 배아는 보이지 않는 형태로 숨어 있다가, 우리가 객관적이고 수용적이며 쉽게 판단하지 않는 태도를 보여주면 그제야 우리와 유대관계를 맺고 마침내 싹을 틔운다.

　러시아 이야기 속 여자는 설맹(snow blindness, 눈이 많이 쌓인 곳에서 눈에 반사된 햇빛의 자외선이 눈을 자극하여 일어나는 염증. 각막과 결막에 염증이 나타나며 눈을 뜨기 어렵다 - 옮긴이)에 걸려 있었다. 그녀는 이 차갑고 생기 없는 증상을 생활 속에서 자주 일어나는 신경증적 징후처럼 대했으며, 마치 자기가 믿고 싶어 하는 일이 실제로 일어난 것처럼 행동했다.

50세의 교사인 루스는 매우 의기소침해 있었다. "인생이 너무 짧아요"라고 그녀는 말했다. "아무 것도 한 게 없는 것 같고, 텅 비어버린 기분이에요." 이미 루스와는 자주 심리치료 세션 중에 이 문제를 다루었고, 그녀 나름대로도 치료 외 시간의 대부분을 할애해 해결책을 찾으려 노력 중이었다.

그러던 루스에게 해결책이 나타났다. 그녀보다 훨씬 젊은 남자였다. 나는 그녀에게 젊은 남자를 만나는 일의 위험을 여러모로 환기시켜 주려고 애써보았지만 거부당했다. 눈처녀와 같은 젊은 남자는 시간이 지날수록 더욱 사랑스러워질 뿐이었다. 루스는 상담을 중단했고, 의기소침이 재발할 때쯤에나 다시 오겠다고 했다. 그녀가 나를 다시 찾아온 것은 일 년이 지나서였다.

이야기 속 여자처럼 루스 역시 공허감과 외로움을 해소할 수 있는 보상이 필요한 상황에 맞닥뜨려 있었다. 이야기 속 여자처럼 그녀도 자신이 난관에 봉착했다는 것을, 그리고 자신이 경험하는 감정과 그 감정이 무엇에 관한 것인지를 이해해야 하는 정서적 과제를 안고 있었다. 그런데 불운하게도, 루스가 이야기 속 여자와 평행을 이루는 부분이 하나 더 있었다. 자신이 느끼는 감정이 무엇을 의미하는지 이해하기 전에 행동부터 했다는 것이었다.

이것은 간단히 말해 감정에 대한 충동적인 반응이다. 이러한 반응은 대개 비생산적이다. 루스와 이야기 속 나이든 여자 둘 다 공허를 채울 방편으로 지속적인 생명을 지니지 않은 대상을 선택했다. 물론 나름대로는 빈 곳을 채우고 의미를 부여해 줄 것으로 보이는 무언가를 고른 것이었지만 사실상 젊은 남자가 나타났을 때 루스는 20년 더 젊었던 시절의 판타지로 스스로 침잠한 것이었다. 빈 곳을 채우기 위해 자신이 나이들어 가고 있다는 사실을 거부하는 선택을 한 것이다.

루스와 이야기 속 여자 둘 다는 큰 문제없이 일이 잘 되어가는 것 같았을 것이다. 눈처녀의 차가움은 계속되었지만 겉으로 보기에는 그저 편안한 것 같았다. 심지어 처녀가 노래 부르는 소리도 들렸다고 했다. 이처럼 충동적인 반응의 초창기에는 이전보다 훨씬 더 좋아진 것처럼 생각되기가 쉽다.

그러나 결국은 상황이 나빠진다. 봄이 오고, 여름이 뒤따른다. 겨울에 그처럼 매혹적이던 눈처녀는 봄에, 초록 잔디와 꽃, 새들이 지천에 깔린 풍경 속에서는 그야말로 어색한 모습이 되고 만다. 이쯤 되면 우리도 더 이상 이 이야기가 가족생활에 대한 재미있는 이야기인 척 웃고 넘길 수가 없다. 더구나 더 큰 문제는 눈처녀 자신이 슬퍼하며 눈물을 흘린다는 것이다.

루스도 같은 패턴을 답습했다. "처음에는요." 그녀가 말했다. "우리 둘이서만 시간을 보냈어요. 그는 내게 꽃을 선물했어요. 우리는 사랑을 나누었죠. 정말 근사했어요. 그러다 조금씩 긴장감이 돌기 시작했어요."

"그가 나를 파티에 데려가곤 했는데, 나는 그 친구들과 함께 있는 게 정말 불편했어요. 그들 중 결혼한 이들은 내 손자뻘 되는 아이까지 있더군요. 결혼 안 한 사람들은 뭐랄까, 잘은 모르겠는데 좀 유치했어요. 그 사람과 친구들은 밤새 놀고 싶어 하더군요."

"난 툭하면 피곤해서 집에 가고 싶고. 둘이 외출해서 저녁 먹거나 영화 보거나 할 때면 사람들이 엄마냐고 물어보기 일쑤고. 어찌나 당황스럽던지요."

"우린 바보 같은 것들로 다투기 시작했어요. 그리고 두통이 생겼어요. 그런데 그 사람은 걱정하는 게 아니라 화를 내는 거예요. 변한 것 같았어요. 뭔가 더 어리게 행동하기 시작하는 거예요. 좀 더 무책임하게요. 어쩌면 내가 처음부터 그 사람을 있는 그대로 보지 않은 건지도 모르겠어요. 어쨌든 그 사람은 떠났고, 나는 여기, 전에 있던 자리로 돌아와 있네요."

루스에 비해 이야기 속 여자는 더 심각한 상황을 맞이했다. 무슨 일이 벌어졌는지 알게 된 루스와 달리, 이야기 속 여자는 한층 더 단절된 생활로 빠져들었다. 그녀는, 현대의 여성들이 내면에서 비롯된 고통과 우울 때문에 쇼핑이나 다른 광란적인 활동에 사로잡히게 되는 바로 그 모습을 하고 있다. 기분이 더 가라앉을수록 더 많이 쇼핑하거나 계속 먹고 마시면서 필요와 감정을 지방 또는 알코올 또는 피로감 아래 묻어버리는 것이다. 그녀는 이 감정이 자기 인식의 장으로 이끌어줄 것이라는 점을 아직 이해하지 못했기 때문에 당연히, 이 불유쾌한 감정을 두려워했다.

그녀는 세상사가 시들하게 느껴지는 순간, 자신의 삶에 창조적인 무언가가 필요하다는 요구를 처음부터 인식했지만 그 요구에 대응하는 방식이 틀렸음을 깨닫지 못했다. 그래서 다시 시도할 기회도 얻지 못했다. 그녀도 루스처럼 자신의 실수를 깨달았더라면 더 행복한 결말을 찾아냈을지도 모른다.

우리는 얼핏 젊은 남자나 눈처녀가 우리가 지닌 창조성의 한 측면이라고 여기기가 쉽다. 그러나 자세히 관찰하고 귀담아 들어보면, 자신의 선택이 잘못되었을 경우에는 불편함을 느낄 것이고, 심지어 낭패감을 맛볼 수 있을 것이며, 소리 내어 울거나 한숨을 쉴 수도 있을 것이다. 그럴 경우, 주의 깊게 이런 반응을 포착하기만 하면 방법은 찾을 수 있다.

이 이야기에는 몇 가지의 희망적이고 고무적인 메시지가 담겨 있다. 창조적인 에너지는 나이가 얼마든 상관없이 우리를 위해 거기 존재한 다는 것, 그리고 창조성의 몇몇 형태는 우리가 삶의 유한성과 맞닥뜨릴 때 수면으로 올라온다는 것이다. 즉 처음 느끼는 감정이 무엇이든 — 외로움, 우울 또는 다른 감정들 — 그것은 자기 발견의 과정을 시작하 게끔 우리를 초대하는 메신저이다. 물론 새로 배운 '관찰' 기술을 적용 해야 이 메시지의 의미를 정확히 읽어낼 수 있기는 하지만.

이야기를 통해 우리가 학습하는 창조성은 시간이 필요하고 무르익 어야 되는 과정이다. 무조건 달려들면 불운이 발생하고, 실수가 저질 러지며, 신경증적 징후가 나타난다. 그러나 징후 자체가 최후의 대재 앙인 것은 또 아니다.

루스의 경우 빠른 대처로, 몇 달의 시간과 충동적인 시도에 따른 약 간의 자존심 외에는 잃은 것이 없다. 자아상의 훼손, 자존심의 상처는 고통스러운 것이며, 사람에 따라서는 목숨을 버리는 원인이 되기도 하 지만 루스는 심각한 상황을 비껴갈 수 있었다. 말하자면 심사숙고 없이 실행된 솔루션들은 대개 함정을 지니고 있다는 것이다. 계획을 실행하 기 전에 얼마가 걸리든 시간을 들인다는 것은 대단히 중요한 일이다.

나이든 여자가 소녀의 눈물에 부적절하게 대응하면서 보여준 '부정 하기'는 우리의 창조적 잠재력을 얼어붙게 만들었다가 다음 순간 지나 치게 나아가도록 강제하는 태도이다. 창조적 에너지라는 것은 감정에 사로잡혀 밀어붙이면 아무런 소용이 없다. 창조할 대상 못지않게 중요 한 것이 창조적 필요성과 일정한 유대관계를 맺고 잘 관찰하는 일이다. 이 과정을 무시하고 창조 자체에만 조급히 매달리면 온전한 창조를 기 대할 수도 없으며, 본질이나 존재의 이유와도 멀어질 수밖에 없다. 뿐 만 아니라 우리의 내면이 수많은 조각으로 분해되어 급기야 자신으로부터 분리되는 경우도 생긴다.

진실을 부정하고 그 때문에 자신에게서 분리되는 것은 여자들에게 매우 흔한 현상이다. 우리들 중 많은 수가 인생의 일정한 단계에 이르면, 또는 그 훨씬 전에라도 자신의 죽음이라는 진실과 맞닥뜨릴 필요가 있을 때 다양한 방식으로 분리를 경험한다. 그렇다면 자신이 이 상태인지 아닌지를 무엇으로 확인할 수 있을까?

우리가 스스로에게서 분리되는 것은 자신의 감정이나 자신에게 일어난 일을 주의 깊게 관찰하기를 멈출 때이다. 또한 외부의 일들에 휩쓸릴 때, 과거나 미래에 머물 때, 자신에게 필요한 음식, 공간, 활동, 휴식이 어느 만큼인지 가늠하지 못할 때, 한때 사랑해 마지않던 일들을 어느 순간부터 좀처럼 하지 않게 될 때, 우리는 자신으로부터 분리된다.

인생의 비교적 이른 단계에서 분리가 시작되는 경우는 주로 자녀들 문제 때문이다. 스스로의 내면에서 가장 따뜻하고 사랑 가득한 부분을 제공한다는 것이 자칫 지나치게 자신을 내어줌으로써 많은 경우 내면의 좋은 감각을 잃어버리는 것이 그런 예이다. 개중에는 중년에 이르러 자신에게 남은 것이 오로지 '무감각'뿐이라고 말하는 이들도 있다. 한 여자는 "내가 여기 없는 것 같아요"라고 자신의 느낌을 표현했다.

또 다른 여자는 이렇게 말했다. "다들 나에게 무엇이든 원하는 것을 고르라는데, 솔직히 말씀드리면 모르겠어요. 너무 오랫동안 남들이 원하는 것만 신경 쓰며 살았더니, 이제는 내가 무엇에 관심이 있는지조차 모르겠어요."

"남편은 자기가 뭘 원하는지 알아요. 내 아이들과 손주들도 자기들이 뭘 원하는지 알죠. 나도 나름의 감정, 선호하는 것, 의견을 가져야 하는데, 그것들이 어디 있는지, 어때야 하는지를 모르겠어요."

눈처녀 이야기의 방식으로 풀면 이런 것이다. '나의 일부는 집에 있고, 다른 일부는 숲에 있다. 나의 일부는 울고 있지만 크게 신경 쓰지 않는다. 각 부분들은 서로 보거나 들을 수 없고, 다른 부분이 어떻게 느끼는지에 대한 실마리도 지니고 있지 않다.'

우리의 가부장적 문화 역시 여성들이 분노나 공격성을 드러낼 때 스스로에게서 분리되는 것을 조장해 온 측면이 있다. '바가지쟁이', '잔소리꾼', '암캐 같은 여자' 등의 표현은 화가 난 여성들을 상대로 그들의 감정을 금기시하려는 의도로 붙여진 수백 가지의 부정적 단어 중 일부이다. 상대에게 '맞춰' 보려고 하거나 다른 이들의 용인을 얻고자 하는 여성들은 이런 규칙들을 받아들여 내면화 해왔다. 자신으로부터의 내면적 분리에 협조하는 세월을 살아온 것이다.

중년에 이르러 자신의 죽음이라는 현실을 깨닫기 시작하면 우리는 자신의 내부로 들어가 흩어져 있는 조각들을 모으고 끌어올려야겠다는 필요성을 느낀다. 무엇이 실체이며 온전한 것인지 찾고 싶고, 우주의 어느 곳에 맞추고 살아야 할지 발견해야 할 필요를 느낀다. '우리는 어디에 속하는가?'

회피하거나 달아나는 일은 분리를 심화시킬 뿐이다. 그렇다 하더라도 우리가 찾는 조각들, 깊고 영속적이어서 구속과 사회적 규범을 뛰어넘는 조각들은 어디에 있는 것일까?

내 할머니께서는 "누구나 혼자서 죽는 거란다"라는 말을 즐겨 하셨다. 이에 대해 성인이 된 내 대답은 이렇다. "맞아요. 게다가 혼자 살다가, 혼자 죽는 거죠." 이야기 속의 나이든 여자와 같은 부류의 사람들은 자기 자신으로부터 분리되어 살다가 죽는다. 우리는 이런 여자들을 안다. 신랄하고, 자신의 고통이 무엇이든 다른 사람을 탓하는 사람들. 그들은 아주 오랫동안 무감각하게 감정을 차단한 채로 지내왔기 때문에 자양분의 내적 원천을 지니지 않게 되었다. 그래서 그들은 계속해서 다른 사람들이 정서적으로 자신을 채워주기를 원한다. 그들은 자기 내부의 본질과 전혀 이어지지 못하므로 다른 사람들과도 실질적으로 이어지지 못한다.

이것이 진정한 외로움의 모습이다. 사람은 스스로의 내면과 긴밀히 연결되면 더 큰 세계와도 연결될 수 있는 지혜를 지니게 된다. 자신과의 연결은 온전함과 충만함의 경험이다. 범우주적이며 보편적인 자아와 연결되어 있는 사람은 홀로 있을 때도 외롭다고 느끼지 않는다.

이 이야기에 대해 쓴 다음날 밤, 나는 이 이야기의 의미가 나 자신의 삶에도 적용될 수 있다는 생각을 하며 잠자리에 들었다. 물론 내 경우에는 자신의 일부분들을 잃어버리는 것에 대해서는 이해하는 편이었지만 이야기꾼이 소통하고자 한 다른 의미도 있지 않을까 하는 생각이었다.

다름 아니라 우리가 느끼는 감정이, 옳지 않은 일이 일어날 때 미리 실마리가 되어준다는 것이다. 머리로 정확히 무엇이 그른 것인지 이해하지 못할 때조차도 감정은 미리 알아챈다는 것이다. 그런 의미로, 이야기의 소녀가 우는 것은 질병이나 고통의 신호이다. 그렇다면 반대로 일이 순조로울 때는 어떨까? 스스로를 찾으려 애쓰고 있을 때 자신이 제대로 가고 있는지를 어떻게 알 수 있을까?

그날 밤의 기억은 여기에서 멈추었고, 눈을 뜨니 아침이었다. 그리고 지난밤의 꿈이 생각났다.

꿈에서 나는 꽤 어렸다. 아홉 살이나 열 살쯤이었고, 생김새에 대한 기억은 없다. 그저 어린이다운 의아함과 순진함의 감정이 느껴졌다. 나는 무슨 전람회인지 박람회인지에 세 명의 여자들과 함께 있었다.

수 마일에 걸쳐 전시장 건물들이 늘어서 있었고, 우리는 진열된 상품들을 보면서 건물 사이를 걷고 있었다.

어쩐 일인지 나는 두 여자와 떨어지게 되었는데, 그들 중 한 명은 엄마는 아닌 것 같았지만 나를 돌봐주고 내가 의지한 사람이었다. 나는 겁에 질려 주변을 돌아보았다. 곁에 있던 세 번째 여자에게 길을 잃었다고 말했다.

"그분을 못 찾으면 어떡하죠?"라고 나는 세 여자 중 가장 중요한 사람인 듯한 첫 번째 여자를 언급하며 물었다. "화나셨을 거예요. 그리고 내가 어디 있는지 걱정하실 거예요."

"그분들을 찾게 될 거야." 세 번째 여자가 대답했다. 나는 안심이 되지는 않았지만 그녀를 따라 길모퉁이를 돌아 버스를 탔다. 버스는 전시장 건물들 블록을 돌았고, 나는 점점 더 당황하기 시작했다. 건물들 중 어느 것도 눈에 익은 것이 없었고, 내가 찾아야 할 여자와 점점 더 멀어지기만 하는 것 같았다. 그때 버스가 모퉁이를 돌았고, 교회 건물이 내 눈에 들어왔다. 순식간에 안도감이 밀려왔고, 안전하다는 느낌이 들었다.

"여기가 어딘지 알겠어요. 버스 좀 세워주세요." 내가 말했다.

그 건물은 전람회의 입구에 있었다. 나는 그곳이 내게 가장 중요한 그 여자를 찾을 장소라는 것을 알 수 있었다. 사실 그 건물이 내가 찾던 곳인지 알 수 없었고, 심지어 한 번도 본 적이 없었지만 거기 다다른 순간, 그곳이 내가 찾는 바로 그곳이라는 느낌이 분명히 들었다.

꿈에서 내가 경험한 것은 무엇이 올바른 것인지, 어느 쪽으로 갈 것인지에 대한 일종의 감각으로서, 지적이거나 추상적인 의미로 묘사하기는 대단히 어렵지만 경험해 보면 아주 쉽게 알게 되는 그런 것이었다. 직관적으로 발산되며, 영혼 속에 자리한 것. 이 질서 감각을 경험할 때 우리는 일이 제대로 돌아가는 걸 알고, 자신의 좌표를 알며, 스스로의 잃어버린 조각을 찾을 수 있게 된다. 또한 "물론이지. 왜 진작 이생각을 못했을까! 이렇게 단순한 걸"이라고 생각하게 되는 때 역시 스스로에 대해 발견하는 지적인 경험의 순간이다. 이 앎은 온전한 자신 (whole being)으로의 귀환인 것이다.

이처럼 눈처녀는, 변화가 필요할 때 스스로 그것을 알게 될 것이라는 이야기를 들려준다. 또한 이러한 내적 성장은 반드시 새로운 존재를 창조하게 되는데, 이 존재는 삶과 죽음이라는 패러독스의 심장부로 이어지게 된다는 것이다.

이 이야기는 이런 필요성들을 존중하여 주의 깊게 행동하고 충동적으로 저지르지 말라는 경고이다. 쉬운 해법은 절대로 내적인 변화로 연결되지 못한다. 온전함으로 이끌어주지도 않는다. 충동적 대응으로 노화나 죽음을 미룰 수는 없다. 오히려 외로움을 배가할 뿐이다.

어두운 경고를 담고 있기는 하지만 '눈처녀'는 매혹으로 가득 찬 이야기임이 틀림없고, 크리스마스 카드의 향기, 사랑스러운 러시아 옻칠 상자의 이미지를 떠올리게 한다. 어차피 모든 이야기가 즐거울 수야 없는 것이고, 아래에 소개하는 '그들에게 나의 죽음을 보냈어'는 더 어두운 이야기다. 그러나 마찬가지로 매력적이다.

그들에게 나의 죽음을 보냈어

옛날 북쪽의 먼 마을, 땅은 꽁꽁 얼고 겨울이면 어두컴컴한 곳에 한 나이든 여자가 살았다. 이 여자는 아주 많은 겨울을 났으며, 너무 기력이 쇠해 침상에서 몸을 일으키기도 힘들어했다.

나이든 여자는 다른 이들과 어울려 사냥을 하러 가는 일은 엄두도 못 냈다.

이웃에게 손을 내밀어 의지해야만 가까스로 먹을 것을 구할 수 있는 형편이었다. 사람들은 처음에는 먹을 것을 나눠주었지만 나중에는 나눠주는 일을 앞다투어 그만하기 시작했다.

"겨울이 오고 있어요." 그들은 말했다. "곧 물이 얼 거라고요. 연어는 이동해 버릴 테고, 물소도 멀리 가버릴 테지요. 바다표범도 가까이서 헤엄치지 않을 거예요. 툰드라가 눈으로 깊이 파묻히겠지요. 우리 집 식품 건조대도 아직 다 못 채웠어요. 곧 죽을 노파한테 우리 식량을 갖다 버리지 말자고요."

나이든 여자는 이제 거의 해골만 남은 상태였다. 이웃들이 더 이상은 먹을 것을 나눠주지 않자 여자는 이상한 일을 하기 시작했다. 뼈만 남은 몸을 구부려 두개골을 성기 앞에 갖다놓는 것이었다. 그런 다음 여자는 낮은 목소리로 장단을 맞추며 매혹적인 노래를 부르기 시작했다. 노래가 계속되자 두개골이 점점 커졌다. 두개골은 점점 더 커지고 커져서 어마어마한 크기로 자라나 마침내 무게 때문에 몸에서 떨어져 나갔다.

몸에서 놓여난 두개골은 온 마을을 굴러다니기 시작했다. 어떤 사람들은 너무 공포에 질린 나머지 그 자리에서 죽고 말았다. 또 다른 사람들은 두개골이 다가오는 것을 보고는 멀리 달아났다. 두개골이 여자의 손자 앞을 굴러 지나갈 때, 손자는 부르짖었다.

"그만하세요, 할머니. 왜 이러세요? 왜 모두를 겁에 질려 죽게 만들려고 하시는 거예요?"

할머니의 두개골이 멈추었다. "사람들에게 나의 죽음을 보냈으니 이제 그들도 동족인 인간을 부양하지 않는 일의 결과를 이해하게 되겠지."

그런 뒤 그녀는 뼈를 모두 모아 바다 깊은 곳으로 사라졌다.

~~~~~~

이 이야기는 스스로의 내적 본질을 이해하는 데 도움이 될 유용한 상징으로 가득 차 있다. 동시에 공동체 내에서 어떤 행동이 용인되지 않는지에 대한 경고를 암시하고 있다.

조심하길, 이 이야기는 아직 젊고 강한 청자들에게 경고하고 있다. 나이든 사람들에게 모질게 굴지 말라는 것이다. 이기적이고 자기중심적으로 행동하다가는 끔찍한 일이, 다름 아닌 자신에게 일어날 수 있다고 경고한다. 비열한 영혼을 지닌 이야기 속 마을 사람들에게 일어난 것과 같은 일 말이다.

또한 이야기는 우리가 받아들이고 싶어 하지 않는 것을 적시한다. '힘든 시절이 오고 형편이 넉넉하지 않을 때는 많은 사람들이 이기적이고 불친절하게 변할 것'이라는 사실이다. 그리고 버림받고 굶주리게 되는 것, 즉 늙는 것이 누구에게나 닥치는 일이라는 두려움을 담고 있다. 누군가가 늙고 비참해지는 모습은 사실 우리가 매일 대하는 광경이지만 자주 외면하는 일이다. 이 이야기는 우리 모두의 내부에 도사린 두려움과 나이든 사람을 향한 일반적인 반응 역시 우리 모두에게 내재된 모습임을 일깨운다.

결국 이 이야기는 사회에서 버림받은 사람들에게 어떤 일이 일어나는지에 대해 들려준다. 알다시피 많은 대도시에서 연로한 여성들이 '여자 노숙자'라는 이름으로 거리에서 살아간다. 이 여성들은 사회로부터, 그리고 한때 이들을 아주 잘 알던 누군가로부터 버림받았다. 이들 중 많은 수가 춥고, 병들고, 굶주려 짐 보따리를 담은 쇼핑 카트(짐을 들기 힘든 노숙 노인들이 대형마트의 쇼핑 카트를 주워 거기에 짐을 싣고 옮겨 다니는 상황을 말함 - 옮긴이)를 밀 기력도 없어져버렸다.

물론 따뜻한 곳에서 음식을 제공받는 이들도 많지만, 이들도 대개는 노인 시설에서 친구나 친척의 방문도 없이 홀로 지낸다. 게다가 침상에서 몸을 일으킬 기력조차 없어져버린 경우도 적지 않다. 이것은 우리 중 누구도 환영할 만한 엔딩이 아니다.

위의 이야기 속으로 더 깊이 들어가 숨은 의미를 찾아보기로 하자. 공동체 또는 집단이 개인의 필요를 묵살하는 것은 어떤 상징적 의미를 지니고 있을까? 이야기에서는 '그의 삶을 강제로 소진시키는 것'이라고 한다.

우리들 각자의 내면에는 더 큰 내면세계와 연결된 통로가 있다. 여기에 우리의 본능과 정서적 에너지, 집단의식이 존재한다. 자아의 이 측면을 유기하거나 잘라내는 것은 심각한 우울에 사로잡히는 결과가 된다.

이 부분을 차단한 이야기 속 나이든 여자는 스스로를 부양하지 못했다. 그녀의 유일한 에너지원은 강렬한 피해자의 감정이었다. "저들에게는 나를 돌봐야 할 책임이 있어"라고 그녀는 믿었다. 그녀가 스스로를 방치하는 시간이 길어질수록 분노도 점점 커져 급기야 '머리를 잃어버릴' 지경에 이르렀다.

이 여자는 다른 가능성을 모색할 능력을 지니지 못했으며, 다른 정서들을 끌어내거나 자신의 다른 부분과 연결할 능력도 없었다. 그녀는 덫에 갇힌 채 점점 더 약해질 뿐이었다.

내 의뢰인인 엘리자베스는 이런 유형의, 작은 내부 공간에 갇힌 사람이었다. 나를 찾아오기 25년 전에 그녀는 자기 일에만 몰두하는 타입의 빌이라는 남자와 결혼했다. 그 세월 동안 남편에게만 충실했던 그녀는 어느 날, 삶이 빠르게 지나간다는 것, 모르고 지나쳤던 다양한 삶의 요구들이 자신의 내부에 존재한다는 것을 깨달았다.

그녀는 아이를 키우고 남편을 보필하면서 자신이 문제 해결이나 양육에 능하고 창의력이 있다는 사실을 깨닫게 되었다. 뿐만 아니라 그녀의 내부에는 미지의 세상으로 나아가는 용감하고 위대한 모험가 크리스토퍼 콜럼버스가 자리하고 있었다. 물론 일자리를 옮기는 것을 포함해 주로 결정을 내린 사람은 빌이었지만 새로운 도시에 정착하고 친구관계를 맺고 모두가 새 환경에 적응할 수 있게 해준 사람은 엘리자베스였다.

그러나 정작 엘리자베스 본인의 삶의 요구가 나타난 시점에는 이들 내적 자원 중 어느 것도 우러나지를 않았다. 그러기는커녕 오히려 그녀는 빌이 자신을 소유하고 있다는 생각 속에 스스로를 가두었다. 그녀는 자기에게 무엇이 필요한지를 남편이 알고 있으며, 남편이 자신의 요구에 응하기 시작했다고 주장했다. 그녀의 풍부한 내적 자원은 양육자, 문제 해결자, 창조자, 탐험가로서의 능력을 통해 그녀를 비옥하게 성장시킬 수 있었을 것이다. 이 내적 자원들은 돌봄, 사랑, 호기심, 역량, 대담함, 용기 등의 정서적 향연으로 채워져 있었다. 그런데 그녀가 분노와 욕망을 뛰어넘지 못하고 빌에 기대어 삶의 균형을 잡으려 했기 때문에 그녀는 성장하지 못했다.

또 다른 의뢰인인 모드는 다른 방식으로 자신의 내적 자원을 차단한 경우였다. 모드는 일상의 두려움이라고 하는, 스스로의 내면에 도사린 용의 손아귀에 잡혀 있었다. 그녀는 남편이 세상을 떠난 후 혼자서 지냈다. 함께 사는 가족도, 연락하는 옛 친구도 없었다.

두려움에만 반응하느라 그녀의 세계는 축소되어 그녀를 바싹 둘러쌌다. 그녀는 스스로를 가두어 버렸다. 혹시나 위협의 싹이 될까봐 낯설고 다르다는 이유로 사람들을 차단해 흥미로울 수 있는 관계들을 미리 단절시켰다. 내적 자양분이 될 수 있는 독서도 하지 않았기 때문에 자기 손으로 덮은 차단 막을 젖힐 에너지를 찾을 수도 없었다.

그녀는 집과 직장과 다시 집, 그리고 일주일에 한 차례의 장보기, 일요일에 교회 가기, 이 년에 한 번씩 치과에 가기 등 꼭 필요한 일상으로만 이루어진 생활 패턴을 고수했다. 심지어 죽을 만큼 날카로운 결핍이 느껴질 때도 이 한결같은 좁다란 길을 벗어나지 않았다.

비록 모드의 경우는 극단적인 예이지만, 다람쥐 쳇바퀴 돌듯 똑같은 일을 반복하면서 지내다가 어느 순간 자신이 정서적으로 죽을 만큼 고갈되어 있다는 사실을 깨닫게 되는 것은 우리 모두에게도 해당하는 일이다. 우리가 경험하는 다른 사람들과의 단절은 다양한 감정의 결핍이다. 반대로 말하면 한 가지 감정만 존재하며 그 감정에 압도당하는 것이다. 이로 인해 많은 이들이 무감각해지며, 엘리자베스나 이야기 속 나이든 여자 같은 이들은 분노에 사로잡힌다. 모드를 지배하는 감정은 두려움의 일종이었다.

더구나 모드는 우리들 중 많은 수가 그렇듯이 그 한 가지 감정을 거부하려고 엄청난 에너지를 쏟아부었다! 이런 식으로 거부에 많은 에너지를 쓰면 합리적인 사고를 할 수 있는 능력이 마모될 수밖에 없다. 이것이야말로 기력이 쇠해 자리보전하는 존재로 우리를 묶어두는 자물쇠다. 쇠약해진 채로 반쯤 잠들어 있으면서 굶주리는 것이다. 그것은 의미, 존재 이유, 영적 의지가 자라날 수 있게 자양분이 되어줄 든든한 음식, 즉 감정의 영토에 존재하는 식량이 없기 때문이다.

중년의 삶에서 특히 중요한 것은 감정을 주의 깊게 다루는 일이다. 자연스럽게, 다시금, 자신이 누구이고 어떤 사람이었는지에 대해 질문하기 시작하면 자기 성찰, 응시, 명상, 또는 심리치료의 비중이 점점 커진다. 경험이 적었던 사춘기 시절에도 같은 질문을 했겠지만 이번의 질문은 다르다. 중년이란 주어진 삶의 일정 부분을 이미 살아낸 시기이며, 깊은 내면으로의 탐색과 연결을 시작해야 할 때다. 이것을 피하려 들면 무감각해지고 굶주림에 맞닥뜨리게 되는 것이다. 내면 깊은 곳과의 연결은 꼭 필요한 감정을 불러오며, 이를 통해 우리는 풍요로워질 수 있다.

이야기에서 나이든 여자의 자기 방치는 결국 복수 행위를 통해 폭발하고 말았다. 일반적으로 다양한 감정이 막히면 표면으로 드러나는 첫 번째 감정은 늘 '화'다. 막힘이 강하고 오래되면 나이든 여자의 경우처럼 화가 격심한 분노로 바뀐다. 표면이 폭발하는 것이다.

나이든 여자의 다음 행동은 흥미롭다. 몸을 구부려 두개골을 성기에 갖다 대고 매혹적인 노래를 부르는 여자. 두개골은 점점 커져 마침내 떨어져 나가고 마을을 굴러다니며 사람들을 공포에 떨게 만들었다.

이야기꾼이 보여준 이 깜짝 놀랄 만한 상황을 어떻게 해석해 볼 수 있을까? 우선 이 상황에 내포된 상징들을 끌어내 보기로 하자. 기독교가 생기기 오래전 종교가 여신을 중심으로 형성되던 때에는 여성의 음부가 신성시되었다. 여성의 음부는 생명이 움트는 원천이었으며 가장 두드러진 여성성의 상징이었다.

반면에 두개골은 예로부터 죽음의 상징이었다. 또한 합리적이고 지적이며 비감성적인 사려분별은 늘 머리와 연관되어 왔다. 게다가 머리는 남성적 에너지의 상징이기도 했다. 매혹적인 노래는, 아마 말과 노래가 주술적인 힘을 지니고 있다고 여겨 신성시된 것과 관계가 있을 것으로 보인다. 마녀나 고대 종교의 여자 사제들은 자신들의 주문과 부적이 존재를 다른 차원으로 승화시켜 지속적인 형질 전환이 이루어지기를 기대한 것이다.

즉 나이든 여자의 행동은 주술적인 방식으로 존재론적 변화를 시도한 것이었다. 남성적 합리성의 기관인 두개골을 여성적인 생명의 원천에 잇댐으로써 그것 자체가 주문이 된 것이다. 그녀는 새로운 여성적 측면, 즉 스스로의 삶 속에서의 새로운 탄생 또는 정서적 부활을 필요로 했다.

그녀의 실수는, 새롭고 순수한 생명 창조 과정에서 분노로 일그러진 합리성을 통해 여성성에 접근하려 한 것이다. 내 할머니께서 가끔 하시던 말씀 중에 이에 대한 의미심장한 대목이 있었다. 간단한 말인데, 이런 것이다. "너무 화가 나서 생각을 제대로 못 하겠어."

이것이 이 나이든 여자가 처한 정확한 지점이다. 그녀는 자신의 여성성이나 남성성으로 뭔가를 하기 전에 치미는 분노를 먼저 다스려야 했다.

엘리자베스, 모드, 이야기 속 나이든 여자, 그리고 셀 수 없이 많은 다른 여성들은, 본질적으로는 죽은 것이다. 자신이 누구인가를 생각하면서 이들은 자신의 생명과 영혼이 몸에서 빠져나가 버렸음을 깨닫게 된다. 이들이 갇힌 지극히 작은 공간만 죽지 않고 겨우 유지되고 있었다.

"그만하세요!"라고 이야기 속의 손자는 말한다. "무슨 일이 벌어지고 있는지 보시라고요! 정신 차리고 할머니께서 무슨 짓을 하고 있는지, 할머니의 행동이 무슨 의미를 지니고 있는지 보세요. 마구잡이로 뛰어다니지 마세요, 굴러다니지 마시라고요. 문제와 상관없는 행동을 그치세요." 이 꼬마는 어디서 시작할지를 아는 것이다. 이 나이든 여자 또는 모든 여자들에게 필요한 것은 스스로와 다시 연결되는 것이다. 또한 이 재접속의 과정을 시작하기 위해서는 현재 존재하는 자신의 정서가 무엇이든 그것에 집중할 필요가 있다. 이 나이든 여자 역시 자신의 감정과 함께해야 한다. 자신의 감정이 분노라고 하면 분노에 대해 깊이 생각해야 한다. 그러면서 자신에게 질문을 던져야 한다.

"왜 그렇게 화가 났어?" 이렇게 물을 수 있을 것이다. "넌 지금 다른 사람들한테 마구 해대고 있어. 그 사람들이 뭘 했기에 그러지? 네 안에서 일어나고 있는 일과 그것이 무슨 관계가 있어? 같은 일을 너 자신에게도 할 수 있어? 그렇게 되도록 놔둘 거야? 이런 일을 해서 뭔가를 회피해 보려는 거야?"

이런 질문들은, 내면의 또 다른 측면으로 가는 최적의 경로가 정해졌다고 감정이 일러줄 때까지 계속되어야 한다.

죽음을 깨닫는 것은 어떻게 하면 노년기를 풍요롭고 충만하게, 그리고 공허해하거나 쩔쩔매지 않고 보낼 수 있는지 시험하는 강렬한 정서이다. 이 정서는 눈처녀 설화에서 나이든 여인이 휩쓸린 것 같은 공허의 느낌일 수 있다. 이 느낌과 더불어 분노의 느낌도 동시에 올 수 있으며 두려움, 심한 피로, 무감각이 동반될 수도 있다. 그러나 무엇이 동반되든, 어둠 속에서 우리가 처음으로 보게 되는 것은 결론이 아니라 초대이다. 여행을 떠나라는 초대장이다. 바로, 아주 오랫동안 의식 저편으로 밀려나 있던 우리 자신의 다른 측면들을 자각하기 위한 여행이다.

이것은 대부분의 사람들이 알고 있는 것과는 다른 방식으로 불쾌한 감정들에 접근하는 태도이다. 이 접근법에서는 우리가 겪게 되는 정서가 무엇이든 중요하고 의미 있는 길안내로서 기꺼이 받아들이라고 한다.

우울? 화? 두려움?

"안녕. 네가 나의 무의식에서 나온 이래로 너한테서 많이 배우고 있어. 네가 단지 '첫 번째' 감정에 지나지 않는다는 걸 알아. 건물 현관에선 문지기 역할인 거지. 그렇다고 해도 너는 유일하게 현실로 와 닿는 시작점이야. 난 너를 볼 수 있어. 그래서 너를 판단하지 않고 잘 살펴볼 예정이야. 조만간 너는 문을 열게 될 테고, 내 무의식의 또 다른 조각을 내보내거나 나를 안으로 들여보내 주게 되겠지."

지금껏 우리가 다룬 이야기들은 개인적 죽음의 의미에 대해 이런 진실들을 전해주고 있다.

죽음을 피하는 것은 불가능하다.

신체를 자신과 동일시하면 몸의 노화에 따라 자신도 늙는다. 그러나 이야기들을 통해 알게 된 것처럼 영혼에서 정체성을 찾으면, 영혼이 영원하기 때문에 우리도 젊다.

자신의 영혼을 발견하는 것은 시간의 흐름에 따라 반드시 일어나는 창조적인 과정이다.

감정, 본능 또는 직관이라는 내면의 목소리들은 귀 기울여 듣는 법만 알면 안내자의 역할을 한다.

어떤 정서든 현재 존재하는 정서를 포용하면서 시작해야 하며 그것이 무슨 의미를 지니고 있는지 파악할 수 있어야 한다. 이것이 자기 인식을 확장시켜 줄 것이다.

삶의 의미에 대한 해법은 모두 내면에 깃들어 있다. 외적 해결책은 궁극적으로는 만족감을 주지 못하며 실패하고 만다.

나 자신의 죽음을 준비하기 위한 과제는 내가 누구인가를 발견하는 것이다. 이 과제를 시작하려면 내가 누구인지, 다른 사람들은 나를 어떻게 생각하는지에 대해 그간 스스로 쌓아온 겹겹의 층들 아래를 살펴보아야 한다. 몸으로 감춰진 내면의 층들, 겉으로 드러난 행동들 아래 감춰진 이면들을 스스로의 영혼을 찾을 때까지 탐색해야 한다.

이는 스스로 시인하거나 좋아하지 않을 수도 있을 자신의 여러 부분들을 받아들이는 법을 배워야 한다는 의미이다. 안전하게 미지의 영역으로 들어가기 위해 스스로에게서 거부된 부분들을 껴안을 줄 알아야 한다는 것이다.

우리는 어느 나이든 여자가 필요성을 느끼자마자, 그 필요성이 무엇에 대한 것인지 고민하지 않고 곧장 눈아이를 만들어내 자신의 창조성을 향해 돌진한 사례를 보았다. 무엇 때문에 자신이 격노하게 된 것인지 이해해 보려 하지 않은 채 분노를 쏟아낸 여자와도 만났다. 이들 내부의 거부당하고 억눌린 부분이 밖으로 나와 그들이 어떤 사람이 될 수 있는지 시험하는 모습을 본 것이다.

"난 그렇지 않아"라고 우리는 말하고 싶어 한다.

"난 좋은 사람이야. ……할 때만 빼고."

"난 친절하거든. ……일 때만 빼고."

"난 항상 사려 깊게 행동해. 글쎄, 대체로는 그렇다고."

"그리고 내가 잘못할 땐, 그럴 사정이 있거나 다른 사람의 잘못 때문이야."

점점 더 깊이 탐색해 들어갈수록 명확해지는 것은 우리 모두가 억눌린 면을 지니고 있다는 것이다. 우리가 좋은 사람의 모습을 취할수록 미지의 측면은 '고약함'으로 채워진다. 우리가 좋은 사람의 모습이 되어갈수록 이 '무의식에서 나온 고약함'은 의식에게는 더 이방인처럼 느껴진다. 그리고 이 고약함에 대해 잘 모르면 나이가 들수록 우리 영혼은 취약해진다.

마지막 이야기에서는 무의식과 성공적으로 손을 잡은 여자를 만나볼 것이다. 여자가 어떤 식으로 그 일을 해냈는지보다 죽음과 어떻게 화해하는지에 초점이 잘 맞춰져 있는 이야기다. 이야기 속 나이든 여자는 죽음의 실체와 마주하고 받아들임으로써 남은 날들을 기쁨과 의미로 채워갈 수 있다는 것을 아는 현명함의 소유자이다.

로마 신화의 바우키스와 필레몬 이야기이다.

바우키스와 필레몬

이곳에서 멀리 떨어진 어느 지방에 매우 눈에 띄는 나무가 한 그루 있다. 이 나무와 나무 뒤편의 신전은 작은 섬에 자리하고 있다. 나무의 뿌리는 깊이 뻗어 물에까지 닿아 있으며, 튼튼하고 견고한 줄기는 위로 갈수록 둘로 쪼개져 한 쪽은 참나무, 다른 한 쪽은 은빛 보리수를 이루고 있다.

언젠가 주피터가 올림포스의 주신으로 있던 시절 이 땅을 둘러싼 물이 온 마을을 뒤덮은 일이 있었다. 어느 날 저녁 주피터는 마을을 방문하여, 거기 사는 사람들이 친절하며 손님을 환대할 줄 아는지 알아보기로 했다. 주피터와 그 아들 머큐리는 거지 행색을 하고 집집마다 문을 두드려 먹을 것과 쉴 곳을 청했다. 그러나 신들은 매번 빈손으로 발길을 돌려야 했고, 마지막으로 들른 곳이 바우키스라는 나이든 여자와 그 남편인 필레몬의 소박하고 작은 집이었다.

바우키스와 필레몬은 문을 열어 지친 두 여행자를 안으로 맞아들였다.

불길을 돋우고 긴 걸상을 불가로 끌어다놓은 뒤, 바우키스는 간소한 찬장에서 양배추, 소금에 절여 두툼하게 썬 돼지고기 한 점, 달걀 몇 개, 올리브, 서양자두, 꽃상추, 무, 치즈 등을 꺼내 상을 차렸다.

그들은 낯선 이들이 발을 씻을 물도 내왔다.

식탁은 다리 하나가 부러져 깨진 도자기로 받쳐놓은 상태였다. 그 위에 포도주 주발이 놓여 있었다.

음식이 조리되고 포도주가 잔에 채워지자, 거지들은 식사를 하기 시작했다.

다시 한 번 포도주가 채워졌다. 그런데 포도주 주발의 포도주는 여전히 가득 담긴 채 찰랑거리고 있었다. 바우키스와 필레몬은 이를 눈치채고 의아하게 여기기 시작했다가 다음 순간 두려움에 몸을 떨었다. 눈앞에 보이는 것이 사실이라면 그들은 신들의 면전에 있는 것이었다!

"용서해 주소서"라고 나이든 여자와 남자가 말했다. "형편없는 식사를 올려

드렸습니다. 저희에게 거위 한 마리가 있으니 당장 잡아서 요리해 올리겠습니다."

두 사람은 얼른 달려나가 거위의 뒤를 쫓았다. 그러나 나이든 여자와 남자의 달리기로는 거위를 따라잡기가 녹록치 않아서 거위는 한동안 꽥꽥 울음소리를 내며 이리저리 뛰어다니다가 마침내 집 안으로 달려들어 신들 옆에 멈춰섰다. 노부부도 뒤따라 집으로 들어와 숨을 가쁘게 몰아쉬었다.

"멈추거라." 주피터가 명했다. "너희의 이웃들은 한결같이 이기적이고 야박하게 굴었으나 너희는 훌륭히 처신했다. 저들에게는 벌을 내리겠노라. 우리와 함께 가자."

신들은 노부부를 언덕 쪽으로 이끌었다. 거의 언덕 꼭대기에 이르러 이 노부부가 더 이상 갈 기력이 없어 보이자 그제야 신들은 멈췄다.

"뒤를 돌아보라." 신들이 명했다. 바우키스와 필레몬이 뒤돌아보자 자신들의 오두막을 포함해 마을이 온통 물에 잠겨 있었다.

그들은 집과 이웃들을 잃어버린 것이 애통해 울기 시작했다. 울면서 살펴보니, 마른 땅이 물 한가운데 모습을 드러내고 있었고, 거기엔 주피터가 만든 아름답고 큰 신전이 세워져 있었다.

"원하는 것이 무엇이냐?" 주피터가 두 사람에게 물었다. "가장 바라는 것을 말해 보아라."

두 사람은 이야기를 나눈 뒤 주피터에게 고했다. "저희 두 사람 죽는 날까지 주피터님의 신전에서 사제로 지내고 싶습니다. 그리고 때가 되면 둘이 함께 죽음을 맞이하기를 원합니다."

두 사람의 소원은 받아들여졌다. 그들은 아주 오랫동안 주피터 신전에서 행복하게, 충실히 신에게 봉사하며 살다가 때가 이르자 동시에, 하나이면서 둘인 연리지로 변했다. 바우키스는 은빛 보리수가 되었고, 필레몬은 참나무가 되었다.

이 이야기는 신약성서에서 예수가 자신을 따르는 자들에게 환대에 대해 설명한 내용과 매우 비슷하다. "내가 배고팠을 때 너희가 나에게 먹을 것을 주었고, 내가 목말랐을 때 너희가 나에게 물을 마시게 했으며, 내가 나그네가 되었을 때 너희가 나를 영접했고, 내가 헐벗었을 때 너희가 나에게 옷을 입혀주었으며, 내가 병들었을 때 너희가 나를 돌봐주었고, 내가 감옥에 갇혔을 때 너희가 나를 방문해 주었다. (······) 내가 진정으로 너희에게 말하니, 너희가 내 형제들 중 이 지극히 작은 자 하나에게 한 것이 곧 내게 한 것이다."

어려운 처지의 사람들에게 친절을 베푸는 이야기는, 내가 공부한 어느 문화의 설화에서나 공통적으로 발견된다. 어느 문화에서나 공통된다는 것은 이 덕목이, 실제로는 문화적 규칙을 뛰어넘어 이를 이행하는 이들에게는 보상을, 소홀히 하는 이들에게는 벌을 내린다는 종교적 명령의 의미를 지니고 있다는 뜻이다. 또 사회적 측면에서 볼 때 '바우키스와 필레몬'은 공동체에 필요한 도덕적 행위의 사례를 제공한다.

이미 우리는 하나의 설화가 개개인의 영혼을 위한 은유이기도 하다는 것을 알고 있다. 각 설화에 등장하는 모든 이들 ― 신과 사람들 ― 은 한 중심인물의 여러 다른 측면들로 우리의 다양한 내면을 비춘다. 이런 시각에서 보면 이 이야기의 여러 등장인물이 지닌 속성을 한 줄기로 모아 한 인물을 온전한 존재로 만들어볼 수 있으며, 그 인물은 다시 자신의 내면 그리고 죽음을 초월하는 보편적인 무언가와 연결될 수 있다.

이야기 속의 모든 사람이 한 인물의 여러 측면으로 이해될 수 있다는 점을 기억하면, 바우키스 내의 남성적 성격, 즉 필레몬이 눈에 보이기 시작한다. 건전한 인간으로의 발달은 여성과 남성적 특질을 모두 지녔다는 것을 인식하는 일과 이 둘의 건강한 성장에 달려 있다.

두 신이 방문하는 것은 얼핏 모순처럼 느껴지는 대목이다. 이야기 속의 모든 등장인물이 한 인간의 내면에 자리한 영혼의 다양한 측면이라고 했는데, 인간의 영혼을 신으로 설정하는 것은 아무래도 억지스럽다.

그래서 우리가 자신을 인간 이상의 존재로 승격시킬 때는 불가피하게 무언가를 덜어내는 작업이 동반된다. 양탄자 제조업자들 사이에서 내려오는 관습을 보면 인간이 제 격을 유지하는 것이 얼마나 중요한가에 대해 이들이 이해하고 있음을 알 수 있다. 아름다운 양탄자가 완성되면 이를 만든 장인은 자기 손으로 어딘가에 흠집을 낸다고 한다. '완전함'이란 '신에게만 해당되는 영역'이라고 생각하기 때문이다. 오늘날 우리 역시도 스스로를 완전한 사람인 것처럼 여기면 생명의 영혼을 찾을 수 없다는 것을 알고 있다.

이 이야기에서 주피터와 머큐리는 융 학파에서 '원형(Archetypes)'이라고 부르는 대상이다. 원형은 모든 인류가 공통으로 지닌 관념과 충동의 보편적 패턴이다. 융 학파 심리학자들은 이 관념과 충동들이 집단 무의식의 깊은 저변에 존재한다고 주장한다.

원형은 배워 익히는 것이 아니라 태생적으로 지니는 것이다. 인간이라면 예외 없이 두 눈과 하나의 코를 지니고 태어나듯 누구나 원형적 관념, 이를테면 어머니에 대한 공통의 관념을 지니고 태어난다. 다만 사람의 얼굴이 두 눈과 코 하나로 똑같으면서도 제각기 달라 보이는 것은 가족적인 유전의 영향으로, 우리 안에는 이러한 동일성과 개별성이 나란히 존재하는 것이다. 마찬가지로 어머니의 관념도 공통의 원형적 관념과, 개인의 경험에 따라 개별적으로 형성된 세부 관념이 합쳐져 있다.

이 이야기에서 주피터와 머큐리는 원형적 이미지로서 신성(神性)의 측면을 상징한다. 로마 신화에서 주피터의 타이틀은 올림포스의 지도자이다. 주피터의 원형은 개별 자아의 통제나 명령을 뛰어넘는 강력함의 상징으로 모든 것을 보고 이해하는 힘이다. 머큐리 또한 우주 또는 신에 내재하는 궁극의 힘을 나타내는 또 다른 측면으로, 강력한 원형이다. 머큐리는 다른 방향을 찾아내기 위해 일부러 길을 잃게 만드는 '종횡무진'의 에너지이며, 꿈을 통해 매일밤 우리에게 방향을 일러주기 위해 지혜를 풀어놓는 존재이다.

우리 삶에는 원형의 힘을 경험하는 순간들이 많다. 여자에게는 아이의 탄생이 그런 순간이다. 나 역시도 아이를 낳을 때마다 출산을 경험한 모든 시대의 모든 여인들과 연결되는 느낌을 받았다. 대지의 어머니인 가이아의 에너지가 몸속으로 흘러드는 느낌이었다.

결혼은 원형적 에너지가 뚜렷이 작용하는 또 다른 의식이다. 신부가 나와 가까운 사람이 아닐 때조차도 때로 눈물이 솟구치는 것은, 결합이라고 하는 원형적 에너지의 상징에 깊이 공감하기 때문이다. 대부분의 결혼은, 나중에 어떤 식으로 변하든 그 순간만큼은 완전한 결합이다.

'바우키스와 필레몬' 이야기에서 주피터와 머큐리의 원형은 힘든 환경에서 생명을 기를 수 있는 인간의 능력을 시험하는 것으로 나타난다. 두 걸인 행색의 나그네가 해가 진 뒤에야 나타나 먹을 것과 쉴 곳을 요구한다. 이것은 쉬운 부탁이 아니다. 그러나 이야기는 우리 역시 이런 상황에 놓일 수 있다고 말한다. 낯선 이가 문을 두드릴 때 대답하고 문을 열어주는 것이 내키지 않는 것은 당연한 일일 수 있다. 우리들 대부분은 비교적 바람직한 삶을 살아왔다. 일하고, 아이를 키우고, 공동체의 일원으로서도 잘해왔다. 우리가 좋아하고 우리를 존중해 주는 친구와 가족이 있다. 이렇게 아무 문제가 없는데, 도대체 왜 낯선 이가 우리집 문을 두드리는 것인가 말이다.

심리치료를 위해 찾아오는 많은 여성들은 내게 이렇게 말한다. "그냥 기분 좋게 지내고 싶어요. 저 오래된 낡은 감정 속으로 다시 돌아가고 싶지 않아요. 그건 오래전이잖아요." 그런데 이런 식의 저항 자체가 감정의 시작이며 출발점이다. 왜 이 감정이 지금 등장하는 것인지 의아해하는데, 어쩌면 지금이 탐색에 나설 가장 적절한 시기이기 때문일 수 있다. 혹은 지금 해야 할 또 다른 중요한 무엇이 있어서일 수도 있다. 그것도 아니면 이 저항이 우리를 다른 곳을 이끌어주는 것이거나.

정신적 삶을 살아갈 '옳은' 시간이나 '옳은' 길을 지시해 줄 외부의 규칙이란 없다. 우리들 모두에게 최선은 자신에게 찾아온 감정에 어떤 의미가 깃들어 있는지를 이해하는 것이다. 이를 위한 유일하게 가능한 길안내는 내면이 이끌어주는 대로 가는 것이다. 문 두드리는 소리에 답을 해야 할지 하지 말아야 할지 알려면, 그리고 누군가 혹은 무언가를 찾는 것이 무슨 의미인지 알고자 한다면 감정에 관심을 기울이고 그 지점에서부터 나아가야 한다. 느끼고, 그것에 대해 써보기 바란다. 도움이 될 사람을 찾아 함께 그 이야기를 하고, 그림을 그리는 것도 좋다. 모임에도 참여하자.

심리치료실을 찾아온 또 다른 여성은 이런 이야기를 했다. "감정의 격렬한 분출이나 낯선 행동 같은 것들이 어디서 온 것인지를 모르겠어요. 너무 나 같지 않아서요."

"그것을 안으로 들이시라"고 이야기꾼은 제안한다. "당신은 최악의 상황을 두려워하고 있어요. 이 나그네가 어둠의 땅에서 온 자여서 당신을 납치해 사슬에 묶어 끌고 가버릴까봐 말이죠. 그러나 눈을 크게 뜨고 관심을 기울이면, '그리고' 감정에게 친절하게 대하면 '이해'라고 하는 선물을 받게 될 것입니다"라고.

누군가 찾아와 문을 두드리는 것은 일상적으로 하던 일이 아닌 추가적인 일을 요청하는 상황이다. 이런 방문들은 종종 우울, 근심, 또는 무거운 짐을 얹은 듯한 몇몇 정서의 형태를 띠고 있기도 하다. 일단 문을 열면 누더기 차림의, 지저분하고 낯선 냄새를 풍기는 두 남자가 서 있다, 주피터와 머큐리는 이런 식으로 변장을 하고 찾아온다. 이를 우리 정서에 대입해 보면 문 앞에 선 신들은 '추한 감정'이라는 옷을 입고 서 있는 것이다. 떠올리고 싶지 않았던 기억, 놀라 소스라치거나 격분해서 잠에서 깨어나게 하는 꿈 등 원치 않는 감정들이 그것들이다,

우리는 사는 내내 존경받을 만한 사람이 되려고 애써왔다. 그런데 난데없이 낯선 감정이 찾아와 문을 두드린다. 이 낯선 냄새를 풍기는 이상한 남자들이 내 삶을 더 고양시켜 주려고 온 것 같지는 않다. 내 타입도 아니거니와 지금껏 가꿔온 삶과도 맞지 않는 사람들이다. 그냥 쫓아내 버리고 싶은 마음이 간절하다. 바우키스와 필레몬의 이웃들이 보인 반응을 십분 이해할 수 있다.

바우키스와 필레몬은 그럼에도 불구하고 문을 열어 낯선 이들을 집 안으로 들인다. 바우키스는 나그네에게 휴식과 마실 것, 먹을 것을 허락하는 측은지심을 보여준다. 이것은 생명을 북돋고 그녀 자신의 일부를 북돋는 행위이다. 그러면서 원래 자기가 생각하던 것 이상의 것이 있음을, 느리지만 발견하는 것이다. 존재의 변화가 일어나는데, 그 변화의 과정이 더딜 뿐이다.

그러나 여기에 진정한 성장이 있다. 이 성장은 의도한다고 해서 이루어지는 것이 아니라 자연스럽게 이루어진다. 바우키스와 필레몬은 나그네들에게서 뭔가 얻을 것이 있으리라 기대하며 그들을 환영한 것이 아니라 그들의 필요에 부응하는 측은지심에서 기꺼이 맞아들인 것이다.

그 거지들은 보이는 것 이상의 존재였지만 찾아올 당시에는 실체가

명확히 보이지 않았고 일정 시간을 필요로 했다. 신들은 스스로 존재를 변화시켜 신성한 용모를 드러내 보이기 전에 바우키스와 필레몬이 정체를 알아챌 때까지 기다릴 필요가 있었다.

아주 비슷한 방식으로, '그들에게 나의 죽음을 보냈어'에서의 나이든 여자 역시 자신의 분노에게 문을 열어줄 수도 있었다. 그러나 그녀는 그러지 않았다. 문 앞에 선 존재가 분노라고 생각되면 누군들 집에 들이고 싶겠는가? 주피터와 머큐리라 해도 거지 행색을 하고 있으면 집 안에 들이고 싶어 할 사람은 없다.

나를 찾아오는 의뢰인들의 인생 못지않게 내 인생에서도 원치 않는 손님이 찾아와 문을 두드리곤 했던 일이 드물지 않았다. 아주 젊었을 때는 나 역시 부산하게 발뺌을 하며 찾아온 감정들을 뿌리쳤다. "정신없이 바쁘게 지내면, 너무 피곤하면, 일에서 보람을 찾으면"이라고 스스로 합리화했다. "이런 감정들은 사라질 거야"라고. 실제로 그렇게 되었다. 그러나 나는 기력이 소진된 채, 더 현명해지지도 않은 채 남겨졌고, 감정들은 결국 다시 돌아왔다.

점차로 나는 그것들을 맞아들이는 방법을 배워나갔다. "너를 잘 살필게"라고 말하는 법을 배웠다. "지금은 힘든 때야. 이 낯선 감정들과 함께 있을 동안에는 내 자신을 더 잘 돌봐야 해. 정크푸드가 아니라 좋은 음식을 규칙적으로 먹겠어. 피곤할 땐 쉬겠어. 내 자신과 내 감정을 측은지심으로 대하겠어."

때로, 물론 늘 그런 것은 아니지만, 이 감정들은 나를 새로운 곳으로 이끈다. 그곳은 지난 시절의 경험이 사라지지 않고 있다가 마법처럼 다른 모습으로 변형되어 존재하는 곳이다.

바우키스에게도 마법이 찾아왔다. 신들은 그녀가 원하는 것을 물어보았다. 그녀는 자신이 살아 있는 동안 인생의 영적 측면에 헌신할 수 있게 해줄 것을 청했다. 또한 죽음에 임해서는 내면의 남성성과 여성성을 통합함으로써 영적 삶을 이어가고 싶다고 했다. 여기서 이야기꾼이 바우키스의 청을 필레몬과의 일체화로 설정한 것은 청자들로 하여금 내면의 상반되는 요소들을 화합시키는 것이 곧 패러독스의 극복이며, 우리가 나이들어 가면서 이뤄야 할 과제임을 알게 하기 위한 것이다. 바우키스는 스스로 충족적이며, 자기완성에서 다른 존재를 '필요'로 하지 않는 사람이다. 필요로부터 자유로워짐으로써 그녀는 다른 사람들과 관계 맺기를 기꺼이, 사랑하는 마음으로 할 수 있는 것이다. 바우키스가 택한 길은 눈처녀나 구르는 두개골 이야기의 여자들이 택한 길과는 확연히 다르다.

바우키스와 필레몬은 이웃들과 달리 자신의 감정을 정면에서 바라보았고, 침착하게 변화를 이끌어냈다. 그녀의 이웃은 그렇지 못했다. 신이 정체를 밝히고 나자 이웃들의 운명이 드러났다. 마을 사람들은 극단적으로 합리적, 실리적 사고방식에 매여 있었기 때문에 유연하며 배려 있는 태도를 지니지 못하고, 완고하고 인색하며, 이기적인 태도를 지니게 되었다. 강렬하지만 달갑지 않은 새로운 감정이 문을 두드리자 "가버려!"라며 배척했다. 이런 감정들은 종종 사라진 것처럼 느껴지기도 하지만 잠시 무의식 속으로 자취를 감춘 것일 뿐이다. 강렬한 감정, 또는 지나치게 많은 감정들은 일단 무의식으로 되밀려갔다가 더 큰 파급력으로 다시 돌아온다. 이야기 속 이웃들은 물에 휩쓸리는 운명을 맞는다. 우리도 마찬가지다. 강렬하고 불유쾌한 감정들을 밀쳐버리면 같은 결과를 맞이할 수 있다. 무의식의 쇄도에 압도당해 휩쓸릴 수 있는 것이다.

바우키스와 필레몬의 운명에 관한 상징은 남성성과 여성성의 통합을 나타낸다. 그 중 보리수는 여성과 관련된 신화와 민담에서 반복적으로 나타난다. 이 나무는 아프로디테와 프리가(Frigga, 북유럽 신화에 나오는 대지의 여신. 오딘의 아내이며 예지 능력을 갖고 있다. 결혼과 출산의 수호신이다 - 옮긴이) 여신에게 봉헌되며, 그리스에서는 님프의 보금자리이자, 꿀과 더불어 살균력을 지닌 속껍질로 널리 알려져 있다. 보리수는 여성적 면을 상징한다.

반면 참나무는 늘 남성성을 나타내며, 바우키스와 필레몬에서 남성적 면에 부합하는 필레몬의 최종 현신이다. 참나무는 폭풍우 속에서도 대지에 단단히 붙박이는 깊은 뿌리를 지녀 육체적인 강인함을 상징해 왔으며, 실제로 아서 왕을 비롯해 많은 제왕들이 상징수로 채택하기도 했다.

스스로의 여성성과 남성성을 결합함으로써 바우키스와 필레몬은 이원성의 통합이라는 방식으로 죽음을 넘어설 수 있었다. 새롭고 온전한 존재로 거듭난 것이다. 바우키스와 필레몬은 죽는 동시에 서로 다른 두 종류의 나무가 합쳐진 한 그루의 나무가 된다. 이 이미지를 통해 우리는 노년기의 삶에서 우리 자신의 서로 다른 인격적 특질들을 통합하는 작업이 얼마나 중요한가 하는 생각을 해볼 수 있다. 이 이야기가 보여주는 이원성의 결합은 바로 죽음의 한 형태이기도 하다.

소개한 이야기들에서, 죽음에 맞닥뜨리는 우리 삶의 진실을 이해하고 받아들이기 위해 채용할 수 있는 아이디어들은 다양하다. 또한 저마다의 이야기는, 죽음을 준비하기 위해 필요한 일을 할 시간이 충분하다는 것을 일깨워주고 있다.

여기서 필요한 일이란, 내적인 성장이다. 한 여자는 몸에 대한 집착을 버리기 위해 무엇이 필요한가에 대한 질문을 해야 할 상황이었고, 또 한 여자는 다른 형태의 창조성을 개발할 필요가 있었으며, 세 번째 여자는 내면의 허기를 채우고 솟구치는 분노의 의미를 이해해야 했다.

마지막으로 바우키스는 영성(靈性)에의 헌신을 위해 물질에 대한 집착을 버릴 필요가 있었다.

달리 표현하면 이야기의 주인공들에게 필요한 것은 자신의 생명과 영혼, 즉 존재의 정수를 찾는 일이었다. 한 여자는 무의식으로부터 뻗어나온 물줄기, 즉 우리에게 깨우침과 치유를 제공하는 꿈을 통해 이것을 경험했다. 또 한 여자는 창조성의 솟구침을 통해 이것을 감지했지만 그 통찰을 잘못 적용하여 신경증적 방향으로 이끌려 갔다. 또 다른 여자는 오로지 분노에 몸을 맡겨 마침내 무의식으로 끌려들어 갔고, 마지막 여자는 자신의 이질적 부분과의 통합 및 영적 측면에 봉헌하는 삶에서 영혼을 찾았다.

필요한 것은 우리들 각자의 내면에 존재하는 다양한 분열과 이원성의 통합이다. 천막에 사는 이뉴잇 여자는 육체와 영혼의 이원성을 지녔고, 러시아 여자의 이원성은 그녀가 지닌 신경증의 한 측면이었다. 그녀는 성취에 대한 필요와, 애매한 상태를 참지 못하고 본능적 만족 쪽으로 스스로를 밀어붙이는 조급함 사이에서 갈피를 잡지 못했다. 또한 머리를 잃어버린 여자는 합리성과 정서 사이의 이원성으로 고통받았고, 바우키스의 이원성은 여성성과 남성성, 물질과 영혼이었다.

우리들 각자에게는 이 과제를 수행하는 데 꼭 필요한 창조성이 있다. 다만 창조성과 함께 요구되는 것이 인내이다. 처음에는 감각으로 느낄 수야 있겠지만 자신의 성장을 눈으로 확인하는 것이 불가능하기 때문이다. 우리에게는 실수에 대한 관용도 주어져 있다. 실수를 통해 우리는 어떤 일이 일어나고 있는지 인식할 수 있게 된다. 여기서 필요한 것은 정서적 요구에 응하고, 정서를 붙드는 것으로 시작해야 한다는 것이다.

지금까지 몇 가지의 이야기를 통해 확인한, 죽음의 현실을 받아들이기로 할 때 꼭 필요한 이 과업들은 풍요롭고 창조적인 노년을 영위하고자 할 때 요구되는 것들과도 정확히 일치한다. 이 과업들은 우리가 죽음으로부터 달아나지만 않으면 스스로 우리 앞에 모습을 드러낼 것이다. 용기 있게, 자신의 죽음을 향해 걸어나가다 보면 어느 순간 삶의 한가운데에 이르게 되는 것이 우리 인생이다. 천수국이 씨를 품듯, 우리도 죽음의 한가운데서 삶의 씨앗을 피워낸다. 이것이 패러독스이다.

2

식초와 콩
삶의 한계

나이든 여자는 일어나 기지개를 켜기 시작했다. 너무 오래, 거의 종일 움직이지 않고 앉아만 있었더니 몸이 뻣뻣해져 있었다. 여자는 강을 향해 걷기 시작했다. 마을에서는 더 멀어졌다. 아직 돌아갈 준비가 되어 있지 않았다. 여자는 지난 이틀 동안 머물렀던 곳과 똑같은 강둑의 쉼터들 중 한 곳으로 향했다. 자신이 겪은 일의 의미를 받아들이려면 하룻밤 정도의 시간이 더 필요했다.

걸으면서 여자는 현재의 편안한 느낌에 즐거워져 콧노래를 부르기 시작했다. 힘든 한 달이었다. 정확히 나흘 전에 세드릭이 죽었고, 그 이튿날 땅에 묻혔다. 죽기 전에 세드릭은 죽음의 문턱에서 3주 동안 링거를 맞았고, 그러는 동안 '나이든' 여자는 침대 옆에 앉아 그의 몸을 식혀주고, 수프와 시럽을 먹여 고통을 덜어주었다. 그렇게 여자는 그가 다음 여행을 떠나는 순간을 지켰다. 그의 매장을 준비한 것도 여자였다.

다른 사람들은 그를 땅에 내려놓을 때 '말'을 했지만, 그의 비어버린 몸 위로 차가운 흙을 가장 먼저 뿌린 것도 여자였다.

두 사람이 함께 지낸 이래 40년이 흘렀고, 여자는 그가 죽기 위해 다시 마을로 돌아왔을 때 적잖이 놀랐다. 세드릭은 화를 내며 떠났었고, 여자는 쓰라린 심정으로 그를 보냈었다. 둘은 서로에게 실망했었다. 오랫동안 여자는 오로지 잊으려는 안간힘으로 살았다.

마침내 여자는 세드릭에 대해 참아낼 수 있었다. 둘이 함께한 시간의 기억 언저리를 더듬다가 젊은 남자를 신처럼 여기는 한 소녀의 이미지를 떠올린 순간부터였다. 소녀는 마치 자신이 욕망하면 창조해 낼 수 있기라도 하듯 남자의 진흙 비슷한 형상을 가지고 맹렬히 작업하고 있었고, 그 일이 실패하자 분노와 공허감에 휩쓸렸다. 그 빈 공간에서 성장에 필요한 것을 찾는 일에는 엄청난 시간과 노력이 들었지만 여자는 마지막 순간에 웃을 수 있었다. 세드릭이 겪어낸 것도 똑같았다. 다만 여자가 믿고 기댈 제우스를 바랐다면, 그는 자신의 아이를 돌보듯 언제나 헌신하는 완벽한 데메테르를 갈망했다는 것만 달랐다.

세드릭이 떠난 날부터 한 달 전까지, 나이든 여자는 그의 소식을 전혀 듣지 못했다. 그가 늙고 야윈 채, 누가 봐도 죽음이 임박한 모습으로 마을로 걸어들어올 때 여자의 심장은 방망이질했고, 무언가가 물밀듯 밀려드는 느낌을 받았다. 그 무언가는 아마 불안이었을 텐데, 이내 불안은 사라지고 여자의 익숙한 손길과 측은지심이 그 자리를 채웠다.

그가 죽기 한 시간쯤 전에, 여자는 남자의 머리맡에 앉아 잠든 남자를 물끄러미 보고 있었다. 남자가 눈을 떠 여자를 올려다보았다. 두 사람이 단일한 에너지의 개체로 융합되는 듯한 강렬한 순간이 흘렀다.

그녀는 울부짖었으나 그건 말이 되어 나오지 않는 공기의 분출 같은 것이었다. 그리고 끝이었다. 그는 안개 같은 잠의 땅으로 가라앉았다가,

이내 육신을 떠났다. 여자는 말없이 남자를 안았다. 전에 한 번도 그래 보지 않았던 어머니의 모습으로.

치러내야 할 일들이 기다리고 있었다. 감정 같은 건 느낄 새가 없었고 — 낯선 무감각만 있었다 — 모든 일을 끝내고 나서 마침내 여자는 자기가 사랑했던 숲에 홀로 남겨졌다.

여자는 자신이 슬프다는 것을 깨달았다. 그러나 그것은 세드릭의 죽음 때문이 아니라, 왜냐하면 죽음은 그저 또 다른 차원으로의 여행에 지나지 않으므로, 둘이 함께 하지 못했던 것들에 대한 회한 때문이었다. 그러나 나흘 전의 그 순간은 마법과 같았고 초월적인 일이 일어난 것 같았다. 가혹한 바람을 한줄기도 들이지 않는, 한치의 틈 없이 닫힌 문처럼 완벽한 합일의 순간이었다. 그것은 여자가 개별 존재로서 인생의 의미의 실마리를 발견하기 시작한 순간이었다. 젊은 시절 두 사람이 주고받았던 온갖 고통과 상처가 다시 떠올랐다.

두 사람의 합일의 순간, 그는 다시금 신과 같은 존재로 비쳐졌다. 여자는 인간이 신처럼 될 수 없다는 현실에 절망했던, 젊었던 자신을 위해 눈물을 흘렸다. 두 사람 사이의 강렬한 순간이 그토록 덧없음에도 눈물을 흘렸다. 마지막으로, 자신의 가장 깊은 내면, 그가 기대한 어머니의 모습이 사실은 그녀의 본질이었고, 그가 결국은 그녀 자신을 열망한 것과 다르지 않다는 사실 때문에 또 울었다. 두 사람은, 아니 사실 모든 인간은 온전한 한 존재의 각기 다른 조각들에 지나지 않은 것이다. 그렇게 울면서 여자는 이룰 수 없었던 것들의 비탄으로부터 위로를 얻기 시작했다. 뭔가가 끝나는 슬픔의 장소에서 심장은 현실의 의미를 다시금 건져 올릴 수 있다는 것을 깨달았다.

나이든 여자는 마을로 돌아가면 사람들이 모여들 것임을 알았다. 그날 밤 그녀가 사람들에게 들려줄 이야기는 자신을 위한 이야기이기도 할 것이다. 여자 역시도 무엇인가를 필요로 하는 이들 중 한 명이었기 때문이다. 여자에게 필요한 것은, 가치란 것이 늘 기대했던 곳에서 발견되지는 않는다는 사실을 되새기는 일이었다. 의미의 씨앗은 존재하는 것과 이루어지지 않은 것 양쪽에 묻혀 있다.

늙은 어머니

옛날 대부분의 시간을 자신의 생각에 빠져 살아온 아주 나이가 많은 여자가 있었다. 오래전 남편과 어린 아들들이 세상을 떠난 뒤 여자는 끊임없이 외로움의 언저리를 맴돌았다. 그 끔찍한 시간 이후 여자의 슬픔은 단 한 순간도 멈춘 적이 없었다. 여자는 자신의 삶이 유독 부당하다고 생각했다.

어느 어두운 밤, 여자는 교회 종소리를 들으며 생각에 잠겨 앉아 있었다. 꾸벅꾸벅 졸던 여자는 무거운 몸을 일으켜 외투로 감싸고, 아침 예배를 드리기 위해 언덕 아래 교회로 걸음을 옮겼다. 교회 안은 촛불 하나 켜 있지 않은데도 바깥보다 더 환했다. 여자는 늘 앉던 자리로 갔는데, 웬일인지 사람들이 잔뜩 앉아 있었다. 뿐만 아니라 교회 전체가 사람들로 가득 차 있었다.

한 여인이 여자에게 말했다. "나를 보렴. 여러 해 전에 죽은 네 숙모란다. 주변을 둘러봐."

여자가 둘러보았더니 교회 안에 마을 사람들은 한 명도 없었다. 출석한 사람들 모두 오래전에 세상을 떠난 여자의 친척들이었다. 그들은 한결같이 제단을 쳐다보고 있었다. 나이든 여자도 그들이 바라보는 쪽을 향해 몸을 돌렸다.

여자의 눈에 보인 것은 젊은 남자로 장성한 자신의 어린 아들들이었다. 둘 다 영문 모를 죄를 짓고 그 벌로 교수형을 당하고 있었다.

나이든 여자는 충격을 받아 주저앉았다가 깊은 생각에 잠겼다. 한참이 흐른 후 여자는 무릎을 꿇고 소중한 아기들이 이 운명에서 비껴간 것에 감사의

기도를 올렸다.

～～～～～～

이 이야기는 그림 형제가 수집한 설화 중 하나로, 어느 나이든 여자의 삶에서 한계와 상실에 초점을 맞추어 노년을 준비하는 두 번째 과업을 강조하고 있다. 우리 모두 자신의 죽음을 받아들인 후에는 삶 속에서 생기게 마련인 한계와 상실을 정면에서 바라보고, 이루지 못할 목표는 내려놓는 연습이 필요하다는 이야기다.

이 '늙은 어머니'는 우리들 대부분과 마찬가지로 상실을 경험한다. 상실에 대해 이야기꾼이 사용하고 있는 은유는 죽음이다. 죽음의 은유는 노년의 상실이 가져오는 고통과 파국을 잘 이해하는 데 효과적이다.

노년의 삶이란 다양한 상실로 점철되는 나날이다. 기력, 시력, 청력, 움직임, 일반적인 건강은 물론 더 많은 것들이 쇠해진다. 움직일 수 있는 공간 역시 축소된다. 더 작은 집으로 옮겨야 하는 경우도 있고, 집안에서만 지내야 할 수도 있다. 이런 식의 행동반경 제약은 운전면허 상실이라는 사건으로 나타나기도 한다.

영화 〈드라이빙 미스 데이지〉의 제시카 탠디는 운전 능력을 상실한 노년기의 비애와 싸우는 여성의 모습을 절묘하게 그려냈다. 이야기의 '늙은 어머니'처럼 그녀도 거부와 분노로 현실을 애도하며, 상실을 받아들일 수 있게 되고 나서야 공격과 비난을 멈춘다. 늙은 어머니와 미스 데이지 두 사람 다 처음에는 상실을 부당하고 끔찍한 실수로 여겨 밀쳐낸다.

애도는 상실이 동반하는 자연스러운 감정이다. 이를 인지하지 못하는 사람들은 화, 스트레스, 우울 또는 공격성 등으로 잘못된 애도를 하게 된다. 마찬가지로, 인지적 애도를 회피하는 사람들 중에는 슬픔을 내면에 가두며 지내다 억눌린 슬픔이 두통, 등의 통증, 고혈압 같은 질병의 형태로 몸을 공격하고 나서야 그런 사실을 깨닫는 경우도 있다.

나는 나이듦에 따른 상실이 영구적일 것임을 깨달았던 나의 첫 상실감을 기억하고 있다. 어느 날, 저녁 강의를 준비하던 도중에 나는 불현듯 맹렬하게 화가 치밀었다. 나는 노트를 내려놓고 그 감정을 끌어안고 앉아 이런 생각을 하기 시작했다. "이건 옳지 않아. 내 나이에는 치맛자락을 붙잡고 둘러선 손주 녀석들을 위해 요리를 하고 있는 모습이 맞아. 창틀에는 식히려고 올려놓은 구운 파이가 있고, 선반에는 집에서 만든 잼 항아리가 놓여 있고, 오븐에서는 굽는 냄새가 구수하게 퍼져 나오는 거지. 그런데 지금 나는 책상에 앉아 저지방 요구르트나 떠먹으면서 컴컴하고 비 오는 밤에 수업 준비나 하고 있어." 나는 이런 현실을 탓할 누군가를 떠올려보려 했지만 성공하지 못했다.

"이건 어디서 나온 거지?" 나는 의아했다. 나는 요구르트를 좋아하고, 때때로 손자들을 만나며, 가르치는 일을 좋아했다. 그러나 마음 깊숙한 곳에는 중서부 농장 안주인의 환상을 숨겨두고 있었다. 여덟 아이와 셀 수도 없는 손주들을 거느린 나 자신의 모습을 말이다. 이 환상, 즉 딱딱 소리를 내며 기분 좋게 타오르는 난롯불과 아이들의 웃음소리로 채워진 온유한 대지의 어머니의 환상은 시간이 허락되면 꼭 이루고 싶은 꿈이었다. 그러나 시간은 흘러가 버렸다. 내 삶의 방향을 의도적으로 선택 — 때로는 그 선택이 악전고투이기도 했지만 — 한 것은 나였지만 내 안에는 드라마 '월튼네 사람들'의 판타지를 실제 삶에서 가져보지 못한 것에 대한 분노와 슬픔이 남았다.

나의 한계에 대한 자각은 '늙은 어머니'의 경험과 같은 것이다. 나와 그녀 둘 다 강렬한 정서를 통해 이 깨달음으로 이끌려갔다. 내 경우 이 감정은 분노였고, '늙은 어머니'는 슬픔이라는 것이 달랐을 뿐이다. 무의식에서 터져나오는 강렬한 감정은 그 속에 포함된 무언가에 주의를 기울여 달라는 신호이다.

'늙은 어머니'는 몸을 일으켜 교회로 갔다. 교회는 인간의 자아나 의식보다 더 큰 무언가와 접촉하는 장소이다. 반면 나는 노트를 내려놓고 묵상을 통해 무의식 속으로 들어갔다.

무의식은 통찰과 이해를 가져다줄 수 있다. 그러나 이것들은 과정의 마지막 지점이다. 맨 처음에는 문제를 해결하는 데 초점을 맞추어야 한다.

내 경우, 과정의 시작은 농장 안주인으로서의 삶에 대한 환상을 좇으면서 온유함, 넘치는 사랑의 이미지를 마음에 그리는 일이었다. 그러면서 이런 온유함에 대한 느낌과 실현되지 않음에 따르는 분노의 두 가지 감정을 품은 채 다음으로 떠오르는 감정이 무엇일지 기다리고 있었다. 먼저 떠오른 것은 이것이 결코 이루어지지 않을 것이라는 데서 오는 슬픔이었다. 이 슬픔은 내가 지녔던 합리적인 사려분별과는 전혀 상관없는 성질의 것이었고, 나로서는 대단히 낯선 느낌이었다. 기존의 사려분별과 새로 떠오른 슬픔의 감정이 내 속에서 서로 적대적인 마찰을 일으켰다. 내가 선택한 삶의 방향에 대해 슬퍼하고 울고 싶다고 느끼는 것은 응석받이 어린아이처럼 구는 것밖에 되지 않는다는 느낌이 마찰의 본질이었다.

그러나 그것은 진짜 감정이었고, 감정은 판단 없이 그저 받아들여야 했다. 이런 식의 '사는 데 도움이 되지 않는' 감정 역시 애도할 필요가 있었음에도 불구하고 나는 비논리적인 일로 기분 상해하는 스스로를 용납하지 못하는, 일종의 흔하디흔한 덫에 빠져들었다. 내 생각은 이런 것이었다.

"농장 안주인의 삶은 힘든 노동의 연속이야. 네 환상과는 거리가 멀다고. 그런 걸로 애도를 하면 한낱 착각 때문에 우는 것이 되고, 그건 바보 같은 짓이야."

그리고,

"넌 전원생활보다 지금의 생활을 더 원해. 어차피 한 번에 두 가지 방향으로 갈 수는 없어. 동시에 두 곳에 있을 수 없다는 것에 대해 슬퍼하는 건 모순이야."

그리고 또,

"게다가 한 번도 농부를 만나본 적도 없잖아! 그러면서 어떻게 농부의 아내가 되겠다는 거지?"

물론 요점은, 우리가 경험하는 상실 또는 한계에 합리성이나 논리성 같은 것은 없다는 점이다. 만약 상실이나 한계를 경험하게 되면, 그것이 얼마나 바보 같거나 비논리적으로 보이든 상관없이 일단 상실을 슬퍼해야 한다. 그런데 나는 이 상실을 슬퍼하지 않았다. 문젯거리는 이 뿐만이 아니었다. 내가 주목할 필요가 있었던 또 다른 의문은 그 감정이 왜 하필 비 오는 그 저녁에 갑자기 떠올라왔느냐 하는 것이었다. 나는 다른 감정들이 더 나타나지 않는지 기다렸다.

그러자 추가로 떠오른 감정은 일종의 피로감이었다. 그 느낌은 이런 말을 하고 싶게 만들었다. "아, 그래. 나 피로해. 그렇지만 그게 뭐 어떻다고?" 사실 피로는 평범해 보였다.

그러나 피로감 속에 머물면서 나는, 내가 위로를 받고 싶어 한다는 것을 깨닫게 되었다. 나는 널찍한 집 앞쪽 베란다에 앉아 완두콩을 까면서 사과꽃 향기를 맡고 싶었다. 푹신한 깃털 침대에서 아기자기한 손누빔 이불 속에 파묻히고 싶었다.

나는 이 모든 것이 무엇을 의미하는지 생각하다가, 지난 두 주일 동안 내가 얼마나 힘들게 일했으며, 가족이나 친구들과 얼마나 적은 시간을 보냈는지에 생각이 미쳤다. 나란 사람은 다른 여자들이 스스로의 삶을 챙길 수 있게 상담해 주는, 몹시 힘든 직업에 종사하고 있었던 것이다.

이어서 나는 농장 생활을 그리워하게 되었던 다른 경우도 기억해 보기 시작했다. 대부분이 피곤하거나 스트레스에 시달리거나 일이 버거워 나 스스로 돌봄이 필요할 때였다. 삶이 순조로울 때는 한 번도 다른 라이프스타일을 생각해 본 적이 없었다. 이제는 나도 이 판타지가 떠오르는 순간에조차도, 내 삶이 대지의 어머니가 살아가는 방식과는 너무 멀어졌다는 것을 알고 있다. 이 환상은 다만 속기처럼 빠르게 적어 보내오는 신호이다. 또한 삶을 거슬러 올라가 다른 방식으로 다시 살수는 없지만 나 자신의 내적 필요가 떠올라올 때 이 신호에 응할 방법들은 있다.

삶의 중심을 외부에서 내적 의미를 이해하는 방향으로 움직여 가는 것은 대단히 중요하다. 안타깝게도 우리들은 삶에서 일어나는 너무나 많은 일들에 대해 남을 비난하게끔 교육받아 왔다. 한 여자가 나를 찾아와 "지금껏 아이를 갖고 싶었는데, 그럴 기회가 한 번도 없었어요"라고 말한다고 하자. 나는 질문을 시작할 테고, 여자는 '그 사람'이 아이들을 원치 않았다거나 돈이 충분치 않았다거나 회사에서 출산 휴가를 주지 않았다는 등의 대답을 할 것이다. 이유야 얼마든지 있을 수 있다. 외부적 상황을 보면 틀림이 없는 소리들이다.

그러나 '내적' 질문은 여전히 남는다. 왜 특별히 '그 사람'을 선택했던 것인지, 왜 돈이 그처럼 중요하다고 생각했으며, 왜 하필 그 직업을 버리지 못한 것인지? 말하자면 어떻게 하여 스스로 선택해서 지금과 같은 길을 걷게 되었는가 하는 것이다. 어쩌면 이 여자는 자신의 필요를 충족시키는 것이 우선이었고 아이를 가졌더라도 엄마로서의 준비가 안 되어 있었다는 사실을, 질문을 하는 과정에서 스스로 알게 될 수도 있다. 아니면 그녀가 그 동안 했던 조사 업무 또는 그린 그림, 돌 봐드렸던 노인이 그녀의 자식이나 마찬가지 의미를 지니고 있었거나.

가족 중에 병자가 있는 사람들이 훌륭한 치료자로 성장하는 경우가 많다. 또 어린 시절에 가난을 겪어본 사람이 사려 깊은 사회사업가가 되는 경우도 많다. 버려진 아이들이 정 많은 어른으로 자라 다른 이의 아이들을 돌보게 되는 경우도 있다. 더러 큰 상처처럼 보이는 것이 아름다운 도자기를 빚는 불이 되기도 하는 것이다.

그레이스는 과거의 상처에 관한 문제로 나와 일 년 넘게 상담해 오고 있는 의뢰인이다. '늙은 어머니'가 삶의 피해자라는 감정에 얽매어 있었다면 그레이스는 이를 극복해 보겠다는 의지를 지니고 있었다. 그녀는 아동기의 여러 해를 무신경하고 언어폭력을 휘두르는 어머니 곁에서 보냈다. 자신의 아이를 낳으면서 그녀는 절대로 자식을 학대하지 않겠다고 다짐했다. 자신은 한 번도 가져보지 못한, 자애로운 어머니를 자식에게 주겠다고 결심했다.

실제로 그레이스는 자녀들에게 굉장히 헌신하는 어머니였다. 하지만 성인으로서의 자신의 삶에서는 정착하지 못했다. 그녀는 늘 자신의 방식으로 사랑하고 사랑 받을 대상을 찾았다. 아이들이 자라는 동안 수차례 결혼과 이혼을 반복했고, 그런 불안한 상황에서 그녀는 아이들과 함께 보내는 시간을 쪼개어 몇 가지의 직업을 전전해야 했다. 그럼에도 불구하고 그녀는 아이들을 부양해 냈고, 친정어머니로부터 받았던 부당한 대접을 전혀 되돌리지 않고 사소한 것까지 격려해 주며 아이들을 키웠다.

사실 그녀가 아이들과 함께 생활할 수 있는 시간은 거의 없었고, 많은 부분을 아이들 스스로 해결해야 했지만 그녀는 아이들을 사랑했고

지지해 주었다. 아이들은 자기들이 위기에 처하면 어머니가 모든 것을 팽개치고 달려올 것을 알고 있었고, 실제로 아이가 아프거나 다쳐서 그녀가 일을 그만둔 적도 두어 번 있었다.

그레이스는 두 가지 제약으로 고통 받았다. 한 가지는 행복한 유년기의 상실이었고, 두 번째 것은, 그녀의 잘못은 아니지만, 경제적인 궁핍으로 인해 자녀들에게 자신이 어린 시절에 원했던 상냥하고 헌신적인 어머니가 되어주지 못했다는 것이었다. 자신이 원했던 어머니의 모습이 되고 싶은 소망은, 충분히 애도했음에도 내내 슬픔으로 남았다. 그러나 그레이스는 치유되지 않은 이 상처에 대해, 잃어버린 자식들에게 끊임없이 집착했던 '늙은 어머니'와 달리, 상실을 생각하지 않으려고 노력했다.

시간이 흘러 그레이스의 자녀들이 자신의 자녀들을 낳고 기르는 때에 이르렀다. 그레이스는 이따금 자식들의 집을 방문해 손주들과 시간을 보내곤 했는데, 아이들이 특별히 잘못된 행동을 한 것도 아닌데 쉽게 지치고 성가셔하는 자신의 모습을 발견하게 되었다. 그레이스는 강단 있는 사람이고, 무턱대고 피곤해하거나 변화를 원하는 사람이 아니었다. 잠깐의 부대낌 뒤에 그녀는 혼자 있고 싶어졌다. 어른스러운 대화를 하고 싶었고, 조용히 있고 싶었다. 그녀는 사랑하는 사람들에 대해 그런 감정을 느끼는 자신이 충격적이었다. 더 충격적인 것은 그 느낌이 일시적인 것이거나 그날 유난히 그런 것이 아니라는 점이었다. 그것은 그녀가 원래 지니고 있던 일부분이었다.

이 경험은 그녀를 소스라치게 만들었다. 아이들이 자라는 내내 그녀는 자신이 상상했던 어머니다움을 보여주지 못한 것이 인생 최대의 스트레스라고 여겼고, 이 상실은 외부적 환경의 결과라고 믿었다. 그런데 할머니로서의 이 경험은 완전히 다른 메시지를 그녀에게 전해주었다. 이 상실이 여전히 존재하며, 그 정체가 내적 능력의 문제라는 것이었다. 그녀의 '어머니 되기'를 방해한 것은 외적 힘이 아니었다. 그녀는 자신의 힘이 미치는 한 어머니다운 어머니 역할을 하려 애썼지만 정작 그녀를 가로막는 한계와 제약은 다름 아닌 내적인 요소였다. 내적 한계에 가로막혀 스스로를 정서적으로 성장시켜 오지 못했던 그녀는 비로소 자신의 내부에 존재하는 깊은 수용력의 결핍을 자각하기 시작했다.

이러한 통찰은 그레이스에게 대단히 큰 슬픔이 되었다. 자기 어머니보다 더 나은 어머니가 될 것이라고 늘 다짐해 왔고, 자신이 보기에 좋은 어머니가 아닌 여자들에게는 신랄한 비난을 퍼부어 온 삶이었다. 그런데 이제 이 비난이 자신에게까지 확장된 것이다.

이번에는, 그러나, 그레이스는 예전처럼 극복해 보려는 노력 대신 그저 고통을 끌어안고 주저앉았다. 이번 것은 너무 치명적이었다. 그레이스의 모습은 '늙은 어머니' 이야기에서 암시된 그 모습이었다.

이야기에서 '늙은 어머니'는 생각에 침잠했다. 이런 사고 작용은 내적 에너지를 억제하고 더 이상 확장되지 못하게 막음으로써 외적으로 '아무 것도 하지 않음'으로 끝나게 마련이다. 우리가 기다리는 것은 내면세계의 이해, 즉 내면세계와의 합일이다. 내면세계는 우리 자아의 한 측면이며, 그냥은 드러나지 않기 때문에 삶의 진실을 얻고자 하면 반드시 탐색해야 하는 부분이다. 이야기 속 늙은 어머니는 물론이고 우리 모두가 똑같은 지점에서 이 탐색을 시작해야 한다. 그것은 바로 '홀로 있기'이다.

홀로 있기는 한계에 집중하는 행위다. 한계를 깨닫는 일에 방해가 될 일상의 모든 일을 완전히 중단해야 한다. 이런저런 온갖 계획으로 자신을 바쁘게 만드는 평소의 패턴을 다 버려야 한다. 좋았던 때의 기억들, 다른 사람들에 대한 생각들까지 모두 비워내야 한다.

그레이스는 고통과 함께 앉아서, 스스로를 포함하여 다른 이들을 상대로 어머니답게 처신하는 것의 한계를 깨닫기 시작했다. 실제로는 자신이 어느 누구보다 무관심한 어머니였을 수도 있었다는 생각을 하게 되었다. 그런 다음 자신에 대해 더 알아가기 위해, 어머니가 새로 태어난 아기에게 익숙해지는 것과 똑같은 과정을 내면에서 더듬어가기 시작했다. 지난날 주의 깊게 살펴보지 못했던 내면의 온갖 울부짖음과 눈물의 의미를 깨달아야 했다. 그녀는 아이들을 키우느라 흘린 그 눈물 중 많은 양이 몸을 통해 자신과 소통하고 있었다는 것을 깨달았다. 다양한 통증과 고통이 그것이었다.

꽤 긴 기간 동안 그레이스는 이 내면의 작업에 온 관심을 쏟았다. 인식의 초점을 그녀 자신과, 어머니답게 살고자 한 스스로의 필요성에만 두었다. 그러자 어느 순간, 감정들이 떠오르기 시작했다. 이미 충분히 애도해서 끝났다고 생각한 슬픔이 여전히 남아 있다가 떠올라와서 그녀를 놀라게 했다. 분노, 슬픔, 버림받은 느낌, 무력함이 차례로 다가왔다.

이 감정들을 겪으면서 그녀는 몸에서 감정에 대응하는 부분들이 있다는 것을 알게 되었다. 오랫동안 눈물을 참아온 것이 근육의 뻣뻣함으로 나타난 것 같았고, 다른 통증과 증상들도 원인이 짐작되었다. 그녀는 무슨 일이 일어나고 있는지 잘 살펴서 응답하기 시작했다. 위로가 필요할 때, 스스로의 응석을 받아줘야 할 때, 산책 등의 좋은 떠밀어줌이 필요할 때, 거기에 응했다.

고민하고 있는 주제와 관련된 책을 찾아 읽기 시작했으며 잡지도 구독했다. 인생의 이 시기에 이른 다른 사람들이 심리치료실을 찾아갈 때 그레이스는 그러지 않았다. 대신에 도움이 될 만한 강의를 들었고, 자기 인식에 관한 워크숍에 참여했다. 무엇보다, 새로운 상황이 생길 때마다 그레이스는 이렇게 자문했다. '이것이 네가 하고 싶은 일이야? 할 필요가 있는 일일까? 이 일이 네 치유에 어떤 식으로 도움이 될까?'

내면에 이르기 위해서는 오롯이 혼자 있으면서 한계에 대해 생각하고, 어떤 감정이든 표면으로 떠오르면 그것을 받아들여야 한다. 그러면 그레이스처럼 우리도, 얻어진 통찰을 행동으로 옮길 지점을 알 수 있게 될 것이다. 우리 생각과 감정이 우리를 진실로 이끌어준 것이라면 우리가 선택하는 행동 역시 옳을 것이다. 만약 잘못된 곳으로 이끌렸거나 고작 걸음마를 한 것에 불과하다 해도 잘못되었음을 알 수는 있을 것이다. 생각과 감정은 우리 자신에게 '참'이 무엇인지 알게 해주므로.

사고와 감정의 화합은 지극히 중요한 것이다. 우리 문화에서는 너무나 자주, 생각하지 않고 행동하거나, 감정을 표출하는 것을 허락하지 않고 지적으로 이해하는 선에서 멈춰버리거나 한다.

'사고'는, 개인적인 삶과 사회적인 삶을 통해 축적한 이해를 바탕으로 하는 매우 합리적인 작용이다. 또 다른 이들에게서 배운 것들도 사고의 형성에 포함된다. 사고는 '에고', 즉 흔히 '자아'라고 부르는 '의식'에서 나오는 것이다. 반면에 감정은 말 그대로 비이성적인 것인데, 앞에서 나이든 여자의 황량함과 슬픔에 대해 역설하면서 이야기꾼이 우리에게 되새겨준 것처럼 자아 발견의 과정에서 사고와 똑같이 중요한 측면이다.

그레이스는 자기가 '우유와 과자를 준비해 주는 자상한 엄마'는 아니었을지라도 가능한 한 사랑으로 아이들을 키웠음을 스스로 인정하게 되었다. 스스로 어린 시절에 받은 언어폭력이 얼마나 상처가 되며 장애로 남는지 알기 때문에 그것을 되풀이하지 않았다.

아이들에게 필요한 것을 주기 위해 열심히 일했고, 아이들이 이해할 수 있는 방식으로 진정한 사랑을 전달했다. 자기가 얼마나 많은 것들을 해주고 싶어했던가 하는 것과 상관없이 상황이 허락하지 않았고, 지금은 그 사실을 받아들여야 했다. 그녀는 스스로를 용서했다. 이제 남은 것은 성인이 된 아이들의 몫이었다.

이 내면의 영역을 탐험하면서 그레이스가 경험한 것은, 한계와 악전고투하면서 우리 모두가 경험하는 것과 비슷하다. 한계는 삶 속에 존재하는 경계선이다. 이 중 일부는 자연스러운 것들이다. 인간이 날 수 없다는 것, 다른 사람의 삶을 대신 살아줄 수 없다는 것 등이다. 또 어떤 것들은 가족과 공동사회라고 하는 어린 시절의 환경에서 비롯된다. 그레이스가 어린 시절 자신이 경험한 패턴의 부분들을 반복한 것이 그 예이다. 이 외에도 자신이 운전을 배울 수 없다고 믿어버려 실제로 그렇게 되는 식으로, 스스로 짊어진 한계들도 있다. 어떤 유형의 한계든 늘 모종의 상실과 연결되어 있다.

처음에 그레이스는 대부분의 사람들처럼 한계를 무조건 부정했다. 아이를 기르는 동안 내내 그녀는 스스로를 자애롭고 헌신적인 어머니라고 생각했다. 그런 생각을 지니고 있으면 어떤 문제가 생기든 그건 환경 탓이었다. 이를테면 과중한 업무 일정 같은 것이 그에 속했다. 그러나 손자들과 지내는 시간이 많아지자 점차 그녀는 이 한계가 자신의 한 부분이었다는 자각을 하게 되었다. 감정을 — 물론 감정이 행동으로 떠들썩하게 드러나는 건 아니었지만 — 찬찬히 관찰한 결과였다. 이 깨달음은 대단히 고통스러운 것이었다.

어느 정도 시간이 지난 후, 그레이스는 다시 손주들을 만나러 갔다. 스스로에 대해 탐구하는 시간 동안 그녀가, 손주들과 함께하는 앞으로의 시간을 어떤 식으로 보낼지에 대해 대단히 많은 생각을 한 것은 아니었다. 그러나 놀랍고 기쁘게도, 이번의 방문에서 그녀는 자신이 좀 더 인내심을 가질 수 있게 되었으며 다소간의 즐거움도 느낀다는 것을 알게 되었다. 내면 탐구의 결과 외부 세계에 대한 반응이 달라진 것이었다. 뿐만 아니라 그녀는 친정어머니도 다른 눈으로 보기 시작했다. 자기 어머니의 분노와 비꼼 역시 어린 시절 세상을 떠난 그 어머니로부터 받은 상처 때문이 아니었을까 하는 생각을 해보게 된 것이다.

'늙은 어머니'의 각성은 교회 종소리와 함께 시작되어 세상을 떠난 친척들이 찾아온 교회 건물 안에서 일어났다. 이 이야기가 우리에게 들려주는 것은 '늙은 어머니'가 또 다른 영역, 즉 초자연적이거나 영적이라 할 무의식의 세계로 들어갔다는 것이다. 무의식은 우리 삶의 의미와 진실을 보고 느낄 수 있는 곳이다. 이 세계에 이르는 길은 감정, 즉 정서다. 의미와 통찰은 지성과 더불어 감성을 작동시켜야만 가능해진다.

이때의 '각성'은 의식이나 자아에 존재하는 어떤 것보다 더 지혜로운 무언가에서 비롯된다. '늙은 어머니'에게는 이 지혜가 돌아가신 숙모의 모습으로 나타났다. 때가 되어 '늙은 어머니'에게 일어난 것은 우리 모두에게도 일어날 수 있으며, 인생을 통틀어 큰 사건으로 자리매김한다. 그러면 고통을 치유하는 것이 가능해진다.

많은 심리학 이론에서 이 과정을 설명해 보려는 시도를 하지만, 어느 것도 이런 경험을 적절히 묘사하지 못하고 있다. 내 의뢰인 중 몇몇은 이 경험을 "다시 숨쉴 수 있게 된 느낌", "처음으로 사물을 분명히 보는 느낌" 또는 "날아갈 듯 가벼워진 느낌"이라고 표현했다.

의미나 진실을 무의식에서 찾을 수 있다는 생각을 받아들이면 사고 방식이 바뀐다. 우리들 대부분은 합리적으로 행동하며, 오로지 손으로 만져지는 것, 엄격한 조사를 거친 것만 받아들이라고 배웠다. 그런 사람들에게는 무의식에 침잠하고 감정을 좇으며 보이지 않는 답을 기다리는 일이 좀 이상해 보일 수도 있다. 사실은, 먼저 시도해 본 사람들의 경험이 없었다면 기괴해 보이기까지 하는 접근이기도 할 것이다.

이렇게 감정을 좇아 무의식의 영역으로 들어가면 융 학파가 셀프(Self, 세계와 분리된 개체로서의 의식적 자아인 에고와 비교되는 개념으로, 범우주적 존재로서의 무의식적 자아를 가리킴 - 옮긴이)라고 부르는 것과 조우하게 된다. 에고가 의식의 중심인 것과 똑같이 셀프는 무의식의 중심이다. 셀프의 원형은 우리 자신의 모든 인지적 측면으로서 융은 이를 우리 전체성의 실체라고 했다. 바로 의미와 진실에 관한 정보가 저장된 곳이다. 우리는 에고라고 부르는 우리 자신의 의식 측면이 어떤 식으로든 필요한 답을 지니고 있다고 생각하고 싶어 하지만, 절대로 그렇지 않다.

'늙은 어머니'는 여러 해 동안 슬픔의 정서에 몰입해 있다가 마침내 또 다른 곳, 진실을 발견할 수 있는 더 깊이 내재된 곳으로의 여정을 시작한다. 즉 오로지 깊은 진실을 마주했을 때 의미가 드러나며, 비로소 한계나 상실을 받아들일 수 있게 된다.

진실은 지극히 순수하고 경외적이어서, 셀프에 의해 진실이 모습을 드러내는 순간을 맞이하면 우리는 자기도 모르게 무릎을 꿇는다. 이 '무릎 꿇음'은 진실의 순수성에 대한 외경, 우러름으로 채워진 행위이다. '늙은 어머니' 역시 이 무시무시한 경험의 강렬함 때문에 무릎을 꿇는다. 이렇듯 누군가를 무릎 위치로 끌어내리는 것은 그 경험이 너무나 압도적이며 겸허하기 때문이다. 에고는 무의식의 지혜 앞에서 겸허해질 수밖에 없다.

조앤은 남편 때문에 찾아온 상담 의뢰인이다. 삼십 년의 결혼생활 끝에 남편이 떠나버린 것이다. 그녀는 이 상실감을 애도하면서 한편으로는 "결혼을 파괴한 나쁜 놈"이라며 남편을 비난했다.

치료의 1차 단계 동안 그녀는 "좋은 결혼생활이었어요. 어떻게 그 사람이 그럴 수 있었는지 모르겠어요. 우린 행복했다고요"라면서 우겨대는 '부정'의 상태에 머물러 있었다.

그러다가 상실과 '함께' 앉아서 생각하고 고통을 느끼는 시간을 가지면서 그녀는 점차 별 생각 없이 흘려보냈던 많은 것들에 눈을 뜨게 되었다. 그리고 완전히 피상적이었던 결혼의 각 영역들을 보기 시작했다.

분란과 화를 막기 위해 두 사람이 각자 둘러쳤던 허울이 보이기 시작했고, 결혼생활의 불협화음을 막기 위해 성장이나 개발을 스스로 허락하지 않았던 그녀 자신의 여러 측면들도 보였다. 그녀는 이 모든 것들에 대해 느끼고 생각했다. 그러자 스스로가 물러서서 거부했던 어렴풋한 길들과, 자신이 결혼생활의 한계를 만드는 데 어떻게 한몫을 했는지가 보이기 시작했다. 사실은, 몸은 결혼생활에 머물렀지만 그녀의 영혼은 이미 떠나 있었다. 가장 피상적인 조앤의 허울만 남겨놓고 자신의 작은 부분과 조각들은 침잠해 버린 상태였다.

그녀는 이런 깨달음에 고통스러워했다. 둘 사이의 관계가 죽어버린 채로 너무나 오랜 시간을 보낸 것이다. 그녀는 자신의 고통이 결혼의 문제 상황을 덮고 지낸 세월의 결과라는 것을 깨달았다. 인정하기는 혼란스러웠지만 이 파국에 이르게 된 데 자신이 어떻게 기여했는지도 알수 있었다. 그렇게 현실이 파악되고 나니 더 이상은 스스로를 피해자로만 볼 수 없었다.

그녀는 결혼에 관한 감정들을 탐색해 가면서 내면에 숨어 있던 연결고리를 찾아냈다. 그러자 그 동안 자신이 남편에게뿐 아니라 스스로에게도 내면을 감추어 왔다는 것을 알게 되었다. 이제 그녀는 무엇이 자신과 남편의 눈을 피하게 만든 것인지 찾기 시작했다.

그녀가 찾아낸 것은 괴로움과 해방감을 동시에 안겨주는 '통찰'이었다. '통찰'은 거짓과 한계를 풀어 그녀를 놓아주었다. 그것은 에피퍼니

(Epiphany, 평범한 사건이나 경험을 통하여 직관적으로 진실의 전모를 파악하는 일 - 옮긴이) 내지는 내면에 깃든 깨우침의 신이 출현하여 이해의 불빛을 내려주는 것과 같은 경험이었다. 이제 결혼뿐 아니라 이혼까지도 전체 인생의 맥락 속에서 의미를 지니기 시작했다. 물론 고통과 슬픔이 여전히 느껴졌지만 이전과는 다른 성질의 고통과 슬픔이었다.

이처럼, 자신의 깊은 내면으로 내려가 고통의 의미와 실체를 파악하고 나면 그때부터는 고통을 삶의 일부로 받아들이는 일이 가능해진다. 또한 받아들임에서 비롯되는 강인함을 느낄 수 있다. 이것은 자신이 일방적인 피해자가 아니라 스스로의 삶에 전적으로 참여하고 있다는 걸 깨닫는 데서 오는 힘이다. 그리고 이 경험이 치유 과정을 시작할 수 있게 우리를 해방시킨다.

이 깨우침의 지점에 이르는 것을 방해하는 것은, 상황에 대해 알아야 할 건 다 알고 있다는 식의 생각이다. 인간은 살아오면서 축적한 모든 경험을 쏟아부어 '무엇이다'라고 판단을 내릴 때가 있다. 그런 다음에는 자기가 만든 이야기에 집착한다. 마치 어린아이가 옷에 과자 부스러기를 잔뜩 묻힌 채로 과자 단지에 손대지 않았다고 우기는 것과 마찬가지다.

독단적인 생각에 빠지지 않으려면 하나의 상황에 우리가 안다고 생각하는 것 이상의 진실이 숨어 있을 가능성을 받아들여야 한다. 이 가치를 잘 보여주는 동양의 옛이야기가 있다. 내가 이 이야기를 좋아하는 것은 숱한 다른 옛이야기들이 그렇듯이, 이 이야기 역시 지금도 살아 숨쉬며 나를 포함해 나이듦에 맞닥뜨린 모든 여자들의 삶에 강력한 힘을 발휘하기 때문이다. 수백 년 전, 수많은 왕과 황제들이 병사를 구하러 마을을 돌아다닐 때의 이야기다.

두고 봐야지

한 농부에게 아름다운 종마 한 마리가 있었다. 마을 사람들은 일제히 그에게 "자넨 참 운도 좋아"라고 말했다.

농부는 이렇게 대답하곤 했다. "두고 봐야지."

그런데 어느 날 이 종마가 달아나 버렸다. 마을 사람들은 말했다. "자네, 운이 없군."

"두고 봐야지." 농부가 대답했다.

이윽고 종마가 한 다스나 되는 야생 조랑말들을 이끌고 돌아오자, 마을 사람들은 한꺼번에 소리쳤다. "와, 자넨 어찌 그리 운이 좋은가!"

"두고 봐야지." 농부는 이렇게만 말할 뿐이었다.

조랑말들 중 한 마리를 훈련시키려던 농부의 아들이 낙상하여 다리가 부러지는 사고를 당했다. "저런, 이제 아들이 자네 일을 도와줄 수가 없게 됐군. 정말 운이 없군."

"두고 봐야지." 농부는 차분한 태도로 대답했다.

황제의 부하들이 마을에 와서 먼 전장에서 싸울 몸이 성한 젊은이들을 모두 끌어모았다. 농부의 아들은 부러진 다리 때문에 마을에 남게 되었다. "아, 정말 운도 좋지"라고 마을 사람들은 울면서 말했다.

그러나 농부는 이렇게만 대답할 뿐이었다. "두고 봐야지."

농부는 의미란 것이 그 즉시 분명하게 드러나는 것이 아님을 충분히 이해할 만큼 오래 산 사람이다. 그는 자아가 완고한 결론으로 성급히 건너뛰지 않도록 매우 신중해야 한다는 메시지를 전해준다. 사실 우리 모두 빠른 판단을 내리는 일의 덫에 걸려 지내다가, 나중에야 그것이 치명적인 오류였음을 깨닫는다. "지구가 편평하다"는 것이 상식이었던 때가 있었다. 누군가가 나서서 "아니, 세상은 둥글어요"라고 말하지만 많은 사람들은 늘 믿었던 것에 묶여 있었고 자신들의 생각을 바꾸려 하지 않았다.

"남편이 믿음을 저버려서 결혼이 실패했어요"라고 조앤은 말했고, 정말로 그렇게 믿었다. 보고 듣고 경험을 통해 배운 모든 것이 남편의 잘못이라고 그녀에게 말했기 때문이다. 그러나 스스로의 내적 활동을 통해 조앤은 '확실하다고 믿는 관념'을 떠받치는 자신의 '앎'과 싸울 수 있었고, 내면의 목소리에 귀 기울일 수 있었다. "다시 봐, 조앤." 그 목소리가 말했다. "무슨 일이 일어난 건지 더 자세히 보라고. 네가 무심히 지나쳐버린 감정들을 잘 살펴봐. 그것들과 시간을 가져봐."

누군가의 삶에 일어난 한계를 이해하고 받아들이는 일에는 다양한 양상들이 있다. 잉글랜드의 옛이야기 '식초 병 속의 나이든 여자'는 인생의 한계에 대한 또 다른 모습을 전해준다.

식초병 속의 나이든 여자

옛날 아주 옛날에 식초병 속에 나이든 여자가 살고 있었다. 나이든 여자는 사는 곳이 마음에 들지 않아 늘 불평불만을 하며 지냈다. 어느 날도 여자가 불평을 하고 있는데, 요정이 그 옆을 날아가다가 이 소리를 귀 기울여 들었다.

"부끄러운 일이야. 부끄러운 일이라고. 나는 이렇게 살아서는 안 되는 사람이야."

"어떻게 살고 싶은 거죠?" 요정이 물었다.

"작은 시골집." 나이든 여자는 재빨리 대답했다. "초가지붕에 사랑스러운 뜰이 있는 시골집을 원해."

"좋아요." 요정이 대답했다. "오늘밤 잠자리에 들기 전에 빙그르르 세 번 도세요. 그런 뒤 잠을 자고 나면 아침에 원하는 걸 보게 될 거예요."

나이든 여자는 들은 대로 했다. 그리고 아침에 잠에서 깨자 초가지붕에 앞뜰이 딸린 사랑스러운 시골집이 눈앞에 서 있었다. 여자는 깜박 잊고 요정에게 감사의 인사를 하지 않았다.

요정은 북쪽, 남쪽, 동쪽, 서쪽으로 다니며 자기 일을 보다가, 여자에게 해준 일이 잘되고 있는지 알아보기로 했다. 이번에도 요정이 날아가면서 들은 것은 행복한 노파의 목소리가 아니라 또다시 불평을 하고 있는 노파의 목소리였다.

"나는 이렇게 살아서는 안 되는 사람이야."

"그럼, 어떻게 살고 싶은데요?" 요정이 물었다.

"마을에서 이웃들과 함께 지낼 좀 더 큰 집이면 좋겠어." 나이든 여자가 대답했다.

"오늘밤 잠자리에 들기 전에 빙그르르 세 번 도세요. 그런 뒤 자고 나면 아침에 원하는 걸 보게 될 거예요." 요정이 대답했다.

나이든 여자는 고맙다는 인사도 하지 않고 시키는 대로 했다. 요정은 북쪽, 남쪽, 동쪽, 서쪽으로 날아다녔고, 이튿날 아침 나이든 여자가 잠에서 깬 것은 이웃들에게 둘러싸인 읍내에 있는 조그맣고 사랑스러운 집 안에서였다. 그래도 불만은 사라지지 않았다.

요정이 다시 돌아왔을 때, 나이든 여자는 교외에 있는 저택을 달라고 했다. 그리고 그 다음 번에는 공작부인, 그 다음은 나라를 다스리는 궁전의 여왕 자리였다.

매번 요정이 지시하는 내용은 똑같았다. "잠자리에 들기 전에 빙그르르 세 번 도세요. 그런 뒤 자고 나면 아침에 원하는 걸 보게 될 거예요."

매번 나이든 여자는 지시를 따랐지만 한 번도 다른 일을 수행하러 날아가는 요정에게 감사의 말을 하지 않았다.

여자가 여왕이 되자 요정은 이번에야말로 여자가 만족해할 것이라고 확신했다. 요정은 어쩌면 감사의 인사를 받을 수 있을지도 모르겠다는 기대를 가지고 확인차 한 번 더 되돌아왔다. 그러나 요정의 귀에는 또다시 익숙한 불평의 소리가 들렸다.

"이번에는 뭔가요?" 요정이 물었다.

"교황." 나이든 여자가 대답했다. "난 교황이 되어야 해. 그래서 온 세상을 다스릴 거야." 요정은 한숨을 내쉬며 예의 주문을 되풀이했다.

"잠자리에 들기 전에 빙그르르 세 번 도세요. 그런 뒤 자고 나면 아침에 원하는 걸 보게 될 거예요."

여자는 다시 한 번 요정의 주문을 따랐고, 또다시 요정에게 감사하다고 인사하는 것을 잊어버렸다. 그러나 이번에 아침에 깼을 때 여자는 자신의 식초병 속으로 되돌아가 있었다.

~~~~~~

이야기의 나이든 여자는 조그맣고 평범하지 않은 공간에서 누가 봐도 행복하지 않게 살아간다. 여자의 불행 중 하나가 좁은 생활공간 때문이었음은 어느 정도 공감이 가는 부분이다. 세상이 좁아지는 것은 노화에 따르는 현실이다. 어떤 이들은 경제적인 이유로 집을 팔아 거주 공간을 좁혀야 하기 때문에 그렇고, 어떤 이들은 기력이 급속도로 약해져 바깥출입을 못하고 살아가야 해서 그렇다. 또 많은 이들이 눈이나 귀가 어두워져 한정된 공간에서 살아간다.

이 이야기에서의 한정된 공간은 식초병이라는 독특한 공간으로 설정되어 있는데, 먼저 이것이 무엇을 의미하는지 알아볼 필요가 있다.

식초병으로 된 집은 의미와 상징 면에서 유별난 몇 가지 특성을 지닌다. 우선 "유리 집에 사는 사람들은 돌멩이를 던져서는 안 된다"는 말을 생각하면서 여자의 집이 유리병이라는 것으로 시작해 보자. 유리는 안에 든 것을 바깥에서 보게 해주는, 즉 투명한 물질이다. 또한 차단하는 성질이 강해서 보온과 바람막이에 효과적이다. 어떤 면에서 유리병에 사는 이 나이든 여자는 무언가로부터 보호를 받고 있었다고 생각할 수 있다.

유리병이 보호하는 열기, 막아주는 찬 기운은 둘 다 정서를 상징하는 말로 주로 쓰인다. 실제로 일상에서 이 단어들을 정서적 상징의 의미로 쓰는 경우는 거의 매일이라고 해도 과언이 아니다. '밤의 열기 속에서', '얼음처럼 차가운', '그 여자 때문에 완전히 얼어버렸어', '식은땀이 나서', '서서히 끓어올라서' 등의 표현들이 모두 열과 차가움이 얼마나 보편적 상징으로서의 정서와 연관되어 있는지를 보여준다.

즉 이야기의 나이든 여자는 사물을 볼 수 있고 자신도 남에게 보이는 세상에서 살고 있으며, 정서적 보호를 받고 있는 상황이다. 달리 말하면 여자에게는 인지 능력, 사물을 지적으로 이해할 수 있는 능력이 있으며, 자신이 살고 있는 세상이 너무 작다는 사실을 알고 있다. 다만 유리로 보호막이 쳐져 있어서 외부와의 연결성을 느끼지 못하며, 그 때문에 진정한 이해에서는 결핍을 보인다.

나 자신의 경우, 나는 문제를 곱씹는 경향이 있다. 이런 식이다. "이게 문제야. 이것과 이것을 할 수 있고 저것도 할 수 있어. 그러니 뭘 해야 하지?"

나로서는 아무리 많은 해결 방법이 있어도 어느 것도 옳은 것 같지 않고, 아무 것도 적절한 해법이 아닌 것처럼 느껴진다. 그러다 갑자기 강렬한 '느낌'이 들기 시작하고, 그 느낌의 언저리를 나선형을 그리며 맴돈다. 그러다가 어느 순간 "아! 그게 이것이었어!"라고 혼잣말을 한다. "그래, 넌 늘 그렇게 혼잣말을 해왔어." 나를 잘 아는 친구라면 이렇게 말할 것이다.

나는 강한 감정과 연결되어야 비로소 대상이 명확하게 보인다. 뭔가를 분명히 이해할 수 있게 나를 이끄는 것은 늘 정서적 커넥션이다. 즉 문제의 정서가 숨어 있는 곳에 다다르지 않는 한 나는 그야말로 이해라는 것을 하지 못한다. 정서와 연결되지 않으면 유리 뒤에서 진짜 경험은 하지 못한 채로 문제를 바라보는 것이다.

정서적 고립은 관계에 치명적인 영향을 미친다. 나는 두 사람 중 한쪽이 상대의 말을 지적으로 파악하기만 할 뿐 정서적으로 받아들이지 못해 문제가 생긴 부부들을 많이 보아왔다.

"당신이 내 감정에 상처를 입혔어"라고 여자는 말할 것이다.

"내가 어떻게 했기에 그래? 난 그런 뜻이 아니었어. 알았어, 다시 안 그러면 되지"라고 남자는 대답할 것이다. 그런 다음 두 사람은 전체적인 요점을 놓친 채 기분을 다치게 하는 특정한 행동만 회피하면서 지내게 될 것이다.

한 여자가 말했다. "난 당신한테 별 것 아닌 사람 같아."

"당신은 중요한 사람이야. 무슨 일로 그래?" 남편이 대답했다.

"내 생일도 잊어버렸잖아."

그래서 남편은 비서에게 다음 해 아내의 생일을 캘린더에 표시해 두었다가 카드와 선물을 준비해 보내도록 지시했다. 아내는 남편이 그런 선물을 고를 수 있는 사람이 아니라는 것을 알고 있었기 때문에 이번에도 똑같이 화난 반응을 보였다. 남편 입장에서는 황당할 수밖에 없을 것이다. 남자는 상황을 이해했지만 요점을 놓치고 있었다. 말하자면 유리병 속에 살고 있었던 것이다.

이 남편처럼 우리도 상황에 나름대로 이성적으로 대처한다. 뒤에 남은 감정과는 차단된 채로 쳇바퀴 속으로 걸어들어 가는 것이다. 그러나 문제 속에 들어 있는 정서를 알지 못하고서는 어떤 것도 바뀌지 않는다. 따라서 노화에 따른 한계와 맞닥뜨리면 머리로는 변화를 받아들여야 한다고 생각하지만 뭔가 옳지 않다는 강한 분노에 사로잡혀 쳇바퀴에서 제자리 돌기만 하는 것이다.

게다가 우리가 원치 않는 경우도 꽤 자주 있다. 문제 뒤로 다가가기보다는 핑계거리를 찾는 패턴에 사로잡힌 스스로를 발견하기도 하는 것이다.

"너무 지쳐요"라고 어느 의뢰인이 말한다. "일주일만이라도 혼자 있어 봤으면 좋겠어요."

그러나 내가 그 말에 동의하며 일주일을 보내는 방법을 제안하기라도 하면 그 즉시 시간을 절대로 낼 수 없는 수백 가지 이유가 쏟아져 나온다. 이런 요구, 저런 마감이 기다리고 있고, 다른 사람의 필요, 친척들의 문제가 줄줄이 있다. 심지어 주말을 비우는 것도 불가능하다.

"하루 저녁 정도는 괜찮지요?" 내가 물어본다.

"글쎄요. 다음주쯤에는 아마도요."

그러나 그때도 먼저 처리해야 할 일들의 목록이 대기하고 있다. 이것은 유리병 이야기의 되풀이나 다름없다. 덫에 걸렸다고 느끼면서도 자신의 감정을 진지하게 받아들이지 않는 것이다.

일단 감정을 진지하게 받아들이기만 하면 문제의 해결책이 신기하게도 자신의 손에 쥐어져 있을 때가 많다. 식초병의 여자를 떠올려 보아도 마찬가지다. 이 여자가 식초병에서 살아가는 것은 아주 중요한 의미를 지니고 있다. 식초는 감기, 화상, 기억력 감퇴에 효능을 발휘하며, 건강한 장수를 돕고, 세척력을 지닌 물질로서, 식초병 속의 삶이란 여자들의 삶에서 친숙한 가재도구들이 갖춰진 생활공간의 의미를 지닌다. 천 년 전부터 여자들이 알고 있었던 것처럼 식초는 소독, 통증 완화,

피부 회복의 효과가 있다.

나이든 여자의 경우에도 문제를 해결할 만한 무언가가 주변에 분명히 있었다. 치료 약제, 즉 식초가 말 그대로 바로 옆에 있었다. 그러나 감정이 차단되어 있었기 때문에 그것이 무엇이며 어디에 있는지 알지 못했다.

우리 삶에서의 식초는 무엇일까? 식초는 균형을 잡아주어 회복을 도와주는 명백한 해결책이지만 발견하기가 쉽지 않다. 또 해야 할 '옳은' 일이지만 눈에 보이지 않기 때문에 찾아내거나 이해하는 데 실패하곤 한다. 다른 사람들에게는 보일지 몰라도 우리는 잘 보지 못한다.

예를 들어 보자. 심리치료 과정에서 남편과의 관계에 대해 자신의 감정을 아주 자세하게 설명하는 의뢰인이 있었는데, 내가 듣기에도 그녀의 이야기는 아주 명쾌했다. 충분히 납득이 갈 만한 내용이었다. 그녀에게 물어보았다. "아주 잘 알아듣겠어요. 남편께도 이렇게 이야기해 보셨나요?" 바로 이런 것이다. 대화를 열고 치유의 과정을 시작할 수 있는 해결책을 쥐고 있었음에도 그녀에게는 한 번도 그런 생각이 떠오르지 않았다는 것.

이야기 속 여자는 자신의 문제를 제한된 공간이라고 규정했다. 그녀는 더 좋은, 더 넓은 주거환경만 있다면 행복할 것이라고 생각했다. 치유가 외적인 것이라고 믿었다.

내가 알던 한 여성도 이 식초병 속 여자와 아주 비슷하게 행동했다. 이야기꾼이 이 이야기의 모델로 삼아도 될 정도였다.

원래는 플로리다에 살았던 이 여성은 캘리포니아에 사는 아들에게 몹시 불평을 해댔다. 외롭고, 날씨가 너무 덥고, 아파트가 불편하다는 것 등이었다. 그런데 아들이 어머니를 돕기 위해 캘리포니아로 모셔가려던 시기에 딱 맞춰 그녀가 넘어져 엉치뼈에 골절을 당하고 말았다.

수술을 받고 회복한 후, 그녀는 캘리포니아의 아들이 사는 곳 근처에 있는 노인요양원으로 옮겨갔다. 거기서 그녀는 우울해했고, 그곳이 싫다고 했다. 아들은 어머니가 걸을 수 있게 되면 바로 옮길 수 있게 유료 노인요양원을 알아놓았다. 그녀는 그곳으로 이사했고, 기운을 차렸다.

그러나 새 집에서 몇 달을 보낸 후, 그녀는 다시 불평을 늘어놓기 시작했다. 아들은 일단 어머니를 자기 집으로 모셔다 놓고, 함께 다른 집을 찾아다녔다. 그녀는 직접 고른 집으로 이사했다. 또다시 처음에는 그녀도 기분 좋고 들뜬 기분으로 지냈다. 그러나 새 집에서 몇 달이 지나자 그녀는 이내 불행해했다. 아들은 이번에는 자기 어머니를 이사시켜 드리지 않았다. 어머니의 문제는 환경이 아니라는 사실을 깨달았던 것이다.

식초병 속의 여자와 계속 옮겨다니는 플로리다의 노부인은 두 사람 다 문제가 외적 환경이 아니라 자신에게 있었다.

그들이 알고 있었던 것은 오로지 자신은 불행하며 작은 공간에서 산다는 것이었다. 그러니 잘못은 작은 공간에 있을 것이 틀림없었다. 이런 식의 결론은 내가 알고 있는 네 살짜리 꼬마가 아이스크림을 먹은 뒤 아프기 시작하자 보인 반응을 떠올리게 한다. 사실은 그 무렵 아이가 홍역에 걸린 것이었는데, 이 꼬마 친구는 아이스크림이 자기를 아프게 했다고 우겼다. 그로부터 한 달 후 내 꼬마 친구는 다시 아이스크림 먹기에 도전했다.

아이스크림에서 다시 식초로 돌아가 식초의 상징성에 대해 알아보자. 앞서 살펴본 것처럼 나이든 여자가 식초병에서 살았다는 것은, 그녀가 불만에 집중할 것이 아니라 자신의 감정을 깊이 들여다볼 줄 안다면 오히려 정화의 약제를 손에 쥔 것이나 마찬가지라는 의미이다.

식초의 상징성은 또 다른 심리학적 진실로도 읽힌다. 정말로 자신을 괴롭히는 것이 무엇인지 찾아내 감정을 있는 그대로 받아들이고 감정을 조절할 수 있으려면 언짢고(sour, 맛이 시다는 것과 이중적 의미임 - 옮긴이) 쓰라리며(bitter, 식초의 맛이 쓰다는 것과 이중적 의미임 - 옮긴이) 호된(acid, 식초의 맛이 시다는 뜻과 이중적 의미임 - 옮긴이) 일도 겪어낼 수 있어야 한다는 의미다. 즉 이 고난을 통과하면 주된 고통에서 놓여날 수 있게 되고, 사물이 명확히 보이기 시작하며, 시야를 흐리던 막이 어느덧 사라지고, 삶의 균형이 회복된다는 이야기다.

변화의 경험은 불평, 불만, 질병, 불안감 등의 몇 가지 현상과 더불어 시작된다. 그러나 이것들을 잘 인지하면 에너지가 발생한다. 식초 여자의 이야기에서 이 에너지는 불만을 지각하는 순간 마법같이 나타났다. 여기서 요정은 아이디어의 창조적인 내적 자원이자 문제를 해결하려는 불가사의한 의욕으로, 어딘지 모를 곳으로부터 한 순간에 튀어나왔다.

그러나 지시를 잘 따랐음에도 불구하고 나이든 여자의 일은 잘 풀리지 않았다. 세 바퀴를 돌았고 시키는 대로 했는데도 말이다.

원 안에서 회전하는 것에는 두 가지 방식이 있다. 그 중 강박적으로 맴돌면서 햄스터가 쳇바퀴 돌듯 하는 제자리 회전은 아무런 생산성이 없다. 이와 대조적인 회전은 새로운 통찰을 얻을 때까지 거듭해 돌아보고 또 돌아보는 것이다. 나이든 여자는 새로운 것이 떠오를 때까지 문제를 반복해 되돌아보지 않았다. 불만을 느꼈지만 너무 빨리, 해결책이 외부에 있다고 지레짐작해 버렸다. 결국 그녀가 내적 요구를 채우기 위해 시작한 탐색의 여정은 외적 획득물, 즉 구체적인 물질을 손에 넣는 일로 귀결되었다.

우리들 대부분은 자신의 문제를 해결하는 일을 이 물질적 기초 단계에서 시작한다. 사실 일정 기간 동안은 이 해결법이 잘 통하고 아무런 문제가 없다. 그러다가 이야기의 나이든 여자처럼, 물질적 수준의 해법을 적용하고 나서도 여전히 문제를 겪고 있다는 걸 스스로 깨달으면 그제야 더 깊은 단계로 나아가야 한다는 것을 알게 된다.

더 깊은, 상징의 단계로 나아가야 하는 것이다. 이야기에서 나이든 여자는 더 큰 집을 원했다. 집이란 자신의 소유물과 가족을 따뜻하고 안전하게 지켜주는 공간이다. 따뜻하고 안전하다는 것은 '돌봄' 또는 '부양'을 받는다는 느낌과 비슷하다. 모태라고 하는 본래의 집은 모두에게 공통되기 때문에 우리는 이런 식의, 모든 것을 품는 부양을 어머니의 이미지와 연관지어 생각한다. 심지어 실제로 어머니의 사랑을 받지 못하고 자란 사람들에게도 '집'은 '좋은' 어머니가 제공해 주는 안전함과 안도감의 상징이다. 이야기의 나이든 여자가 더 좋은 집을 원하는 것은 일종의 부양받고 싶은 욕구라는 점을 이야기꾼은 우리에게 전해주고 싶은 것이다.

나이든 여자는 부양에 대한 필요를 충족시킬 방법을 찾기 위해 자신의 현재 삶을 살펴보는 대신에 외부에서 해결책을 찾기 위해 눈을 바깥으로 돌렸다. 내면의 무언가가 고통스럽기는 하지만 외용연고를 찾아 바르면 나을 것이라고 스스로에게 말한다. 이처럼 밖에서 뭔가를 찾는 해결 방법은 중독과 똑같은 역학을 지닌다. 알코올, 쇼핑, 텔레비전 등 중독의 대상이 무엇이든 마찬가지다. 중독이란 자신의 고통을 덜기 위해 외부의 무언가를 강박적으로 이용하는 것이다. 그러나 이 경우 위안거리가 소진되면 고통은 언제든 되돌아오고 더욱 더 많은 양을 갈구하게 된다. 고통이 내적 원인일 경우에는 외용약을 아무리 발라도 아픔을 원천적으로 가라앉힐 수 없다.

우리 모두의 삶에는 지나간 상실과 한계들이 받아들여지지 않았거나, 충분히 애도되지 못했거나, 또는 의미 있게 이해되지 못한 채로 남아 있다. 나이듦을 준비하는 일 중 하나가 이런 영역들과의 합일, 함께 하기이다.

식초병 속 여자 이야기는, 우리가 지닌 상실이 감정이 차단된 이야기 속 여자와 같을 수도 있다는 메시지를 전해준다. 우리 역시 문제를 내적이거나 심리학적인 것으로 보지 않고 외적이거나 물질적인 수준으로만 파악할 수도 있다는 것이다. 그런 실수를 저지르게 되면 바깥세상에서 해결 방법을 찾는 실수가 뒤따른다. 집 한 채, 술 한 잔, 뜨거운 시럽을 얹은 아이스크림 한 컵, 알약 한 알은 고통을 오래 달래주지 않는다. 이야기의 여자처럼 이런 것에 매달리는 한 우리는 끝없이 올라가다가 결국 자기 자신에게로 되돌아오게 될 것이다.

이야기는 또 다른 중요한 진실에 대해서도 들려준다. 무색에, 세정과 밸런스 유지, 윤기를 내는 일에 필수적인 식초는 내적 에너지의 상징이다. 식초처럼, 내면의 에너지원들은 쉽게 눈에 보이지 않지만 거기 있다.

플로리다의, 자주 이사 다녔던 여성은 고아였다. 여러 집을 전전하며 어린 시절을 보내면서 어디에도 속하는 기분을 느끼지 못했다. 그녀는 자라면서 울어보지 않았다. 그녀의 에너지는 말썽에 휩쓸리지 않고 지내는 일에 집중되었다. 성인이 되자 그녀는 지난 시간들이 뒤로 물러난 것 같다고 느꼈다. 기억이나 감정이 마음속으로 찾아오면 그때마다 밀쳐내 버렸다. 결국 그녀는 그 시절은 끝났다고 되뇌며 지냈다.

그러나 옮겨 다님과 소외의 느낌들, 그것들에 수반되는 부수적인 슬픔은 계속해서 그녀를 찔러댔다. 유리 벽 뒤에서 자신의 감정을 무시한 채 살아간 식초병 여자와 똑같은 이유로, 그녀 역시 살고 있는 집이 늘 자기 집 같지가 않았던 것이다.

요정은 해야 할 일을 주문했다. 잠자리에 들기 전에 세 차례 도는 것.

꽤 딱 부러지는 주문이었다. 이것은 세 바퀴의 빙빙 돌기가 완료되어야 무의식이 우리를 위한 심상과 통찰에 응답하기 시작한다는 뜻이다.

문제의 감정을 이해하고 붙잡기 위해서는 곰곰이 생각하고 골똘히 궁리하는 시간이 필요하다. 그리하여 내적, 심리적인 일련의 과정을 통과해야 한다.

이는 우리 할머니나 증조할머니 세대에는 더 이해하기 쉬운 일이었다. 그분들은 일상이 이런 과정들의 연속이었기 때문이다. 그들에게 음식을 먹는 일은, 직접 심어 기르고 거둬들이고 보관했다가 조리하는 과정의 결과였다. 우리는 슈퍼마켓에서 가서 빵 한 덩이를 사는 것이 고작이지만 그네들은 일용할 양식과의 관계가 훨씬 더 친밀했다. 곡물을 재배하고 갈아서 혼합하고 반죽하고 발효시켜 굽는 일 같은 것들이다. 뭔가를 정말 알려고 하면 그것과의 관계 속으로 들어가야 한다. 그래서 과정에 시간이 걸린다는 것이다.

대부분의 사람들이 이제 더 이상은 먹을거리를 직접 재배하고 보관하지 않지만, 그럼에도 불구하고 여자들은 상대적으로 그 과정을 더 잘 이해한다. 여자가 새로운 생명을 생산하는 데 아홉 달이 걸리며, 아이를 기르는 데는 그보다 훨씬 더 많은 시간이 걸리기 때문이다. 여자들의 시간은 생명이 자라는 과정을 지켜보고 참여하는 것으로 점철된다. 그러니 이제는 여자들이 자신의 삶에 관해 과정을 지켜볼 시간이다.

"세 바퀴를 도세요"라고 요정은 지시한다. 자신의 삶에서 불만족스러운 것에 대한 감정을 느낄 때까지 돌고 또 돌라는 것이다.

다시 말하지만 동화의 어떤 상징도 우연이 아니며, 그 무엇도 어쩌다 일어나는 일은 없다. 왜 세 번일까? 동화의 세상에서 3은 '필요한 만큼 계속'의 의미를 지닌다. 고대 사람들에게나 타로 카드에서 3의 오래된 점술적 의미는 둘의 결합으로부터 새로운 생명이 탄생한다는 것이다.

3은 어린아이를 데리고 있는 부부의 이미지이며, 세 번째 존재인 아이는 아버지와 어머니의 복제가 아니라 새로운 창조물이다.

"세 번을 돌라"고 요정은 나이든 여자에게 지시한다. 즉 새로운 무언가가 창조될 때까지 계속해서 돌라는 말이다.

불행히도 식초병 속 나이든 여자는 세 번을 회전했는데 충분치 않았다. 그녀는 햄스터의 쳇바퀴 돌리기처럼 제자리에서 맴돈 것이다. 요정이 요구한 것은 그런 단순한 것이 아니라 내적 에너지를 끄집어내는 힘든 작업이었다. 그렇지 않고서는 외적인 답밖에 얻지 못할 것이기 때문이었다.

요정이 나이든 여자의 소원을 들어주고 난 뒤 "그러나 여자는 요정에게 고맙다고 인사하는 것을 잊어버렸다!"는 구절이 되풀이된다. 이 부분을 반복해 상기시키는 것은 이야기꾼이 단순히 인사가 중요하다는 것을 가르쳐주는 것 이상의 무언가를 말하고 싶어 한다는 분명한 신호이다.

요정은 내적 에너지를 쓸모 있는 상태로 변화시켜 주는 존재이다. 이 에너지가 의식으로 통제할 수 있는 대상이 아니기 때문에 요정의 마법이 동원된 것이다. 개개의 자아가 생산해 낼 수 있는 것보다 훨씬 더 큰 에너지, 보는 이를 경외에 떨게 하고 무릎을 꿇게 만드는 힘이 축복처럼 내려졌을 때, '고맙습니다'라고 말하는 것은 이를 받아들이는 바람직한 태도에 대한 상징인 셈이다. 식초병 속 여자처럼 고마워할 줄 모르고 그 가치를 이해하지 못하면 이 불가사의한 에너지도 무용지물이 될 수밖에 없다.

대단한 음악적 재능을 지닌 사람을 예로 들어 생각해 보자. 이 재능은 그녀가 아닌 누군가로부터 주어진 축복이다. 그녀가 자신의 재능을 충분히 인식하고 소중히 하고 가치를 부여한다면 이를 갈고 닦아 더욱 성장할 수 있을 것이다. 그런데 자신에게 주어진 재능의 가치를 무시하거나 제대로 평가하지 않고서 시간과 에너지를 음악과 무관한 다른 일에 소진하면 재능은 서서히 쇠퇴할 것이다. 어떤 선물이든 자신에게 주어지면 '고맙습니다'라고 말해야 한다. 그렇지 않으면 사라지고 마는 것이다.

고마워한다는 것은 무의식에서 끌어올려진 이 에너지에 부응하기 위해 '의식적으로' 최선을 다하는 것이다. 스스로의 한계를 설정하고, 받아들이며, 정말 중요한 것에 초점을 둘 수 있게 의식적으로 노력해야 한다.

심리학적으로 '고맙다'고 하는 것은 또한, 선물로 주어진 이 에너지를 흔쾌히 받아들이는 것을 의미한다. 이 선물은, 새 생명이 태어나거나 멀리서 친한 친구가 찾아왔을 때처럼 진심 어린 애정과 기꺼움으로 맞이해야 한다.

나이든 여자가 식초병으로 되돌아간 것은 아무것도 변하지 않았다는 것을 의미한다. 그녀가 지혜로운 노년으로 성장해 가려면 — 젊을 때는 할 수가 없고 충만한 노년을 위해 꼭 필요한, 의식적 자아(에고)와 무의식적 자아(셀프) 사이의 강한 연결을 만들어 가면서 — 반드시 식초병의 신고(辛苦)와 맞닥뜨려야 했다. 문제와 직면하기, 쓰라림을 똑바로 바라보기는 그것이 무엇이든 긍정적인 마무리로 가는 유일한 길이다. 유리 보호막을 포기해야 하며, 느낄 필요가 있는 것들을 느낄 수 있게 스스로를 열어야 한다. 그럴 때 비로소 무엇을 해야 하는지 알 수 있다.

자기 어머니와의 관계에서 비롯된 괴로움 때문에 오랫동안 시달려온 중년의 의뢰인이 있었다. 그녀의 어머니는 차갑고 거부적인 사람이었으며, 아들하고만 친밀한 관계를 유지했다. 그녀의 어린 시절 기억은 오로지 어머니로부터 들은 질책과 빈정거림뿐이었다.

성인이 되고 난 후 그녀는 어머니로부터 가능한 한 멀리 떨어져 지냈고, 한 번도 편지를 쓴 적이 없으며, 아주 이따금 전화를 하거나 들르는 형태로만 관계를 유지했다. 뿐만 아니라 연중행사나 다름없는 방문 기간도 이 의뢰인에게는 늘 미리부터 긴장의 연속이었다. 그리고 결국 마찰이 일어나 매번 거부와 상처의 감정만 더 커질 뿐이었다. 그녀는 자기 어머니가 본인이 소망하는 따뜻하고 자애로운 어머니가 될 능력이 없는 사람이라는 현실을 받아들였다고 생각했다. 그러나 다른 방향, 즉 자신이 어머니가 되는 일에서는 희망이 있다고 느꼈다.

이 의뢰인에게는 딸이 하나 있었고, 이제는 그 딸도 장성했다. 그녀는 자신의 어머니에게 겪은 '상처 되는 행동'을 조금이라도 되풀이할까 봐 두려워하며 딸을 혼신을 다해 키웠다. 그러나 지금 그녀의 딸은 꽤 떨어진 데서 살고, 편지나 전화를 전혀 하지 않으며, 좀처럼 자기 어머니를 찾아오지도 않는다. 어쩌다 함께 있게 될 때는 어김없이 말다툼이 일어나 둘 사이를 갈라놓았다. 의뢰인은 거부와 상처의 감정과 함께 홀로 남겨지곤 했다.

"악몽 같아요"라고 그녀는 한 마디로 말했다. "그 애는 내가 우리 엄마한테 그랬던 것보다 더 심하게 구네요. 나는 좋은 엄만데 말이에요!"

딸과의 문제가 생겼을 당시 내 의뢰인은 일련의 '달아나기' 행동을 계속했다. 그 첫 번째는 집을 완전히 새로 꾸미는 것이었고, 다음은 여덟 군데의 기관에 자원봉사를 한 것이었다. 이어 그녀는 여행에 매달리기 시작했다. 이따금 약속 때문에 되돌아오는 걸 제외하고는 늘 집을 떠나 있었다. 그리고 이것들 중 무엇도 안정감을 가져다주지 않자 그녀는 좌절감을 안고 심리치료실로 되돌아왔다.

말하자면 그녀는 식초병 안으로 되돌아온 것이나 마찬가지였다. 그러나 이제 그녀에게는 고통만 있는 것은 아니었다. 몇몇 유형의 유대관계, 어느 정도의 이해를 형성할 기회가 주어져 있었다. 이후 몇 달이 걸리는 악전고투이기는 했지만 결국 그녀는 필요한 일들을 할 수 있었다.

그녀가 본 것은, 자신의 분노와 상처 아래 감춰진 감정이었다. 그녀는 스스로의 결핍과 맞닥뜨렸다. 그러면서 자신과 어머니 사이의 유대관계 결핍에서 비롯된 모든 바람을 딸과의 유대관계에 전가했었다는 사실을 깨달았다. 그것은 딸이 감당하기에는 너무 버거운 무게였다. 딸은 자신의 삶을 살아가기 위해 어머니를 밀쳐낼 수밖에 없었다.

그러한 결과는 두 사람 모두 원하지 않던 일이었다. 일단 어머니 쪽이 자기가 딸에게 어떻게 했는지 깨닫게 되자 변화가 일어났다. 내가 모녀를 마지막으로 보았을 때, 그들은 서로 떨어져 살면서 화해할 방법을 모색하고 있었다. 쓰디쓴 식초로 되돌아온 이 여성은 삶의 고통을 치유가 가능한 무언가로 변환시킬 줄 알게 되었다.

이렇게, 나이듦을 준비하는 일은 살면서 겪거나 저지른 한계, 실수, 실패를 똑바로 마주하는 일이기도 하다. 달아나지 않고 정면으로 맞서면서 어떤 고통과 괴로움이 나타나든 그것에 다가가 가까이 끌어당기고, 느낄 수 있게 스스로를 열어야 한다. 식초와 맞닥뜨려 그 속을 통과해 지나갈 때 비로소 삶에서 일어나는 일을 받아들이고 고통을 의미 있는 것으로 변화시킬 수 있다.

이 과정에서 우리는 의식이 아닌 다른 원천, 무의식이라고도 하고 신성(神性)이라고도 하는 원천에서 우러나오는 에너지를 받아들일 수 있게 된다. 영적 삶을 위한 내면 활동을 할 수 있게 되는 것이다. 다음은 이런 내면 탐색의 본질에 대해 더 많은 통찰을 주는 러시아 이야기다.

세상의 지붕을 뚫고 뻗어나간 풋콩

옛날 러시아에 유지니아라는 이름의 한 나이든 여자가 남편 오뉘프르와 함께 작은 오두막에서 살고 있었다. 그들은 침대 하나, 탁자 하나 외에는 가진 게 없었고, 집에서 키우는 수탉과 암탉 한 마리가 재산의 전부였다.

어느 날 수탉과 암탉은 뭔가 평범하지 않은 일이 일어난 듯 목청을 높이기 시작했다. 두 마리의 닭은 제각기 씨앗 하나씩을 발견했다. 수탉은 찾아낸 씨앗을 오뉘프르에게 가져다주었다. 오뉘프르가 보니 그것은 풋콩의 씨앗이었는데, 저녁거리로 삼기에는 너무 작아서 탁자 아래로 던져버렸다. 암탉은 씨앗을 유지니아에게 가져다주었고, 유니지아는 리마콩의 씨앗임을 확인하고는 똑같이 탁자 아래로 던졌다.

그런 뒤 두 사람은 씨앗에 대해서는 잊어버렸다. 하룻밤이 지나고 이튿날 아침, 두 사람이 잠에서 깨어보니 씨앗 두 개가 딱딱하고 지저분한 바닥에 뿌리를 내리고 서로 덩굴이 얽힌 채 탁자 상판의 아래쪽에 닿을 만한 크기로 자라 있었다. 이를 본 오뉘프르는 톱으로 탁자를 두 쪽으로 잘라 덩굴이 자랄 공간을 만들어주었다. 덩굴은 계속해서 자라더니 한 시간이 채 못 되어 천장까지 뻗었다. 오뉘프르는 또다시 톱을 가져와 콩줄기가 자라도록 천장에 구멍을 냈다. 유지니아와 오뉘프르는 일어선 채로 콩줄기가 자라는 모습을 지켜보다가 줄기를 따라 하늘나라에 올라가 보기로 했다. 두 사람은 콩줄기를 붙잡고 올라가기 시작했다.

그들은 하루 종일 계속해서 기어올라갔다. 나이가 많은 사람에게는 아주 힘든 등반이었기 때문에 사이사이마다 유지니아의 휴식을 위해 쉬어가며 올라야 했다. 저녁 무렵이 되어서야 마침내 두 사람은 꼭대기에 도달해 하늘나라에 발을 디뎠다. 그곳에는 작은 오두막이 한 채 있었는데, 그 앞에 선 이는 하느님이 틀림없었다.

"안녕하세요. 난 늙은 유지니아이고 이 사람은 늙은 내 남편 오뉘프르랍니다. 여기를 찾아오려고 계속 기어올라왔더니 많이 지쳐서 그러는데, 당신의 오두막에서 좀 쉬게 해주면 안 될까요?" "그렇게 하라." 하느님이 대답했다. "그러나 규칙이 하나 있다. 오두막 안에 케이크를 보관하고 있는데, 그것들에 손대지 않겠다고 약속해야 한다."

"약속하겠습니다." 그들은 대답하고 안으로 자러 들어갔다. 그러나 집안에 들어서서 눕자마자 유지니아가 말했다. "냄새가 너무 좋구려. 맛이 어떤지 보고 싶어요."

"잠이나 자요." 오뉘프르는 이렇게 말하고는 돌아누워 코를 골기 시작했다. 그러나 유지니아는 일어나 케이크 쪽으로 갔다. 그녀는 제일 작은 케이크 하나를 집어들고, 아무도 케이크 하나가 빠진 걸 눈치채지 못하도록 접시 위 케이크들의 위치를 조금씩 옮겨놓았다.

그런 뒤 그녀가 막 케이크를 베어 물려는 순간, 갑자기 주위가 엄청나게 흔들리기 시작했다. 모든 케이크들이 허물어지더니 밀가루, 달걀, 설탕, 바닐라 상태로 되돌아갔고, 접시는 백 조각으로 산산이 부서졌다.

이 소란통에 나이든 남자가 잠에서 깨어났고, 두 사람은 그때부터 케이크들을 다시 만들고, 접시를 이어붙이느라 밤을 꼬박 새웠다. 그러나 아무런 소용도 없이 아침이 되었고, 방안은 온통 밀가루와 달걀, 부서진 접시로 난장판이었다. 아침 햇살이 방안으로 비치기 시작하는 순간 하느님이 들어왔다.

"내 케이크에 손을 댔는가?"

"오, 아닙니다." 두 사람은 거짓말을 했다. 그러자 다음 순간 두 사람은 콩줄기를 타고 아래로 미끄러졌다.

다음날 아침 유지니아와 오뉘프르는 하늘나라를 한 번 더 찾아가기로 했다. 두 사람은 하루를 꼬박 기어올라가 해질녘에 하늘나라에 다다랐고, 줄기 꼭대기에 하느님이 서 있는 것을 보았다.

"안녕하세요. 우리를 기억하시나요? 난 유지니아이고, 이 사람은 오뉘프르 랍니다. 우리가 다시 왔어요. 여기까지 올라오느라 피곤해서 하룻밤을 쉬어가고 싶어요. 오두막 바깥에서 자도 될까요?"

"그렇게 하라." 하느님이 대답했다. "내 포도밭에서 자도 된다. 단, 오늘은 포도에 손을 대면 안 된다."

"오, 안 그러겠습니다. 믿어도 좋아요." 그들은 이렇게 대답하고는 시원하고 향기로운 포도나무 아래에 누웠다. 포도 향이 코끝에 스며들었다. 유지니아가 다시 일어나 앉은 것은 누운 지 얼마 지나지 않아서였다.

"만지지 말아요." 오뉘프르는 이렇게 경고하고는 잠이 들었다. 그러나 유지니아는 속으로 중얼거렸다. "그냥 작은 포도 한 알만 맛볼 거야. 틀림없이 아무도 모를 거야."

그녀가 포도에 손을 대는 순간, 모든 포도가 포도밭 전체의 덩굴에서 일제히 떨어졌다. 오뉘프르가 깨어났고, 두 노인은 밤새도록 포도를 다시 덩굴에 붙이려고 갖은 애를 썼다. 하지만 아침이 밝았고 사방은 어지럽게 포도로 뒤덮여 있을 뿐이었다. 바로 그 순간 하느님이 도착했다.

"너희들이 내 포도에 손을 댄 건 아니겠지, 그렇지?" 하느님이 물었다.

"오, 아니오. 오, 아닙니다." 두 사람은 거짓말을 했고, 잠시 후 다시 한 번 콩줄기를 타고 아래로 미끄러졌다.

이번에는 두 사람도 며칠을 쉴 수밖에 없었다. 그러나 하늘나라에 간다는 생각을 잊어버릴 수는 없었다. 그들은 그곳으로 다시 가기를 바랐고, 어느 이른 아침에 또다시 콩줄기를 타고 기어오르기 시작했다. 저녁에 두 사람이 하늘나라에 다다르자 하느님이 기다리고 있었다.

"우리가 다시 왔어요. 늙은 유지니아와 오뉘프르가 당신을 만나 하룻밤 묵으려고요."

"오늘밤에 나의 마차 차고에서 자도 좋다. 그러나 이번에는 아무것도 건드리지 않겠다고 다짐하라." 하느님이 명했다.

"오, 약속하겠습니다." 그들은 이렇게 말하고서 잠자리에 들었다. 오뉘프르는 곧바로 잠들었지만 유지니아는 누운 채로 멋진 마차들을 구경하고 있었다. "저 중에 한 대에 잠깐 앉아보는 거야 대수겠어?" 그녀는 중얼거렸다. "타고 어디 가겠다는 게 아니고, 그저 앉기만 하는 건 해 될 게 없겠지. 사실, 여기까지 긴 여정이었고, 나는 아주 늙은 여자란 말이지."

그녀는 일어나 마차 쪽으로 다가갔다. 그리고는 올라타려고 마차에 발을 얹는 순간, 그 마차는 물론 마차 차고 안에 있던 사방의 모든 마차들이 수백 조각으로 부서져 내렸다. 시끄러운 소리에 자고 있던 오뉘프르가 깼다.

두 사람이 밤새도록 일했지만 아침에 하느님이 도착했을 때, 마차들은 여전히 산산이 조각난 채로 널브러져 있었다. 하느님은 매우 슬퍼했고, 매우 화가 났다.

"마차에 손을 댔느냐?"

"오, 아닙니다." 그들은 또다시 거짓말을 했다. 그런 뒤 콩줄기를 향해 있는 힘껏 뛰어가서는 아래로 미끄러져 내려갔다. 그러나 하느님이 콩줄기가 끊어지도록 해놓아 두 사람은 바닥에 닿기 전에 곤두박질쳐서 자신들의 오두막 문 앞까지 굴렀다.

그후 그들은 오두막에서 오래오래 살다가 진심으로 뉘우치고 깨달은 후에야 하늘나라로 갈 수 있었다.

～～～～～

우리와 마찬가지로 유지니아가 수행해야 할 과업은 온전해지기 위한 노력이다. 앞서 식초병 이야기에서는 요정이 네 방향으로 골고루 날아다니는 것으로 온전함을 상징했다. 식초병 여자가 온전한 존재가 되기 위해 해야 할 급선무는 집이라고 하는 외적 한계를 통해 드러나는 내적 상실을 받아들이는 것이었다.

유지니아의 이야기에서 온전함은 여성성과 남성성을 대표하는 사물들의 대응으로 상징된다. 암탉, 리마콩, 유니지아, 그리고 수탉, 풋콩, 오뉘프르가 그것이다. 그러나 유지니아는 수행해야 할 과업이 있다고 말해주는 신호들을 모두 놓쳐버린다. 그녀가 받아들여야 했을 상실과 한계는 무엇일까? 그녀는 무엇을 받아들이고, 어떤 의미 있는 변화를 이루어내야 했을까? 또한 이 이야기가 나이듦의 과정에 대해 우리에게 주는 교훈은 어떤 것일까?

유지니아는 초라한 환경에서 살고 있다. 그런 그녀에게 선물이 주어지는데, 바로 콩 두 알이다. 그녀는 이 선물에 가치를 두지 않는다. 그러나 우리 독자들은 콩이 먹을거리임을 감안하여, 유지니아의 자양분이 될 가능성을 지녔다고 짐작해 볼 수 있다. 콩은 많은 이들의 다이어트에 필수 식품으로 꼽히며, 유익한 아미노산이 풍부하고, 훌륭한 에너지원이다.

그러나 에너지만으로는 충분치 않다. 이제부터 이야기에 내포된 진실이 슬슬 들여다보이기 시작한다. 얕은 생각과 충동적 행동이 이야기의 초반부터 말썽의 전조가 된다.

유지니아가 이 씨앗을 부주의하게 지저분한 바닥으로 던진다는 대목에서부터 이미 문제가 시작된다. 뜰을 가꿔본 사람이라면 누구나 알고 있는 것처럼 식물을 잘 자라게 하려면 잘 심는 것이 중요하다. 땅 깊숙이 씨앗을 심고 영양을 잘 공급해 주면 뿌리가 깊이 내린다. 그러나 대충 심어놓은 식물은 성장을 잘 못하거나, 쉽사리 바람에 날려가 버린다. 심리학적으로 유지니아는 제대로 돌봄을 받지 않은 정신의 일부를 지녔으며, 이 부분의 성장이 필요한 인물이다.

콩은 누구에게나 예기치 않은 방식으로 나타나는 창조적 잠재력이지만, 중요한 것은 이를 눈여겨보고 제대로 다루는 것이다. 잠재력은 나이든 여자들에게 흔히 있는 것이지만 영혼의 정원에 잘 심어야 새로운 방향, 새로운 유대관계, 새로운 창조를 낳는다. 콩이 지닌 마법의 결과는 예측 불가능하다. 우리가 기대해 볼 수 있는 것은, 각자의 셀프(Self), 즉 무의식적 자아가 제각기 알맞은 의미를 마련해 두지 않았을까 하는 것 정도이다. 물론 우리가 제 할 일을 할 때의 이야기다.

그러나 유지니아는 제 할 일을 하지 않는다. 씨앗은 탁자 아래에 던져진다. 탁자와 탁자 위가 지닌 상징성은 많은 예에서 볼 수 있다. 예수가 제자들과 함께한 최후의 만찬, 아서 왕과 기사들의 원탁, 필그림(Pilgrim, 1620년 메이플라워 호를 타고 미국으로 건너간 청교도들을 일반적인 순례자들과 구별하는 의미로 원문 그대로 표기함 - 옮긴이)들의 추수감사절 식탁, 그리고 가족들의 저녁 식사 등이다. 어느 경우나 탁자는 육체적인 동시에 정서적인 자양분의 장소이다.

이에 비해 탁자 아래는 그릇됨을 상징하는 경우가 많다. '탁자 아래'로 돈을 건넨다는 것은 대개 속임수가 있다는 뜻이다. 탁자 아래는 어둡고, 그림자가 드리워진 공간이다. 유지니아는 무의식적으로, 무심결에, 그릇된 풍족함을 좇고 있다.

"그런 일 절대 안 해"라고 나는 중얼거린다. 내가 얼마나 오랫동안 이 책의 씨앗을 탁자 아래로 던졌놓았는지 잊어버린 채로. 나는 계속해서 엄청난 계약 건을 찾아냈다고 믿어 앞뒤 안 재고 뛰어들었다가 속았다고 분해했던 지난날들을 떠올렸다. 매번 함정이 있을 것임을 눈치챘으면서도 눈앞의 이익 때문에 모르는 척 자기기만을 한 것이었는데, 그때도 나는 "적어도 기만하는 일 따위는 안 해"라고 생각했다. 솔직히 말해서, 유지니아의 행동을 보면서 나와 다르다고 생각한 나의 첫 반응이야말로 자기 삶의 한 부분에 대해 무신경해져 버리는, 우리 모두가 지닌 자기기만이 아닐까 생각한다.

여전히 콩줄기는 자란다. 이 창조적인 과정, 즉 콩줄기의 성장은 가장 관용적이며 인내심 있는 과정을 보여주는 것이다. 콩줄기는 그렇게 무신경하게 심어진 채, 물도 햇볕도 없이 자라야 하는 상황을 포용한 채 계속해 자란다. 이야기의 뒷부분에서도 콩줄기는 유지니아가 하느님의 것을 훔치려는 일을 반복하는데도 불구하고 그 자리를 지킨다. 이것은 우리의 신통치 못한 실수들, 부주의하고 무의식적인 잘못이 당장 창조적 에너지를 없애버리지는 않는다는 뜻으로, 우리에게는 희망적인 메시지가 될 수 있다.

유지니아의 행동은 단순하고 충동적이다. 그녀는 마음에 떠오르는 첫 번째 것을 계속해서 행동에 옮긴다. 탁자를 자르고, 지붕을 뚫고, 콩줄기를 타고 올라가고, 맛보고, 만지고 하는 모든 행동이 그렇다. 그녀는 생각을 오래 지니고 있다가 계획적으로 변환시킬 줄 모르는 것이다. 그녀의 행동은 14개월짜리 내 손녀와 똑같다. 뭔가 예쁘고 눈길을 끄는 것이 있으면 그걸 맛보고 만져봐야 직성이 풀린다. 그 나이의 아기들은 자기 것과 아닌 것, 안전한 것과 그렇지 못한 것, 느낌이 좋은 것과 나쁜 것을 구별할 줄 모른다. 유리, 얼음, 처음 보는 개들, 불, 전선 등이 모두 블록이나 곰 인형과 똑같이 아기들에게는 흥밋거리다. 손에 닿을 수 있겠다 싶으면 무조건 돌진한다. 유지니아의 행동도 이처럼 천진함과 무의식적 충동에 따른 것이다. 악의가 있다기보다는 미성숙해서 하는 행동들이다. 그녀의 행동은 단지 스스로 제어할 줄 모르는 데서 비롯된다.

"왜 그 사람과 어울리는 거죠?" 어느 날 내가 의뢰인에게 물었다. "그는 당신보다 스무 살이나 어릴 뿐 아니라 지루하다고 하셨잖아요. 그런데 그 사람의 초대에 응한 건 무슨 까닭인가요?"

그녀는 표정 없이 나를 보았다. 자기가 왜 그러겠다고 했는지에 대해 아무 생각이 없는 것이 확실했다. 아마 그 순간에는 좋은 아이디어라고 생각했겠지만 심사숙고한 선택은 아니었을 것이다.

이 의뢰인과 유지니아는 모두 곤궁했다. 그러나 무엇의 결핍인지를 두 사람 다 몰랐다는 것이 문제였다. 유지니아는 속도를 줄여 자신의 상실이 무엇인지, 이 모든 에너지의 뿌리에 어떤 한계가 자리잡고 있는지 살펴보기 전까지는 자신에게 무엇이 필요한지 알 수 없다.

내 친구 하나는 자신의 몸에 매우 집중하여 어떤 순간에도 자기 몸에 어떤 식품이 필요한지 즉각 알게 되는 수준에까지 이르게 되었다. 우리들이 배고프다고 느낄 때, 친구는 칼륨이 필요하다는 느낌으로 바나나를 집어들었다. 친구에 따르면 누구든 훈련하면 이 '몸의 지혜'를 익힐 수 있다고 하는데, 그 비밀은 속도를 줄이고 주파수를 맞추는 것이라고 했다. 왜냐하면 몸은, 귀 기울이는 방법을 알면 항상 옳은 메시지를 전해주기 때문이라는 것이다.

유지니아는 속도를 줄이고 자신의 영혼으로부터 들려오는 메시지를 듣는 방법을 배워야 했다. 그녀는 뭔가에 곤궁해 있었다. 우리는 그녀가 눈앞에 놓인 것을 무조건 붙들기 때문임을 알고 있지만 그녀는 자신의 행동이 부적절하다는 것을 전혀 모르고 있었다.

유지니아는 의식하지 않았지만 자기가 '자격을 부여할 수 있는 사람'이라고 느꼈고, 자신도 모르게 오만함의 덫에 빠져들었다. "이렇게 하지 말라"고 하느님이 말하는데도, "원하면 할 거예요"라며 행동으로 답한다. 말로는 아무 것도 하지 않겠다고 하지만 행동은 자기 마음대로다. 그녀는 아주 조금만 손대면 하느님이 눈치채지 못할 것이라고 생각한다. 하느님의 규칙은 아무런 상관도 없다. 유지니아 스스로 규칙을 만들어버린다.

에덴동산에서 선악과 나무의 과실을 맛본 이브가 그랬고, 프시케와 에로스 이야기에서 아름다운 처녀 프시케도 그녀의 신이자 남편인 에로스의 명을 거역한다. 에로스는 프시케에게 자신의 모습을 보지 말라고 했는데, 프시케는 에로스가 자는 동안 등잔 불빛으로 그를 비춰보았다.

그러나 이브와 프시케 두 사람은 순종하지 않았지만 그렇게 함으로써 의식 또는 더 큰 깨달음을 향한 여정을 시작하게 되었다. 어린아이 같고 의존적인 상태로 남아 있다는 말을 듣는 사람, 아무 것도 모르는 채 주의 깊게 보지 않고 별 생각이 없는 상태로 머물러 있는 사람이라는 말을 듣는 사람도 결국 앞으로 나아가야 할 때가 있는 것이다.

그러나 이브와 프시케 사이에는 중요한 차이가 있고, 유지니아는 이들과 또 다르다. 이브가 한 불복종의 결과는 그 시점 이후 그녀가 출산의 고통을 겪게 되었다는 것이다. 상징적으로 창조, 즉 새로운 탄생 — 이 새로운 존재가 아기이든 한 개인의 자각을 의미하든 — 은 출산과 마찬가지로 길고 때로 고통스러운 과정이다. 프시케 역시 자신의 유치한 의존성에서 벗어나기 위한 대가를 치러야 했다. 그녀는 사랑하는 남편과 연락이 끊겼고, 그를 자신에게 되돌리기 위해 일련의 어려운 과업을 수행해야 했다.

반면 유지니아는 다른 이들과 마찬가지로 오만했지만 대가를 치르지 않았고, 결코 변화하지 않았으며, 경험을 통해 성장하지도 않았다.

우리는 유지니아가 통찰 또는 인식의 증대 없이 같은 행동을 반복하는 모습을 보면서 순진함의 심각성에 대해 생각해 보게 된다. 그녀는 자신이 어디에 있는지 알고 있는 것처럼 하느님에게 직접적으로 말하지만 이미 저지른 첫 번째 또는 두 번째 실수로부터 한계나 배움을 받아들이지 못한다.

유지니아는, 스무 살 어린 남자와 사랑에 빠진 앞서의 의뢰인 또는 자신들의 행동이 실수였음을 깨달은 것 같은데도 막무가내 식으로 행동하는 다수의 의뢰인들과 똑같다. 이들은 자신들이 무슨 행동을 하는지 아는 것처럼 보이지만 그렇지 않다. 마치 어린아이들이 입으로는 "불은 뜨거워"라고 하지만 실제로 불꽃을 만지면 어떤 일이 벌어지는지 진짜로는 이해하지 못하는 것처럼 순진하다.

물론 우리도 이와 똑같은 유형의 문제를 겪을 때가 있다. 감당할 수 없을 만큼 신용카드를 긁어댈 때, 건강에 좋지 않은 음식을 먹을 때, 회사 일이나 집안 일에 능력 이상으로 욕심을 낼 때가 그런 경우이다. 세상에는 결과를 생각하지 않고 내키는 대로 행동해도 될 것 같은, 셀 수도 없는 많은 유혹들이 존재한다. 게다가 기업, 판매상점, 광고가 이런 행동들을 부추기고, 미성숙하며 어린아이 같은 많은 이들이 이를 열렬히 추종한다. 이야기 속에서 이런 행동들은 케이크와 포도, 마차로 대변되는데 각각 과식, 알코올 중독, 그리고 추월을 밥 먹듯 하는 운전 등을 떠올리게 한다.

유지니아는 즉각적인 방식으로 자기만족을 위해 애쓰지만 즉각적인 만족이란 없다. 그것을 찾기 위해 애써봤자 손 안에서 허물어질 뿐이다. 자기 자신에 대한 진실을 찾는 것, 그리고 자신의 삶이 과정이라는 것을 잊어버리면 한 발자국도 나아가지 못한다.

삶에서의 제약과 상실을 정면으로 바라보고 받아들이는 일은 이것들의 한계와 경계가 어딘지를 가늠하는 일이기도 하다. 혹시 우리가 너무 멀리 간 건 아닌가, 유지니아처럼? 우리가 왜 경계를 넘게 되었는지 이해할 필요가 있는가? 닥쳐온 상실 또는 제약이 외부에서 온 것 같은가? 되돌아보았을 때 그 상실이 거기 있는 게 차라리 편했던 건가? 아니면 경계가 너무 약해서 들여놓지 말아야 할 것들을 안으로 받아들이게 된 것인가? 이 모든 것이 어떤 의미가 있는가? 다시 열어야 할 필요가 있는 것들은 무엇인가? 다르게 볼 필요가 있는 것들은 무엇인가?

유지니아의 인생의 진실과 의미는 지상에 있었다. 그녀의 인생은 한계들을 지니고 있었다. 그런 그녀에게 매우 작지만 강력한 힘을 지닌 콩 두 알이 선물로 내려졌다. 콩들은 큰 잠재력을 지니고 있었다. 그것들은 대단히 곤궁한 그녀 자신의 일부를 보여주었다. 이제 결정은 그녀의 몫이었다.

이 이야기의 메시지는 단순하다. '지금껏 살아온 대로 현실에 바탕을 두고 지내라. 가진 것에 관심을 기울일 것이며, 현실을 있는 그대로 받아들여라.' 식초병의 여자가 병 속으로 되돌아가거나 유지니아가 오두막으로 돌아간 것처럼, 우리 삶은 원래 자리로 끊임없이 되돌아갈 수밖에 없는 것이다. 좋았던 과거를 되새기거나 오지 않은 미래에 대해 환상을 품는 것만으로는 의미를 얻을 수 없다.

소개한 두 이야기에서 식초병, 허물어진 케이크, 떨어진 포도, 부서진 마차로 상징되는, 삶의 한계를 깨닫는 순간들이 닥쳤을 때, 즉각적인 방법이나 외부의 방책으로는 치유 또는 문제 해결이 되지 않음을 우리는 보았다. 멈춰 서서, 무슨 일이 생기건 그 속에서 의미를 찾으려 집중하고 노력하지 않고서는 그 무엇도 정말로 도움이 되지는 않는다.

두 이야기의 또 다른 메시지는, '누구에게나 제자리가 있다'는 것이다. 그래서 식초병 여자는 한동안의 유예기간을 갖기는 했지만 결국 식초병 속으로 돌아갔고, 유지니아 역시 몇 차례 하늘나라로 발을 들여놓기는 했지만 끝내 지상으로 떨어져 자기가 했어야 할 일들을 떠안게 된 것이다.

지금까지 우리는 두 이야기를 통해 상실과 한계를 인식하고 그것을 받아들이는 과정에 대해 살펴보았다. 마지막 이야기는 잉글랜드의 설화로, 이런 문제들을 잘 헤쳐나간 여자에 대한 이야기다. 이 여자는 자신이 누구이며 삶에서 어떤 것들이 가치가 있는지를 분명히 알았다.

헤들리의 소

옛날 어느 마을에 한 여자가 이웃들과 함께 살고 있었다. 여자는 가난했지만 즐겁고 행복하게 지냈다. 여자는 이웃들이 일손이 필요할 때마다 거들어주었으며, 이웃들이 먹을 것을 나누어주어 배고픈 줄을 모르고 살았다.

어느 날 밤 여자가 집으로 돌아가다가 길 한복판에 놓인 커다랗고 검은 항아리 하나를 보았다. 여자는 누가 저것을 저기 두었나 싶어 주위를 둘러보았다. 아무도 보이지 않자 여자는 항아리를 살펴보러 좀 더 가까이 다가갔다. "아마도 구멍이 뚫려서 쓸모가 없어졌나 보군. 흠, 꽃 화분으로 쓸 수 있을지도 모르니 집으로 가져가 봐야겠어."

여자는 항아리를 들어올리려고 몸을 굽히다가 구멍이 있는지 먼저 확인해 봐야겠다고 생각했다. 그런데 여자가 뚜껑을 열자 항아리 속에는 금 조각들이 가득 들어 있었다.

"세상에나." 나이든 여자는 엄청나게 많은 금을 보고 뒷걸음질을 치며 소리쳤다. "이 많은 금을 내 여생을 위해서만 쓸 수는 없지." 금이 잔뜩 든 항아리는 너무 무거워서 들 수가 없었다. 여자는 스카프를 풀어서 항아리의 손잡이에 묶은 다음 집을 향해 끌어당기기 시작했다. 잠시 후 여자는 숨이 차서 잠시 멈추어 쉬었다. 그리고 쉬는 동안 금을 구경하러 항아리 뚜껑을 한 번 더 열어 보았다. 그런데 항아리 속에 든 것은 금이 아니라 번쩍번쩍 빛나는 은덩어리였다.

나이든 여자는 눈을 껌벅거리며 자기가 본 것이 맞는지 확인하느라 눈을 비비고 다시 보았다. 항아리 속에 든 것이 정말로 은이 맞는다는 걸 확인하고서 여자는 다시 한 번 큰 숨을 내쉬었다. 여자는 큰소리로 말했다. "솔직히 말하면 커다란 은덩어리가 더 마음에 들어. 이게 작은 금 조각들이었다면 잃어버리거나 도둑맞을까봐 걱정이 많았을 거야. 이렇게 큰 덩어리로 되어 있으니 더 안전하고 보관하기도 좋지." 여자는 다시 항아리를 끌기 시작했다.

잠시 후에 여자는 다시 피곤해져서 멈추어 섰다. 그리고 슬슬 걱정이 되어 은이 잘 있나 보려고 뚜껑을 열어보았다. 그런데 이번에는 은은 사라지고 쇳덩어리 하나가 항아리 속에 자리를 차지하고 있었다. "세상에나." 나이든 여자는 소리쳤다. "솔직히 말해 나는 참 운도 좋은 사람이야. 안 그래도 은 때문에 걱정이었지 뭐야. 차라리 쇠는 마을에 가져다 팔기도 쉽고, 그러면 닥쳐올 겨울을 나기에 충분한 돈이 생기지 않겠어?" 여자는 항아리를 끌고 계속해서 갈 길을 갔다.

그러나 여자가 자신의 오두막집 입구에 다다랐을 때 확인해 본 항아리 속 물건은 이제 돌 한 개였다. "세상에나." 나이든 여자가 말했다. "정말 예쁘고, 크기가 딱 마침맞은 돌이네. 솔직히 말해 요즘같이 날 좋을 때 문을 열고 받쳐놓을 이런 돌을 찾고 있었는데 말이야."

나이든 여자는 돌을 집어들었다. 그 순간 돌은 말 크기의, 기다란 두 귀와 꼬리, 네 개의 호리호리한 다리가 달린 동물로 변했다. 그 동물은 꽥 소리를 내지르더니 공중으로 발을 높이 차면서 즐거운 듯 달려나갔다.

나이든 여자는 동물의 소리가 들리지 않고 시야에서 사라질 때까지 바라보고 있었다. 그런 다음 집안으로 들어가 앉아 자신의 행운에 대해 생각했다. "헤들리의 소(영국의 상상 속의 동물로, 하루 종일 악동짓을 계속하는 등 장난을 좋아하며 여러 가지로 변신한다 - 옮긴이)를 보게 되다니." 여자는 혼잣말을 하고 또 했다. "헤들리의 소를 보게 되다니 난 정말 운이 좋아. 생각해 봐. 생각해 보라고. 내 눈으로 헤들리의 소를 본 거라고, 이렇게 가까이서! 솔직히 말해서, 내가 이 근방에서 제일 운 좋은 여자일걸?"

헤들리의 소 이야기에 나오는 나이든 여자는 외적인 부분에서 결핍이 많은 사람이다. 그러나 우리가 만난 여자의 모습에서는 외적 삶의 한계를 받아들일 줄 아는 태도가 보인다.

대개 민담에서 나이든 여자들은 초라하거나 소박한 환경에서 지내는 모습으로 그려진다. 신데렐라, 잠자는 숲속의 공주, 몰리 우피(스코틀랜드 민담의 중심인물 - 옮긴이) 같은 젊은 여자들이 주로 성에서 지내는 것과는 대조적이다. 이렇게 나이든 여자를 소박한 환경에 두는 것은, 나이가 들수록 의미를 외부에서 찾지 않는다는 생각을 강조하기 위해 이야기꾼이 안배한 또 다른 장치다.

이 장에 실린 이야기에 나온 여자들은 제각기 선물을 받았다. '늙은 어머니'의 선물은 의미에 대한 통찰과 깨우침으로, 교회 안에서 보게 된 광경이 매개가 되었다. 식초병 여자와 유지니아는 문제를 잘못 이해한 데 따른 부적절한 해법을 경험했는데, 이 경험을 통한 배움이 선물이었다. 배움은 또 다른 선택을 가져다줄 기회이기도 하므로.

또 마지막 이야기의 여자는 자신이 바라는 대로가 아니라 있는 그대로를 받아들였기 때문에 자족적인 충만감과 안정감을 얻을 수 있었다. 이 여자라면 테니슨의 시 〈율리시스〉에서의 율리시스처럼 말할 수 있을 것이다.

비록 많은 것이 사라졌지만
여전히 많은 것이 남아 있으니
우리가 비록 옛날처럼 강하지는 않아서
백방으로 뛰며 분투할 수는 없어도
그럼에도 우리는 우리라네.

실제로 헤들리의 소를 본 여자는 자신의 빈곤한 처지에 대해 별 걱정을 하지 않는다. 자신의 처지를 실용주의와 현실주의의 시각에서 바라보며 그것 역시 노년에 누릴 수 있는 선물로 여긴다. "이 항아리가 안성맞춤이겠어. 거기 넣어둘 것만 있다면 말이지"라는 식으로 생각하는 것이다. 그러면서도 여자는 주인이 있는지 주변을 살핀다. 자신에게 쓸모가 없거나 정당하게 얻을 수 없는 것에 대해서는 욕심 내지 않을 만큼 오래 산 덕이다. 내적 수준을 반영하는 이런 생각은 건강한 나이듦을 성취하는 일에서 중요한 부분을 차지한다.

이런 이야기들이 들려주는 것은, 저것은 다른 이의 것이고 내 것은 따로 있다는 것이다. 삶의 한계를 받아들이는 데 따르는 다양한 과정 중 자신에게 알맞은 것을 선별해 낼 줄 알아야 한다는 것이다. 내 친구 그레이스는 아이들에 대한 자신의 감정을 깨닫고 대단히 괴로워했으나 매우 긍정적인 방식으로 계속해서 어머니로서의 자신에 대해 알아나가면서, 점차로 원하는 것과 끝내 자신의 것이 될 수 없는 것을 구별해 받아들이게 되었다. 그녀는 손자들과 함께하는 시간이 부대끼자 혹시 자기가 친정어머니보다 더 나쁜 엄마가 아닌가 하는 심한 자책감에 시달렸지만 마침내 자신의 모습을 있는 그대로 인정하게 되었다. 감정과 지각은 혼재되어 있게 마련이다. 다만 무엇이 우리에게 속한 것이고 무엇이 아닌지를 분류하는 것이 우리가 할 일이다.

정확하게 분류하는 능력에 따라 우리는 '셀프(무의식적 자아)'가 일어나는 경계선들의 위치를 판단할 수 있다. 민담에서 '분류'는 하나와 다른 하나 사이의 감정, 묘사, 특징, 진실을 식별하는 능력으로 상징화된다. 이 능력이 없으면 취약한 존재에 머문다. 자신이 누구인지를 알 수가 없기 때문이다. 대하는 사람에 따라 분류 방식을 달리 적용하는 사람을 만나본 적이 있을 것이다. 그들은 카멜레온처럼 자신이 있는 곳에 섞이기 위해 색을 바꾼다. 분류할 능력을 충분히 개발하지 못한 사람들이다.

이 분류의 과업은 신화와 민담에서 반복되어 나타나는 주제이다. 프시케는 남편인 에로스와 재결합하기 위해 주어진 임무 중 하나로 분류하기를 해야 했고, 신데렐라는 새어머니로부터 두 차례나 잿더미에서 곡물과 씨앗을 분류해 내라는 주문을 받았다. 러시아의 신데렐라에 해당하는 바살리사는 마녀인 바바야가로부터 나쁜 곡물과 좋은 곡물을 분류해 내라는 요구에 응해야 했다.

분류 능력을 기르는 것은 좋은 것과 나쁜 것의 차이를 알아보는 능력을 지니게 된다는 의미다. 신데렐라는 실한 렌즈콩을 한 쪽에 쌓고 상한 것들을 다른 쪽에 쌓는 일을 해야 했고, 헤들리의 소를 본 나이든 여자는 금이 경제적 곤궁함을 해결해 주기는 하겠지만 안전상의 문제가 있다는 것을 알고 있었다.

분류를 할 때는 내면을 헤아려 반응을 하게 된다. "오늘 어때요?"라는 질문에 일상적으로 하는 "좋아요"라는 대답은 분류되지 않은 반응이다. 이렇게 특별히 분류하느라 에너지를 쓸 필요가 없는 일이 있는 반면에 내면의 일들은 대부분 아주 세심한 분류가 필요한 것들이다. 우리 모두, 나이가 들어가면서는, 자신에게 일어나는 일들을 세탁물을 나누듯 각각의 더미로 나누는 일을 시작할 필요가 있다.

나의 경우 각각의 더미는 나의 기질적 성정과 관련되어 있다. 예를 들어 성미를 참지 못하고 함부로 굴었을 때와 누군가를 마음 아프게 했을 때를 한 더미에 두는데, 이 중 몇몇 경험은 아직도 슬픔으로 고스란히 간직되어 있다. 두 번째 더미는 나 자신의 나쁜 성정을 감추고 그렇지 않은 척했던 일들, 내 성정을 다른 이의 탓으로 돌렸던 일들, 거짓말했던 일들로 주로 이루어진다. "나 정말로 전혀 화 안 났어"라고 말하면서 타인은 물론 나 자신을 속인 일들이 이에 속한다. 세 번째 더미에는 나 자신이 오랫동안 스스로를 이해하고 적정한 한계를 설정하려고 노력해 온 모든 일이 포함된다.

이것은 내 경우이고, 그간의 시도 중 성공적이었던 것과 성공하지 못한 것으로 나눠도 무방하다. 중요한 것은 계속해서 스스로의 한계와 상실을 성찰하고, 일어난 일에 의미를 부여하는 '셀프'와의 연결을 시도해 나가야 한다는 것이다.

내 친구인 메리는 삶의 알곡을 가려내는 방법을 아는 어머니다. 어린 자녀들에게도 한계를 설정해 두고 필요하면 언제든 온화한 방식으로 적용한다. 네 살배기에게도 그녀는 "안 돼. 저녁 먹을 시간에 아이스크림은 좋지 않단다"라고 말해준다. 이 꼬마가 때때로 투정을 부리면 단호한 태도를 보이면서도 아이의 낙담을 이해해 준다. 이 멋지고 기막힌 콤비네이션은 그녀의 더 큰 아이들에게도 잘 듣는다. 그리하여 그녀는 네 명의 행복하고 정서적으로 안정되었으며 떠들썩한 아이들을 슬하에 두고 있다. 메리가 분류할 수 있는 것은 아이들의 '바람'과 '필요'의 차이이다. 뿐만 아니라 '조용히 지내기' 또는 '아이들에게 좋은 소리 듣기'에 대한 자신의 욕망과 아이를 위해 옳은 일을 행하는 부모로서의 책임감, 그리고 가족 간의 유대가 굳건할 것이라는 궁극적인 믿음도 가려낼 수 있다.

여자로서 우리는 분류해 내야 할 수천 가지의 느낌과 생각, 현실들을 안고 살아간다. 분류 능력을 습득한 여자는 인내할 줄 안다. 확신과 자신감 때문이다. 헤들리의 소를 본 여인처럼 삶의 어느 지점에서 가치를 발견할 것인지 잘 안다.

길 위의 이 나이든 여자는 우리에게 이렇게 말한다. "가려낼 줄 알면 자기 것이 무엇이고 그렇지 않은 것이 무엇인지 이해하는 힘을 기를 수 있어요. 분류는 삶에서 가치 있는 것이 무엇인지 아는 힘을 기르는 일이랍니다. 그러면 물질세계를 뛰어넘는 경험을 할 수 있는 특권이 따라오지요."

모세는 타오르는 가시덤불에서 하느님을 보았다(출애굽기에 모세가 가시덤불에 불꽃이 이는데도 타지 않는 신기한 광경을 보고 있을 때 하느님의 목소리가 들렸다고 함 - 옮긴이). 늙은 어머니는 눈을 통한 영적 체험을 했으며, 이 나이든 여자는 헤들리의 소를 만났다. 저마다 기다리는 무언가는 분류의 안목을 기를 때, 그리고 삶에서 발견하는 것들의 가치를 제자리에 잘 둘 때 비로소 눈앞에 모습을 보인다.

3

뱀, 벌레, 떡
내면의 그림자

나이든 여자는 불안했다. 저녁 공기는 눅눅하고 가라앉아 있었다. 실은 하루 전체가 우중충했으며, 이제는 멀리서 우레까지 울리기 시작했다.

누군가 등잔을 켜자 — 이날 밤은 달도 뜨지 않았다 — 여자 앞에 기대에 차 앉은 사람들의 얼굴에 희미한 빛이 퍼져나갔다. 이 불편한 느낌은 임박한 폭풍우 때문이라기보다 다른 곳에서 나오고 있는 것이었다. 여자는 그것을 알고 있었다. 여자는 모인 사람들 주변을 둘러보았다.

여자의 눈길은 한 사람 한 사람을 응시하며 움직여, 고통이나 고민을 짚어내려는 것이 아니라 그저 움직여, 앉은 이들의 가장자리 쪽에 외따로 꼿꼿이 앉아 있는 사람에게 가서 머물렀다. 그 사람은 여자와 마찬가지로 또 한 사람의 연장자이며, 항상 '어머니'로 불린 엘리자베스였다. 나이든 여자는 모인 사람들을 끝까지 살핀 후 엘리자베스에게로 다시 눈길을 돌렸다. 여자가 감지한 불편함은 엘리자베스의 고통에서 전해지는 것이었다.

엘리자베스는 그룹에서 혼자였다. 어린아이들은 아무도 그녀의 다리에 기대거나 가슴에 안기지 않았다. 포근함과 따뜻함을 찾는 아주 어린 아이들도 '어머니 엘리자베스'의 엄격한 분위기 가까이로 다가가지 않았다. 아이들은 좀 더 자라서야 그녀를 찾아갔는데, 그것은 마을 생활에 적응하기 위한 가르침이 필요해서였다. 엘리자베스의 능력은 교사일 때 한껏 발휘되었다. 교사로서 엘리자베스는 탁월했다. 그때부터 그녀에게는 '어머니'라는 존경의 칭호가 붙었다. 그러나 오늘밤, 그녀가 그룹에서 떨어져 있는 거리는 멀었다. 그녀의 외로움은 혹독했다.

나이든 여자는 엘리자베스를 둘러싼 어두운 그늘을 보았다. 그 그늘은 잔뜩 흐린 저녁 하늘보다 더 어두웠다. 엘리자베스의 얼굴은 딱딱하게 굳어 있었고, 몸은 잔뜩 긴장되어 있었다. 그 어느 때보다 팽팽히 당겨져, 마치 주변에 경계선을 단단히 긋는 것만 같았다.

나이든 여자는 잠깐 눈을 감고 엘리자베스의 감정을 느껴보려 했다. 물론 엘리자베스가 마음을 열어야 영혼의 소통이 가능했다. 일단 엘리자베스의 감정을 느끼고 알 수 있게 되면, 그날 저녁의 이야기를 선택할 수 있을 것이었다. 엘리자베스를 위한 이야기를. 누가 뭐래도 그날 밤의 치유는 엘리자베스를 위한 것이 되어야 했다. 문득 이야기 하나가 나이든 여자의 마음으로 들어왔다. 몇 년 전에 어느 여행자로부터 들은 이야기였다. 어쩌면 이 이야기가 엘리자베스가 필요로 하는 치유를 제공할 수도 있을 것이다. 나이든 여자는 성호를 긋고 이야기를 시작했다.

뱀이 마음에 품었던 것

옛날 아주 오래전 일본에서 한 나이든 여자가 마을을 떠나 이웃 마을의 절을 찾아가기로 했다.

길을 가던 여자의 앞으로 한 젊은 여인이 걸어가고 있었다. 아마 행선지가 같은 모양이라고 생각했지만 나이든 여자는 아무 말도 하지 않고 조용히 뒤에서 따라갔다. 잠시 후 두 사람은 개울가에 이르렀다. 나이든 여자는 물에 젖지 않고 건널 방법이 없을까 생각해 보았다. 그런데 젊은 여인은 곧장 조그만 개울 속의 돌 위로 올라섰다. 그 돌은 개울물을 가로지르며 늘어선 많은 돌 중 첫 번째 돌이었다. 나이든 여자도 뒤를 따르려 했다. 그러나 채 발을 디디기 전에 앞서 젊은 여인이 밟았던 첫 번째 돌이 주르르 미끄러지더니 작은 얼룩뱀이 되었다. 젊은 여인은 그 광경을 보지 못하고 걸어갔고, 뱀은 젊은 여인 옆에 붙어서 따라가기 시작했다.

나이든 여자가 걱정이 되어 뒤따라가며 살펴보았지만 뱀이 해를 끼칠 것 같아 보이지는 않았다. 뱀은 절까지 가는 내내 여인을 따라갔다. 그리고는 불공을 드리는 동안 조용히 있다가 여인이 떠나자 다시 따라갔다.

젊은 여인과 뱀은 그날 밤 마을의 여관에서 묵기 위해 멈추어 섰다. 나이든 여자는 이 상황이 어떻게 끝나는지 보지 않고는 떠날 수가 없어서 은밀히 뒤를 밟아 같은 여관의 다른 방에 들었다. 여자는 밤늦도록 뱀과 젊은 여인을 지켜보았으며, 심지어 여관의 주인 노파에게 등잔을 부탁해 주변을 샅샅이 둘러보기까지 했다. 여전히 뱀은 조용히 있었고, 나이든 여자의 존재에도 신경 쓰지 않는 것 같았다. 이튿날 여자가 잠에서 깨어났을 때 뱀은 사라지고 없었다. 젊은 여인은 자기가 꾼 꿈 이야기를 들려주었다.

"어떤 여자가 다가왔어요." 여인이 말했다. "꿈의 첫 부분에서는 그 여자의 몸의 일부가 뱀이었는데, 말을 하는 동안 점점 더 사람의 모습이 되어가더군요. 그 여자 말이 자기는 원래 사람이었는데 미워하는 마음 때문에 뱀으로 변했다고 했어요. 그 뒤로 여러 해 동안 강물 속의 돌바닥에 갇혀 살아야 했는데, 어제 내가 그 돌을 밟는 순간 풀려났다고 하는 거예요. 말을 마칠 무렵에는 그 여자의 모습이 완전히 사람으로 변해 있었어요. 여자는 나를 향해 미소 짓더니 내가 좋은 삶을 살게 될 것이라고 말했어요. 그리고 사라졌어요."

나이든 여자는 방 주변을 찾아보았다. 어디에서도 뱀은 눈에 띄지 않았다. 이후 여자와 젊은 여인은 친구가 되어 친하게 지냈는데, 젊은 여인이 아주 잘 산 것으로 보아 뱀의 축복이 실현된 것 같았다.

~~~~~~~~

성장하고 성숙해 가는 과정에서 우리는 각자의 내부에 존재하는, 다듬어지지 않은 여러 충동들을 길들이는 법을 배운다. 이 충동들은 남자든 여자든 태어나면서부터 지니는 것들이다. 길들임을 통해 우리는 배고프다고 해서 울지 않고, 갖고 싶다고 해서 덥석 잡지 않고, 제 앞을 가린다며 사람을 물지 않는 태도를 배운다. 가족과 사회의 구조에 맞추려면 사회화되어야 하고, 충동을 자제하는 법을 배워야 하며, 문제를 합리적이고 수완 있게 다룰 줄 알아야 한다.

그 중에서도 여자들은 남을 부양하고, 다툼이 없도록 중재하며, 섬세하고 사려 깊은 태도를 지니도록 교육받는다. 분노와 공격성은 극도로 자제된다. 논쟁적이거나 적극적인 성향은 '설탕과 양념이면 만사형통(sugar and spice and everything nice)' 식으로 바꾸게끔 배우며 자란다.

어릴 때 나는 집을 나설 때마다 "상냥하게 행동하렴"이라는 말을 들었다. 이런 남부식 표현을 들어본 적이 없다 해도 "착하게 굴어", "숙녀답게 행동해라", "네 행동이 곧 부모의 얼굴이란다"라는 말은 자주 들었을 것이다.

성인이 되고 난 후에 이 말은 이렇게 바뀐다. "좋은 하루 보내세요."

그러면 상냥함이 지배하는 이면의 다른 모든 성향들, 즉 감정, 기질, 개인적 인격의 다른 측면들은 어떻게 된 걸까? 어디론가 영영 사라져 버린 걸까? 물론 그렇지 않다. 인간의 정신은 그런 식으로 작용하지 않는다. 이 다른 감정, 기질, 경향들은 그대로 남아 있다. 다만 억눌려 있을 뿐이다. 그러다가 당황스러운 말실수를 하거나 신랄한 공격을 퍼붓거나 예기치 않은 순간에 감정 폭발로 튀어나오곤 한다.

노년을 준비하는 데 꼭 필요한 과업 중 하나는 자신의 억눌린 부분들을 이해하고 그것들과 의식적인 유대관계를 형성하는 것이다. 그러다 보면 드러나기 시작하는 자신의 퍼스낼리티의 감춰진 부분들을 어느 정도는 받아들일 수 있게 된다.

모든 사람은 억눌림을 지니고 있다. 억압은 성숙 과정의 자연적인 속성이다. 유쾌하지 않은 자아상이나 자신이 바라는 모습과 충돌할 때, 이를 제거하기 위해 퍼스낼리티의 일부를 스스로 억압하는 것이다.

사고 능력을 고도로 발달시켜 온 여자의 경우를 생각해 보자. 이 여자는 한꺼번에 많은 일을 처리할 수 없기 때문에 그 반대되는 능력에 에너지를 집중시켜 온 것일 수 있다. 이런 현대의 아테나 — 분별, 독단, 논리를 갖추고, 판단을 내리는 일에 능숙하며, 사물의 조직화와 통찰을 주관하는 그리스 신화의 여신 — 는 머리로 결정하지 가슴으로 판단하지 않는다. 사고 능력의 대척점에 있는 그녀의 감각 능력은 무의식으로 가라앉아 완전히 발달되지 못한 상태에 머물러 있다.

현대의 아테나들은 어디에나 있다. 오늘날 우리는 이들을 유능한, 바쁜, 또는 냉철한, 계산적인 사람이라 일컫는다. 이들의 사고 능력에는 엄청난 힘이 들어 있어서 주로 관리하고 감독하는 일에 투여된다. 이 여자들에게는 자신의 가슴이 내리는 결정을 이해하거나 존중하는 것이 훨씬 더 어려운 일이다.

이 미개발된 또는 억눌린, 즉 이야기의 뱀과 같은 측면들은 언제든 갑작스런 출현을 준비하고 있다. 그러므로 자신의 이런 측면들과 의식적인 유대관계를 맺는 편이, 그것들 스스로 무시무시하고 충격적이고 혼란스러우며 심지어 파괴적인 형태로 정체를 드러내게 하는 것보다 낫다. 유대관계가 발전할수록 적절한 행동을 개발할 기회도 늘어나는데 반해 뱀을 못 본 체 무시해 버리면 함부로 굴 수 있게 풀어주는 것이나 마찬가지이기 때문이다.

억눌린 퍼스낼리티와 유대관계를 맺는 과정은 긍정적인 경험이 될 수도 있고 힘든 경험이 될 수도 있다. 그러나 힘든 경험일 때조차도 일단 의식적인 자각, 인식으로 융화되기만 하면 긍정적인 것으로 바뀐다.

이에 관한 베티의 경험은 비교적 긍정적이었다. 그녀의 가족은 기계를 다루거나, 심지어 기계의 작동을 이해하는 일조차도 여자답지 않다고 생각하는 사람들이었다. 그래서 어려서부터 그녀는 늘 스스로를 기계치라고 생각했다.

그러나 다른 시대에 자라난 그녀의 딸은 알래스카에서 숙련된 비행기 조종사이자 능숙한 기계공으로, 황야에서 발생하는 엔진 고장을 처리해 주는 일을 하며 살고 있다.

베티는 남편의 은퇴 후 알래스카의 딸을 찾았다. 딸은 그녀에게 비행기 조종을 가르쳐주기 시작했다. 그녀가 비행기 유지 보수를 돕기 시작한 것은 그로부터 얼마 지나지 않아서였다. 그리고 딸은 베티가 비행기 조종 면허증을 딸 수 있을 것이라고 확신했다. "우리 가족이 서로 더 자주 방문하려면 조종 면허를 꼭 따야 해요."

기계치인 베티가 사실은 기계를 다루는 데 꽤 소질이 있음을 알게 된 것은 스스로에게도 놀라운 일이었다. 그녀는 계속해서 이 소질을 개발해 나갔으며, 지금은 비행기 조종 면허와 유지 보수 자격증까지 소지하게 되었다. 베티의 퍼스낼리티에서 기계적 측면의 미개발은 이제 사라졌다.

그러나 무의식의 감추어진 측면을 드러내는 것이 늘 즐거운 것은 아니다. 고통스러우며 트라우마를 일으키는 일화들이 떠오르기도 하고, 사라졌다고 믿었던 유아적이고 충동적이며 자기중심적인 성향을 다시 발견하게 되기도 하기 때문이다. 왜 이런 위험을 감수하며 지난 일들을 들추어야 하는 걸까? 이런 의문이 생길 법도 하다.

다음은 나의 상담실에서 의뢰인과 나 사이에 자주 오고 가는 대화 기록이다.

"나는 좋은 사람이에요."

"동의해요."

"난 친절하고 사려 깊고, 유쾌하고, 재미있는 걸 좋아해요."

"지켜보니 그렇다는 걸 알겠더군요."

"그런데 왜 세상은 내게 고통스러운 것들을 들쑤시게 만드는 걸까요? 마치 일부러 나를 불친절하고 심술궂은 사람으로 만들려고 그러는 것처럼 말이에요."

"아마 스스로 그럴 필요를 찾기 전까지 까닭 같은 건 없을 거예요."

"왜 내가 그래야 하죠?"

"그건 알 수가 없어요. 이건 모든 사람들이 스스로 답을 구해야 하는 문제예요. 사람마다 답도, 이유도 다르니까요. 안타깝지만 제가 답해드릴 수가 없네요. 다만, 제가 겪은 것들, 다른 여자들이 노화를 시작하면서 겪은 것들을 들려드릴 수는 있어요."

"그게 뭔가요?"

"일깨움은, 온전히 자신의 것이 아닌 겉치레의 삶을 살아가는 어느 날 찾아옵니다. '이건 내 삶이 아냐'라는 거죠. 자신이 연극을 하고 있다는 느낌이 들면서 '내가 이걸 왜 하는 거지?'라는 의문을 갖게 됩니다. 대개 일깨움은 강한 반감이나 분노 또는 슬픔과 함께 오지요. 감정과 자각의 결합은 강한 동기를 부여합니다."

우리 모두는 대단히 많은 억눌림을 지니고 있는데, 그것들이 억눌린 채로만 계속 있으면 아무 상관이 없다. 그러나 어느 순간 주의를 요하는 깨달음 또는 소환이 닥쳐온다. 이 소환은 실수를 저질렀거나 격앙되었을 때 주로 오며, 소환 자체로 끝나는 것이 아니라 무의식을 이해하는 크나큰 실마리가 되어주기도 한다. 소환은 우리가 타인들을 투사하는 행위를 통해서도 깨달을 수 있는데, 자신과 아주 다른 사람을 극도로 좋아하는 것 역시 뭔가 억눌려 있다는 실마리이다. 또 소환은 A지점에서 B지점으로 움직여 갈 수 없을 때에도 올 수 있다. "내가 원하고 해야 된다고 생각하는데 할 수가 없어." 이 외에도 자신이 진짜가 아니라는 생각을 하게 될 때에도 소환이 일어난다.

거트는 매우 파괴적인 관계에 빠져 있었으며, 상담할 때 이런 말을 했다. "난 항상 무슨 일이 생기든 혼자서 감수하는 것보다 둘이서 같이 비참한 편이 낫다고 생각했어요. 지금은 계속 그런 식으로 사는 것이 불가능하다는 사실을 알아요. 다르게 살 방법을 찾아야죠. 시간이 아주 많지는 않지만 이런 식으로 남은 날을 허비하고 싶지는 않아요."

이처럼 지금까지의 삶이 진짜가 아니었다는 자각을 하면 진정한 자신의 삶을 찾아내는 과업이 힘들어도 보람 있겠다는 생각을 할 수 있게 된다. 자기 발견의 이 과정이 비록 힘들고 때로는 고통스럽지만 격려가 될 만한 부분이 분명히 있기 때문이다. 즉 억눌린 부분을 발견하는 고통은 일시적이며, 반면에 억눌린 부분을 계속 지탱해 나가는 불편함은 영속적이라는 것이다. 고통의 건너편에는 말할 수 없는 안도와 자유의 느낌이 있다.

무의식적인 것들을 전면으로 불러오는 과업이 필요한 이유들은 또 있다. 정서적 심란함, 근원을 알 수 없는 어두운 기분의 반복, 다른 사람들 때문에 촉발된 것이 분명한 곤혹스러움을 끝낼 수 있다는 것이다. 이 곤혹을 유발하는 '단추 누르기'는 특히 가족 구성원들이 잘하는 일이다. 모두들 이런 말을 해본 적이 있을 것이다. "그렇게 하면 내가 뒤집어진다는 걸 알면서 어떻게 그래?" 또는 "내가 한두 번 말했어? 수천 번은 더 말했잖아."

이런 경험이 있는 사람이라면 정서적 혼란을 야기하는 '단추'가 어떤 것인지 알 것이다. 그것은 예외 없이 강력하고 불편한 감정이다. 화나고 슬프고 피해자가 된 기분이다. 게다가 이것에 반응하느라, 또는 반응하지 않으려 애쓰느라 엄청난 에너지를 소모하게 된다.

이런 정서 반응은 실제 상황보다 더 맹렬하고 강하다. 내 경우에 '단추'는 우는 소리를 하는 것, 즉 징징대는 것이었다. 징징대는 아이들, 앓는 소리를 하는 어른들은 누구 할 것 없이 나한테는 성가신 존재들일 따름이었다. 징징대는 소리만 들으면 나는 이해심 있고 자상하며 온정적인 사람이 아니라 누구든 그 즉시 목이라도 졸라버리고 싶은 사람으로 급변하곤 했다.

그런 때의 나는 대포로 벼룩을 죽이겠다고 덤벼들 기세였다. 그런데 이런 일들이 오랫동안 반복되자 상황은 계속 변하는데 오로지 내 반응만 한결같다는 통찰이 점점 나를 옥죄어 왔다. 내가 깨닫기 시작한 문제는 누가 징징대는가가 아니었다. 일이 그렇게 된 책임을 질 사람은 나였다. 또한 그러기 위해서는 나라는 사람의 약점에 대해 더 파악할 필요가 있었다. 나를 위한 치유가 거기서 비롯되기 때문이었다. 마침내 나는, 징징대는 일이 내게는 무능력하다는 것으로 느껴지며 내가 가장 끔찍해하는 것이 무능력감이라는 사실을 깨달았다.

자신의 화를, 징징대는 사람들에게서 스스로의 무능력에 대한 느낌으로 옮겨가는 것은 복잡한 단계의 연속이었다. 이 일련의 과정은 대개 과거의 불유쾌하거나 받아들일 수 없는 사건과 함께 시작된다. 내 경우 이 바람직하지 않은 감정은 학교 연극에서 웅얼거리기만 하다가 내려왔을 때, 학교의 댄스파티에서 비틀거렸을 때, 부모님을 학교 친구들에게 소개하면서 머뭇거렸을 때 등등의 해묵은 기억과 얽혀 있었다.

이 불유쾌한 감정들은 자기방어를 위해 떠밀린다. 아래로 눌리거나 억압되어 무의식 속으로 들어갔다가 다른 감정으로 치환되어 떠오르곤 한다. 이야기의 뱀처럼, 이 감정들은 시야에서 몸을 감추지만 여전히 살아 있다.

그래서 자기도 모르게 돌을 디뎌 흔들거나, 방어를 한다는 것이 오히려 무의식을 촉발시키는 도화선이 되기도 한다. 이것은 곧 감정이 노출될 위기에 처한다는 뜻이기도 하다. 나는 징징대는 사람들은 스스로가 어딘지 부족하고 마땅치 않아서 그러는 것이라고 생각했다. 그러나 사실은 마땅치 않고 뭔가 모자라서 징징대고 싶은 것은 나였다. 그런 감정들을 여러 이유로 눌러버린 것이었다. 그러다가 다른 사람들의 징징거림이 내 발 밑의 돌을 흔들었고, 그들의 결핍이 내 오랜 감정들을 수면 위로 밀어올리면서 그것들의 정체를 확인해야 하는 위기에 처했던 것이다. 내가 징징대는 사람들에게 화를 낸 것은, 이 드러남을 멈추기 위해 자동적으로 그 감정들을 분노로 치환했던 것이며, 그럼으로써 돌을 다시 고정시키는 행위였다.

나는 이 모든 치환을 무의식적으로 하고 있었는데, 그것이 바로 무의식의 방식이다. 선량한 우리들 대부분은 계획적으로 감정을 다른 것으로 바꿀 수 있을 만큼 음험하지 않다. 긍정적인 자아 이미지를 지키며 살아갈 필요가 있는 보통 사람들에게 그 일은 너무 부대끼기 때문이다.

그러나 무의식은 저만의 요구에 충실할 뿐, 스스로를 좋게 생각하는 에고의 요구에는 별 신경을 쓰지 않는다. 무의식은 최초의 감정만 받아들인다. 뭔가가 돌을 흔들면, 무의식은 애초부터 지니고 있던 감정을 잃어버릴 거라고 여겨 분노를 내보낸다. 분노는 무의식이 보호하는 최초의 감정을 지켜내면서 지나치게 가까이 접근하는 사람을 무조건 배척하는 두 가지 일을 동시에 해내며, 그러면 자연스럽게 두 번째 현상들이 발생하게 된다. 이것들이 바로 앞서 이야기한 실마리들, 즉 말실수, 격앙, 부적절한 반응 등이다.

그런데 무의식이 최초의 감정을 보호하려고 벌이는 계획과 실행 과정은 기력이 소진되는 것에 비해 대개는 임시변통의 효과만 줄 뿐이다. 문제들은 해결될 때까지 계속해 일어나며, 해결 방법은 당사자가 단추를 작동시키는 것이 무엇인지를 깨달을 때에만 얻을 수 있다.

나는 요즘 들어 사람들이 징징대도 잘 모르고 지나가거나 그들이 자신의 취약성을 경험하는 것으로만 여기고 넘겨버린다. 그 사람들을 판단하느라 에너지를 소모하지 않는다. 설령 짜증이 난다 하더라도 나의 내부로 들어가 스스로를 위해 필요한 일이 무엇인지 찾아서 나 자신을 보살펴야 한다는 것을 안다.

노년의 삶은 이렇게 우리가 지닌 약점 속을 들여다볼 기회를 가져다준다. 기회는, 뱀처럼, 별 기대를 하지 않고 있을 때 찾아온다. 그래서 처음에는 알아채지 못할 수도 있다. 상관없다! 뱀이 따라오니까. 그래도 모를 수 있다. 뱀이 가까이 달라붙어 있으므로. 마지막까지 우리가 무신경하게 있으면 뱀 쪽에서 좀 더 적극적으로 나선다. 꿈에 나타나 우리 삶의 당면 문제와 관련된 이야기를 들려주는 것이다. 이때가 마침내 무의식에서 나온 과업이 우리 앞에 제시되는 순간이다. 무의식의 메신저인 뱀이 하는 말은 이런 것이다. "네 자신의 이 부분에 주목할 때야. 중요한 문제들이니까 해결해야지, 다시 돌 아래로 밀어넣지 말라고. 이게 네가 노년을 준비하기 위해 해야 할 과업 중 하나야."

일단 중년에 접어들면 인생 전반부의 외적 사건과 목표들 중 많은 것들은 이루어진 상태다. 유대관계 맺기, 가족 부양, 직업적 성취 등. 이제는 관심을 인생 후반부의 삶을 형성하는 과업, 즉 통합과 온전한 존재로의 과업으로 돌릴 때다. 고대의 민간설화들은 삶의 문제에 대한 이야기들이며, 각 문제에 맞닥뜨린 사람들에게 그들의 '문제'에 알맞은 이야기를 들려줌으로써 위로와 기운을 북돋워주는 역할을 했다. 말하자면 이야기의 주고받음을 통해 더불어 사는 삶이 가능해지는 것이다. 문제를 안고 고립되는 느낌이란 끔찍한 일이다. 아무도 그런 식의 치명적인 느낌을 원하지 않는다. 더구나 지금처럼 빠르게 내닫는 세상에서는 각자 단절되고 고립된 것이 아니라 여전히 모두가 함께 살아가는 큰 흐름 위에 있음을 아는 것이 중요한데, 이야기를 통해 이런 연결성을 느낄 수가 있는 것이다.

이 이야기들은 의식적인 마음뿐 아니라 무의식에 대고 직접적으로 말한다. 한 편의 시나 일몰, 겨울의 폭풍우처럼 설화는 깊은 의식 아래에서 의미를 보내주는 방식으로 우리와 소통한다. 이 소통은 거슬리고 불편하게 만들지만, 위로하고 기운이 나게 한다. 그 이야기가 '우리 이야기'이기 때문이다. 우리 안의 무언가를 휘젓는 이야기이기 때문이다.

고대인들은 인간과 자연에 대한 지식으로 이야기들을 빚어냈다. 이것들로 자신들의 세상을 구성했다. 그들은 인간의 본성과 자연 세계의 특질 둘 다를 이해했다. 우리는 이들의 원형적 발상지로부터 먼 여행을 하면서 그 여정에서 많은 것들을 배워왔다. 그러나 많은 것을 잊어버리기도 했다. 지혜의 땅을 뒤로한 채 너무 멀리 떠나온 것이다. 옛 설화는 우리가 잊어버린 중요한 진실들을 되찾을 기회를 준다.

무리의 가장자리에 꼿꼿이 앉아 있는 나이든 여자 엘리자베스를 생각해 보자. 엘리자베스는 사회적으로 인정받는 '학식'을 갖춘 사람이었다. 그녀의 억눌린 측면은 친절하고 푸근해지는 방법을 찾아야 하는 필요로 나타났다.

나이든 여자가 힐링 스토리를 꺼낼 즈음, 엘리자베스는 세상일이 다 안 좋다는 신호 ― 그녀를 둘러싼 어두운 그늘, 그녀를 사로잡고 있는 분위기 ― 를 뿜어내며 우울을 겪고 있었다.

엘리자베스는 스스로 억압했던 퍼스낼리티의 부분들과 접촉할 필요가 있었다. 우울에 사로잡혀 사람들에게서 고립된 채, 삶이 진부하고 지리멸렬하다고 느끼던 엘리자베스에게 뱀 이야기, 즉 그늘에 대한 이야기는 도움이 되었다.

억압해 두었던 생각, 감정, 충동이 저장된 무의식의 창고가 바로 그늘, 즉 그림자이다. '그림자(shadow)'는 우리에게 풍부한 이미지들을 제공하는 심리학 용어이다.

야외에 있는 자신의 모습을 그려보라. 햇살이 얼굴에 따뜻하게 내리쬐고 있다. 그림자도 그 자리에 함께 존재하지만 그것을 보려면 몸을 돌려야 한다. 그림자의 형태는 자신의 모습을 그대로 담아내지만 자신과 다르다.

그림자는 동작 및 빛과의 상관관계에 따라 더 짧게도, 더 길게도 만들어진다. 여기서 빛은 자신의 개인적 통찰을 위해 도움이 되는 이미지다. 자신의 통찰, 자신의 빛을 이용하여 몸을 움직이면 그림자도 변화한다.

그림자는 그림자만의 고유한 영향력을 지니고 있다. 투명한 이미지를 그대로 만들어내는 반사와 달리, 그림자는 나타내는 대상과 일치하지 않는다. 투영되지 않고 판별하기 어려우며, 사물의 어두운 부분과 소통한다. 우리가 알다시피 '그림자 진 형상'은 늘 불명확한 인물을 나타낸다.

심리학적인 그림자 속에는 무엇이 있을까? 그림자에는 각자의 퍼스낼리티의 여러 측면들 중에서 거부하고 싶은 부분, 인정하고 싶지 않은 부분, 물리쳐 버린 부분들이 들어 있다. 그러나 그것들은 사라진 것처럼 보일 뿐 사라지지 않는다. 사실은 거부할수록 그것들은 그림자 속으로 더 깊이 들어가 있다가 기회가 되면 더 큰 문제를 일으킨다. 카를 구스타프 융은 이에 대해 이렇게 썼다. "누구나 그림자를 지니고 있으며, 개인의 의식화된 삶에서 구현되는 정도가 적을수록 그림자는 더 검고 짙다. 그리하여 가장 짙은 그림자가 가장 선한 의도들을 훼방 놓는 무의식적인 장애물을 형성한다."

그림자는 의식적인 의도와 상관없이도 활동한다. 앞서 살펴본 것처럼 실수나 기분이 격앙되는 상황을 틈 타 감정을 밀어올려 보내기도 하며, 한편으로는 에너지의 역동적인 원천이 되기도 한다. 따라서 그림자를, 거의 열어보지 않는 곰팡내 나는 장롱 취급을 해서는 안 된다.

이야기 속의 젊은 여인은 상황이 좋지 않았다. 무슨 일인지 몰라도 이야기꾼이 뱀으로 설정할 만큼의 엄청난 분노에 휩싸일 만한 일이 그녀의 인생에 생겼다. 왜 이야기꾼은 여자의 미운 마음을 묘사하는 데 뱀을 선택했으며, 이런 이야기가 그림자의 과정을 이해하는 데 어떻게 도움이 되는 걸까?

우선 뱀이 냉혈동물이라는 것부터 떠올려 보자. 미움의 상징화는 차가운 것과 불타듯이 뜨거운 것으로 나뉜다. 그 중 뱀으로 상징되는 미움은 정서나 감정이 차단된 차가운 것으로서 실체를 파악하기 어렵다. 미끄러지듯 움직이는 뱀은 고차원의 의식으로부터 추방된 미개발의 원시적인 피조물이다. 뱀은 이런 식으로, 억눌리고 의식에서 쫓겨난 억압된 측면을 상징한다. 억압된 요소들은 의식화된 생활로부터 차단당해서 발달 과정의 미성숙한 부분으로 남는다.

그러나 이미 이야기에서 파악할 수 있었던 것처럼 미발달, 냉혈, 감정의 상징인 뱀은 동시에 매우 긍정적인 특질도 지니고 있다. 뱀은 완전하고 분명한 방식으로 허물을 벗는다. 숲속을 걷다 보면 바위에 걸쳐진 완전한 뱀 허물을 볼 수 있는데, 뱀은 거기서 빠져나가 이미 제 갈 길을 가버린 뒤다.

초기의 인류는 뱀이 허물을 벗을 때마다 젊어져 돌아오는 불멸의 존재라고 믿었다. 그래서 뱀을 재생과 부활의 상징으로 여겼다. 사람에게서는 그런 탈피가 젊은 피부나 외관을 만들어내는 물리적인 방식으로는 일어나지 않고, 정신적 또는 심리학적인 의미에서만 가능하다. 그림자의 형상들을 벗어버리는 것이다. 그러면 변태(變態)할 수 있고, 더 이상 그 그림자의 짐을 지고 등이 휘는 일은 없게 된다. 우리 몸은 늙어가겠지만 억압된 측면들을 유지하는 데 쓰였던 허물을 벗어버릴 때마다 우리의 영혼과 정신은 점점 더 활기에 차고 에너지로 충만해지는 재생의 경험을 하게 된다. 우리 할머니가 말씀하시곤 했던 "내 심장이 무거워"라든가 "오늘은 훨씬 가벼운 기분이구나" 같은 표현이 이와 비슷할 것이다.

고대에 이미 뱀은 중요한 상징성을 띠고 있었다. 옛 상징의 하나인 우로보로스는 제 꼬리를 물고 있는 뱀의 형상으로 깨지지 않는 원을 이루고 있다. 우로보로스는 반은 어둠을, 반은 밝음을 표현하는 중국의 음양 심볼을 연상시킨다. 그럼으로써 어둠과 밝음의 균형 속에 존재하는 삶의 본질을 일깨운다. 더욱 중요한 것은 어둠이 자연스러운 것이라는 사실을 알게 한다는 점이다. 우리가 스스로를 있는 그대로, 즉 어둠과 밝음이 공존하는 우로보로스 같은 존재로 받아들일 수 있게 되면, 자신의 내부에 존재하는 에너지를 자유로이 발견할 수 있게 될 것이며, 그림자를 의식에서 떼어놓기 위해 동원되었던 에너지를 치유를 위해 해방할 수도 있을 것이기 때문이다. 이렇듯 제 꼬리를 무는 뱀은 균형과 생명의 순환을 상징한다.

자신의 그림자를 인정하지 않을 때, 또는 허물벗기를 어떻게 해야 할지 찾아보지 않을 때 우리에게 어떤 일이 일어날지 생각해 보자. 그림자로 무엇을 해야 할지 모른다면 인생이 어떤 식이 될까?

"저 어린애는 성질이 고약해." 내 할머니의 친구였던 에시 아주머니가 내게 했던 말이다.

"저 아이 나름대로는 노력하고 있어." 할머니는 차분히 대답하곤 하셨다.

내 성격은 에시 아주머니를 무던히도 화나게 했는데, 아주머니는 화난다는 말을 하지 않고 쏘아보거나 인상을 찌푸리거나 입술을 일자로 꼭 다물기만 했다. 내가 성질을 누그러뜨리려 애쓰고 있다고 할머니가 확언하듯 말씀하시면 아주머니는 이런 식으로 답하곤 하셨다. "그랬으면 좋겠어. 화내는 성질이 어디 가지는 않겠지만."

나중에 나는 할머니께 여쭈었다. "에시 아주머니는 왜 그렇게 나한테 화가 나셨어요?" 어린 내 눈에 에시 아주머니는 분명히 화를 내고 있었기 때문에 그렇게 물은 것이었다. 할머니는 빙그레 웃으며 대답하셨다. "그 친구가 자기는 화난 게 아니라고 생각해서 그래. '화'를 금지목록에 넣어두었거든."

이 대화는 당시에는 별 의미 없이 그냥 주고받은 것이었지만 어딘가에 머물러 있다가 성장하고 나서 내 마음으로 들어왔다. 할머니가 융학파의 '그림자'나 '억압'이라는 용어를 아실 리 만무했지만 에시 아주머니가 화를 지독히 싫어해 스스로 억누르는 모습을 지켜보면서 그 과정 자체를 이해하고 계신 것은 분명했다.

에시 아주머니는 화를 자신의 한 부분으로 보려 하지 않았다. 그러나 그건 어찌할 수 없는 그녀의 한 측면이었고 거부할 수 있는 것이 아니었다. 그녀의 화는 누구의 눈에나 다 보였다. 에시 아주머니가 성마르고 잘 노여워하는 사람이라고 생각하지 않는 단 한 사람은 에시 아주머니 자신이었다.

아주머니는 자신의 화를 외면하고 나를 비난하는 것으로 내면의 검은 그림자를 눌렀다. 그것은 그녀에게도 대단히 편치 않은 일이었을 테지만 그렇게라도 자신의 화를 정당화시킬 필요가 있었던 것이다.

심리치료 상담을 할 때 나는 종종 의뢰인에게 이런 질문을 하곤 한다. "그게 당신을 화나게 했다고 생각하는 이유가 뭔가요?" 그러면 대개 의뢰인은 나를 쳐다보며 '이분이 내 말을 잘 안 들었구나' 하는 표정으로 반복해서 설명해 준다. 거기에다 자기를 화나게 한 아니꼬운 행동의 사례를 더 추가하는 것이 일반적이다.

나는 또다시 이야기를 듣고 나서 대답한다. "네, 말씀하시는 내용을 다 잘 이해했답니다. 그 사람이 많이 비열하게 행동했네요. 그러나 좀 의문인 건, 그 사람들이 그렇게 답답하게 구는데 왜 딱하다 싶은 느낌이 안 드는가 하는 거예요. 같은 행동이 그렇게나 되풀이되고 되풀이되는데 왜 질리지 않으시는 건가 하는 거죠. 물론 제 생각이지만요. 왜 그렇다고 말을 하지 않으셨을까요? 소름 끼친다고. 그리고 또 한 가지, 반응할 수 있는 방법이 다양한데 왜 하필 화를 내는 식의 반응을 하게 되었을까요?"

그러면 의뢰인은 "화는 늘 나죠"라고 대답한다.

"그럼요, 알죠. 그렇지만 역시 '왜 화가 나지?'라는 의문을 가지는 건 도움이 됩니다. 화를 내는 것은 드러나는 반응이지만 당신에게 유독 화를 불러일으키는 다른 원인들이 숨어 있을 수 있으니까요.”

'늘 화가 난다'는 완고한 반응은 화가 바위 — 몇몇 억압된 감정과 사건으로 덮인 — 임을 가리킨다. 이런 격렬한 감정과 완고함은 그림자 감정들이 자극을 받아 튀어나오려 하지만 단단히 눌려 있다는 실마리다. 이 경우에는 화가 잘못된 것이라는 느낌으로 시작하지 않는 것이 중요하다. 화는 조사해 봐야 할 무언가가 있다고 알려주는 선물이다. 그 감정을 즐길 수 없을지는 몰라도 말이다. 몸에 열이 날 때 비록 그 증상이 환영할 만한 것은 아니지만 몸 속 어딘가에 살펴봐야 할 무언가가 있다는 경보인 것과 마찬가지다.

의뢰인 중에 남편이 떠나버린 55세의 여성이 있었다. 이분은 자기가 느끼는 공포와 혼란, 소진된 느낌을 이야기하러 온 것이었지만 내게는 엄청난 분노가 감지되었다. 그녀가 느끼는 것이 실제로 분노가 맞는지 그 가능성에 대해 이야기를 나누면서 우리는 왜 하필 그녀의 반응이 공포와 혼란, 소진된 느낌의 소용돌이 아래 깔려, 너무 깊어서 인식하기 조차 어려운 분노여야 했을까를 탐색해 나가기 시작했다.

그녀는 금세 자신의 분노를 깨닫기 시작했다. 처음에 그녀의 분노는 산만하고 미발달된 형태로, 마치 어린아이가 온갖 것에 화를 내는 것처럼 나타났다. 그녀의 화는, 여기저기 미끄러져 다니며 다가오는 것들을 무조건 공격하는 원시적인 뱀과 같았다. 즉 그녀는 남편에게만 화가 난 것이 아니었다. 느려터진 세탁업자, 고속도로에서 지나치게 빨리 달리는 사람들, 극장에서 앞자리에 앉게 된 키 큰 사람들이 모두 화나는 대상이었다. 그녀는 만나는 모든 것들에 화가 났다.

물론 그녀가 화났음을 깨닫는 것만으로는 충분치 않았다. 그녀에게는 얼마간의 위안이 필요했다. 때때로 너무 강해서 감당하기 버거웠을 감정들에 휩쓸려 지냈을 테니까.

점차로 우리는 한계를 받아들이고, 감정이 정말로 가리키는 곳이 어딘지 그 지점에 집중할 수 있는 단계로 나아갔다. 그녀는 매사에 화를 내는 것이 굳이 필요하지 않으며 별 도움도 안 된다는 것을 깨달았다. 왜냐하면 세상 모든 일이 다 그녀에게 상처를 주는 것은 아니기 때문이었다.

그녀는 반응을 자제하는 방법들, 참기 힘든 감정에서 위안을 찾아내는 방법들을 배우기 시작하면서 깜짝 놀랄 것들도 알게 되었다. 아직은 가능성일 뿐이지만 진정한 위로와 통제의 기회를 얻을 수 있다는 것, 즉 자신의 억압된 화와 유대관계를 형성할 수 있다는 것을 배우게 된 것이다.

우리가 억압된 감정들과 유대관계를 맺는 방법은 상실의 감정들과 관계 맺기를 배웠던 것과 정확히 일치한다. 감정에 집중해야 한다. 감정을 무시하는 것은 방금 만난 사람을 무시하는 것과 같다. 만약 집중해서 발견한 감정이 화라고 하면, 뱀처럼 계산된 공격을 하려고 의도하는 냉정한 화인지, 화산처럼 폭발해서 분출하는 격한 화인지를 살펴야 한다. 또 무엇에 대해 화가 난 것인지, 얼마나 오래된 것인지, 화를 내서 이루고자 하는 목표가 무엇인지도 살펴야 한다.

억압된 감정뿐만 아니라 물리쳐야 한다고 믿었던 부정적 정서까지, 나름의 존재 이유를 지니고 있는 정서 모두를 받아들이는 법을 배워야 한다. 삶에 어둠과 밝음이 공존하듯, 세상에는 사자와 양이 모두 필요한 것이다.

나아가 모든 정서를 측은지심으로 바라볼 필요가 있다. 상담실을 찾는 의뢰인들이 가장 자주 하는 말은 이것이다. "글쎄요. 그런 걸로 화를 내면 안 되는 거죠." 또는 "내 부모님들은 당신들이 할 수 있는 최선을 다하셨어요"라는 말도 자주 하는데, 이 말은 다 큰 아이가 화를 내거나 상처 받는 것은 잘못이라는 의미다. "벌써 몇 년 전 일이에요. 그당시에 뭘 느꼈든지 다 끝난 일이고, 아무튼 끝난 일이어야 해요"라는 말도 마찬가지다.

이것들은 우리가 측은지심을 갖지 않도록 배워온 몇 가지 사례에 지나지 않는다. "맞아요"라고 나는 대답한다. "당신의 부모는 자신들이 아는 한에서 최선을 다한 것이 맞습니다. 어린아이는 상처를 받았고요. 둘 다 진실이에요. 그러니 부모님께 전화해서 소리 지를 필요가 없지요. 그러나 아직까지 내부에 머물러 있는 자기 감정을 위로해 줄 필요는 있어요."

사자를 굳이 쓰다듬으라는 것이 아니고 사자가 제 본성대로 사자답게 사는 걸 받아들이라는 의미다. 그래야 우리가 사는 마을에서 멀리 떨어진 곳, 사자가 있을 만한 공간을 이 야수에게 허용할 마음이 생긴다. 분노를 부추길 필요는 없지만 분노할 만한 이유가 있다는 것을 인정하고 나면 분노가 점유할 공간을 허용하는 방법도 배울 수 있다.

내 의뢰인은 화뿐 아니라 막 떠오르기 시작한 다른 감정들을 모두 탐색했고, 찾아낸 감정들과 일종의 유대관계를 맺었다. 그러자 에너지가 증대되고 무기력함이 서서히 물러났으며, 자신의 인생을 자신이 책임질 수 있다는 자신감이 그 자리를 메웠다. 급할 때는 한밤 할증 요금으로 세탁소를 이용하게 되었고, 앞사람 때문에 영화가 안 보이면 자리를 옮겨 관람했다.

남편을 지키지 못한 데 따른 무력감에는 화가 났지만, 삶의 다른 영역에서는 스스로 무력하지 않다는 사실을 알게 되었고, 각각의 문제들을 별도로 분리할 줄 알게 되면서 점차 강해졌다.

충분히 이상하게 들릴 수 있는 말이지만, 그림자 요소들이 일단 의식의 빛 속으로 불러나오면 그것들은 큰 에너지와 치유의 힘이 될 수 있다. 간디가 식민지 체제의 부당함 속에서 억눌렸던 분노를 의식화해 불러냈을 때 에너지로 충만하여 자신의 나라를 위한 위대한 지도자가 된 것도 이와 마찬가지 예이다.

내 의뢰인은 자신의 화와 관계 맺기를 하면서 마주보아야 할 화의 긴 역사가 이 남자와 결혼하도록 종용한 친정어머니로까지 거슬러 올라간다는 것을 알게 되었다. 자신의 직관을 확신하거나 신뢰하지 못한 채로 그녀는 어머니에 대한 화를 오랫동안 품고 살았던 것이다.

그렇게 화의 근원을 깨닫고 나자 그녀는 이 모든 것의 의미를 자세히 살펴볼 수 있는 큰 에너지를 느꼈다. 그녀뿐 아니라 우리 모두 마찬가지다. 이러한 의식적 요소들 없이는 다른 사람에게 자기도 모르게 저지르는 해로운 행동, 설명할 수 없는 정서의 분출 등에 얽매어 미완성의 존재로 살아갈 수밖에 없다. 자신의 그림자를 이겨낼 때 삶은 어떻게든 고양된다.

뱀 이야기에는 세 명의 여자 — 젊은 여자, 중년의 여자, 노년의 여자 — 가 등장하는 것 같지만 사실은 이 역시도 한 여자의 그림자에 대한 다양한 반응이라고 보면 된다. 즉 이들은 세 단계의 인생을 통과해 살아가는 모든 여자들을 대표하는 인물이다. 또한 나이가 몇이든 여전히 우리 내부에는 세 단계가 공존하고 있다는 의미이기도 하다. 우리는 지금의 우리이며, 늘 우리였던 사람이다.

이야기의 젊은 여자는 우연히 돌을 밟아 뱀을 풀어주고도 무슨 일이 생겼는지 감지하지 못한다. 목적지에 열중하느라 중요한 무언가의 출현을 알아채지 못한 것이다. 이렇게 우리 삶에서 감정이나 기분은 의도와 상관없이 그냥 나타난다!

이야기의 젊은 여자, 즉 우리의 젊은 측면은 자신이 의도하는 어딘가로 가는 일에 너무 몰두하기 때문에 그림자가 주목해 달라고 내보내는 신호인 이런 기분들에 관심을 두지 않는다.

반면에 중년의 여자는 뒤집힌 돌과 뱀, 둘 다를 눈여겨본다. 그녀는 의식을 지닌 에고이다. 에고는 이런 말을 할 만큼 성숙되어 있다. "무슨 일인지 몰라도 나에게 개인적 의미가 있거나 나와 내적 연결성을 지니고 있는 게 분명해. 인내를 가지고 거기에 집중해서 시간이 얼마나 걸리든 의미를 분명히 밝혀내야 한다는 걸 알 만큼은 오래 살았지, 내가."

중년은 아이를 낳아 키우고, 가족을 부양하고 먹이느라 돈 버는 일을 완수한 나이다. 중년의 우리는 더 폭넓은 실체, 혹자들이 영적 세계라 부르는 곳에서 존재의 의미를 찾아보아야 할 삶의 단계에 이르러 있다. 이제는 외적인 목표 위의, 보이는 것 너머에 놓인 의미를 추구할 때이다. 중년의 여자가 뱀과 맺은 유대관계는, 이 탐색과 연결의 과업을 수행할 수 있게 우리들 각자가 지닌 능력에 대한 은유이다.

그리고 마지막의 연로한 여자, 즉 여관의 주인 노파는 우리 내면의 지혜롭고 영적인 측면을 나타내며 통찰을 얻을 수 있는 공간인 집을 제공해 준다. 그녀는 용기 또는 안심, 믿음 또는 신뢰, 먹을 것 또는 휴식, 등잔 등을 알맞은 때에 풀어놓는 우리의 한 부분이다.

젊은 여자는 뱀을 보지 못한 반면, 주인 노파는 그 의미를 잘 헤아리지는 못했지만 자아의 다른 측면들에 속하는 과업이 있음을 이해하고 자신이 할 수 있는 일을 했다. 과업의 수행에 필요한 쉼터를 제공한 것이 그것이다. 쉼터의 제공은 먹고 잠자는 곳이라는 점에서는 육체적인 휴식이기도 하지만 격려와 안락함을 얻을 수 있다는 점에서는 정서적인 휴식처를 의미하기도 한다.

이야기에서 우리 나이의 여자들에게 진정한 가치는 중년 여자가 뱀의 출현을 다루는 방식에 있다. 그녀는 못 본 척하지 않으며 변명을 늘어놓지도 않는다. 닥쳐온 것들이 사라지기를 바라면서 외면하거나 스스로의 행동이 지닌 진실에 대해 변명 또는 거부로 일관하는 우리 자신의 현대적인 삶과 비교해 보면 이 태도의 가치는 더 확연하다. "아니, 그런 의미가 아니야." 또는 "나? 화났냐고? 물론 아니지" 등등은 무의식이 그림자의 진정한 모습을 보지 못하도록 우리를 산만하게 만들거나 다른 이들을 속이려고 시도하는 몇 가지 방식이다.

이야기에서 중년의 여자는 달아나지 않고, 뱀을 죽이려고 애쓰지도 않는다. 나쁜 기분에 휩싸일 때 많은 이들이 그러듯이 돌을 집어들어 뱀을 내리치지 않는다. 여자는 뱀에게서 달아나지 않고 그것의 출현에 완전히 집중한다. 이 뱀이 의미에 대한 정보를 줄 유일한 존재임을 알기 때문이다. 또한 끈기 있게 관찰하고 주의 깊게 귀 기울여야만 의미가 떠오른다는 것도 알기 때문이다.

그림자의 형상은 의지나 의식적 자아인 에고와 별개로 나타난다. 목표 지향적이며, 결과주의를 선호하고, 문제를 속성으로 해결한 뒤 다음 것으로 넘어가버리는 시대에는 그림자 속에 든 이것들을 발견하는 일이 아주 많이 어려운 과정일 수 있다.

내 친구인 코니는 막내 아이를 대학에 보내고 나서 비로소 자신의 삶에서 점점 커져가는, 가만히 있지 못하고 서성거리는 느낌을 깨닫게 되었다. 여전히 건강하고, 전문직을 가지고 활동하며, 자녀들과 자주 연락하며 사는데도, 무언가 빠진 듯한 느낌이 들었다.

"좀 가라앉는 느낌이야"라고 그녀는 내게 말했다. "안절부절 못하고, 지루한 느낌이 들고, 일하는 것도 예전만큼 만족스럽지 않아."

사실 근래 들어 그녀가 하는 일에서 특별히 잘 안 풀리는 것은 없었다. 그녀는 열심히 일했고, 대체로는 사람들로부터 찬사를 듣는 편이었지만 그럼에도 내적으로 심란한 느낌이 사라지지 않았다. "뭔가 방향을 바꿔보려는 욕구가 있는데 다른 일을 하는 나를 상상할 수가 없어"
라고 그녀는 말했다.

그러는 사이에 코니는 몇 차례 회사를 그만두기도 했지만 그렇다고
긴장의 끈을 늦추지는 않았다. 스스로를 위한 휴식 시간을 갖고, 변화
를 겪을 때마다 정크푸드에 기대어 지나치게 먹거나 아니면 너무 안 먹
거나 했던 지난 시간들을 생각하면서 식단 조절에도 신경을 썼다. 간단
히 말해 그녀는 내면의 현명한 여자를 소환한 것이다. '내면의 나이든
여자'가 '내면의 중년 여자'를 보살피게 한 것이다. 코니는 자신의 내적
변화를 살피고, 귀 기울이고, 관찰하는 시간을 가질 수 있었다.

일 년쯤 후에 그녀에게 전화 한 통이 걸려왔다. 전혀 기대하지 않았
던 곳으로부터 새로운 업무 제의가 들어왔다고 했다. 국제적인 범위의
프로젝트에 참여해 일해 달라는 제의였다. 이 제안에 귀를 기울이는 동
안 코니 내면의 깊은 곳에서 무언가가 열리기 시작했다. 오래전에 그녀
자신의 미발달되고 무책임한 다른 측면들과 함께 묻어버렸던 방랑벽
이 눈을 뜬 것이었다. 이제 다음 행보가 눈앞에 놓여 있었지만 그것은
코니가 한 번도 생각해 보지 못한 방향이었다. 다른 나라를 다니며 일
하는 것을 선뜻 수락하기에는 방랑에 대한 그녀의 사랑이 너무 깊은 곳
에 묻혀 있었다. 그녀는 제의에 응답하기 전에 시간을 좀 가지면서 찬
찬히 생각해 보았고, 왜 지극히 단순해 보이는 해결책이 그토록 오랫동
안 떠오르지 않았던가를 짚어보았다.

되돌아보면 코니가 통찰과 새로운 방향이 떠오르기를 고요히 기다
린 것은 아니었다. 겉으로 보기와 달리 그녀의 내면은 평온하지 않았
고, 그 기다림의 시간은 성마르고 화나고 의기소침한 시간들이었다. 그
녀는 자주 내 거실을 서성거리며 자신을 그토록 좋은 인생으로 이끌었
다가 가장 혼란스러운 시점에 내던져버린 운명을 저주하곤 했다.

코니는 종종 택해야 할 방향에 대해 난감해했다. 그 전화 이전에도 새로운 방향을 제안하는 연락들이 많았지만 다행히 그녀는 그간의 제안들에 전혀 끌리지 않을 만큼은 자신의 직관에 대한 신뢰가 있었다. 코니는 그런 시간들이 결국은 자신을 필요한 자리로 이끌어주리라는 것을 알았다. 물론 그렇다고 해서 이 지적인 앎이 좌절의 나날을 더 쉽게 만들어주었다는 것은 아니다.

그림자에서 뭔가가 떠오를 때, 그것이 자신의 삶에서 무슨 의미인지를 알아낼 수 있는 유일한 방법은 그 떠오른 것과 유대관계를 형성하여 아주 가까이서 그것을 살펴볼 수 있는 자리를 확보하는 것이다. 그 문제를 통제할 수 없고 강제로 어떻게 할 수는 없지만 주의를 기울이고 인내하면 이해할 수 있기 때문이다.

뱀 이야기에서, 여자가 밤늦게까지 살폈지만 아무런 정보를 얻지 못했음을 기억할 것이다. 여자는 결국 더 이상 빛이 남아 있지 않자 잠이 들었고, 어두운 꿈의 밤을 견뎌냈다. 그러자 정보가 함께 왔다. 목표 지향적인 사람들에게는 이런 점이 혼란스러울 것이다. 게다가 이야기 속의 밤이, 동화 속의 많은 밤들처럼 아주 긴 시간 동안 계속될 수도 있다는 것을 알면 더 혼란스러울 수도 있다.

나 역시도 삶에서 이런 긴 어둠을 겪었고, 많은 것들이 내가 어찌할 수 없는 외부에서 이루어지고, 선물 또는 통찰이 내게 올 때까지 기다려야 한다는 사실을 이해하는 데 오랜 시간이 걸렸다. 이런 힘든 인생 수업은 사는 동안 여러 차례 되풀이되었고, 아마 앞으로도 또 마주치게 될 것이다.

이야기에서 잠을 통해 통찰을 보여주는 것은 무의식과 에고 사이의 대화에서 나오는 진정한 의미, 즉 궁극의 통찰이고 마지막 원천이다. 꿈은 무의식의 메시지가 의식과의 사이에 놓인 얇고 성긴 막을 통과하여 상징의 형태로 나타나는 것이며, 따라서 꿈속에서의 대화는 마치 에고와 무의식의 대화와 같다.

이야기에서 젊은 여자의 꿈은 과거에 느꼈던 증오가 스스로를 돌 밑에 간힌 뱀처럼 만들어버렸다는 메시지를 전해준다. 억눌린 증오를 간직하는 것은 무거운 바위를 지고 세상을 살아가는 것과 같다는 것이다. 그러나 자신의 화를 깨닫고 내려놓으면 뱀은 더 이상 위험한 존재가 아니며, 주변 사람들 심지어 자기 자신까지 함부로 물거나 겁주지 않게 된다. 화를 내려놓음으로써 그 화는 이제 차갑고 위험한 냉혈동물의 것이 아닌 사람의 화가 된다.

이 이야기는 억압된 그림자와 유대관계를 형성하면 자신이 누구인지에 대해 더 완벽히 알 수 있다는 메시지를 담고 있다. 이 관계 맺기의 과업을, 노년을 준비하는 것만큼 중요하게 받아들이라는 것이다. 물론 충족적인 노년을 원한다면 말이다.

이 과업을 외면하는 것은 그림자의 분출에 대해 취약해지는 결과로 이어진다. 최근 시내에서 내게 이 그림자의 분출 사건이 일어났다. 붐비는 보도에서 어느 나이든, 나이가 들었다기보다는 아주 노쇠해 보이는 여자가 내게 세게 부딪혀온 것이었다. 여자를 돌아보자 그 여자가 내게 소리쳤다. "뭐가 문제야, 이년아?" 물론 우리들 대부분은 낯선 사람에게 그렇게까지 공격적으로 굴지 않는다. 그러나 가족에게는 오히려 분노를 거리낌 없이 드러내거나 비난을 일삼는 노년 여성들이 적지 않다.

뱀 이야기는 우리에게, 그림자에서 나온 감정이 이야기 속의 뱀처럼 나타날 것이며 그것과 유대관계를 형성할 기회는 많다고 귀띔해 준다. 굳이 시작 지점을 찾느라고 뱀 사냥을 다닐 필요는 없다는 것이다. 인생의 어느 단계에 이르면 뱀이 찾아온다. 이 뱀을 어떻게 다루느냐에 따라 선택지는 다양하다. 우리의 응답이 모든 것을 달라지게 할 수 있다. 억압된 그림자를 이해하면 더 온화해지고, 친구나 동료들을 향해 자기도 모르게 폭발하는 일을 막을 수 있다.

뱀 이야기는 방향과 바라는 것의 이야기다. 그러나 어느 경우에나 그림자 형상과 이런 식의 유대관계를 맺는 것은 아니다. 다음 이야기는 그림자 형상을 보았지만 그것과 아주 다른 형태로 맺어진 여자에 대한 것이다.

다음 이야기의 여자는 정서적으로 그림자 형상과 합쳐졌지만 유대관계를 형성한 것이 아니라 '다른' 것을 했다. 그녀는 동반의존적 (codependent, 상대의 정신적·육체적 중독에 심리적으로 불건전한 영향을 받아 서로에게 해로운 관계를 지속시키려는 심리 – 옮긴이)인 아내, 또는 자신을 피해자로 만드는 여자였다. 우리는 모두, 설사 에스키모 마을의 물가에 사는 나이든 여자를 알지는 못할지라도, 부정적 성향과 동화되어 버린 여자들을 만나본 적이 있다.

벌레 한 마리와 부족

옛날, 북쪽 먼 땅에 에스키모의 한 부족이 살았다. 이 부족 사람들은 해마다 봄이 되면 다가오는 겨울 동안 버틸 고기를 마련하기 위해 사냥을 떠나곤 했다. 훈기 어린 산들바람이 불고 무거운 얼음이 녹기 시작하면 식량과 천막을 꾸려 긴 사냥 여정에 나서곤 했던 것이다.

그런데 어느 해 봄에 부족 사람들은 나이 많은 할머니 한 사람만 남겨두고 떠나버렸다. 일부러 그랬는지, 아니면 잊어버린 것인지는 잘 모르겠다. 그러나 그녀를 위한 음식을 따로 남겨두지 않은 것은 분명했다. 여자는 혼자였고 곤궁했지만 그렇다고 해서 죽을 준비가 된 것은 아니었다. 나이든 여자는 날마다 바닷가로 내려가 파도에 떠밀려온 것들을 주워 저녁거리로 삼았다. 그것들은 좋은 음식이랄 수는 없지만 굶주림을 막아줄 정도는 되었다.

어느 날 여자가 걷고 있는데 조그만 벌레 한 마리가 눈에 띄었다. 저녁거리로 먹기에는 너무 작다고 생각했다. 게다가 많이 외로웠다. 여자는 벌레가 좋은 벗이 되어줄 수 있으리라 여겨 집으로 가져갔다. 그리고 그때부터 먹을 것을 찾아낼 때마다 절반을 벌레에게 먹였다.

지극정성으로 돌보고 먹을 것을 주었기 때문에 벌레는 꽤 크게 자랐다. 사실은 꽤 크기보다는 보통의 벌레에 비하면 아주 많이 컸다. 어느덧 벌레는 더 크게 자라서 조그만 새나 뭍의 동물들을 저녁거리로 사냥해 올 정도가 되었다. 나이든 여자는 이미 벌레가 먹고 싶은 만큼 먹이를 구하고 있으며, 점점 더 자라서 결국 뭍과 바다 양쪽에 사는 가장 큰 동물들까지 사냥할 수 있을 정도로 크고 강해졌다고 확신했다. 벌레는 괴물이 된 것이었다.

계절이 가을로 접어든 어느 날 부족 사람들이 탄 배들이 다가오는 것이 보였다. 나이든 여자는 사람들이 반가웠지만 벌레는 그렇지 않았다. 나이든 여자는 마을 사람들의 귀환에 벌레가 화를 내고 있음을 깨달았다. 여자는 마을 사람들에게 조심하라는 경고를 해주려고 애썼지만, 그들은 여자의 외침을 듣지 못했으며, 손을 내젓는 모습을 환영의 인사로 받아들였다. 그래서 그들은 계속해서 다가와 벌레 괴물이 공격할 수 있을 정도로 가까워지고 말았다. 끔찍한 전투가 벌어졌고, 마을 사람들은 모두 죽임을 당했다.

전투가 어떻게 되어가고 있는지 살피던 나이든 여자는 기겁을 하며, 벌레 괴물의 분노를 피해보려고 달아났다. 전투가 끝나고 벌레가 나이든 여자를 찾아 마을로 들어갔을 때, 이미 여자는 달아나버린 뒤였다. 그러나 벌레는 여자를 쉽게 따라잡았으며, 화가 나서 여자를 죽여버렸다. 그것이 마을 사람들의 종말이었다. 그 벌레로 말하자면, 그것이 아직 그 바닷가 마을에 살고 있는지 어떤지는 모르겠다.

북극의 이뉴잇 사람들 사이에서는 삶이 생존 위주로 이루어진다. 생존 때문에 먹을 것을 공유하는 연대 집단을 형성하며, 그 규칙은 간단하면서도 진지하다. '그룹의 일원이 먹으면 모두가 먹는다.' 엄혹한 북극에서의 삶이 우리 사회와는 다른 집단을 형성하게 했던 것이다.

따라서 이 이야기의 청자들은 앞부분을 듣자마자 심각한 틈, 진짜 분열이 이 여자와 부족 사람들 사이에 일어났다는 것을 알아차렸을 것이다.

이야기 속 부족민들은 이동 생활을 한다. 계절에 따라 한 장소에서 다른 장소로 옮겨 다니는 것이다. 이야기의 시간적 배경은 이뉴잇들이 고래와 바다표범을 사냥하기 위해 여름 마을로 떠나는 시점이다. 이들 마을에서는 여름 동안만이 아니라 나이든 여자 혼자 남아 있는 마을로 돌아와서 보내야 하는 그해 겨울의 혹한기를 지내기에도 충분한 식량을 확보하기 위해 사냥을 떠난다.

나이든 여자는 중심 역할을 하는 인간체(human figure)로서, 한 인물의 에고 또는 의식 측면을 상징하는데, 우리식의 관점으로 보면 자기 자신의 다른 부분들과 접촉이 끊긴 상태다. 다른 부분들이란 젊고 활력 있는, 자양물을 습득할 능력이 있는 부분들이다. 심리학적 의미에서 여자는 삶을 욕망할 에너지를 제공하는 영혼과 연결이 끊긴 상태다.

먹을 것을 찾아 떠난 마을 사람들은 여자의 인간체와 연결이 끊긴 무의식적 생존 본능으로서, 겨울에 철새들이 남쪽으로 이동하는 원동력과 같은 에너지, 즉 생존을 향해 움직이는 충동을 가리킨다.

버림받았다는 느낌이 들고, 보이지 않는 곳, 즉 수평선 너머, 자신의 무의식 내부의 깊은 곳에서 스스로를 부양해 줄 본능적 에너지를 찾는 것이 소용이 없자 여자는 위험에 직면한다.

　이런 상황에서 심상치 않은 위험 중 하나는 계속해서 움직이면서 스스로를 속이는 일이다. 이걸 하고, 저걸 하고, 여기저기로 뛰어다니면서 우리는 바쁘다는 것만으로 살아 있음이 지속된다고 자신을 납득시킨다.

　물론 반대의 극단인 아무 것도 하지 않는 것 역시 마찬가지로 위험하다. 우리는 어딘가에서 반드시 시작해야 하고, 바닷가나 쓰레기 그리고 벌레 한 마리가 가진 것의 전부라면 그것이 시작 지점이다. 나이든 여자의 실수는 그 지점이 두 군데였다는 것이다. 여자의 과오는 우리에게 교훈을 준다.

　쓰레기를 뒤져 먹을 것을 찾는 것은 사냥을 배울 때까지는 아무 것도 하지 않는 것보다 낫다. 그러나 여자는 더 성장하고, 개발하고, 성숙해져야 했다. 자신을 위해 좋은 먹을거리를 찾는 법을 배워야 했고, 어린아이 같은 의존성을 뛰어넘어야 했다. 여자는 이 기회를 외면하고 바다가 던져주는 것에 기대는 쪽을 선택했다. 그것도 벌레가 나타나기 전까지였다.

　벌레를 발견하자 여자는 배고픈 것 외에 자신이 외롭다는 것을 새삼 깨달았다. 결국 바다에서 던져준 벌레를 여자는 받아들였다. 벌레는 동반자를 필요로 하는 여자의 요구를 충족시켜 주었고, 적당한 때에 음식까지 제공했다. 여자는 바다가 채워주었던 의존성을 벌레에게로 그대로 옮겨갔다. 둘은 동반의존 관계가 되었다. 여자는 벌레를 돌봐주었고 전적으로 벌레에게만 신경을 썼으며, 벌레는 먹을 것을 대주었다.

　둘은 현대의 인간들이 그러듯 부적절하고 건강하지 않은 동반의존적 유대관계를 맺었다. 우리들이 주변에서 흔히 보아온 그런 유대관계이다. 베스도 그런 예이다. 그녀는 '툭하면 화를 내는' 폴이라는 남자와 결혼했다. "그 사람, 그냥 일을 너무 고되게 해서 늘 피곤한 것뿐이에요"라고 그녀는 말하곤 했다. "절대로 아이들을 때리지는 않아요. 그런 행동은 싫어해요. 다만 그 사람이 화를 내면 만사를 못마땅하게 여기니까 분위기가 안 좋죠."

그녀의 일상은 아이들을 더 조용히 있게 하는 일로 바빴다. 폴이 집에 있을 때는 논쟁의 여지가 있는 주제나 행동을 피하는 일로 채워졌다. 그녀는 남편이 근처에 없을 때 돌발적으로 형성되는, 아이들과 친구들로만 이루어진 별개의 생활을 영위해 나갔다. 그녀와 아이들에게는 아빠가 모르는 비밀이 많았다.

감정이 차단된 채로, 베스는 자신과 아이들이 긴장을 견디느라 꾸려온 분리된 생활 속에서 굶주려 죽을 지경이 되었다. 마침내 그녀는 일어나고 있는 일에 대해 스스로에게 정직해질 필요가 있다는 것을 깨달았다. 또한 그것이 가능해지자 해야 할 일들이 눈에 보이기 시작했다. 사실 그 일들은 매우 위험했다. 폴이 해야 하지만 해낼 수 없거나 하고 싶어 하지 않을 일들, 즉 그녀와 '더불어' 바뀌어야 하는 일들이었기 때문이다.

베스는 자신이든 다른 사람이든, 누군가가 화를 내는 상황을 대단히 두려워했지만 결국 일어나는 일들을 마주보기 시작했다. 폴의 폭정을 방치하고 부추긴 자신의 소극성과 의존성을 바라보았다. 그녀 자신은 물론 자녀들이 정상적으로 살아가면서 폴의 부당한 화로부터 보호받을 수 있으려면 드러내 말하는 법을 배워야 했다. 결혼과 가족을 유지하고 치유하려면 희망을 가지고 이 건강하지 못함과 맞서는 위험을 감수해야 했다.

다행히 이 경우에는 그녀의 남편 역시 소외감을 느끼고 변화를 바라고 있었던 것으로 밝혀졌기 때문에, 두 사람이 함께 상담실을 찾는 것으로 귀결되었다. 내가 마지막으로 이들에 대해 들은 이야기는 잘 지내고 있다는 것이었다.

베스의 경우에 벌레는 그녀가 가족 시스템 내에서 키워온 동반의존이었다. 그러다 그녀가 진실, 특히 그녀 자신의 분노를 쳐다보고 이야기하기 시작하면서 그녀는 크나큰 위안과 강인함을 느꼈다. 이 강인함은 살아가는 데 꼭 필요한 '사냥' 기술을 지속적으로 익힐 수 있게 하는 에너지다.

벌레와 친구가 된다는 것은 실제로는 치명적인 무언가에 사로잡혀 꼼짝 못하게 된다는 것이다.

근래 들어 비참했던 어린 시절에 사로잡힌 사람들을 유난히 많이 만나게 되었다. 그들은 베스트셀러 책을 읽다가, 강연에 참석했다가, 또는 자기 계발 그룹에 참여했다가 이런 사실을 깨달았다고 했다.

이들에게는 비로소 온전한 세상이 열리기 시작한 것이며, 어쩌면 처음으로 큰 위로를 경험하는 일이기도 할 것이다. 큰 위로는 진실을 들을 때 깨우침의 느낌으로 온다. 이들은 어린 시절에 똑같은 고통을 겪은 다른 사람들을 만났고, 그들의 지지에서 기운을 얻었다. 이 고통의 원천에는 별도로 이름까지 있었다. 기능장애적 가족이 그것이었다.

많은 이들이 위로와 깨달음의 시점에서 앞으로 나아갔다. 그런데 그렇지 못한 사람들도 있었다. 어린 시절의 '희생자'를 더 살찌우는 사람들이 있었다. 그것은 커지고 더 커져서 급기야 당사자들에게 먹을 것을 대주기 시작했다. 새 커뮤니티에서 찾아낸 '사랑'과 '이해'는 안타깝게도 멈춰 있던 삶을 나아가게 하는 데 오히려 장애가 되었다. 이들은 내면화하고 억압했던 것들을 발견해 내는 작업을 계속하지 않고 비난에 몰두했으며, 상처 때문에 얻게 된 새로운 연민과 사랑에 사로잡혔고, 동반의존 관계에 갇혀 피해자 의식과 자기 연민만 키우는 결과가 되었다. 그렇게 새로 만난 친구들은 이야기 속 벌레가 되었다.

결국 벌레는 마을 사람들을 죽인 것처럼 내면의 충동 또는 삶의 선물인 에너지를 죽이게 될 것이다. 벌레와의 공생을 오래 지속하면서 먹을 것을 대주고 자라게 내버려두면, 우리에게 달려들어 본능적 자아를 먼저 죽인 후, 끝내 우리를 살해하고 말 것이다.

지금껏 내가 일했던 노인 시설에는 무의식의 자양분 공급이 끊긴 나이든 여자들이 반드시 한 명 이상은 있었다. 이런 여자들은 늘 억울해하고, 비난을 일삼으며, 일차원적이다. 손을 내밀면 어김없이 밀쳐버린다. 질문을 하거나 관심을 내비치면 세상이 잘못 돌아가는 것에 대한 길고 지루한 비난만 늘어놓을 뿐이다. 그네들은 삶을 남겨두고 떠나, 벌레와 동화되었다.

재닛은 그림자 형상과 동화된 여성이었다. 내가 찾아갈 때마다 자기가 얼마나 외로운지에 대해 불평을 했다. "할 일도 없고 아무도 찾아오지 않아"라고 그녀는 늘 물기 어린 큰 눈으로 나를 쳐다보며 말하곤 했다.

"브리지 게임을 하고 싶다고 했었죠. 지난주에 브리지 방으로 한 번이라도 내려가 보셨나요? 다들 기다리고 있었어요."

"딸이 전화도 안 해요. 그애는 내가 죽어도 신경도 안 쓸 거예요."

"딸한테 전화를 해보셨어요?"

"손주녀석들 중에서 한 놈이라도 찾아와줄 줄 알았는데 아무도 안 왔어요."

"아드님과 며느님이 어젯밤에 온 걸로 아는데요."

이런 식의 대화는 내가 게임을 그치지 않는 한 끝없이 이어졌다. 그녀는 불쾌하고 다루기 힘든 그림자 형상에 완전히 동화되어 요지부동이 된 상태였다. 그녀의 딸은 가족 모두가 몇 년 동안 어머니의 이런 모습을 지켜보았고, 어머니가 가족들을 통제하려다 실패하면 증상이 더 심해진다고 했다. 그리고 점점 더 심해져서 지금에 이르렀다고 했다. 말하자면 과거의 그녀는 이미 죽임을 당했고, 지금의 그녀는 벌레와 한 몸이 된 것이나 마찬가지였다.

홀로 바닷가를 걷는 나이든 여자의 이미지는 강렬하다. 나 자신의 여정에서도, 마치 그 나이든 여인과 똑같이, 버림받은 기분으로, 혼자, 춥고 바람 찬 바닷가를 걷는 기분인 때가 여러 차례 있었다. 그런데 그런 순간이야말로 중요한 무언가가 결정되는 때다. 분명한 것은 그때 누워 버리면 죽음을 불러오게 된다는 것이다. 그런 때에 해야 할 것은 단 하나다. 버텨내는 것! 그 순간들은 무언가를 알게 되거나 배우거나 할 때지, 자신을 포기할 때가 아니다.

우리 모두는 이따금 자신의 그림자에서 기어나온 벌레들을 흘긋 보게 된다. 이 벌레들의 소환은 대개 일상적인 일들에서 촉발된다.

노년은 너무 빨리 오고, 우리는 그것의 의미에 대해 분노하거나 겁을 먹는다.

자식들은 떠나버리거나 너무 바쁘고, 우리가 저희들에게 품었던 꿈을 채워주지 않는다.

은퇴 계획은 기대에 훨씬 못 미치는 것으로 판명된다.

배우자는 늘 우리에게 실망감을 안겨준다.

한 마디로, 이전에도 그랬듯 삶의 막바지를 향한 여정에는 수많은 난관과 낙담이 있을 수 있다. 그러나 이런 실망 속에서 우리는 뱀이나 벌레가 아래에 갇혀 있다가 풀려나는, 미끄러운 돌을 발견할 수 있다. 닥쳐오는 실망이나 겁나는 사건들은 겉모습을 유지하기 어렵게 만든

다. 실망의 돌 아래서 미끄러지듯 빠져나온 것은 통제할 필요가 있거나 오래전에 묻어버렸던 자신의 기질 같은 것이다. 그러나 이것들의 '표출'이 우리의 겉모습을 무너뜨릴 때마다 '내면'은 앞으로 나아갈 기회를 얻게 된다.

벌레는 자신이 먹고 자란 것을 모두 파괴하기 때문에 죽음의 상징이기도 하며, 식물이 자라도록 흙에 공기를 주입하기 때문에 성장의 조력자를 상징하기도 한다. 벌레가 작든 크든 모종의 방식으로 자신의 존재를 알리며 우리 집 흙에 나타날 때는 무의식 안에 있던 무언가가 밖으로 나온다는 신호이다. 마치 산소처럼 살아가는 데 꼭 필요한 통찰을 지니고서. 그러나 자신의 일부를 있는 그대로 객관적으로 바라보기란 어려운 일이다. 심지어 이야기 속 나이든 여자가 어떻게 그렇게 나쁜 상황 속으로 빠져들었는지는 충분히 이해할 수 있을 정도다. 그녀는 굶주렸고 외로웠기 때문에 처음 도착한 것들을 붙잡았다.

나이든 여자의 행동, 즉 벌레를 친구로 삼아 자신과 자신의 본능을 죽게 만든 행동은 우리에게 꽤나 익숙하다. 우리는 쉬운 길을 택하라고 가르치는 문화에 살고 있다. 우리는 순간의 만족을 좋아하며, 바쁘게 달리다가 '패스트푸드' 앞에서 멈춰 선다. 거기에는 빈약한 식이와 삶의 질 사이의 연관성에 대한 어떤 의식도 없다. 두통이나 어깨 결림 때문에 힘들면 마치 이런 통증이 아스피린 결핍증상 때문인 듯 오로지 알약을 삼키는 것으로 해결한다.

우리는 영혼의 굶주림과 고통을 영혼의 정크푸드 또는 영혼의 아스피린이라 할 텔레비전으로 치료한다. 그렇지 않으면 자신의 감정을 피해자 의식, 자기 연민 또는 버림받음과 동일시한다. 이것들이 벌레가 된다.

이야기 속 여자의 벌레는 '쉬운 길로 가'라는 이름을 지녔다. 쉬운 길로 가는 것이 '안 가는 것'보다 낫기는 하지만 그녀는 '쉬움'의 함정에 빠져 벌레와 일정 거리를 두고 바람직한 관계를 형성하는 데 실패했다.

쉬운 길은 별로 중요하지 않은 일에 대해서는 별 상관이 없지만 삶, 건강, 정직함과 관련될 때는 큰 문제가 되기 때문에 그에 상응하는 주의를 기울여야 한다. 나이든 여자는 '쉬운 길로 가'를 만났을 때, 그 즉시 다음 발걸음을 능력 배양과 독립을 향해 내디뎌야 했다. 그것은 놓쳐버린 기회였다.

그림자의 측면을 곧바로 알아채기가 어렵기는 하지만 방법은 있다. 처음에는 자신이 특별히 강한 정서적 반응을 보이는 사람들에게서 자신의 그림자를 보게 되는 일이 많기 때문이다. 다른 사람의 특정한 기질에 대한 자신의 정서적 반응이, 모르기가 어려울 정도로 강하게 일어날 때가 이런 때이다. 그런데 대부분은 지나치게 강렬한 정서적 반응이 자신의 퍼스낼리티와 어떤 식으로든 관계를 맺고 있다는 것을 믿기 어려워한다. 사실은 믿기 어려운 정도가 아니라 거의 불가능할 정도이다.

그래서 그것을 의식 밖으로 대단히 효과적으로 밀어내버리고서 "내 '안' 어디에서도 그런 건 못 봤어"라는 상당히 정직한 말을 내뱉게 된다. 우리 할머니의 친구인 에시는 내 치기 어린 짜증에 마음 상해했으면서도 자신의 내부에 있는 화를 절대로 보지 못했는데, 이분이 이런 현상의 좋은 예라 할 수 있다. 그런가 하면 징징대는 사람들을 향한 나의 반감 역시 또 다른 예이다. 여러 해 동안 스스로를 지켜보면서 나 역시 오랫동안 징징거리며 살았다는 걸 깨달았는데, 그 동안 그것이 완벽히 위장되었던 것은 내가 징징대는 '목소리'를 절대로 내지 않았기 때문이었다. 다른 사람들은 내 침착한 목소리를 듣고 그것이 단순히 문제에 맞닥뜨렸을 때의 나 나름의 대응방식이라고 믿었다. 꽤 시간이 걸린 후 벌레를 발견하기 전까지는 나 역시도 그렇게 생각했다.

해롭지 않은 벌레는 아주 드물다. 벌레 한 마리가 무의식의 바다에서 떠올라오면 일단은 심각하게 살펴봐야 한다. 벌레들은 뜰의 채소든 인간 숙주든 제 몸을 부착한 상대를 무조건 먹어치워, 끝내 자기들을 먹이고 애지중지했던 이들을 죽이고 만다. 그래서 벌레를 죽음의 상징이라 하는 것이다.

여기까지, 개인이 그림자를 다루는 두 가지 상반된 방식을 살펴보았다. 첫 번째의 젊은 여자는 관찰하고 기다려서 무의식이 보낸 이 요소가 꿈을 통해 의미를 드러내는 것을 기다렸다. 무의식에서 나온 증오가 인간적이 된 것은 여자가 무의식과 연결성을 지닐 수 있었다는 의미이며, 그러고 나자 증오는 그녀에게서 떨어져 나가 제 갈 길을 갔다.

증오가 인간적이 되었다는 것은 증오의 크기를 줄여 사람이 다룰 수 있는 정도가 되었다는 이야기다. 모든 사람들을 상대로 분노를 폭발시켰던 내 의뢰인도 이야기의 여자와 똑같이 했다. 그 의뢰인은 남편, 세탁소 주인, 그리고 주변의 모든 사람들에게로 향했던 분노를 자신에게서 떼어내어 인간적으로 변화시켰다. 일단 정서가 인간적으로 변화되면, 그것은 이제 튀어올라 공격해 대는 뱀이 아니다. 언젠가 다시 뱀을 보게 될 수 있겠지만 그때는 그녀가 충분히 인지할 수 있는 인간적인 형태를 하고 있을 것이다.

두 번째 이야기에서, 나이든 여자는 의존성을 변화시킬 어떤 노력도 하지 않은 채 벌레에게 점점 더 의존하는 식의 소극적인 접근을 계속한다. 벌레는 인간적으로 변하지 않았고, 여자가 자신에게 의존하여 살아가는 것을 이용해 괴물로 자라났다.

두 여자의 반응에는 뚜렷한 차이가 있다. 뱀 이야기에서는 여자가 달아나지 않았으며 멈춰 서서 바라보고 관찰했다. 벌레 이야기의 여자는 달아나지는 않지만 벌레와의 상호 의존적인 관계로 들어갔다. 그리고 본질적으로 벌레의 요구에 동화되었다. 즉 두 이야기의 가르침은, 그림자에서 떠오른 무언가와 맞닥뜨리면 공부하고 배울 일이며, 흡수되거나 동화되면 안 된다는 것이다. 분명히, 쉽지는 않은 일이다.

다음 이야기에서는 나이든 여자가 그림자 형상과 또 다른 관계 맺기를 보여준다.

나이든 여자와 떡

옛날 한 나이든 여자가 일본의 작은 마을에 살았다. 여자는 매우 가난했지만, 그래도 언덕 기슭에 조그만 집이 있었고, 거기서 저녁마다 떡을 만들어 먹을 수 있었다. 어느 날 밤, 여자가 늘 하던 대로 저녁 준비를 하고 있는데, 떡 하나가 손에서 미끄러지더니 문밖으로 굴러나가 언덕 아래로 굴러떨어졌다. 떡을 주운 것은 일본에 사는 괴물 또는 야행성 동물의 한 종류인 오니였다.

나이든 여자는 떡과 오니를 쫓아 언덕 기슭에 뚫린 입구를 통해 미로처럼 얽힌 통로를 따라 들어갔다. 가는 내내 여자가 소리소리 지르며 저녁밥을 돌려달라고 했지만 오니는 계속해서 떡을 먹었다. 마침내 너무 숨이 가쁜 나머지 여자가 돌아갈 마음을 먹었을 때 커다란 동굴이 나타났다. 동굴 안에는 개울물이 흐르고 있었고 커다란 솥들과 화덕, 수많은 오니들로 가득 차 있었다.

오니가 여자에게 말했다. "여기 이 주걱과 쌀알 무늬가 찍힌 그릇을 가지고 떡을 더 만들어라."

여자는 그릇을 물이 담긴 솥에 넣고 휘휘 젓기 시작했다. 이내 솥은 좋은 쌀로 가득 찼다. 여자는 오니들 모두가 먹을 만큼의 떡을 만들었다. 오니들이 매우 허기져서 만들어야 하는 떡의 양도 엄청났다.

그렇게 여러 날이 지나갔다. 여자는 그곳을 벗어나고 싶었지만 미로 같은 동굴을 빠져나가 되돌아가는 길을 찾을 수가 없었다. 하는 수 없이 여자는 오니들이 잘 때 떡을 만들었고, 오니들이 떡을 먹는 동안 잠을 자면서 궁리했다. 그러던 어느 날 여자에게 계획이 떠올랐다.

"내 생각엔 이 개울물이 산 아래쪽에서 흘러나왔을 거야." 여자는 커다란 솥을 끌어다 물 위에 띄웠다. 그리고 솥에 올라타 주걱으로 노를 저으며 서둘러 나아갔다. 솥을 끄는 소리에 오니들이 깬 것을 알았지만 따라오지 않을 것도 알고 있었다. 왜냐하면 오니는 물을 아주 싫어해서 절대로 물에 닿으려 하지 않았기 때문이다.

그렇게 여자가 한참 동안 개울을 따라 떠내려가고 있는데 이상한 일이 벌어졌다. 솥이 개울 바닥에 끼익끼익 긁히는 소리를 내며 멈춘 것이었다. 여자의 주변은 온통 마른 모래가 드러나 있었고, 사방에서 물고기들이 파닥거리며 몸부림을 치고 있었다. 물이 사라지고 있었다.

여자가 떠나온 쪽을 돌아보니 희한한 광경이 펼쳐지고 있었다. 잠에서 깬 오니들이 개울가에 늘어서서 저마다 엄청난 양의 물을 들이마시고는, 말라버린 개울을 건너 걸어서 여자를 잡으러 오고 있는 것이었다.

오니보다 빠르게 달아날 수는 없기 때문에 여자에게는 생각할 시간이 조금밖에 없었다. 여자가 무슨 행동을 했는지는 확실히 알려지지 않았다. 누구는 여자가 무슨 표정과 몸짓을 했는데, 그게 오니들을 폭소하게 만들었다고 했고, 또 누구는 여자가 몸부림치는 물고기들을 오니한테 던졌다고 하는데, 어느 쪽이든 여기서는 별 상관이 없다. 중요한 건 오니들이 입을 벌렸고, 물이 도로 쏟아져 나왔다는 것이다. 개울은 다시 물로 가득 찼다. 여자는 있는 힘껏 노를 저어 마침내 햇살 아래로 빠져나올 수 있었다. 오니는 밤의 어둠 속에서만 우리가 사는 세상으로 올 수 있기 때문에, 여자는 이제 안도의 한숨을 내쉬었다.

집으로 돌아온 나이든 여자는 떡을 만들기 시작했다. 마법 주걱 덕분에 여자는 물론 이웃들이 먹기에도 충분할 만큼의 떡이 늘 준비되었고, 그 마을에서는 아무도 다시는 굶주리지 않았다.

~~~~~~~

젊거나 어린 남녀 주인공이 나오는 동화에서는 이 어린 사람들이 종 종 폭력으로 문제를 해결한다. 그레텔은 마녀를 죽였고, 성 게오르기우스는 용을 물리쳤으며, 잭도 거인을 죽였다.

그런데 나이든 사람이 주인공인 이야기에서는 상대를 죽이는 일이 흔치 않다. 이는 심리적인 현실을 반영하는 것이다. 젊은 사람에게는 에고 또는 의식적인 자아를 강화하고 이를 무의식적인 자아로부터 강력히 분리하는 것이 필수적이다. 동화에서 '죽임'을 묘사하는 것은 무의식이 의식 속으로 떠오르는 각성을 거부하고 에고를 강화하는 젊은 사람의 심리를 상징한다. 그래야 주인공이 강하게, 순항하듯 행동할 수 있다. 밀쳐지거나 억압된 것이 무엇이든 그 존재가 마치 죽어버린 것처럼 일상에서 멀어질수록 젊은 주인공에게는 좋은 것이다.

그러나 나이가 들어갈수록 다른 필요성이 대두된다. 우리의 과업은 이제, 이미 살면서 개발해 온 기술들과 우리를 세상 안에 살게 하는 지혜를 통해 묻어버렸던 자신의 부분들을 갱생시켜 온전함에 도달하는 것이다. 밀쳐낼 것이 아니라 묻혀 있던 충동과 감정들을 일깨워야 하는 것이다.

쉬운 일은 아니다. 우리는 너무 오랫동안 용을 죽이며 살았고, 앞으로도 우리 안의 오니와 싸워가며 계속 그렇게 살아야 한다고 생각한다. 바로 어제도 나는 중년에 접어든 세 여성들로부터 이런 식의 전투적인 결심을 전해 들었다.

"오늘부터 나는 체중 프로그램을 시작할 거예요. 아무리 배가 고파도 혹독하게 식사 조절을 할 거예요."

"시어머니가 나를 미칠 정도로 몰아붙여도, 나는 어떻게든 좋은 태도를 보여줄 거예요."

"이 바보 같은 허리 통증에 굴복하지 않을 거예요. 해야 할 일이 너무 많다고요."

허리 통증, 시어머니에 대한 반응, 음식이 이 세 여성이 저항하는 대상이다. 이들은 "오니를 죽여"라고 말하면서 이 '나쁜 것'들이 도움을 주는 메시지와 함께 나타날 수도 있다는 것을 깨닫지 못한다. 또는 우리가 '나쁜 것'이라고 배워온 것들 중에 사실은 전혀 나쁘지 않은 것들이 포함되어 있다는 걸 알지 못하거나.

떡 이야기는 청자들에게 상황을 진단해 보되 굳이 공격할 필요가 없다는 메시지를 들려준다. 뭔가를 진단해 보려면 그것과 관계를 맺는 것이 먼저다. 우리 자신의 오니가 시어머니에게 화가 나 있든, 허리 통증이나 배고픔에 시달리든 접근하는 방법은 같다. 그 감정과 유대관계를 형성하여 지난날 무엇을 했어야 하는지 알아보는 것이다. 공격한다는 것은 분노로 접근한다는 뜻이고, 비난하고 몰아세운다는 것이며, 즉각적인 보복을 불러들이는 행동이다.

나이든 여자는 오니와 관계를 맺지만 그들에게 동화되지는 않는다. 공격하지도 않으며 굴복하지도 않는다. 대신에 평가하고 진단할 뿐이다. 여자의 관점은 이런 것이다. "저들은 수가 많고, 나는 저들이 얼마나 강한지, 본성이 어떤지를 잘 몰라. 게다가 내겐 먹을 것이 필요해. 일단 시키는 대로 하면서 해달라는 대로 먹을 것을 대주자. 그러다 보면 필요한 일이 뭔지 생각할 시간을 벌 수 있을 거야."

이런 방식은 뱀 이야기에서 젊은 여자에게 달라붙은 뱀을 따라간 중년의 여자와 닮았다.

그러나 떡을 만든 나이든 여자는 자신의 그림자 형상인 오니와 그 이상의 관계를 맺어야 했다. 그녀의 음식, 즉 통찰은 더 깊은 수준으로 억압되어 있었다. 미로 같은 통로를 지나가는 땅 속이 그곳이었다. 앞선 이야기에서 뱀은 환한 햇빛이 비치는 개울의 돌 아래에서 튀어나왔다. 벌레는 바닷가에서 기다리고 있었다. 그런데 오니는 동굴에서 나와 떡을 낚아챘지만 거기 머물지 않았다. 오니는 서둘러 동굴로 되돌아갔고 여자가 뒤따라갔다.

이 나이든 여자는 지금으로 치면 우울에 휩싸여, 기억과 정서를 좇아 무의식의 세계로 갈 필요가 있는 여성일 수 있다. 필요에 의해 통제하며 지냈던 삶의 실타래를 풀기 위해 여정을 시작하는 현대 여성일지도 모른다. 이런 유형의 정보는 물가에 머물러서는 쓸모가 없고, 무의식으로의 여정을 요구한다. 또한 무의식으로 여정을 떠날 입장에 섰다는 것은 위험한 모험의 순간에 이르렀다는 뜻이다.

무의식 속에서 우리는 수많은 낯설고 무서운 것들을 만나게 되며, 자칫하면 길을 잃고 만다. 언젠가 요세미티 공원에서 암벽타기를 하는 사람들을 본 적이 있다. 등반가들은 아주 신중하게 서로의 몸을 묶었는데, 등반 도중 한 여자가 미끄러졌을 때 이 생명줄이 여자를 치명적인 낙하로부터 막아주었다. 마찬가지로 무의식을 찾아가는 여행자들도 생명줄을 연결할 필요가 있다. 심리상담사는 꽤 효과 있는 생명줄 역할을 해줄 수 있다. 일상적인 삶에서 책임 있게 제 역할을 해 나가는 것 역시 무의식만큼이나 중요하기 때문이다.

심리학적으로 보면, 우리는 끊임없이 이 무의식과 유대관계를 형성하려는 시도를 하고 있다. 그러나 무의식에 존재하는 모든 것이 다 연결 가능한 대상은 아니다. 무의식은 그 자체가 역동적이어서 때로는 마치 늪처럼 자기도 모르게 '끌어당김'이 일어나기도 한다. 정신병자들은 무의식으로 끌어당겨진 사람들이다. 끌어당김은 자주 일어나지 않고 대부분의 사람들에게서는 나타나지 않지만, 모든 것에 공포로 반응하머 어떤 식의 성장도 회피해 버리는 사람들에게 매우 강하게 일어나는 경향이 있다. 매일의 삶을 현실에서 영위하며 다른 사람들과 유대관계를 이어가는 것은 확실한 생명줄이 될 수 있다.

이야기에서 나이든 여자는 자신이 평소 하던 것을 계속하면서 현실과의 끈을 놓지 않는다. 바로 음식 만들기이다. 카를 구스타프 융은 무의식과의 고강도 작업을 계속하면서 가족을 부양하기 위해 심리상담사로도 일했다. 나중에 그는 외부 현실과의 연결을 지속한 것이 무의식 속에서 길을 잃지 않게 한 힘이 되었다고 썼다.

자, 만약 우리 중 몇몇이 떡을 뒤쫓아서 무의식에 가보겠다고 마음먹었다고 하자. 실제로는 어떻게 해야 무의식에 접근할 수 있는 것일까? 아마 많은 여성들이 이 질문의 답을 궁금해할 것이다. 실은 모든 여성들에게 듣는 공통의 레시피는 없다.

그러나 열쇠는 있다. 그것은 의식적인 에고를 내려놓고, 내부의 흐름을 터주는 무언가에 관여하는 것이다. 어떤 이들은 꿈에 나타난 형상에 사려 깊게 반응하는 것으로 길을 찾기도 하고, 또 다른 이들은 자신의 상상과 판타지, 공상을 이용하기도 한다. 후자의 사람들은 명상을 하거나 의식의 흐름을 글로 표현하기도 한다. 또는 그림을 그리거나 춤을 추거나 노래를 부르기도 하는데, 이 모두가 무의식에서 떠오르는 것들을 관찰하고 그것들과 관계를 맺는 행위이다.

억압된 무의식이 표면화하는 데는 시간이 걸린다. 일단 오니와 얼굴을 마주 대하고 나면, '이제 필요한 걸 가졌어'라고 스스로에게 말하면서 뒤돌아 달아나고픈 유혹에 사로잡힌다. "그래, 이만하면 됐어"라고 말하고 싶어진다. "동굴까지 가는 내내 감정과 함께 있었고, 시어머니가 내게 상기시켜 주는 것들을 볼 수 있어. 그러니까……."

그러나 여기서 멈추는 것은 실제로는 아무 것도 일어나지 않은 데서 끝내버리는 것이다. 나이든 여자가 단순히 동굴로 들어가기만 했다면, 가서 오니가 많이 있다는 걸 확인하고 그곳을 떠났다면 그녀가 알아낸 것은 언덕 아래에 오니들이 살고 있다는 사실뿐이었을 것이다. 변한 것은 아무 것도 없고 어떤 일도 일어나지 않은 것이다. 이야기꾼은 대단히 현명해서, 이 나이든 여자가 일정 정도의 지혜, 변화, 일이 벌어질 만큼의 마법을 얻을 때까지 충분히 동굴에 머물게 했다. 우리의 여정에서도 마찬가지다. 자아의 알려지지 않은 부분에 대해 어떤 것을 이해해야 할지 제대로 알려면 충분한 시간을 그 안에 머물러야 한다.

베스가, 너무 일찍 그곳에서 나와버린 좋은 사례이다. 그녀는 우울증 때문에 치료를 받으러 왔는데, 그녀의 화는 남편 때문이라는 것을 알게 되었다. 사실은 화라기보다는 격노라고 해야 할 것이다. 그녀의 눈에 남편은 절대로 아무 도움이 되지 않는 사람이었다. 그는 골프를 치러 다녔고, 직장에서는 늘 늦게 돌아왔으며, 스카우트 활동에 자원했고, 교회 합창단에서 노래했으며, 주택소유자협회 활동도 적극적으로 했다. "그 사람은 항상 너무 바빠서 내 부탁을 들어줄 시간이 없어요"라고 베스는 불평했다. "아이들과 야구할 시간도 있고, 스카우트에 캠핑할 시간도 있으면서, 내가 수도꼭지를 고쳐달라고 하면 '이따가 볼게'라고 말하고 말죠. 그러면 나는 기다리고, 기다리고, 또 기다려야 하는 거예요."

베스는 자신의 요구를 주장하면서 남편과 맞서기 시작했다. 그러나 아무 것도 개선되지 않았고, 그녀는 치료 상담을 그만두겠다고 했다. "일단 우울증이 가셨으니까 치료 상담이 도움이 되기는 했어요. 그러나 문제가 남편의 태도에 있기 때문에 그걸 참고 살든지 그를 떠나든지 하는 게 방법이겠어요."

베스는 땅 속에 사는 오니를 찾아냈지만 그게 다였다. 실제로는 아무런 변화도 생기지 않았다. 그녀는 분노 곁에서 더 오래 머물러야 했다.

일 년 후, 베스는 여전히 엉망이 된 결혼생활을 지속하면서 다시 상담실을 찾아왔다. 이번에는 그녀도 동굴에 충분히 있으면서 필수적인 내적 연결을 형성하고, 자신에 대해 더 많은 것들을 이해하면서 변화를 이끌어낼 수 있었다.

우리의 나이든 여자는 거기 머물면서 동시에 일상의 삶을 계속해 나간다. 그리고 일단 불이 있는 부엌에 들어가면 마법과 만난다. 마법의 주걱은 휘젓기만 하면 무언가를 창조해 낸다. 이 선물은, 그림자와 관계를 잘 맺는 사람들 모두에게 주어지는 것으로, 이전에는 상상도 하지 못하던 것이다. 완전히 예상 밖의 선물이 주어지는 것이다.

마법의 도구는 매일 쓰는 조리도구로서, 여자의 삶과 관련된 가장 멋진 여러 이미지 중 하나이기도 하다. 이것이 마법을 발휘하려면 부엌의 불이 필요하다. 불은 마법의 힘을 밖으로 끄집어내는 매개이다.

중요한 것은, 여자는 부엌에만 있어야 한다는 말이 아니라 일상적이고 친숙한 것에서 필요한 도구를 찾을 수 있으며 겸허한 공간에서 변화가 이루어진다는 점이다. 부엌 화덕 불은 역사 이래 가장 일상적인 도구로서 언제 어디서나 변화의 동인으로 기능해 왔다. 불이 있으면 날달걀이 오믈렛이 되고, 밀가루와 달걀, 설탕, 우유로 케이크를 만들 수 있다. 재주껏 재료를 택해 잘 섞어서 열을 가하면 걸작을 만들어낼 수 있는 것이 바로 불이다.

이런 부엌 화덕 불은 우리 영혼의 무엇일까? 바로 정서다! 작은 정서적 열기가 늘 무언가를 크게 부풀리는 원인이 된다. 지나치게 많거나 지나치게 적은 정서는 효과가 없다. 적정량이 변화의 과정을 창조해 내며, 변화를 통과한 물질이 자양분으로 변한다.

나이든 여자에게 주걱이 주어졌다. 그 주걱으로 여자는 더 멀리까지

갈 수 있었다. 그 주걱으로 여자는 꼭 필요한 만큼 열기를 견뎌낼 수 있었다. 또한 그 주걱으로 사물을 계속해 휘저었기 때문에 아무 것도 덩어리지지 않아 막힘이 없었다. 마지막으로, 그 주걱으로 여자는 무의식의 지하 동굴에서 벗어나 일상으로 되돌아올 수 있었다.

우리 역시도 마법의 주걱을 가질 수 있다. 우리에게 필요한 마법의 주걱은 우리 삶 속에 있다. 이야기꾼이 평범한 일상용품인 나무 주걱을 마법의 도구로 택한 데는 충분한 이유가 있다. 이야기꾼은 주걱처럼 일상적인 것들이야말로 모든 시대 청자들의 경험과 공유할 수 있고, 세상이 받아들이는 마법의 수준과 공명할 수 있을 것임을 알았기 때문이다.

"나무를 만지면 꼭 좋은 일이 생긴다"는 옛말은 나무에 보호의 힘이 있다는 믿음이 반영된 것이다. 나이든 여자 역시 나무 주걱을 만졌기 때문에 스스로를 보호하고, 먹을 것을 마련할 수 있었으며, 지하에서 멀리 달아날 수 있었던 것이 분명하다.

마법의 나무 주걱은 우리 모두가 곁에 두고 싶어 하며, 이미 지니고 있을지도 모르는 무엇을 상징한다.

우리 모두가 지닌 마법의 주걱이 무엇일지 생각해 보자. 그것은 현실 세계에서의 축적된 경험, 지혜, 상식, 사고 또는 합리적 자아의 온갖 측면일 수 있다. 주걱은 우리를 힘든 일과 자립으로 초대하는 '사고하는 의식적 자아'를 대표한다. 그래서 "여기 앉아 있으면 안 돼. 뭐라도 해!"라고 우리를 재촉하는 것이 바로 주걱, 즉 '생각하는 자아'이다.

그러나 주걱은 열과 쌀로 대표되는 정서적 무의식의 재료들 없이는 무용지물이다. 또한 정서들은 솥이 없이는 쓸모가 없다. 솥은 정서들을 한도를 넘지 않도록 담아 보관해 주는 능력을 의미한다.

우리 사회는 문제를 풀어나가는 일에서 논리적인 해결책에 골몰하지만, 이 이야기는 솥 없이 주걱을 휘젓는 것과 오로지 논리적으로만

172

문제를 해결하려는 것이 똑같이 부질없다고 넌지시 일러준다. 우리도 지적인 모색이라는 것이 얼마나 효과가 없는지 수없이 경험해서 잘 알고 있다. 반대로 주걱 없이 가열된 솥만 갖는 것도 똑같이 쓸모가 없다. 주걱으로 요리를 하지 않으면 음식이 만들어지지 않는다. 물, 쌀, 화덕 불(우리의 정서들), 주걱(우리의 상식), 그리고 솥(우리를 담는 용기)이 모두 있어야 마법이 시작된다. 그리고 이 마법이 우리를 무의식으로부터 일상적인 삶으로 되돌려 보내줄 수 있다.

로즈라는 이름의 여성이 상담실을 찾아왔다. 그녀는 오랫동안 우울증에 시달린 상태였다. 내과의사가 항우울제를 처방해 주었는데, 불운하게도 부작용만 일으킬 뿐 우울을 완화시켜 주지는 못했다. 그녀는 두 번째, 세 번째로 다른 약물을 시도했지만 결과는 비슷했다. 해로운 부작용과 수 분 동안에 그치는 고통의 경감이 그녀가 느낀 전부였다.

로즈는 다양한 치료법을 시도했다. 최면술, 생체 자기 제어, 교회의 상담사를 만나 긍정적인 사고법 배우기 등등. 그녀는 이런 접근법들로 일시적인 위안을 찾았지만 우울증은 늘 되돌아왔다. 그녀가 나를 찾아왔을 때는 너무 의기소침해서 회의적이기까지 했다. 어느 것도 효과가 있을 거라고 믿지 않는 표정이었다. 그녀의 첫 질문은 "내 우울을 치료할 수 있으세요?"였다.

"아니요." 내가 대답했다. "심지어 치료에 도움이 될 수 있을지조차 확신할 수 없습니다. 가능성이 있을 뿐이지요."

그런데 이후 그녀와 상담을 진행하면서 어느 순간부터 내 눈에는 큰 용기를 지닌 여성이 보이기 시작했다. 그녀가 지닌 어마어마한 힘이 여러 해 동안 소모적인 세월을 보내면서 무거운 우울을 낳았던 것이다. 내 생각에 그녀는 그 에너지에 다시 초점을 맞추는 법을 배울 필요가 있었다. 만약 그녀가 자신의 강함과 용기를 이용해 우울을 키우는 감정들을 추적하여 잡는다면, 그런 뒤 그것들을 한데 휘저을 수 있다면 우울 그 자체와 유대관계를 맺을 수 있을 것이었다.

이렇게 우울을 추적하여 유대관계를 형성하는 것이 우리 작업의 중요한 첫 걸음이었는데, 그녀는 예상대로 그 과업을 완수했다. 그러고 나자 다음 스텝은 분명히 보였다.

그것은 두 가지였다. 일어난 일을 분명히 그리고 세세히 이해할 것, 그리고 자신의 경험에 수반되는 정서들을 느낄 것. 슬픔, 트라우마 또는 부당함의 내용은 사람마다 다를 수 있지만 이어지는 두 스텝은 누구에게나 공히 적용될 수 있다. 이야기에서 주걱(지적 이해)과 화덕 불(정서)이 상징하는 것이 바로 이 다음 스텝들이다. 이 두 가지에서 '의미'가 나오고, 의미는 '변화'를 이끌어낸다.

로즈는 나와 함께 '시도' 치료를 하기로 결심했다. 이 작업은 3년 동안 이어졌다. 그 기간 동안 많은 시도들이 감정과 통찰을 찾기 위한 노력 속에서 지하 통로를 헤매다니는 시간으로 채워졌다. 더러 그녀가 동굴 속으로 너무 깊이 들어가 있는 것 같을 때는 우리 둘 다 그녀가 세상으로 돌아올 수 있는 끈인 개울이나 터널을 찾을 수 있을지 고민하며 많은 시간을 보냈고, 때로는 몇 주일씩 우울의 감정에 침잠하여 아무런 새 통찰이나 감정을 찾아내지 못하는 그녀를 지켜봐야 하기도 했다. 또 때로는 절망 근처에 가 있는 그녀에게 한 가지 기억이, 그 기억을 둘러싼 온갖 감정들과 함께 떠오르곤 했으며, 그러면 새로운 통찰이 그녀를 올바른 통로로 되돌려주었다. 이 모두가 그녀를 더 강하고 현명하게 만들어준 감동적인 순간들이었다.

로즈의 초기 트라우마들은 심각했으며, 여정 — 그것들로 인한 우울을 변형시키기 위한 — 은 길었다. 조그만 승리들이 그녀가 긴 여정을 계속할 힘을 주었지만, 그러는 동안에도 그녀에게는 경계선들, 즉 그녀가 불에 타버리지 않게 지켜줄 생명줄(솥)이 절실했다. 그녀는 나를 정기적으로 만나는 심리치료사로 삼아 규칙적인 일정을 유지해 나갔으며, 일상적인 삶을 지속해 나갈 수 있게 해주는 생명줄로도 활용했다.

이야기에서 나이든 여자는, 우리 모두와 마찬가지로 내면세계와 일상의 세계를 연결할 방법을 찾아야 했다. 여자는 개울물을 이용했다. 개울은 내면의 세계로부터 바깥을 향해 흘렀다. 우리의 정서, 꿈, 판타지도 그렇다.

개울이 제 역할을 하게 하려면 내적 삶을 제대로 평가할 줄 알아야 하고, 그곳과의 연결이 늘어나는 것에도 공정한 가치를 매겨주어야 한다. 내부와 외부를 연결하는 개울은 무의식과 의식적 자아 사이에 유대관계를 형성할 수 있는 우리 자신의 능력이다. 이 연결에 문제가 생기면 우리의 내면은 의식적인 삶을 지속할 수 있게 뒷받침해 주지 않을 것이다.

오니는 달아나는 여자를 발견하고 분노에 차서 소리를 질렀다. 그들은, 저 괴물 벌레처럼 여자가 자신들의 시중을 들기를 바랐다. 그들에게는 강한 힘이 있었다. 나이든 여자가 활용하던 정서적 에너지인 물을 몽땅 마셔버릴 정도였다.

우울로 고통받는 사람이라면 누구든 이 이미지를 자신에게 대입해 볼 수 있다. 우울이 닥쳐오면, 모든 정서적 에너지가 깊은 곳으로 빠져나가 버린 느낌이 된다. 우울할 때는 아무리 뭔가 해야 한다는 걸 알아도 그럴 수 있는 에너지가 전혀 없다. 스스로 무감정의 진흙에 파묻히게 되는 것이다.

분명히 무의식의 그림자 형상은 매우 강력해서 에너지를 다 빨아들여 버린다. 대단히 존중받아 마땅할 정도의 위력이다. 그렇다고 해서 오니와 맞닥뜨렸을 때 무기력해지면 안 된다. 물러나 속도를 늦추어야 할 때가 있지만, 해볼 수 있는 무언가는 늘 있는 법이다.

이 이야기에는 두 가지의 결말이 있다. 나이든 여자가 오니에게 물고기를 던졌다는 것이 첫 번째 결말이고, 해괴한 표정과 몸짓으로 오니로 하여금 폭소를 터뜨리게 했다는 것이 두 번째 결말이다. 두 가지 모두, 맞닥뜨린 순간의 공포를 영적인 차원으로 옮겨가는 것, 즉 전이에 대한 상징으로 볼 수 있다. 즉 여자는 오니를 포함해 상황 자체를 더 넓은 의미로 본 것이다.

물고기는 신성함의 상징이다. 기독교 신앙에서는 예수가 이크티스(icthys, 물고기를 뜻하는 그리스어 - 옮긴이) 또는 물고기로 불렸으며, 제자들을 사람을 낚는 어부로 만들겠다고 약속하기도 한다. 그런가 하면 물고기의 뼈를 바다에 도로 던지면 그 물고기가 되살아난다는 오래된 믿음도 있다. 즉 여자가 던진 물고기는 원시적인 오니 질료(material, 심리학에서 질료는 정신현상을 구성하는 재료들을 가리킴 - 옮긴이)를 더 큰(또는 더 영적인) 의미로 이해함으로써 다른 형질, 즉 물이라고 하는 장소적 의미로 변화시킬 필요를 상징한다.

또 다른 결말에서, 해괴한 얼굴과 몸짓을 연출해 내는 것 또한 유머라고 하는 재능을 변화의 매개로 삼은 것이다. 그리스 신화에서 수확의 여신 데메테르가 딸 페르세포네를 잃어버리고 깊은 슬픔에 잠겼을 때, 우울에 깊이 침잠한 그녀에게는 어떤 낙도 없어 보였다. 그런데 나이든 여신인 바우보가 해괴한 몸짓(엉덩이를 드러내는 우스꽝스러운 몸짓을 하여 웃게 만들었다고 한다 - 옮긴이)을 해보이자 데메테르는 비로소 다시 웃음을 되찾았다.

우리들 대부분은 중압감, 두려움, 분노, 절망 등이 너무 커 보여서 그 고통으로부터는 어떤 위로도 발견하거나 상상할 수 없을 것 같은 동굴을 경험해 보았다. 오니가 개울을 말려버리는 그런 순간에 도움이 되는 것은 오직 하나다. 더 큰 그림을 볼 수 있는 방법을 찾아서 개울에 물을 되돌리는 것이다. 이렇게 하는 것을 '사물을 넓게 보기' 또는 '의미 이해하기'라고 한다. 바로 옮겨가기 또는 형질 전환이다.

나이든 여자가 오니와 맺은 관계는 아주 적절했다. 여자는 오니에게 먹을 것을 만들어주었지만 다른 이야기에서 여자가 벌레와 맺은 관계처럼 '절친한 친구' 사이가 되지는 않았다. 그녀는 오니의 본성에 대해 알아가면서 그들에게서 선물들을 받아 챙겼다. 그런 다음에는 그들을 더 이상 부양하지 않고 떠났다. 그럼으로써 이 나이든 여자는 여전히 이전과 같은 자신으로 존재할 수 있었다. 그녀는 자신의 모든 사고와 감정의 기술을 이용해 무의식에 접근했던 것이다.

젊은 시절에 무슨 일 때문인지 운 기억이 있다. 할머니께서 같이 계셨는데, 내 눈에는 그 어느 때보다 믿음직하셨다. 내 이야기를 듣고 위로해 주신 후에 할머니는 나를 바라보며 말씀하셨다. "네가 그렇게 느끼는 건 옳은 거야. 끔찍한 상황이지. 하지만 청소만 힘든 노동인 건 아니란다. 자기 삶을 살아가는 것도 역시 고된 노동이지. 시간이 지나면 너는 오늘을 기억하지 못할 수도 있어. 그저 이런 상황을 다루는 법을 배우기만 하면 된단다. 그러면 넌 언제나 더 강해질 거란다."

이것은 그날 할머니께서 내게 주신 강력한 이미지였다. 감정은 중요한 것이지만 그래도 주걱을 집어들고 환한 빛 속으로 걸어나가야 한다고 할머니는 말씀하신 것이다. 확실히 할머니가 옳았다. 지금 나는 그때 무엇 때문에 울었는지 기억조차 나지 않는다.

각자의 오니를 쫓아 자신의 억압되고 어두운 부분들이 거주하는 곳으로 내려가는 일을 내켜하지 않거나 억지로 해서는 안 된다. 형질 전환의 마법을 일으키려면 감정과 사려분별이 모두 동원되어야 한다.

이야기에서 나이든 여자가 다시는 굶주리지 않았다고 한 부분은, 그

녀가 내면의 충족감을 느꼈다는 의미다. 또한 여자는 이웃들에게 나눠
줄 수 있는 음식까지도 충분히 마련할 수 있었는데, 이것은 그녀가 무
리에서 영적 또는 내적으로 현명한 연장자가 되었다는 의미로 해석할
수 있다. 여자가 스스로 충만하여 더 이상은 외적인 일에 대해 우려할
필요가 없어졌다는 것이다. 무의식으로의 여정이 여자에게 형질 전환
의 기회를 가져다준 덕분이다.

우리 모두, 나이가 들어가면서 몸이 변화하기 시작하면 형질 전환의
마법이 숨쉬고 있는 내면세계로의 탐험에 초대되었다는 사실을 알아
차려야 한다.

첫 번째 이야기의 여자는 우연히 자신의 그림자와 만났지만 꿈을 꾸
는 동안 이 그림자의 실체에 진정으로 주의를 기울이고 나서야 통찰을
얻을 수 있었다.

두 번째 여자는 그림자에서 발견한 대상을 부양하여 무시무시하고
파괴적인 존재로 만들었다.

세 번째 여자 역시 우연히 그림자를 만났지만, 그 즉시 그것에 관심
을 보여 상호작용할 수 있었다. 그녀는 자신의 지혜와 상식을 이용해
적절한 유대관계를 맺는 단계로 나아갔다.

우리 각자는 부모님, 은사들, 태어나 그 속에서 자라온 문화의 협조
아래 자신만의 그림자를 채워왔다. 그림자에는 나쁘거나 그른 것, 위험
한 것, 심지어는 해롭다고 믿은 우리 자신의 조각들이 가득 차 있다. 사
회적 관점에서는, 또 집단의 기준에 맞춰 생각하면 이 조각들은 쓸모없
거나 그릇된 것일 수도 있다. 그러나 개인적인 완성을 위해서는 사회
가 — 원활히 굴러가기 위해 — 허용하지 않는 내면의 기질들을 마주보
는 순간이 꼭 필요하다.

이야기꾼의 충고는 오니와 하나가 되라는 것이 아니다. 많은 여자들

이 오니와 하나가 되는 함정에 빠진다. 오니화(化)는 별난 사람이 되는 것으로 그치지 않는다. 보통의 별나다는 말에는 모종의 즐거움이 깃들어 있지만, 오니화된 사람들은 그냥 불쾌하고 고약하게 변한 것일 뿐이다. 그들은, 다르게 표현하면 벌레를 부양한 여자들이며, 인간미를 살해당한 사람들이다.

우리들 대부분에게는, 특히 사십대 이후의 여자들에게는 삶의 위험이 규칙의 습득이 아니라 규칙에 대한 맹신에 있다. 우리는 규칙을 따르는 사람이 친절하고 현명하고 밝고 좋은 사람이라고 믿지만, 그림자 속에서는 전혀 다른 인물이거나 정반대의 인물일 수 있다.

어두운 그림자가 자신의 일부임을 계속해서 부인하면, 뻣뻣하고 융통성 없으며 다른 사람의 잘못을 용서할 줄 모르는 노파로 변해 가는 길 외에는 없다. 그렇지 않으면 그런 여정이 오니를 깨울지 모른다는 두려움 때문에 본질에 대해서는 그 무엇도 고려해 볼 여유가 없는 얕고 표피적인 늙은 여자가 되거나. 즉 삶의 여정에서 오니와 벌레를 만날 수 있지만, 그 지점이야말로 우리의 형질 전환을 가능케 하는 마법의 주걱을 품은 곳일지도 모른다는 것이다.

주변에서 불행하고 완고하며 불평만 늘어놓는 여자들을 보게 되면, 자신의 그림자 형상과 유대관계를 맺기 위한 탐험을 해내지 못한 사람들이라고 여길 필요가 있다. 그 결과로 부정적 성향이 그들을 압도해 버린 것이다. 엘리자베스가 그랬던 것처럼, 어쩌면 그들에게는 그림자가, '선함'을 북돋기 위해 무조건 공격하고 맞서 싸워야 할 대상이었을지도 모른다. 그러나 그런 믿음을 고수하는 것은, 아름다운 정원을 가꾸기 위해서는 반드시 진흙과 거름이 필요하다는 패러독스를 간과하는 것이다.

4

올빼미와 소녀
내 안의 마녀

폭풍우가 며칠 내내 사납게 날뛰었다. 더 내릴 비가 남아 있는지 의심스러울 정도였지만, 여전히 비가 퍼부어 댔다. 나이든 여자는 그 동안 들었던 대홍수 이야기가 '이렇게 시작했던 건가?' 하는 생각을 했다.

비가 내리는 동안 나이든 여자는 대부분의 시간을 세리나를 염려하며 보냈다. 그녀가 할 수 있는 일이 얼마 되지는 않았지만, 그나마 세리나 곁에 다가갈 수 있는 사람은 나이든 여자뿐이었다. 세리나가 나이든 여자의 접근을 허용한 것은 어쩌면 그녀만이 세리나를 사로잡고 있는 것을 두려워하지 않았기 때문이었을 것이다.

몇몇 다른 사람들이 용기를 내어 세리나에게 접근하려고 해보았지만, 나이든 여자가 아닌 사람이 다가가 먹을 것을 주고 위로하거나 사과하려 하면 세리나는 침을 뱉고 할퀴며 끔찍한 저주의 말을 뱉어냈다. 그 결과 지난 이틀 동안 세리나는 혼자 내버려져 있었다. 나이든 여자를 제외하고서.

세리나는 몸을 흔들며 신음 같은 소리를 냈다. 세리나의 머리카락은 헝클어져 있었고, 얼굴에는 오물과 스스로 잡아뜯어 생긴 피딱지가 엉겨붙어 있었다. 그녀의 신음이 너무 깊어서 땅 속 깊은 곳에서 울려나오는 것 같았다. 신음은 그녀의 숨소리에 장단 맞추듯 퍼져나가다가 비명과 저주를 내지를 때만 멈추곤 했다. 그녀가 그러고 있은 지 사흘째였다.

세리나는 한 번도 사랑받는 연장자였던 적이 없었다. 사람들은 뒤에서 그녀 이야기를 했다. 젊은이들은 욕설을 섞어 그녀를 조롱했다. 그녀는 참으로 비사회적이어서, 배우자가 있은 적도 없었으며, 공동 정원을 가꾸는 자신의 책무를 위해 꼭 필요한 정도 이상으로는 공동체 생활에 참여해 본 적도 없었다. 최근까지도 세리나와 사람들 사이에는 오로지 서로 참는 것 외에는 어떤 소통도 없었지만 그것으로도 충분했다.

그러다가 상황이 변했다. 처음에는 누구도 세리나를 탓할 생각을 하지 않았다. 첫 번째 사건은 마바의 남편이 죽는 사고였다.

다음에는 베니의 어린 아들이 병에 걸렸다.

그후로 아기들이 죽어서 태어나는 일이 이어졌다. 마을에서 태어난 아이들 넷이 세상에서 첫 숨을 쉬어보지 못했다.

세 번째 아기가 사산될 때부터 말이 돌기 시작했다. 처음에는 여기저기서 귀엣말을 하는 정도였으나 소문은 점점 커졌고, 그런 일이 늘 그렇듯 세리나라는 이름과 '마녀', '주문', '마법' 같은 말들이 함께 아침 연못의 안개처럼 피어올라 북쪽 바람을 타고 소용돌이를 일으켰다.

이틀간의 산고 끝에 마지막 아기가 사산되었다. 탯줄이 꼬여 검게 변한 목에 단단히 감긴 채였다. 잠시 후, 아기 아버지와 그의 친구들은 저마다 칼을 손에 들고 집을 나섰다.

나이든 여자는 사산한 산모들 곁에서 모든 방법을 동원해 황혼으로 향해 가는 생명을 되살리느라 무슨 일이 일어났는지 보지 못했다. 다만 세리나의 가축들이 두 동강 난 채로 죽임을 당했다는 이야기만 전해 들었다.

남자들은 세리나를 가축들의 사체들 사이로 끌고가 사악한 짓을 그만두겠다는 맹세를 받아내고서야 행동을 멈추었다. 그녀는 밤새도록 숲 가장자리의, 코요테가 찾아내기 쉬운, 온기가 가시지 않은 고깃더미들 한가운데 정신이 나간 채로 버려져 있었다.

간간이 비가 내린 밤이었다. 이튿날 아침 세리나는 잘린 가축들 사이에 누워 신음 중인 채로 발견되었다. 나이든 여자가 불려와 한시도 떠나지 않고 세리나 곁을 지켰다.

나이든 여자는 깊은 시름에 잠겼다. 공동체는 난관에 직면해 있었고 그녀의 이야기를 필요로 했지만 무슨 이야기를 해줄 수 있을까? 그녀가 줄 수 있는 치유는 어떤 것일까?

문제는 세리나의 깊은 슬픔이 아니었다. 세리나의 비탄은 영혼을 치유하는 힘(카타르시스)으로 작용할 것이었다. 그녀를 위해 할 수 있는 최선은 몸을 돌봐주는 것이었다.

나이든 여자의 걱정거리는 오히려 다른 마을 사람들이었다. 거대한 사악함이 들어와 그들 한가운데에 머물고 있었다. 어쩌면 이 사악함은 늘 표면 아래에서 커다란 슬픔이나 공포가 몰려오기를 기다리다가 소환되어 제 모습과 존재를 가시적으로 드러낸 것일지도 모른다고, 나이든 여자는 생각했다.

처음에 그녀는 질병과 죽음에 대한 이야기를 하려고 생각했다가 그 생각은 내려놓았다. 죽음에 대한 이야기가 필요한 시점이 아니었다. 누구나 죽음이 애도되어야 한다는 건 알고 있었기 때문이다. 선한 사람들이 저지른 사악함이, 이야기해야 할 주제일 것이었다. 이것은 사람들 한가운데서 암묵적으로 어슬렁거리던 독이었다.

나이든 여자는 선한 사람들도 악을 행한다는 것을 알고 있었다. 그래서 오늘밤의 이야기는 이것을 쉽게 이해할 수 있는 내용으로 해야겠다고 생각했다. 그리고 사람들이 알아야 할 것이 더 있었다. 세리나는 마녀가 아니었고, 대륙 전체에서 마녀라는 이름으로 죽임을 당한 수백만의 사람들 모두 마녀가 아니라는 것이었다. 모든 산 사람들의 내부에 마녀가 들어 있다는 것을 사람들은 알아야 했다. 즉 저마다 자신 안에 있는 마녀를 들여다봐야 할 필요가 있었다.

이것이 우리의 나이든 여자가 처한 입장이었다. 오늘날에는 어떤가? 20세기 이후로 마녀는 그저 옛날이야기로만 치부된다. 마녀라는 단어는 단지 못마땅한 노파를 의미할 때만 쓰인다. 이러한 변화는 이 어두운 힘을 보편적인 것으로 받아들여 존중하게 되었기 때문도 아니고, 이를 기정사실화하는 것이 잘못임을 깨달았기 때문도 아니다. 그보다는 합리적인 과학 덕분에 마녀는 단지 마법일 뿐이며 마법은 존재하지 않는다는 사고가 확고해진 것이 실질적인 변화의 이유이다.

주류 문화가 새로운 패러다임을 형성할 때는 존재하는 현실을 바꾸는 것이 아니라 말로 전해지는 것과 학습해 온 것들을 바꾼다. 그러나 원형 자체는 거부를 당하면 사라지는 것이 아니라 지하로 숨는다. 따라서 '착한' 사람들 속에도 이 어두운 힘의 원형은 억눌린 채 남아 있으면서 늘 기회를 엿보고 있다. 다만 명칭만 '적' 또는 '암캐' 등으로 바뀌었을 뿐이다. 일부 종교적인 사람들은 이를 '악마' 또는 '사탄'이라 부르며 그것의 출현에 맞서는 일을 계속하는데, 이것이 바로 융이 말하는 다크 페미닌(dark feminine)이다.

오랜 세월 동안 우리 각자는 이 어두운 에너지를 무의식 속에 깊이 묻어놓았다. 어쩌다 그것이 고약한 말이나 만행의 형태로 튀어나오면 다시 눌러 집어넣곤 했다. 그런 식으로 이 에너지는 우리 자신의 내부에 존재하며, 깊이 눌려 있다가 한번씩 몸을 공격한다. "나를 밖으로 못 나오게 하려면 더 강해져야 할 거야"라고 마녀가 속삭인다. 덕분에 많은 이들의 어깨나 등이 돌처럼 딱딱해졌다. 몸 자체가 요새가 되어가고 있는 것이다. 젊은 몸은 마녀의 에너지가 주는 타격을 쉽사리 받아내지만, 나이가 들면 우리 몸은 점점 더 공격에 취약해진다. 취약해진 몸은 불평을 쏟아낸다. 취약해진 몸은 지난날 쉽게 해냈던 일들을 거부해 버리기가 십상이다. 고약한 기질이 취약해진 몸을 이리저리 돌아다니다 틈틈이 겉으로 드러난다.

마녀 에너지는 부당한 비판, 역정, 물어뜯는 듯한 논평, 안달내거나 빈정대는 것 등으로도 나타난다. 이 다크 페미닌의 다양한 행동 중 몇몇은 남의 시선에 훨씬 더 신경을 많이 쓰는 젊은 시절에는 하지 못했을 것들이다.

화, 특히 나이듦의 상실과 패배로 인한 화는 감춰진 다크 페미닌을 소환한다. 그녀, 즉 다크 페미닌은 상당히 파괴적이다. 나이듦의 과업 중 하나는 이 '내면의 마녀'에 대해 배우는 것이다. 그녀가 의식 생활에 올라타 손상을 입히고 다시 되돌아가는 과정을 이해하는 것이다.

그녀는 부기맨(bogeyman, 못된 아이를 데려간다는 귀신 - 옮긴이)처럼 가버리라고 하는 말이 먹히지 않으며, 위험을 무릅쓰지 않고는 무시할 수도 없다. 자신의 내면에 있는 다크 페미닌을 회피하려 했던 사람에게 일어나는 일은 에너지의 고갈이다. 마녀가 그렇게 되도록 괴롭힌다. 에너지의 고갈로 풍선에서 바람이 빠져나가듯 수축되어 버린 이들은, 말을 하되 자신들에게나 다른 누구에게 관련된 의미 있는 이야기는 하지 않는다. 그저 자신의 모습을 한, 걸어다니는 허깨비로 변해버린다.

마녀의 에너지를 효과적으로 막아내지 못하는 또 다른 사람들에게 서는 마녀가 노골적으로 튀어나오기도 한다. 이 마녀는 말로 몰아붙이고 물어뜯는다. 이들은 불쾌하고 독기로 가득하여 두려움과 증오의 대상이 된다. 결국 이 나이든 여자들은, 악의에 찬 마녀 에너지의 지배를 받는다. 가족 구성원들을 포함한 다른 사람들은 그들을 피하게 되고, 그들은 외롭게 살아갈 수밖에 없다.

살아오면서 악의적인 마녀의 돌출을 경험해 본 우리들 대부분은 마녀의 지배를 막는 방법을 배우는 것이 얼마나 중요한지 안다. 바로, 이 에너지가 어디에 있는지 찾아내 적절한 유대관계를 형성하는 것이 마녀의 습격을 막을 수 있는 방법이다.

우리가 자신의 이 어두운 측면과 만나기 시작하면 놀라운 일이 기다리고 있다. 위험한 마녀, 즉 다크 페미닌의 긍정적인 부분을 발견하는 것이 그것이다. 그녀는 큰 에너지와 창조성의 원천이기도 하다.

1960년대 중반 동안 나는 평화와 사랑의 분위기에 관한 회의에 참석했다. 사람들 모두 놀라운 사랑의 힘에 열중했다. 모두는 아니더라도 거의 대부분이 그랬다! 내 옆자리에는 관절염으로 심하게 장애를 앓는 어르신이 앉아 있었다. 현역 시절 심리학자였던 그녀는 은퇴한 뒤에도 최신 연구를 접하는 것이 중요하다고 생각해 육체적인 고통을 무릅쓰면서도 회의에 참여하고 있었다.

한 젊은 여자가 사랑을 통해 얼마나 큰 힘을 얻었는지에 대한 설명을 마치자 그녀가 미소를 지었다.

"그게 그렇게 도움이 되었다니 좋네요"라고 그녀가 말했다. "내 나이에는 인생을 영위하는 데 훨씬 더 많은 에너지가 필요하답니다. 그럴 때는 분노가 도움이 되지요. 그래서 요즘 나는 아드레날린이 만들어지는 어두운 곳에 대해 아주 감사한답니다."

이 나이든 여자는 어두운 에너지, 마녀, 다크 페미닌이 사악한 측면 만큼이나 좋은 힘도 지니고 있다는 것을 이해하고 있었다. 자신의 마녀와 안전하게 접촉하는 법을 익힌 것이었다. 자신의 마녀 에너지를 모르는 사람들은 이 에너지를 다른 사람들의 일부로서만 바라본다.

오늘날 우리는 이를 '투사(投射)'라고 부른다. 흡사 영화가 스크린에 이미지를 투사하듯, 우리는 내면의 정신 에너지를 다른 사람들에게로 투사한다. 이 어두운 에너지의 투사는 항상 '훅'(hook, 갈고리를 걸기 내지 낚아채기 등의 의미 – 옮긴이)을 허용하는 기질을 지닌 누군가를 향하게 된다.

다른 사람의 다크 페미닌을 투사하는 방식으로 얻는 통찰도 전체적으로 분명하게 파악하기만 하면 그렇게 나쁘지 않을 수도 있다. 문제는 다른 이들의 엄청난 잘못을 볼 수 있다고 해도 이 과오들이 늘 우리 자신의 선입견과 맹점에 의해 채색된다는 것이다. 지난날 그 현명했던 교회 사제들도 자신들은 무오류의 존재이며 잔 다르크와 다른 많은 이들은 사악한 마녀라고 확신했다.

세리나는 마을 사람들에게 '훅'을 제공했다. 그녀는 다른 사람들로부터 떨어져 외톨이로 지냈으며, 이것이 폐쇄적인 공동체에서는 뭔가 비밀이 있는 것처럼 비춰진 것이다. 그녀는 무뚝뚝하고 다른 이들의 감정을 상하게 했기 때문에 사람들은 그녀에게 사납다는 딱지를 붙여버렸다.

엄청난 슬픔이 마을의 가족들에게 닥쳤을 때, 그들은 삶 속에 존재하는 파괴성을 느꼈다. 그들은 자신들 내부의 어두운 에너지를 처음에는 무기력함으로 경험했으나, 무기력함은 빠르게 분노로 바뀌었다. 그리고 분노를 참지 못하자 투사할 대상을 찾기 시작했다. 세리나에게는 투사에 필수적인 훅이 있었다. 홀로 지내고 싶어 하는 세리나의 행동은 마법을 부리기 위한 은밀한 비밀처럼 보였고, 그녀의 불쾌한 태도는 사람들의 눈에 잔인하고 심술궂은 본성으로 비쳤다.

그날 밤 사람들이 불 앞에 모였을 때, 모자에서 얼굴로 빗물이 떨어져 모두의 얼굴에는 눈물이 흐른 것 같은 자국이 남아 있었다. 방에는 긴장감이 감돌았다. 아픈 꼬마의 아버지는 퀭한 눈으로 무리의 가장자리에 앉아 있었다. 출산과 슬픔으로 쇠약해진 한 여자는 남편에게 기대 있었다. 그 남편은 뼛속 깊은 데서 고통을 짜내듯 크고 두터운 손을 서로 엇갈리게 비틀어가며 앉아 있었다. 어린아이들마저도 오늘밤은 조용했다. 나이든 여자가 고개를 들고 이야기를 시작했다.

헛간의 올빼미

옛날, 지금 우리가 앉은 곳에서 그리 멀지 않은 어느 마을에 농부 일가가 살았다. 어느 날 아침, 잠에서 깬 농부는 아주 이상한 하루를 보내게 되었다. 그날도 농부와 아내, 아이들, 농장 일꾼까지 모두가 아침에 할 일이 많아서 바빴다. 그런데 농장 일꾼이 건초를 가지러 헛간으로 들어갔다가 하얗게 질린 얼굴로 숨을 몰아쉬며 달려나왔다. "도와줘요, 오, 도와줘." 일꾼이 소리쳤다. "헛간에 괴물이 있어요!"

"어이가 없군." 농부가 말했다. "자네는 항상 일은 하지 않고 빠져나갈 궁리만 찾는단 말이지. 내가 직접 헛간에 가서 건초를 가져오겠어. 괴물 따위가 없다는 걸 증명해 보이겠다고." 농부는 호기롭게 헛간으로 들어갔다.

실은 모두가 잠든 지난밤, 커다란 뿔 올빼미 한 마리가 열린 문틈으로 헛간으로 날아들어 갔는데, 바람 때문에 문이 닫혀버려서 헛간에 갇혀 있었던 것이다. 그러다가 일꾼이 들어갔을 때 햇빛이 비쳐들자 서까래 위로 날아올라가, 안전하게 날아갈 수 있도록 어두워질 때를 기다리고 있었다.

헛간으로 들어간 농부는 서까래 위에서 돌처럼 꼼짝도 하지 않고 눈도 깜박거리지 않는 올빼미와 정면으로 눈이 마주쳤다. 농부는 하얗게 질려 밖으로 달아나오면서 소리쳤다. "도움을 청해. 마을로 가서 도와달라고 해. 정말로 끔찍한 괴물이 있어."

곧 마을 남자들이 모두 모였다. 남자들은 차례로 헛간으로 들어갔다가 한결같이 하얗게 질려서 두려움에 몸을 떨며 도망 나왔다. 모두들 이보다 더 무서운 괴물을 본 적이 없다는 사실에 동의했다. 그때 그런 방면으로 가장 용감한 남자가 도착해 괴물을 퇴치하러 헛간에 들어가겠다고 했다.

그는 가슴을 한껏 부풀린 채, 스스로에게 용기를 불어넣기 위한 혼잣말을 중얼거리며 헛간 안으로 들어갔고, 마을 사람들은 그의 안전을 기원하는 기도를 올렸다. 올빼미는 남자를 보고 깃털을 세워 가슴을 부풀리며 "투 후, 투 후" 소리를 냈다. 이 광경과 소리에 남자는 자기가 인간이 아닌 다른 생물과 맞닥뜨렸다는 것을 알게 되었고 몸을 돌려 헛간에서 달아났다.

"어쩔 수가 없소." 그는 말했다. "괴물이 저주를 외기 시작하는 바람에 겨우 달아났어요. 대적해 싸우기에는 너무 끔찍한 괴물이오. 그냥 헛간을 불태워 버리는 게 좋겠어요."

결국 사람들은 힘을 모아 헛간에 불을 질렀고, 헛간은 안에 든 것들과 함께 다 타버렸다. 물론 올빼미도 함께. 얼마 후, 농부와 그 가족을 위해 새로운 헛간을 짓는 등 마을은 일상으로 돌아갔다. 그로부터 여러 해 동안 마을의 남자들은 이따금씩 밤에 둘러앉아 자신들이 힘을 합쳐서 무시무시한 괴물에게서 마을을 구해낸 이야기를 무용담처럼 하곤 했다.

~~~~~~~~~

'올빼미'는 그림 동화 중 마녀 화형에 대한 이야기다. 야행성 조류인 올빼미는 예로부터 마녀의 동반자로 여겨졌을 뿐 아니라 마녀의 상징으로도 이야기에 자주 등장한다. 올빼미는 '마녀 같은 노파'의 상징으로 안성맞춤이다. 올빼미의 눈은 이마 정면에 붙어 있어 금세 눈에 띈다. 올빼미의 눈은 대상을 똑바로 강렬하게 응시한다. 뒤를 볼 때도 목을 뒤로 완전히 돌려 사물을 항상 정면에서 바라본다.

나이든 여자들 중에도 딱 올빼미처럼 사물을 똑바로 바라보는 이들이 있다. 대단히 직접적이고 현실적인 그들은 에두르는 법 없이 자신의 생각을 있는 그대로 말한다. 그들은 더 이상 남자 앞에서 수줍음을 타지도 않으며, 정숙해 보인다거나 좋은 인상을 심어주는 것에 관심이 없다. 그런 행동에 신경 쓰고 싶지 않고 그럴 여유도 없다. 그들은 사물을 '있는 그대로' 보기 때문에 종종 위협적인 존재로 인식되며, 그들의 직설적 행동은 도전으로 느껴지기도 한다.

내면의 다크 페미닌이 바로 이런 특징을 지니고 있다. 그녀는 때로 위협적일 정도의 노골성으로 우리를 똑바로 쳐다본다. 그 응시에는 섬세함이나 온화함이 없다. "너 살쪘어"라고 그녀는 내면의 귀에 대고 내뱉듯이 말한다. 또는 "지금 그걸 입고 은퇴 기념 파티에 간다는 거야? 촌스러워라!"라고 비아냥거리기도 한다. 이 메시지에 진실이 들어 있을까? 아니면 그녀가 그저 독을 퍼뜨리느라 바쁜 것일까?

중요한 것은 그녀의 메시지에 귀 기울여 듣는 법을 배우고 꼼꼼히 따져보는 것이다. 그녀에게 내가 필요로 하는 정보가 있을지도 모르기 때문이다. 경청과 평가를 통해 그녀에게서 나를 위한 선물을 얻어낼 수 있다.

마녀와 올빼미는 직설적일 뿐 아니라 현명하다. 지혜는 경험에서만 오는 것이 아니라 정서와 '육감'이라고 폄하되어 온 직관에서도 온다. 그리고 이런 도구들 — 논리를 거부하는 정서적, 직관적 정보 — 을 활용하는 여성들은 오로지 논리나 합리로만 움직이는 사람들에게 종종 위협이 되기도 한다.

　내 친구의 할머니 한 분은 자녀 여섯과 스무 명의 손주들에 관해 놀라울 정도로 어마어마한 정보를 알고 계신다. 예를 들어 자손들 중 누구라도 임신을 하면 당사자가 말하기도 전에 이미 그 사실을 알고 있다. 그것도 매번. 게다가 그 중 두 번은 임부보다도 먼저 임신 사실을 알았다. 이 두 명 중 한 명은 자기에게서 대가 끊길 거라고 믿고 있었고, 더 이상 아기를 낳을 생각도 없었다. 그래서 아무런 증상도 나타나지 않던 임신 초기에 할머니가 임신했을 거라고 이야기했을 때, 그녀는 할머니가 틀렸다고 믿어 의심치 않았다. 그런데 나중에 임신이 맞고 남자아이라는 것이 밝혀졌을 때 그마저도 할머니는 알고 있었던 것 같아 보였다.

　빈번한 역사를 통해 이 무의식적이며 비합리적인 방식의 앎은 그것을 행사하는 여자들을 마녀라고 낙인찍어 버릴 정도로 사악한 것으로 여겨져 왔다. 내 어린 시절을 포함해 최근까지도 이런 유형의 지력은 '여자들의 육감'이라는 이름으로 비하되고 천박하고 어리석은 것으로 치부되었다.

　이렇듯 우리들 내부의 다크 페미닌은 직관적 특질을 지니고 있다. 섬광처럼 스치는 이런 것들이 비논리적으로 보일 것임을 우리도 알고 있다. 그러나 외부에서 얻는 정보를 이용하기 훨씬 전 시대에도 어머니는 아이가 아프거나 문제가 생기면 그것을 감지해 냈고, 배우자가 아무 말하지 않아도 미리 그의 기분을 알았다. 이 직관적 지식은 다크 페미닌의 어두운 영역에서 나오는 것이다.

　지금까지 누구도 직관적 앎이 어떻게 일어나는지 분명히 규명하지 못했으며, 회의론이 팽배하여 다양한 증거에도 불구하고 존재하지 않는 것으로 단정하곤 했다. 그러나 직관적 지식의 작동 원리가 받아들여지지 않음에도 불구하고 심리학자와 물리학자들은 이것이 크게 실제적인 도움이 되지는 않지만 사람을 안심시키는 힘이 된다는 점은 인정하는 분위기다.

학교에서는 이성적, 분석적 사고를 강조한다. 누구도 직관을 통해 인지하거나 분류하도록 교육하지 않는다. 우리는 이 엄청난 황금의 선물을 땅 속의 잡다한 비금속과 섞인 상태로 지닌 채 어른이 된다. 덕분에 우리의 직관적 잠재력은 논리와 지나치게 엉겨 있는데다, 합리성 아래에 깊이 파묻혀 있어서 깨닫기조차 어렵다. 더 나쁜 것은, 우리 중 다수가 이 황금 자체를 깎아내리거나 불신한다는 점이다. 내부의 다크 페미닌 마녀가 귀에 대고 비아냥거린 저 직관의 메시지, 즉 은퇴 기념 파티에 입을 옷이 촌스럽다고 한 것은 단순히 독이 아니라 정확한 평가였다.

친구가 은퇴를 하게 되었을 때 나는 한창 바쁠 때여서 파티 참석을 약간 의무처럼 생각하고 있었다. 파티 준비에 에너지를 쓰고 싶지 않아 무의식적으로 옷을 고른 것이었다. 왜 그런 옷을 골랐는지를 깨닫게 되자 나는 다시 초점을 제대로 맞출 수 있었다. 그 파티는 내 친구에게 중요한 표석이 될 행사였고, 나는 진심으로 즐기며 그 축제에 참여할 수 있기를 바랐다. 그대로 갔더라면 친구는 내가 몸만 참석하고 마음은 따로 논다는 것을 눈치채지 못할 수도 있었겠지만, 나 스스로는 알고 있을 것이었다. 그래서 나는 파티 전날 저녁에 참석할 예정이었던 행사를 취소하고 다음날 아침까지 푹 잤다. 알맞은 옷은 옷장에 늘 있었고, 좀 더 휴식을 취한 뒤 옷장을 열면 쉽사리 눈에 띌 것이었다.

사실 이번에는 마녀의 신랄한 메시지가 황금이었지만 매번 그런 것은 아니기 때문에 나로서는 주변에 널린 기본 광석이나 황철광(fool's gold, 색깔 때문에 종종 금과 혼동하게 되는 데서 붙게 된 이름 - 옮긴이)이 아닌지 세심히 살펴볼 필요가 있었다.

그렇지 않았다면 나는 덫에 걸린 형국으로, 메시지를 무시한 채 초라한 옷을 입고 나 자신을 파티장으로 질질 끌고 갔을지도 모른다. 그건 거기 있는 누군가가 나를 성가시게 하면 언제라도 마녀 에너지를 폭발시키기 위한 완벽한 장치가 될 수도 있을 일이었다. 혹은 다른 사람의 '마녀성'을 촉발해 나의 옷차림이나 외모에 대한 신랄한 논평을 끌어내는 사태로 끝나고 말았을지도 모르겠다.

이렇게 내면의 마녀가 무언가를 말할 때 귀담아 듣지 않아 폭발이 일어나는 것이 자신의 마녀를 인지하는 한 가지 방법이다. 그런데 보다 더 어려운 방법은 우리와 관련된 다른 사람의 마녀를 알아보는 것이다. 즉 다른 사람의 마녀적인 행동이 실제로 우리들 내부의 무언가를 투사한다는 생각을 받아들이는 것인데, 이것이 우리 자신의 마녀를 깨닫는 커다란 첫 걸음이다. 물론 대개는 문제가 다른 사람이며 우리가 아니라고 믿기 때문에 이 첫 걸음은 어려운 걸음이기도 하다. 그러나 처음부터 내면의 다크 페미닌을 깨달을 수 있는 사람은 몇 안 된다.

앞서 우리는 저마다 자신의 개인적 분노, 심술, 불쾌감을 스스로 무의식의 그림자에 어떤 식으로 가두어왔는지 살펴보았다. 그런데 원형은 이것들과 또 다르다. 원형은 원시 이래로 이어져 내려오는 것이며, 각각의 원형에 속하는 특질들은 보편적인 것들이므로 모든 사람에게 공통된다.

원형의 하나인 다크 페미닌 역시 남녀를 막론하고 우리 모두가 지닌 무의식의 한 부분이다. 이것은 '나쁜' 엄마 때문에, 또는 트라우마 있는 유년기를 보냈기 때문에 생기는 것이 아니다. 원형은 본질적으로 인류 이전의 동물적 생태와 같은 게걸스럽고 퇴행적인 특성을 수반한다. 이런 원형의 일종인 다크 페미닌은 마녀로 인격화되며 무의식의 깊은 부분에 산다.

비록 그처럼 접근하기 어려운 곳에 머물지만, 이 에너지가 표면으로 떠올라 일정 시간 동안 주목을 끌고 나면 우리는 마녀의 존재를 알아차리기 시작한다. 그러나 마녀는 우리가 관심을 두어야 하는 것들을 알아차리지 못하게 한다. 《잠자는 숲속의 공주》나 《백설공주》 이야기에서 마녀가 여주인공을 잠들게 하는 것이 그런 예이다. 또 마녀는 적의와 원한으로 독을 주입한다. 백설공주의 독 사과를 기억하는지? 그런가 하면 마녀는 아이들을 잡아먹는 우리의 한 부분이다. 실제로도 아이를 너무 가까이 끌어당겨 안으면, 아이는 숨을 못 쉬거나 자신의 삶을 살아가지 못한다. 우리가 아이의 독립성을 먹어버리기 때문이다. 마녀는 이렇게 다양한 형태로 의식 아래에 존재하면서 시시때때로 우리를 매혹한다.

서구 문화는 이 다크 페미닌의 이미지를 없애버리려 애써온 반면 다른 문화들은 좀 더 열린 태도를 유지하고 있다. 인도에서 '그녀'는 칼리(Kali, 힌두교에서 파괴와 창조의 여신 - 옮긴이) 여신으로서 지금도 숭배되고 있으며, 하와이에서는 펠레(Pele, 하와이 화산의 여신 - 옮긴이)가 그렇다. 이에 반해 대부분의 서구인들에게 그녀는 관심 밖의 대상이며, 따라서 깊은 곳에 억눌린 채 잊혀졌다. 그러나 그녀는, 다른 그림자들과 마찬가지로, 사라지지 않았다. 그녀는 개인과 집단, 사적이며 문화적인 무의식 속에 묻힌 채 여전히 존재하고 있다.

결국, 무슨 일이 일어나고 있든, 무의식과 그것의 역할을 자각하는 것에는 긍정적인 효과가 있다. 일단 깨닫고 나면 문제의 원형이 지닌 특질, 이 경우에는 다크 페미닌의 게걸스러운 특질을 피하는 데 도움이 되기 때문이다.

우리는 이런 특질들 중 몇몇은, 적어도 그것들이 처음 나타날 때는 피해야 한다고 배워왔고, 실제로도 그렇다고 생각한다. 그러나 중년 이후의 삶을 준비하면서는 스스로 이런 질문을 해보아야 한다. "그 부분은 어디로 간 걸까?" 그리고 똑같이 중요한 질문이 또 있다. "이 원형적 에너지를 묻어버리고 억압한 결과 내가 경험한 것은 무엇이었나?"

내향적인 여자들은 육체적으로나 내적인 방식으로 이 억압의 효과를 더 쉽게 경험한다. 이런 여자들은 나이가 들어가면서 스스로를 방기하고, 남편이나 자녀들이나 또는 함께 일하는 사람들이 원하는 것에 맞춘다. 그러다가 어느 날 자신에게 집중하기 시작하면서부터 인생에서 커다란 부분이 사라졌다는 것을 깨닫게 된다. 그들은 고유한 자아의 측면들을 희생했거나 잡아먹혀 온 것이다.

결국 내향적인 여자는 질병이나 기력 고갈의 무게에 눌려 무너져버릴 수 있다. 그들은 지나치게 스스로 — 내적 마녀 — 를 통제한 나머지 공격에 대해 충분히 방어할 수 없는 지점까지 스스로를 마모시켜 왔다. 사람마다 다르겠지만 이것이 이 무시무시한 에너지에게 게걸스럽게 잡아먹히는 내향적 여자들의 특징이다.

반면에 외향적인 여자들은 이 마녀, 즉 다크 페미닌의 인격화된 존재를 발견하면 다른 사람들을 괴롭힌다. 외향적인 여자는 남을 통제하려는 성향을 지니고 있고, 다른 사람의 삶을 대신 살아가는 방법을 안다. 그러다 보니 이렇게 하려고 애쓰는 과정에서 더러 다른 사람의 삶을 훔치기도 하는데, 그 누구도 두 개의 삶을 동시에 살 수 없기 때문에 결국 이들은 자신의 삶마저 잃어버린다. 개중에는 자녀들과 함께 이 시나리오에 얽혀들었음을 깨닫게 되는 어머니들도 있는데, 사실 딸들은 통제적인 어머니보다 훨씬 일찍 이런 상황을 아는 경우가 많다.

이렇게 다크 페미닌에 사로잡힌 외향적 여자들은 쉽게 다른 사람들을 공격한다. 이들은 자신의 말이 상대에게 이롭다거나 할 만해서 하는 말이라고 확신하기 때문에 아무 생각 없이 남에게 퍼부어 댄다.

내가 알던 한 여성은 그런 행동 때문에 다섯 군데의 일자리와 친구들 대부분을 잃었다. 대개의 경우 일자리는 순조롭게 시작되었지만 이내 그녀는 다른 사람들의 행동이 자신에게 상처를 입힌다고 생각하기 시작했다. 그녀는, 동료들이 무슨 행동을 해도 개인적 모욕으로 받아들여 기어이 앙갚음을 하려 했다. 그녀는 스스로를 피해자로 여겼다. 자신의 다크 페미닌과 유대관계를 형성하기 전까지는 아무것도 변하지 않을 것이다.

따라서 관계를 맺을 방법을 찾아야 한다. 진실로, 다른 길은 없다. 다크 페미닌을 인정하지 않는 한, 나이가 들수록 마녀는 점점 커진 에너지로 자신의 존재를 증명하려 들 것이다. 그러나 이 에너지에 접근하려면 알아야 할 위험들이 있다. 다음의 그림 동화에서 극적으로 표현된 것처럼 계획을 세워야 한다.

트루데 부인

옛날 깊은 숲속에 트루데 부인이라는 끔찍한 마녀가 살았다. 부모들은 자기 자식들에게 트루데 부인이 잡아갈지 모르니 절대로 숲 근처에도 가면 안 된다고 신신당부했다.

그런데 어린 소녀 하나는 부모의 말을 들으려 하지 않았다. 소녀는 아무리 가르쳐도 반대로만 행동했고, 제멋대로 굴다가 곤경에 빠지곤 했다. 어느 날 소녀는 부모에게 말했다. "너무 궁금해서 트루데 부인한테 가볼 거예요. 어떤 사람인지 직접 확인할래요."

소녀의 부모는 허락하지 않았으며, 간청하고 애원하고 심지어 위협도 해보았다. 그러나 소녀는 끝내 무시하고 숲을 향해 길을 나섰다. 이내 소녀는 트루데 부인의 집을 둘러싼 빈터에 이르렀다.

집 앞 계단에 머리부터 발끝까지 까만 남자가 서 있었다. 소녀가 떨기 시작하자 그 남자는 사라지고 초록색 남자가 나타났다. 그러더니 초록 남자는 순식간에 사라지고 피처럼 빨간 남자가 나타났다가 몇 분 후에 사라졌다. 소녀는 겁에 질려 많이 의기소침해졌지만 그래도 계속 걸어가 트루데 부인의 창문 안을 들여다보았다. 이윽고 소녀는 문을 두드렸다.

"얘야, 왜 그렇게 하얗게 질려서 떨고 있니?" 트루데 부인은 소녀를 집안으로 들이며 물었다. "뭘 보았기에 그렇게 두려워하는 거지?"

"까만 남자요."

"석탄 광부로구나."

"초록색 남자요."

"사냥꾼이란다."

"피처럼 빨간 남자요."

"푸주한이지."

"그런데 창문으로 들여다봤는데 머리가 불덩이처럼 활활 타는 악마가 있었어요."

"그렇다면 너무 많은 걸 봤구나." 트루데 부인은 이렇게 대답하며 소녀를 긴 통나무로 변하게 해서 불에 던져버렸다. 그런 다음 부인은 불가에 앉아 몸을 녹였다.

～～～～～～

이것은 사사건건 일이 잘못 되어가는 것에 대한 이야기이다. 우리 자신의 젊은 부분을 나타내는 이야기의 주인공은 미성숙한 존재로, 위험성을 이해하거나 현실적 한계를 설정하는 능력이 두루 부족한 인물이다. 소녀는 정말로 어떤 일이 벌어지고 있는지 '의식하지 못한다.'

이 소녀를 보면, 범죄율이 높기로 소문난 도심 빈민 지역에서 오후 열한시부터 아침 여섯시까지 혼자서 편의점 판매원을 하던 상담 의뢰인 한 명이 떠오른다. 사람들이 계속 주의와 경고를 하는데도 이 젊고 매력적인 여성은 자기 신상의 위험에 대해 아무런 생각이 없었다. 그러다가 결국 어느 날 새벽 네시에 두 명의 무장강도에게 습격을 당했다. 사람들이 경고했던 위험의 의미를 채 깨닫기 전에 그녀는 이 일을 겪어내야 했다. 이 젊은 여성은, 말하자면 무언가에 홀려 넋이 나갔던 것이다. 자신을 둘러싼 위험의 실체에 대해 무지했다. 그녀는 트루데 부인에 나오는 어린 소녀처럼, 자신이 선택하면 어떠한 위험도 없이 무엇이든 할 수 있을 거라고 생각했다.

그러나 트루데 부인에서의 소녀와 달리 그녀는 해악을 벗어났다. 운이 좋았던 것이다. 그녀도, 그녀의 무의식을 움직였던 마녀도 서로 어떤 우위도 점유하지 못했다.

음주운전이나 무방비의 섹스가 오로지 다른 사람에게만 위험할 것이라고 생각하는 십대들에게서도 이와 똑같은 태도를 볼 수 있다. 나이가 들면서 우리 대부분은 이런 식의 무분별한 육체적 모험을 그만둔다. 순전히 나이 덕분에 죽음에 대해 점점 눈이 뜨이고, 스스로에게 위험한 것들에 대해 좀 더 깨우치기 때문이다.

'트루데 부인'은 내면의 마녀와 만나는 방식에 따르는 심리적 위험성에 대한 이야기다. 소녀가 트루데 부인에게 다가가는 행위는 다크 페미닌으로의 접근 방식 중에 지극히 위험한 것들이 있다는 경고이다. 이야기 속의 소녀가 저지른 과오를 이해하면 스스로의 내적 다크 페미닌에 어떻게 접근해야 할지가 보인다.

'트루데 부인'의 소녀는 해야 할 일이 아니라 하고 싶은 일을 했다. 트루데 부인의 집을 찾아가는 것은 하고 싶은 일 중 하나였다. 소녀는 자신을 지킬 수 있을 만큼의 인식을 갖추지 않은 채 그곳으로 갔다. 위험한 상황에서 살아남으려면 충분한 무기를 지니고, 단단히 경계해야 하며, 운도 좋아야 한다. 이런 안전장치 없이는 그야말로 대단히 위험한 여정이 될 수밖에 없다.

결국 이야기는 호기심을 채우는 것은 어른스러운 동기가 아니라는 것을 빠르게, 분명히 보여준다. 무엇보다도, 소녀가 호기심을 채우고자 하는 욕구는 부모를 거역하는 원인이 되었다. 부모란 모든 행위에 결과가 따른다는 것을 이해하는 존재들이다. 부모를 거역하는 것은, 자신의 행동이 어떤 결과를 가져올지 생각하지 않고 눈앞의 기쁨이나 재미에 따라 산다는 의미이다.

물론 나이든 여자들도 무엇이 적절한지 일러주는 내면의 지적 감각을 거역할 때가 있고, 심리학자들이 말하는 '자격의식'(entitlement, 특정한 대상을 스스로 누릴 자격이 있다고 생각하는 것 - 옮긴이)과 '인플레이션'(inflation, 자아가 비정상적으로 팽창하는 현상으로 이해됨 - 옮긴이)에 사로잡히기도 한다. 어떤 경우에 이렇게 되며, 이때 우리 자신의 트루데 부인은 어떤 방식으로 나타날까?

여자들 중에는 몸이 요구하는 것과 상관없이 무언가를 먹는 사람들이 있다. 우리들 대부분은 육류, 튀긴 음식, 버터, 전유, 그리고 달콤한 후식으로 채워진 의심스러운 식단을 접하며 자란다. 좋은 어머니는 비스킷을 구워낼 줄 알고, 파이를 바삭바삭하게 만들 줄 알며, 과자 항아리를 늘 가득 채워놓을 줄 아는 사람이었다. 지금은 이런 옛날식의 음식이 건강하지 못하다는 것을 우리 모두 알지만, 그래도 많은 이들은 이런 패턴의 식생활을 유지하거나 자주 이 패턴으로 돌아간다. 편안하고 친숙하기 때문이다.

"59년 동안 이런 음식을 먹으며 살았어요. 지금 와서 왜 바꿔야 하죠?"라고 한 여성이 내게 말했다.

그녀의 태도는 자신이 원하는 것이 무엇이든 상관없이 "나는 그럴 자격이 있어"라고 믿는 듯한 '자격의식'의 한 예이다. '트루데 부인' 이야기의 소녀나 편의점의 젊은 여성처럼 자신의 판단 때문에 마녀의 손에 의해 잠드는 것이다. 함부로 행동한 모든 일에는 결과가 따르고, 그 결과는 대개 좋지 못하다.

이 불건전한 식생활의 후유증은 말 그대로 몸에 대한 공격으로 온다. 동맥에 지방이 끼는 고지혈증, 내부 기관의 스트레스, 적절한 영양분 결핍에 따른 면역체계 약화 등이 그것이다.

자격의식에 사로잡힌 대부분의 사람들이 스스로에게 하는 말은 이런 것들이 '자유'라는 것이다. "누구도 나한테 뭘 먹으라거나 먹지 말라고 할 수 없어. 그런 시절은 유년과 함께 끝난 지 오래라고."

현실은 당연히 우리가 결코 완벽히 자유롭지 않다는 것이며, 다음 단계에 이어지는 것들을 보지 않겠다고 거부해 버리면 자신의 행동에 따른 결과 — 이 경우에는 질병에 걸리는 것 — 에 갇히게 되리라는 것이다. 즉 지나치게 술을 많이 마시거나 운동하지 않고 앉아만 있거나 또는 생각 없이 나오는 대로 말해버린다면, 결과에 대한 인식 없이 회전하는 원에 갇히는 꼴이 된다. 그럴 때의 우리는 '예쁜' 불꽃에 손을 뻗는 아이와 같고, 배고플 때 눈앞에 보이는 모든 상대를 죽여버리는 사자와 같다. 성숙은 많은 인식을 필요로 한다.

이야기 속의 어린 소녀는 호기심을 좇아 트루데 부인의 집에 도착한다. 거기서 소녀가 마주친 것은 세 남자의 형상을 한 마녀의 세 가지 모습이다. 석탄 광부, 사냥꾼, 그리고 푸주한이 그들이다. 이 남자들이 제각기 상징하는 것은 무엇일까? 그들은 우리가 다크 페미닌의 영토 안에서 찾기를 기대하는 어떤 이야기를 들려줄까?

광부는 부를 얻기 위해 땅 속 깊숙한 곳까지 파고들어 가는 사람이다. 이야기 속의 광부는 오랜 세월 동안 땅 속에서 형성된 에너지 덩어리인 석탄을 캔다. 석탄은 채광되어 연료로 쓰이면 빛과 열을 낸다. 다크 페미닌은 무의식으로 깊이 들어갈 수 있는 에너지를 제공하는데, 무의식의 깊은 곳으로 들어가 감정과 통찰을 찾아내면 이것들도 석탄처럼 우리에게 빛과 열을 보내준다.

정서의 영역으로 깊이 들어가면 강력하고 저항하기 어려운 열기가 뿜어나오는 감정과 맞닥뜨리며, 이 감정에 동반되는 빛은 심리학적 통찰을 가능하게 한다. 만화작가들은 종종 사람의 머리 위에 전구를 그려서 순간적으로 떠오른 이 통찰을 표현하곤 한다. 작고한 신화학자 조지프 캠벨은 이런 계몽의 순간에 대한 응답의 행동을 "기쁨을 좇는 일"이라고 불렀다.

이 마녀 또는 다크 페미닌은 종종 의식적 에고에 의해 알게 되는 어떤 지식보다 더 '진실'하고 깊은 지식으로 나타난다. 파티 의상에 대해 내 귀에 대고 으르렁거린 것은 작은 예이며, 많은 경우 그녀의 지식은 훨씬 더 심오하다. 마녀는 우리가 듣고 싶어 하든 그렇지 않든 신경 쓰지 않으며, 진실이 상처를 줄지에 대해서도, 또한 그것이 우리에게 유용할지조차도 관심이 없다. 그녀는 단지 자신이 지닌 정보를 가지고 튀어나오기를 좋아할 뿐이다.

치료 상담을 하다 보면 섬광처럼 떠오르는 앎 또는 직관을 경험할 때가 많다. 한번은 어머니가 바람을 피운다는 것을 갑자기 알게 된 십대 의뢰인이 찾아온 적이 있다. 그러나 막상 그 학생은 학교, 친구 등 보통의 십대들이 관심을 두는 이야기 외에 다른 이야기는 하지 않았다. 아마 그 학생은 자신의 다크 페미닌이 내게 보낸 정보가 자신의 무의식에 있었는지조차 몰랐을 테지만, 그건 마녀가 직관의 형태로 보낸 정보였다. 그러나 십대 나이의 학생에게는 마녀의 직관이 전해주는 진실이 큰 해악을 끼칠 수도 있기 때문에, 당시 나는 가능한 한 마녀에 대항해 학생의 방어를 강화할 수 있는 방향으로 상담을 진행했다.

그로부터 삼 년 후쯤, 나는 이 어린 숙녀를 식료품 가게에서 다시 만나게 되었다. 그녀는 여전히 다 잘 되어가고 있다고 말했다. 그녀는 대학에 다니고 있었고, 연중 대부분의 시간을 집에서 떠나 있었다. 그녀는, 어머니가 아버지와 이혼하고 "오랫동안 알고 지낸" 그 남자와 재혼했다면서 내게 윙크를 했다. "새아빠는 아주 좋은 분 같아요. 엄마는 행복해하시고요. 그게 중요한 거죠." 나는 삼 년 전 그녀의 마녀가 그녀 자신에게 정보를 흘리지 않아준 것이 기뻤다. 내 의뢰인은 이제 그 정보를 편안히 받아들이는 것 같았다.

그런데 이 학생과 같은 경우는 흔치 않으며 대개의 경우 마녀의 정보는 위험을 무릅쓸 가치가 있다. 더구나 나이가 들면서는 마녀가 하는 말에 잘 귀를 기울여야 한다. 그녀의 말은 자신이 누구인가에 대해 크나큰 균형감각, 통찰, 지혜를 부여해 주기 때문이다. 더구나 메시지에 설탕옷을 입히지 않기 때문에 '있는 그대로 하는' 그녀의 말은 믿을 만하다.

광부가 가져오는 석탄에서 이익을 얻기 위해서는 우리가 충분히 성숙해 있어야 한다. 어떤 광물이든 처음에는 미가공 상태이므로 그것을 사용 가능한 형태로 다듬을 줄 알아야 한다는 말이다. 이것은 이성적 또는 의식적 마음을 작동시켜 다크 페미닌이 내보낸 날것의 지식 또는 선물을 정련하는 과정이다. 에너지를 집중해 귀에 들리는 것을 잘 살펴 생각하고 주목하고 반추하여 높은 수준의 스킬을 개발할 수 있게 되면, 덩어리가 석탄으로 정련되어 꼭 필요한 열을 낼 수 있게 되는 것이다.

소녀가 만나는 다크 페미닌의 두 번째 위대한 측면은 사냥꾼, 즉 우리의 본능을 추적하는 부분이다. 본능 또는 동물적 본성은 긍정적인 측면과 부정적인 측면을 모두 지니고 있다. 본능이 부정적인 것이 되는 때는 경험과 이성에 의한 제어 없이 무방비로 작동하는 경우이다. 이때 본능은 고약한 방향으로 돌아서서 명백히 우리에게 해를 끼칠 수 있는 부정적인 것이 된다. 반면에 긍정적인 측면은 우리의 동물적 본능이 에너지로 충만하여 몸뿐 아니라 마음과 영혼이 버텨나갈 수 있게 돕는 작용을 할 때이다. 이때의 본능은 먹고 흡수하고 소비하게 하며 육체적, 지적, 정서적으로 그리고 영적으로 음미하게 하는 힘이다.

"네가 할 수 있다고 생각하는 것들을 정말로 시험해 볼 때까지는 정해진 것은 없단다"라고 할머니는 내가 역경이나 슬픔과 마주칠 때마다 말씀하시곤 했다. 젊은 시절 나는 재미있고 순조로운 삶을 위해 할 수 있는 것이 무엇인지에 대한 자기 인식을 얼마든지 바꿀 수 있다고 단정했었다. 그러나 이제는 나 자신의 내부에서 인생의 용과 맞설 수 있는 원천을 찾아내는 것이 대단히 중요하다는 것을 안다.

시시때때로 내 인생의 '고기'가 숨겨진 곳을 알 수 있게 도와준 것은 깊은 본능이었다. 이런 앎이 없었다면 아마 나는 허약하고 쉽게 사로잡히는 식으로밖에 살 수 없었을 것이다. 아니, 십중팔구는 살면서 맞닥뜨린 용들 중 하나에게 잡아먹혔을 것이다. 다크 페미닌의 영토에 있는 사냥꾼은 더 깊은 본능적 잠재력을 추적하여 우리를 그리로 더 가까이 데려간다. 특히 감당하기 어렵고 무시무시한 일에 부딪혔을 때는 더 그렇다.

내 친구인 마리는 65년의 인생 동안 남편과 두 자녀를 묻고 살았다. 첫 아이는 여섯 살 때 학교에서 집으로 오던 길에 뺑소니 운전자의 차에 치어 세상을 떠났다. 남편은 마리가 쉰 살 되던 해에 심장발작으로 생을 마감했으며, 예순 살 때에는 말기 암인 딸의 병상을 지켜야 했다.

그때마다 그녀는 비탄에 잠겼지만 결코 신랄해지거나 자기 연민에 빠지지는 않았다.

언젠가 같이 얘기를 나누며 내가 말했다. "내 아이 중 하나라도 죽는다면 그보다 더 가혹한 일은 없을 거야. 네가 어떻게 그 일들을 다 견뎌냈는지 정말 모르겠어."

마리는 한동안 가만히 있다가 대답했다.

"정말 끔찍하지. 아들이 죽었을 때 세상에서 가장 고통스러운 일이라고 생각했고, 더 살 수 없을 것 같았단다. 그런데 살게 되더라고. 조지와 케이트가 연이어 죽었을 때도 똑같은 기분이었어. 그렇지만 좀 이상한 방식으로, 두 사람의 죽음에는 제각기 묻혀 있는 선물 같은 게 있었어."

"만약 이런 일들이 일어나지 않았다면 죽음이 끝이 아니라는 것을 알 수 없었을 거야. 설명하기는 무척 힘들지만, 난 언제나 죽음 이후는 천국이 전부라고 배워왔는데 이 관념과 나의 느낌 사이에는 뭔지 모를 거리가 있어."

"바비와 조지, 케이트의 죽음으로 뭔가가 달라졌어. 하늘에서 들리는 음성처럼 극적인 게 아니라 그저 알게 되는 그런 거야. 내 안의 깊숙한 곳에서부터 죽음은 그게 무엇이든 다음으로 이어지는 탄생 같은 것임을 일러주는 것 같아."

마리는 인생이 제시한 것들을 통제할 수는 없었지만, 용에게 당하지 않았고 오히려 그 의미를 찾아 사냥을 떠날 수 있었다. 마리는 사냥꾼의 에너지가 얼마나 중요한지를 삶 속에서 터득했다. 참고 기다리기, 추적하여 포획하기 등 사냥꾼의 기술을 개발할 수 있었던 것이다.

광부와 사냥꾼 다음으로 어린 소녀가 만난 사람은 푸주한의 모습을 한 마녀의 세 번째 측면이었다. 사냥꾼이 잡아온 동물은 가죽을 벗겨

작은 고깃덩어리로 잘라야 쓸 수가 있다. 푸주한은 커다란 재료를 해체하여 쓸 수 있는 조각으로 가공해 주는 사람이다. 그래야 고기를 냄비에 넣거나 불 위에서 요리할 수 있다.

우리의 푸주한은 일어난 사건이나 이슈를 자르고 손질해서 진실의 본질을 드러내준다. 이 말들을 기억해 두기 바란다. "이것이 그 문제의 고기(meat에는 '알맹이'라는 의미가 있음 - 옮긴이)야?" "좀 씹어봐도(chew에는 '곰곰이 생각하다'라는 의미가 있음 - 옮긴이) 되지?"

앞에서 언급한, 계속해서 스스로 일자리를 잃으며 여기저기 옮겨 다니는 여성은 반드시 자신의 푸주한과 접촉해야 할 사람이다. 그녀의 동물은 엄청난 크기의 손질하지 않은 고깃덩어리 상태로 존재하며 분노라는 이름을 지녔다. 그 고깃덩어리는 어떻게든 조각을 내야 한다.

이 의뢰인과 둘이서 여러 달 동안 상담을 한 결과 떠오른 것은 태어나자마자 입양된 어린 소녀의 모습이었다. 소녀를 입양한 사람들은 아기를 낳을 수 없다고 생각했던 것인데, 아홉 달 뒤에 딸이 태어났다.

의뢰인은 이 두 번째 아기, 즉 여동생이 복을 타고났다고 느꼈다. 여동생이 더 예쁘고, 더 총명하고, 더 호감을 끄는 성격이었으며, 재능도 더 많았다. 결과적으로 여동생이 온갖 좋은 걸 다 가진 셈이었다. 두 아이는 자라면서 활동이나 교습을 차례로 받았으며, 대학교에 갈 때가 되자 동생은 등록금이 더 비싼 이스턴스쿨을 골랐고, 나의 의뢰인은 주립대학에 가게 되었다.

"부모님들은 당신이 원하는 걸 이야기하면 뭐라고 하셨나요?" 나는 그녀에게 물었다.

"물어본 적이 한 번도 없어요." 그녀가 대답했다. "늘 경제적인 문제가 좀 있었기 때문에, 나까지 그렇게 해줄 여유가 없다는 걸 알았죠. 동생은 이기적인 성격이라서 집안 사정 같은 건 신경 쓰지 않고 계속해서 부모님께 받아내기만 했어요. 어쨌든 부모님이 가장 사랑한 것은 동생이었으니까 늘 그애가 원하는 대로 됐죠."

의뢰인은 여동생에게 한참 못 미치는 2인자의 감정에서 비롯되는 온갖 고통과 격노를 안고 살고 있었다. 그녀는 유년기를, 착하게 구는 것으로 인정받고, 칭찬과 사랑으로 보상받을 것을 기대하면서, 사려 깊은 태도로 부모를 기쁘게 해주려고 노력하며 보냈다. 그러나 부모는 잘 모르는 것 같았다. 그저 아이들 각자의 요구를 채워주는 식이었다. 나의 의뢰인은 요구하는 게 적었고, 여동생은 많은 걸 해달라고 했기 때문에 그녀는 늘 불충분하다고 느끼는 몫만 받으며 살았다. 여동생은 부모의 편애를 요구해서 그것을 누렸다.

이제 의뢰인은 가는 곳마다 거기 도사린 배척과 편애를 보았다. 사업에만 신경 쓰며 인간관계의 스킬은 빈약한 직장 상사에게 일부러 무례하게 굴었고, 직장 동료들이 모든 대화에 자신을 끼워넣어 주려고 애쓰지 않는다는 이유로 그들이 자신을 흉보고 있을 거라고 생각했다. 그녀는 이 모든 사소한 것들에 일일이 부글부글 끓어올랐고, 숨길 수 없는 분노가 숨구멍마다 새어나와 사람들을 뒷걸음질치게 만들었다. 그렇게 하여 사람들이 슬금슬금 자기를 피하면 그녀는 자기가 배척당하고 있다고 확신했다. 그녀에게는 잘게 썰어 손질해 줄 내면의 훌륭한 푸주한이 필요했다.

그녀가 새 일을 시작할 때 일어났던 일의 대부분은 그녀와 별 상관이 없는 것들이었다. 실제로 일어난 것은 그곳 사람들의 퍼스낼리티의 투사, 이미 작동하고 있던 집단 역학(group dynamics, 일정한 사회적 상황에서 집단 구성원 상호간에 존재하는 상호작용 또는 상호의존성과 세력 관계를 분석하고자 하는 학문적 지향 - 옮긴이)의 투사였다. 내 의뢰인은 이 각각의 다른 행동들을, 자신의 과거 경험에서 떼어내어 얇게 저미는 능력이 필요했다. 그것들 중 자신에게 속하지 않는 것들을 구별해 잘라낼 필요가 있었다.

의뢰인은 상담치료를 시작할 때 날마다 성난 사자를 끌고 이리저리 다니느라 기력이 소진된 상태였는데, 각각의 조각들을 다른 것에서 떼어내고, 자신의 것이 아닌 것들을 적절히 잘라버리는 작업을 하면서 점차 자신의 것, 자신에게 자양분이 되어줄 것들을 찾아내기 시작했다. 내부로 깊이 파고들어가 사냥을 하고, 다루기 쉽게 작은 조각으로 손질할 수 있는 에너지를 찾아내는 것이 자신감을 갖게 한다는 것을 알게 되었다.

그러나 이야기의 어린 소녀는 이런 에너지를 써보지 못했다. 멈춰서서 눈앞에 나타난 이미지들이 무슨 의미를 지니는지 생각해 보지 않고 너무 자만해서 제 고집대로 했기 때문이다. 이 아이는 우리 모두의 내면에 살고 있다. "속도 제한에 따를 필요 없어. 주변에 경찰도 없는데 뭘", "병원에서 잡지 한권 가져왔어. 다들 그러잖아"라고 말하는 우리의 일면이 바로 이 아이다. 이 아이는 우리의 더 나은 자아들을 침묵하게 한다. 이 아이는 모든 행위에는 결과가 따른다는 사실을 모른다. 이것이, 준비 없이 다크 페미닌의 땅에서 헤매다니는 데서 오는 방종이다.

어린 소녀의 마지막이자 치명적인 실수는, 넓게 보면 결정적인 안목의 결여이다. 마녀가 그 외에 더 본 것이 무엇인지 물었을 때 어린 소녀는 자신도 모르게 마녀가 지닌 악의 본질을 보았다고 대답해 버렸다. 악마의 머리에 대해 말한 것이다. 만약에 소녀에게 푸주한이 있었더라면 그 부적절한 말을 다듬을 수 있었을 텐데, 그러지 못한 소녀는 "엄마, 저 뚱뚱한 아줌마 좀 봐요"라고 아무렇게나 이야기하는 어린아이처럼 행동해 버렸다.

지나치게 순진하고, 미숙하며, 질문에 답하는 법을 익히지 못한 어린 소녀는 결국 재앙을 맞았다. 마녀인 트루데 부인이 소녀를 나무토막으로 만들어 불 속에 던져버린 것이다. 무언가를 태운다는 것은 하나를 다른 것으로 변화시키는 것인데, 그 과정이 역으로는 이루어지지 않는다. 나무토막이 재로 변할 때 재는 겸손과 참회의 상징이며, 이야기 속의 어린 소녀에게 필요했던 바로 그 미덕이다. 그러나 재가 다시 나무가 될 수는 없다.

"그땐 정말 불에 덴 듯했어"라는 표현을 자주 접하는데, 이 말은 상처를 입었다는 뜻이다. 불에 타려면 강력한 변화의 초대를 받아들여야 한다. 우리가 계속해서 내면의 마녀를 못 본 체하면, 마녀는 그 힘으로 살아가며 독을 퍼뜨린다. 그리고 계속해서 속삭인다. 그러다 어느 순간 결국 마녀의 독이 진실이라고 믿으며 그 속삭임에 귀를 기울이면, 그때는 이미 이야기의 소녀처럼, 순진함에서 벗어나지 못하는 상태가 되고 만다. 사실 이런 식의 순진함과 자신의 행동을 정당화하는 변명은 어디서나 쉽게 들을 수 있을 정도로 만연하다.

비리 공직자 : "로비스트가 그걸 건네준 건 다른 사람이며 나는 받지 않았습니다."

매장에서 물건을 훔친 사람 : "아무튼 매장 측이 물건 값을 너무 높게 매기니까요."

시험에서 부정을 저지른 학생 : "다들 하는 걸요. 그리고 인생에서 성공하려면 성적을 잘 받아야 해요."

무기 거래 로비스트 : "사회가 그렇게 되어 있어요. 내가 하지 않으면 누군가 다른 사람이 그 몫을 차지하게 되는 거라고요."

이런 속삭임이 다크 페미닌에서 나온다는 것을 인식하지 못하면 불에 타버리는 것으로 끝난다.

다크 페미닌의 땅으로 들어가는 것은 무의식으로 떨어져내리는 것이다. 그곳은 불타는 지옥일 수도 있다. 그러나 이 '강하'를 완수하고 살아남는 사람들이 있다. 이들은 가장 어두운 모습의 마녀와 맞서 내적 성장을 이룬 인물들이다. 그리스 신화의 페르세포네도 그런 인물로, 지하세계의 신 하데스에게 납치되었다가 여섯 달 만에 지상으로 돌아왔다. 그리스 신화의 또 다른 아름다운 여인 프시케 역시 남편을 되찾기 위해 지옥 — 하데스의 다른 이름 — 으로 내려가 특별한 상자를 들고 돌아온다. 이들이 공히 강하해 내려간 곳은 카오스의 어두운 세계였다.

현대의 인물들도 있다. 정신과 의사인 빅터 프랭클은 나치의 아우슈비츠와 또 다른 죽음의 수용소에서 살아남은 사람으로 더 유명하다. 더 최근으로 오면 중동의 테러리스트에게 장기간 억류되어 있었던 테리 웨이트 이야기가 있고, 도시의 지옥에서 매일 봉사하는 테레사 수녀도 있다.

이들은 '트루데 부인'에서의 어린 소녀와 달리 한계를 인정하며 사는 법, 원하는 것이 당장 이루어지지 않을 때의 강한 좌절감을 극복하는 법을 배운 사람들이다. 그렇게 하면서, 내적인 강인함과 지혜를 구축하여 지옥을 통과하는 분별을 지니게 된 것이다.

이 이야기의 두 번째 교훈은 자신의 다크 페미닌 측면과 조우하게 되면 일단 멈춘 후 속도를 줄이라는 것이다. 무엇에 관한 것인지 확인하고, 그것이 무엇을 가져다줄지 살핀 후, 의식적인 유대관계를 맺어야 한다. 이 과정을 거치면 다음번에 무엇을 해야 하며 어떻게 행동해야 하는지 알 수 있다.

이야기 속 소녀는 이미 혼자서 다크 페미닌 또는 마녀의 세 가지 측면을, 그것도 트루데 부인의 집에서 맞닥뜨린다. 소녀는 그들 중 누구와도 소통하지 않았으며, 그들 또는 그것들이 어떤 존재이며 자신에게 무슨 의미가 될지 이해해 보려고 시간을 들여 관찰하지 않았다. 또 그들과 교류하거나 만나보면서 그들의 본질에 대해 어떤 식으로든 존중할 마음을 가져보려 하지 않았다. 소녀는 그들에 대해 아무런 정보도 얻지 못했고, 그들의 본성에 대한 측은지심도 갖지 않았으며, 셋 중 누구의 이름도 불러보지 못했다.

만족을 얻는 과정이 더딜지라도 낙담을 참는 법을 배우고, 다크 페미닌과 유대관계를 형성할 때에만 헤아릴 수 없는 값어치를 지닌 진실 또는 통찰의 선물을 받을 수 있는 법이다.

일을 시작한 초기에, 나는 나 자신의 마녀와 잊을 수 없는 조우를 했다. 그 무렵 나는 학교의 관리직으로 일하면서 두 꼬마를 부양하고 있었는데, 무엇 때문인지 6주간 휴가를 내야 할 일이 있었다. 나는 대학원생 한 명의 아내를 고용해 임시로 내 자리를 대신하게 했다. 그런데 그녀가 나 대신 업무를 시작하고 며칠 후, 학교 측으로부터 업무에 복귀할 필요가 없다는 전화가 왔다. 내 자리가 그녀로 영원히 대체된 것이었다.

당연히 나는 심한 충격에 휩싸였다. 나의 첫 반응은 내 자리를 차지한 그녀가 마녀라는 것이었다. 나는 "자기가 어떻게 나한테 이럴 수 있지?"라며 울부짖었다. "우리는 친구였잖아. 그런데 상황이 얼마나 정치적인지 알고는 내가 뒤돌아서기가 무섭게 일을 꾸며?" 그런 뒤에 나는 그녀에게 했으면 좋았을 일들을 긴 목록으로 작성했다. 마치 마녀 화형의 분위기와도 같았다.

나는 트루데 부인 이야기 속의 소녀처럼 그 상황을 외부적인 것으로 보았고 일자리를 돌려받고 싶었다. 그래서 그녀와 고용주를 모두 만났다. 그러나 상황은 더 나빠졌고, 나의 에고와 자존심은 심하게 불에 덴 것처럼 상처투성이가 되었다. 아무도 내게 친절하지 않았다. 그 시점에서도 나는 속도를 늦추고 충분한 시간을 들여 좌절을 견디려는 시도를 하지 않았다. 무슨 일이 일어난 것인지, 내 조건이 어떤지 이해하려고 노력하거나, 심지어 그 일에서조차 배워야겠다고 생각하지 않고 오히려 변호사에게로 달려갔다. 변호사는 내게 조용히 있으라고, 더 이상 그 기관의 누구와도 접촉하지 말라고 했다. 자기가 계약 조항을 검토해서 협상하겠다고 했다.

결국 그 일은 계약서 조항을 뒤져 월급에 대한 일부 보상을 받는 것으로 마무리되었다. 엄청나게 부당했다. 나는 온몸이 불에 덴 듯한 기분이었으며, 그렇게 격노가 잦아들지 않은 채 몇 달이 흘러갔다. 한참 뒤, 마침내 강렬한 분노는 가셨지만 이후로도 이 일은 늘 내게 상처로 남아 있었다. 당시 상황을 다른 시각으로 이해하기 시작한 것은 세월이 한참 흐른 후 다시 이 일을 되돌아봤을 때였다.

그때의 기억과 감정이 저장된 지점으로 되돌아갔을 때, 가장 먼저 깨달은 것은 나 역시 정치적인 조작을 하고 있었다는 점이었다. 처음에 자리를 비워야 한다는 사실을 알았을 때부터 나는 그렇게 장기간 업무를 내려놓는 일이 학교 측의 반감을 사리라는 것을 감지하고서, 그 정치적 반감을 어쭙잖은 술책으로 메워보려고 꼼수를 부렸던 것이다. 마치 이야기 속 소녀처럼, 현실을 온전히 바라보지 않고 원하는 것을 향해 무조건 나아간 것이다. 대타를 구해 넣으면서 — 고용주가 전적으로 정직하지 않았고 직접 내게 말하지 않은 점도 있었지만 — 무엇보다 내가 나 자신에게 솔직하지 않았다. 나는 당시 너무 젊었고, 뭘 이해하기에는 너무 순진하기도 해서 결국 내가 그은 성냥불에 내가 데었던 것이다.

그리스 신화의 페르세우스가 알맞은 본보기가 될 것이다. 젊은 영웅 페르세우스는 메두사라는 끔찍한 고르곤(그리스 신화에 나오는 괴물 세 자매를 묶어서 부르는 이름 - 옮긴이)을 죽이라는 임무를 부여받았다. 메두사는 자신을 본 사람을 딱딱하게 만들어버리는 ― 돌로 변하게 하는 ― 힘을 가지고 있어, 페르세우스는 아테네 여신에게서 빌린 방패를 이용했다. 페르세우스는 방패를 거울처럼 써서 메두사를 직접 보는 위험 없이 그녀의 모습을 뚜렷하게 비춰보면서 여신의 검으로 메두사의 머리를 자를 수 있었다. 여기서 방패는 다크 페미닌과의 조우에 앞서 반드시 동반되는 필수불가결한 '반영', 즉 '되비추기'를 제공한다.

일자리에서 해고되었을 때 나는 눈이 멀어서 폭주했고 돌로 변했었다. 되비추어볼 생각을 하지 않고 강한 정서로만 반응했기 때문에 사방으로 내달리며 대단히 분주했지만 실제로 얻은 것은 아무것도 없었다. 이겨내고 나아가는 법을 알아내는 데 실패했을 뿐만 아니라 나 자신의 성장을 움직일 수 없게 고정해 버린 것이다. 나는 말 그대로 돌처럼 굳었는데, 그건 사물을 이해하는 옛날식 사고방식에 갇혔다는 의미다. 그 경험은 내게 어떤 깨우침이나 성장, 자기 인식도 가져다주지 못한 채로 지나갔다. 그 결과, 나는 비슷한 상황을 몇 차례 더 겪으면서도 같은 식의 우회를 반복했다. 반영은, 말하자면 방패이다.

아테네는 페르세우스에게 검도 주었다. 반영의 시간 후 필요한 분별의 시간을 위해 분별의 상징인 검을 준 것이다.

다크 페미닌 또는 마녀의 모습을 반영해 볼 수 있는 내면의 장소에 도착하면, 다음에 할 일은 분별의 검을 사용해 우리 몸에 붙은 '머리' 또는 학문적 이해를 직관적, 정서적 이해로부터 잘라내 버리는 것이다. 이 말은 지적인 이해가 잘못되었다거나 쓸모없다는 것이 아니다. 당연히 합리적 이해는 필수불가결하다. 다만 더 깊은 곳, 무의식의 수준에 존재하는 직관도 똑같이 중요하다는 말이다.

페르세우스는 메두사의 목에서 흘러나온 피에서 두 개의 물약을 거둔다. 하나는 생명을 주는 물약이고, 다른 하나는 죽음의 물약이다. 이에 따라 메두사의 피에서는 창조력의 날개 달린 말 페가수스와 그 형제로서 인간의 형상을 한 크리사오르(Chrysaor, 그리스어로 황금 칼이라는 뜻. 바다의 신 포세이돈과 메두사의 아들. 태어났을 때 이미 검을 휘두를 정도로 자라 있었다고 한다 - 옮긴이)가 각각 태어났다. 메두사의 머리는 주머니 속에 담겨 아테네에게 바쳐졌고, 아테네는 자신의 방패에 그것을 달았다.

페가수스는 완전한 말의 형상을 하고 있지만 날개 덕분에 새처럼 높이 날아오를 수 있었으며, 그 형제인 크리사오르는 거인 같은 덩치를 하고 황금으로 된 칼을 지녔다. 페가수스는 살아 있는 동안 내내 수많은 이들에게 시적 영감의 원천이 되었으나, 크리사오르는 물의 요정과 결혼하여 괴물의 아버지가 되었다고 하며 이후로는 자취가 없다. 두 메두사의 자식들은 피에서 나온 물약이라는 공통의 근원을 지녔지만 한쪽은 생명, 다른 한 쪽은 죽음을 가져오는 존재로 나뉘었다. 이것이 바로 온갖 가능성을 내재한 다크 페미닌이다.

나는 수많은 예술가들과 상담치료를 하면서 그들이 자신의 메두사와 맞닥뜨리는 모습을 지켜보았다. 그리고 그들이 메두사와의 조우에서 얻은 반영의 에너지들이 크리사오르를 연상케 하는 경우를 자주 보았다. 신화 속의 크리사오르처럼 그런 에너지는 진짜로 의식 속에서 구현되어 예술적으로 승화되는 법은 결코 없고, 떠올라 무언가를 일부 생산해 내고는 이내 인식의 표면 아래로 다시 가라앉아 버린다. 모든 태어나는 것들이 다 존재할 운명은 아닌 것이다.

물론 대부분의 경우, 예술가들의 내면에서는 페가수스가 떠오른다. 그림, 연극대본, 조각, 시, 산문, 공연 등이 모두 '떠올라온다'. 깊은 내면의 원천에서부터 하늘을 향해 날아오르게 하는 창조력이 솟아나오는 것이다.

그런가 하면 메두사의 머리를 방패에 매단 아테네 역시 중요한 상징적 메시지를 보내주고 있다. 방패는 전사의 필수 장비 중 하나로 공격을 막아내지만, 접근하는 이들의 눈에 가장 먼저 띄는 원인이 되기도 한다. 즉 여신은 자신의 영역 안으로 들어오는 모든 이들에게 다크 페미닌이 이중의 기능을 하고 있음을 알려주고 있다. 이것이 위험하고 사람을 죽일 수도 있지만, 동시에 보호하고 생명을 지킬 수 있게 해주기도 한다는 의미다. 물론 이 정보는 우리 자신의 방패의 양상에도 공히 적용된다. 우리는 다크 페미닌이 단순히 파괴적인 내면의 일부분만은 아니며 두려워만 할 것이 아님을 안다. 그녀는 우리에게 반영하고 분별해 내는 것뿐 아니라 방패도 쥐어준다.

지금까지의 이야기들에서 무의식의 한 부분이며 돌발적으로 튀어오르는 힘을 지닌 다크 페미닌 또는 마녀에 대해 살펴보았다. 너무 가까이 다가가면 불에 데거나 돌처럼 굳어질 수 있다는 이야기였다. 다음의, 스칸디나비아에서 전해 내려오는 이야기에서는 그녀가 스스로를 드러내는 다른 방식에 대해 살펴볼 것이다.

마녀의 구두

온몸이 비에 젖어 후줄근한 차림의 나이든 여자가 길을 가고 있었다. 날은 어두워지고 안개비까지 내리고 있었다. 나이든 여자는 목적지 없이 그냥 숲 속을 걸어다니고 있었을 뿐이다. 시간이 점점 늦어지자 여자는 피곤하고 배가 고파지면서 집으로 돌아갈 힘이 남아 있을지 걱정이 되기 시작했다. 여자가 막 바위에 걸터앉아 뭘 하고 싶은지를 생각하려는 참에, 나무 사이로 작은 오두막집 하나가 눈에 띄었다. "저기서 하루 묵어갈 수 있을지도 모르겠군"이라고 여자는 혼잣말을 했다.

오두막집은 나이든 마녀의 집이었는데, 마침 마녀는 밤 외출을 준비하고 있었다. 마녀는 외출할 때 신을 구두를 반질반질하게 닦아 난로 앞에 놓고 말리고 있었다. 마녀는 문을 두드리는 소리나 문 앞에 서 있는 나이든 여자가 반갑지는 않았지만 그래도 문을 열어주었다.

"피곤하고 비에 젖은데다 배까지 고파요. 들어가서 밤을 보내고 싶은데요"라고 나이든 여자가 말했다.

"오늘밤에는 나가봐야 해서 재워줄 수 없어요." 마녀가 대답했다. "그렇기는 해도 원하면 들어와서 불 앞에서 젖은 거나 좀 말려요. 옷이 마르면 떠나야 해요."

나이든 여자는 집안으로 들어가 불 앞에 앉아서 구두를 벗어 숯 가까이에 두었다. 그리고 얼마 시간이 지난 것 같지 않은데 마녀가 말했다. "지금 출발할 거예요. 나가줘요."

나이든 여자는 한숨을 쉬면서 구두에 손을 뻗쳤다. 그리고는 별 생각 없이 다시 신었는데, 사실 여자는 구두를 잘못 집어든 것이었다. 여자의 진짜 구두는 벽난로 앞에 여전히 놓여 있었고, 여자의 발에는 마녀의 구두가 신겨 있었다. 여자는 마녀에게 쉬게 해주어 고맙다고 인사하고 오두막에서 나왔다.

그런데 여자가 오솔길에 발을 내딛는 순간 갑자기 몸이 붕 떠올랐다. 그러고는 구두가 땅에 머물러 있지 않으려 해서, 여자는 어쩔 수 없이 위로 아래로 이리저리 붕붕 튀어올랐다. 높이와 방향을 조절해 줄 마녀의 빗자루가 없기 때문에 그러는 것이었다.

"오 세상에, 이런, 아이고머니!" 여자는 소리를 지르며 나뭇가지를 붙잡고 사방으로 튕겨져 오르락내리락했다. "아이고, 도와줘요. 이를 어쩌나!"

마침 한 남자가 지나가다가 곤경에 빠진 여자를 보았다. 그는 여자가 다시 땅에 내려앉을 때를 기다렸다가 구두 한 짝을 낚아챘다. 구두가 벗겨지자 나이든 여자는 땅에 내려설 수 있었고, 다른 한 짝도 벗었다.

그러는 동안 마녀는 무슨 일이 일어나고 있는지 몰랐다. 그녀는 남은 구두를 자기 것인 줄 알고 신고서 빗자루를 들고 그날 밤을 즐기러 밖으로 나갔다. 그런 뒤 펄쩍 뛰어올랐는데, 구두에서는 아무런 반응이 없었고 다시 땅으로 내려앉았다. 마녀는 다시 한 번 뛰어올랐지만 여전히 날 수가 없었다. 마녀는 다시, 다시, 또다시, 자신이 날아오를 수 없다는 사실을 믿기 싫어하며 계속해서 뛰어올랐다.

마녀가 너무나 오랫동안 뛰어오르고 땅으로 떨어지기를 계속한 바람에 땅에는 아주 깊은 구멍이 생기고 말았다. 마침내 마녀는 구멍 속으로 빠졌고, 흙이 마녀의 머리 위로 움푹하게 덮였다. 마녀는 단단하게 묻혀버렸다. 적어도 당분간은.

~~~~~~~~~~~

이 이야기에서는 주인공의 양면이라 할 수 있는 마녀와 길을 가는 여자가 서로 강한 대조를 보여주고 있다. 길을 가는 여자는 점점 약해지고 있는 의식적인 에고이다. 에고의 여자는 잘 모르는 곳을 걸어다니느라 적은 에너지로만 작동하고 있다. 여자는 저녁이 되자 자신이 지치고 허기지며 집에서 멀리 나와 있다는 사실을 깨닫는다. 여자는, 목표를 설정하고 계획을 세워 밀고 나가는 데 꼭 필요한 힘과 정신력을 잃어버린 상태다.

여자가 마녀의 오두막집에 다다른 것은 의도한 것이 아닌 우연이었다. 처음에 마녀와 접촉했을 때에는 그녀가 특별한 힘을 지닌 존재인지 누구도 알지 못했다. 그러나 여자는 적어도 문을 두드려 쉼터를 요청할 만큼의 주도권을 이끌어낼 수 있는 사람이었다.

이 이야기의 마녀, 즉 나이든 여자의 다크 페미닌을 상징하는 인물은 우리가 앞서 만났던 마녀들과는 매우 다르다. 그녀는 능동적이고, 에너지로 충만하며, 무슨 일로든 마을로 나갈 계획을 세우고 있었다. 나이든 여자가 문을 두드렸을 때 마녀는 반기지 않았다. 그날 밤에 참석할 그녀 나름의 모임이 있었으므로. 그러나 여자를 잠깐 들어오게 하여 옷을 말리고 불을 쪼일 수 있게 했다.

원래 다크 페미닌은 내놓을 것을 더 많이 가지고 있기 때문에, 사실 이 대목에서 마녀가 너무 조금 내놓은 것은 의아할 정도다. 이쯤 되면 다크 페미닌의 속성상 여자가 얻을 것이 불을 쪼이는 것 말고도 더 있지 않을까 하는 생각을 하지 않을 수 없는데, 아니나 다를까 이 우연한 만남에서 딱히 받은 선물은 없지만 예기치 않게 구두가 바뀐 것이 결국 다크 페미닌의 선물이 되었다. 물론 나이든 여자가 구두를 바꿔 신으려고 의도한 것은 아니고 마녀가 구두를 준 것도 아니므로 이 맞바꿈은 누구의 의식적인 의도를 통해 일어난 일이 아니다. 더구나 그 구두는 긍정적인 선물의 역할을 하지도 않는다. 구두를 신은 나이든 여자는 이쪽저쪽으로 튕겨올랐다 떨어졌다 하며 내내 비명을 질러야 했다.

우리는 이런 역학을, 무언가가 우리를 편안한 일상에서 튕겨올려 원치 않거나 좋아하지 않는 변화 쪽으로 밀어붙일 때 주로 접한다. 몇 년이 지나 되돌아보면 그제야 그때의 변화가 큰 가치를 지닌 것이었음을 이해하게 되지만 당시에는 대개 발끈하게 마련이다.

이 이야기가 우리에게 제기하는 또 다른 이슈는 사로잡힘에 관한 것이다. 여자가 마녀의 구두를 신자 그녀는 곧바로 이 에너지에 사로잡혔다. 여자에게 뚜렷한 반영이나 분별이 없었기 때문이다.

최근에 나는 노인학에 관한 회의에 다녀온 일이 있다. 강연자 중 한명이 다양한 노인 여성들을 대상으로 노인 복지시설에서의 생존율에 대한 연구를 발표하는 자리에서, 잘 버텨내는 여성들 사이에 공통된 맥락으로 작동하는 다크 페미닌 또는 마녀의 요소에 대해 이야기했다. "이들은 고분고분한 노인 여성들이 아닙니다"라고 그녀는 말했다. "무얼 하라는 소리를 듣기 싫어하고, 대체로는 비협조적이죠. 뭔가 원기왕성하고 마치 다투는 듯한 어조를 지니고 있습니다."

이 이야기는 앞서 1960년대 후반에 또 다른 회의에서 노년의 여의사가 자기는 사랑의 힘보다 분노를 더 좋아한다고 했던 것과 일맥상통한다. 그 의사는 자신의 어두운 측면에 대해 매우 잘 인지하고 있었다. 그녀는 의식적으로 어두운 내면으로 내려가 통찰이나 에너지를 얻어냈으며, 그것들을 의식과 통합할 줄 알았다.

그러나 이것은 이 의사처럼 확고하게 기법을 익혀온 사람들에게 시간이 흐르면서 일어나는 과정이며, 강연자가 원기왕성하다고 표현한 노인 여성들에게 공히 해당되는 것은 아니다. 다투는 듯한 원기왕성함은 말하자면 다크 페미닌에 사로잡힌 사람들의 모습이다. 사실상 불쾌감을 준다고 하는 편이 옳을 그런 모습이다. 내가 장기 노인 요양시설에서 만난 많은 여성들은 받아주는 다른 시설이 없어서 그곳에 있는 사람들이었다.

이 여성들은 자신들의 힘이 줄어드는 것 때문에 분노를 터뜨린다. 그들은 내면의 마녀와 유대관계를 맺는 것이 아니라 그녀에게 동화되어 왔다. 마녀의 에너지를 통합하거나 이용하지 않고 그녀 자체가 되어버리는 것이다. 어쩌면 강연자가 발표한 것처럼, 이 에너지가 이 여성들을 살아 있게는 하겠지만, 그 삶은 질적으로 저하된 삶이다.

마녀의 구두 이야기를 포함해 모든 옛이야기는 마녀와 의식적 자아 사이의 접촉 및 거리에 대해 들려주고 있으며, 이야기라면 으레 그래야 한다. 우리는 그녀를 알아야 하고, 그녀와 유대관계를 맺어야 한다. 그녀와 상호작용을 하여 이런 상호작용들이 어떤 의미를 지니는지 이해할 필요가 있다. 그러나 어떤 경우에도 그녀에게 너무 가까이 다가가서는 안 되며, 더구나 함께 살 수는 없다. 그러기에는 너무 위험하기 때문이다. 마녀는 의식과 일정한 유대관계를 맺은 후에는 무의식에 있는 자신의 집으로 되돌아가야 한다.

마녀와의 우연한 조우는, 비록 그것이 우리 삶을 완전히 뒤집어놓을 때조차도 가능성으로 가득 차 있다. 따라서 마녀와의 만남들 속에 뭔가 유용한 것이 들어 있으리라는 생각만 잘 지니고 있으면 된다. 길 가다가 내게 욕을 퍼부은 나이든 여자의 태도가 낯설지 않은 것은 내키지 않거나 의기소침한 느낌이 될 때 또는 별 볼일 없는 타성에 젖어 있을 때의 우리 모습 그대로이기 때문이다. 바로 마녀와의 조우인 것이다.

내 친구 그웬은 심장발작 때문에 활동적으로 바쁘게 살던 삶에 제동이 걸렸다. 병원에서 퇴원한 후 한동안 그웬은 '이리저리 무작정 걸어다니는' 시기를 보냈다. 그 시기에 그웬은 만사에 심드렁해했다. "일어나서 뭔가를 하기는 해." 그녀가 말했다. "그런데 정말로 아무 것에도 신경이 써지지 않아."

그것이 5년 전이었다. 이제 그웬은 심장발작을 자기 인생에서 일어난 최고의 사건이라고 묘사한다. "그 일은 내 인생을 바꾼 기상 알람이었어. 심장발작 이후로 매사를 달리 생각하게 되었어. 내 인생이 의미 있기를 바라고, 내가 원했던 삶을 진정으로 살았다고 말할 수 있기를 원해. 발작이 있고 나서 아무런 목적 없이 헤매고 다녔다고 생각했는데 그게 아니었어. 정말로 헤맨 건 그 전이었지. 바쁘고 활동적이라고 생각했던 시절이 정말로는 목적 없이 다닌 거더라고. 바쁘기는 했지만 사실은 의미 없이 제자리 돌기를 한 것이었어."

그웬의 이야기는, 삶을 위협하는 질병이라는 극적인 형태로 마녀를 만난 수천 명의 여성들에게서 반복적으로 울려퍼진다. 큰 병에 걸리면, 마치 누군가 또는 무언가가 우리나 우리의 세상을 아래위로 뒤집어버린 것만 같다. 디디고 설 단단한 땅은 자취도 없이 사라지고 없다. 적어도 한동안은 그렇다.

이와 비슷한 의미, 생각, 심정, 충동 또는 갈망이 우리 삶에도 나타날 수 있다. 그럴 때 우리는 이야기의 나이든 여자가 나무 사이로 오두막을 발견했을 때처럼 반응하면 된다. "흠, 이전에는 한 번도 보지 못했던 거야. 저것이 여기서 무얼 하고 있는지 궁금하군" 하는 식으로 알아봐주는 것이다. 이것이 발단이며, 요점이기도 하다.

만약 길 가던 나이든 여자가 오두막에 접근하지 않았더라면 아주 다른 결말이 되었을 것이다. 그냥 집으로 돌아갔을 수도 있고, 그랬다면 여자에게는 아무런 형질 전환이 일어나지 않았을 것이며, 그렇지 않으면 그대로 숲속에서 죽었을 수도 있다.

오두막을 발견하면, 즉 기분, 충동, 갈망 또는 생각과 맞닥뜨리면 멈춰 서서 헤아려봐야 한다. 거기에 가능성이 있을지도 모른다고 생각해 볼 필요가 있다는 것이다. 이런 믿음이 우리를 앞으로 나아가게 해줄 것이다.

"그렇지만 내가 틀린 거면 어쩌지?"라고 조그만 목소리가 속삭일 수 있다. 여기에 대해 이 이야기는 이런 답을 들려준다. "상관없어." 나이든 여자는 추구하던 것, 원한다고 생각한 것을 아주 조금밖에 얻지 못했다. 잠깐 쉬면서 몸을 말릴 수는 있었지만 먹을 것과 잠자리는 거절당했다. 그러나 여자는 이전에 한 번도 상상해 보지 못했던 것을 얻었다. 그것은 에너지와 인생에 대한 다른 시각이었다.

이 이야기에는 여자가 새로 얻게 된 시각으로 무엇을 했는지는 나와 있지 않다. 선물이 주어졌지만 그것으로 무엇을 할 것인지는 여자에게 달려 있다. 여자가 그것으로 아무런 일도 하지 않으면 첫 번째 선물은 별 쓸모가 없게 되고 변화는 일어나지 않을 것이다. 그러나 적어도 에너지와 사물을 보는 새로운 관점이라고 하는 첫 번째 선물이 없었더라면 그녀의 형질 전환을 위한 '땅을 박차고 오르기'도 없었을 것이다. 즉 무의식 속의 마녀 에너지가 대단한 후원자가 될 수도 있다는 이야기다. 이어지는 다음 이야기는 수단에서 전해 내려오는 것으로, 후원자가 될 가능성에도 불구하고 이 마녀 에너지와 거리를 두고 떼어놓아야 할 필요가 있음을 경고해 주고 있다.

젊은이와 냔볼

한 젊은이가 있었는데, 그의 아버지는 매일 그에게 결혼하라고 재촉했다. 젊은이는 아버지의 분부에 따라 아름다운 젊은 여자를 골라 결혼했다. 결혼을 하고 나서 며칠 뒤에 젊은이의 어머니는 신부를 자신의 오두막에 보내라고 했다. 젊은이의 아내가 가자 어머니는 며느리를 잡아먹어 버렸다.

몇 달 후에 아들은 다시 결혼했다. 일주일 후에 그 어머니는 새 아내를 자신의 오두막에 보내라고 했다. 이번에도 젊은이의 아내는 잡아먹혔다.

이번에 아들이 다시 결혼을 결심하기까지는 꽤 오랜 시간이 걸렸다. 그러나 같은 일이 일어났다. 일정한 기간이 지나 아들이 또 결혼 적령기의 마을 처녀들과 결혼을 하면 그 어머니가 매번 다 잡아먹어 버리는 식이었다. 어느덧 마을에는 냔볼을 제외하고는 처녀가 아무도 남지 않았다.

아버지는 냔볼을 다음번 아내로 맞이하라고 했지만 아들은 거부했다. 아버지는 빌고 으르기, 으르고 빌기를 계속하면서 끝내 아들의 동의를 얻어냈다.

결혼식 다음날, 그 어머니는 신부를 만나보겠다고 했다. 냔볼은 여동생과 함께 시어머니의 오두막으로 갔다. 여동생이 저녁을 지어서 다 같이 먹고 이야기를 나누었다. 잠자리에 들 시간이 되자 그 어머니가 말했다. "냔볼아, 이쪽으로 와서 나와 같이 자자꾸나."

냔볼은 다른 신부들에 대한 이야기를 들었고, 오두막 주변에 널린 해골을 보았던 터라 "아니요"라고 대답했다. "방 이쪽 편에서 제 동생과 함께 자겠어요." 두 자매는 함께 누웠지만 잠을 자기가 어려웠다.

그날밤 내내 자매는 그 어머니가 주변을 빙빙 돌면서 자기들이 자는지 확인하는 소리를 들었다. 아침 햇살이 비치기 시작하자마자 그들은 일어나서 자신들의 집을 향해 달아나기 시작했다. 곧 그 어머니가 뒤쫓아오는 발소리가 들렸다.

"얼른 이 야자나무 위로 올라가." 동생이 냔볼에게 말했다. 이 가족에게 신수(神樹)로 받들어지는 나무는, 줄기를 구부려 냔볼이 꼭대기로 기어오를 수 있게 해준 다음 줄기를 곧게 폈다. 그 순간 어머니가 자매를 따라잡았다.

"가버려." 그 어머니가 동생에게 말했다. "너는 필요 없어. 내가 원하는 건 냔볼이야." 동생은 냔볼의 집으로 달려가면서 언니의 남편에게 도와달라고 소리쳤다.

늙은 어머니는 나무에게 줄기를 구부리라고 명령했지만 나무는 꼿꼿이 선 채로 꼭대기에 있는 냔볼이 안전하게 있을 수 있게 했다. 늙은 어머니는 도끼를 가져와 나무의 줄기를 베기 시작했다. 그러나 오래지 않아 그녀의 아들이 도착했다.

"네 아내가 나무 꼭대기로 올라가 버려서 거기서 옴짝달싹 못하는구나. 내가 구해주려고 나무를 베고 있단다."

나무는 남편을 보더니 다시 한 번 줄기를 구부려 냔볼이 내려올 수 있게 했다. 세 사람은 함께 그곳을 떠나 그 어머니의 집으로 되돌아갔다. 그날밤 아들이 자기 어머니에게 말했다. "어머니는 오두막에서 주무시고, 나와 냔볼은 밖에서 잘게요."

아들은 어머니가 집안으로 들어가자 무거운 통나무로 문을 막아버리고 불을 질렀다. 이렇게 하여 그 어머니는 죽고 말았다.

~~~~~~~~~

이 이야기에는 선물 같은 것은 나오지 않는다. 우리에게 보이는 건 아들의 아내를 죽이는 기벽을 지닌 어머니이다. 이처럼 게걸스러운 탐식 역시 마녀의 특성이다. 동화나 신화, 그리고 우리 내면의 심리학적 삶 속에는 어마어마한 식탐을 지닌 마녀의 캐릭터들이 있다.

헨젤을 새장에 가둬두고 살을 찌워 저녁으로 먹으려던 마녀를 기억하는지? 이 이야기는 독일 동화이지만 세계 어느 문화에나 이런 특성을 지닌 마녀 이야기가 있다. 러시아의 민담에는 매우 고약한 바바야가라는 마녀가 나온다. 이 마녀는 숲속의 오두막집에 사는데, 집을 둘러싼 울타리 위에는 그녀에게 희생당한 사람들의 해골이 줄줄이 얹혀 있다. 인도의 칼리 여신은 다크 페미닌이 인격화된 존재로서, 종종 몸이나 입에서 희생자들의 피가 떨어지는 모습으로 그려진다. 칼리 역시 해골로 엮은 목걸이를 걸고 있다.

마녀가 악마로 묘사될 때는 늑대나 다른 게걸스러운 동물로 변신할 수 있는 능력을 지니는 경우가 많다. 본능적 에너지가 고약하게 변하는 것이다. 늑대는 대개 길들여지지 않는 본성 때문에 선택되는데, 이 동물이 초기의 여신들에게 신성한 존재였다는 것에도 주목할 필요가 있다. 늑대로서의 마녀는 자신의 희생자들을 먹는 것으로 알려져 있다. 트루데 부인이나 바바야가처럼 고약한 마녀에게 나쁜 일이 전혀 생기지 않는 이야기가 있는가 하면, 헨젤과 그레텔처럼 마녀가 파멸하는 이야기도 있다. 마녀가 파멸하는 이야기들은, 다크 페미닌의 어느 측면에 타당하게 접근하는 유일한 방법은 그것을 죽여버리는 것일 때가 많다는 메시지를 전해준다. 여기서 죽인다는 것은 무의식으로 다시 밀어 넣는 것이다.

여신으로서의 칼리는 파괴를 넘어서는 존재다. 그녀는 다크 페미닌 원형의 상징이다. 원형인 그녀는 모든 인류의 과거와 현재, 미래의 집단 무의식 깊은 곳에 존재하는 보편성이다. 칼리, 즉 다크 페미닌 원형 (그리고 모든 원형들)은 결코 온전히 이해될 수 없다. 그것들은 끊임없이 새로운 국면을 펼쳐 보인다. 다이아몬드처럼 수많은 단면을 지니고서 처음에는 한 얼굴을, 다음에는 다른 얼굴을 보여준다. 따라서 우리 모두 냔볼 이야기에 나오는 육식성의 다크 페미닌을 이미 여러 차례 만났을 것이다.

설화에 나오는 모든 인물들이 한 중심인물의 여러 측면이라는 점을 고려하면, 이 이야기는 우리 영혼에서 새롭게 떠오르는 요소들 중 마치 결혼의 시작점에 선 신부처럼 미숙하고 요령부득인 측면이 다크 페미닌의 육식성 측면에 의해 쉽게 희생될 수 있다는 경고로 이해하면 된다. 주로 다음과 같은 말들이 들리면 일단 다크 페미닌의 육식성 측면의 출현을 의심해 보아야 한다.

"늘 그러고 싶었지만……."

"항상 그것에 대해 생각했었어. 그렇지만……."

"한번은 거의 ……할 뻔했지."

"그런데 무슨 일이 생기는 바람에……. 난 정말로 충분한 재능이 있는 건 아니었어. 정말 몰라."

우리 문화에서 여자들은 여러모로 자신들이 무엇을 '할 수 없고, 적합하지 않다'는 마녀의 메시지를 믿게끔 부추겨져 왔다. 이것들은, 새로운 잠재력이 마치 새 신부처럼 무르익지 않은 상태로 떠오를 때 그것을 물어뜯어버리는 이빨이다. 마녀는 약간 맹한 소녀 같은 목소리 뒤에 숨어서 이렇게 말한다. "누구, 저요? 아, 한 번도 해본 적 없는데…… 이렇게 하고…… 아니면…… 해냈어요!"

이 메시지에서 격려가 되는 점은 항상 또 다른 어린 신부가 있다는 것이다. 한 번 더 시도해 볼 수 있는, 성장하고 있는 부분들이 있다는 것. 신부들은 계속해서 나타난다. 우리는 매번 조금 더 현명하고, 조금 더 강한 어린 신부들을 내놓을 수 있는 능력을 지니고서 난볼이 나타날 때까지 계속 시도해 볼 수가 있다. 다르게 말하면, 의식은 우리가 스스로의 알지 못했던 부분에 참여할 수 있게 계속해서 새로운 기회를 제공한다는 것이다.

아들은 마녀가 활동하고 있다는 사실을 깨닫는 데 오랜 시간이 걸렸다. 우리는 깨닫지 못하는 것이 아니라 자신이 매우 다른 방식으로 응답하는 것이라고 생각하고 싶어 하는 경향이 있다. 물론 그럴 수도 있지만, 아니기가 쉽다. 친구 하나가 이런 이야기를 한 적이 있다. "내가 그림 하나를 다 그리면 엄마는 항상 그걸 가져가고 깨끗한 새 종이를 주곤 하셨어. 뒷면에는 그리지 말라고 하셨지. '네 그림 중 하나가 걸작이 되지 말란 법은 없단다. 걸작의 뒷면에 뭐가 있으면 절대로 안 되지.'"

나와 다른 아이들이 초등학교에서 계속해서 "그게 뭐니?"라든가 "왜 말을 보라색으로 칠했어?" 같은 질문을 받느라 스스로 그림을 잘 못 그린다는 확신을 주입당할 때, 내 친구는 항상 자신의 그림이 걸작이 될 수 있다는 열린 생각을 갖고 있었다. 이렇게 나와 다른 아이들이 학창 시절에 스스로 "예술적이지 않다"고 생각하는 것과 같은 부족함과 단점에 관한 메시지는 삶의 다른 부분에도 깊고 넓게 가지를 뻗고 있다.

이 이야기의 또 다른 주요 상징은 야자나무이다. 나무는 뿌리를 땅속 무의식으로 뻗고 우듬지를 공중으로 뻗어 의식적 현실과 그 위의 천

국까지 닿는다. 특히 야자는 승리, 자기 재생의 상징이다. 야자는 잎을 떨어뜨리는 법이 없으며, 수명이 다하는 날까지 열매를 맺는다. 야자는 아래에 존재하는 무의식과 저 위에 있는 영적, 초월적 자아에까지 뻗어 힘을 끌어낼 수 있는 우리의 능력을 상징한다. 이 커넥션이 우리에게 생산력과 창조력을 유지할 수 있는 힘을 부여해 준다.

남편과 아내의 결합은 개별자들이 온전한 인간으로 거듭난다는 의미의 은유이다. 이 결합은 남편(퍼스낼리티의 남성적 부분)이 상황을 인식할 때 발생하고 유지된다. 그는 이 파괴적인 에너지 앞에서 자신들의 삶이 이어질 장소란 존재하지 않는다는 것을 알 만큼 성숙해 있으며, 그것을 파괴해 버릴 만한 능력도 있다. 종종 통찰과 행동은 두려움 때문에 위축되지만 두려움이 극복되기만 하면 저마다 자신의 잠재력 또는 온전성을 자유롭게 경험할 수 있다.

난볼 역시 한계를 설정할 수 있을 만큼 성숙되어 있다. "아니요, 당신과 같이 자지 않겠어요. 아니, 동트고 나면 바로 떠날 거야. 달아날 거야. 야자나무의 마법을 소환하겠어. 안전해지기 전까지는 안 내려갈 거야." 그녀는, 자신의 현명함에서 얻은 도움, 즉 확신에 찬 그림자인 여동생과 함께 다크 페미닌에 맞설 수 있었다.

다크 페미닌은 불에 의해 형질 전환되었다. 즉 무의식으로 돌려보내졌다는 뜻이다. 소멸된 것이 아니므로 다른 마녀들과 마찬가지로 언제든 다시 되돌아오기는 하겠지만 일단 제거되었다.

우리가 한계를 설정해야 한다는 것은 이 이야기들을 통해 계속해서 제기되는 테마이다. 반드시 일정 거리를 두어야 한다는 것이다. 다크 페미닌은 지나치게 가까이 끌어들여도 안 되고, 그녀의 사적인 공간에 침입해서도 안 된다. 아름다운 여성은, 끔찍한 위험을 초래하지 않고서는, 범죄율이 높은 도시의 24시간 편의점에서 밤새 일하는 것이 대단히 힘들다는 것이다.

트루데 부인 이야기에서 소녀는, 의미를 이해할 능력을 갖추지 않은 채로 마녀를 상대로 마녀의 본성에 대해 말했기 때문에 파멸했다. 마녀의 영역에 침입하는 결례를 저지른 것이다.

러시아의 바바야가 마녀 이야기도 이와 유사하다. 여기서는 소녀가 마녀의 집으로 가는 길에 세 명의 말 탄 기수를 만나 그들에 대해 마녀에게 물어본다. 그런데 이번의 소녀는 바바야가에 대해서는, 마녀 자신이 해보라고 했는데도 끝까지 질문하지 않는다. 바바야가가 더 물어볼 것이 있으면 물어봐도 된다고 했을 때도 소녀는 침묵을 지킨다. 이윽고 바바야가는 소녀에게 이렇게 말해준다. "네가 내 집 안이 아니라 밖에서 본 것에 대해서만 물어본 건 잘한 일이야. 난 내 이야기를 남들 앞에 드러내는 걸 아주 싫어하거든. 그래서 지나친 호기심을 먹어버린단다."

심리상담 치료를 받으러 오는 많은 이들은 다크 페미닌의 비밀을 들춰내려고 애쓴다. 그들은 자신들이 이 내적 마녀에게 시달리고 있다고 느낀다. 화나고, 의기소침해지고, 끔찍한 기분이 되기도 한다. 사실은 이것이 바로 내면의 트루데 부인의 지배 방식이다. 결국 그들은 이런 말을 하게 된다. "어떻게 해보지를 못하겠어. 이것의 진짜 원인을 알고 싶어. 왜 이런 기분이 되어야 하지?"

그들은 찾아보고, 이야기해 보고, 분석해 보면서 제자리 돌기를 한다. 처음에는 자기 자신에게 화를 내다가, 심리치료사인 내게 화를 내다가, 스스로의 무의식에 화를 낸다. 그리고는 날카로운 이를 드러내고 스스로를 물기 시작한다.

"그녀는 준비가 되면 알려줍니다. 그녀가 결정해요"라고 나는 그들에게 말해준다.

마녀는 행운의 과자도 아니고, 돈을 내면 다 알려주는 수정구슬도 아니다. 마녀는 집단 무의식에 존재하는 원형적인 다크 페미닌의 모든 에너지를 상징한다. 온갖 무의식적 질료가 그렇듯 이것 역시 동적이다. 우리에게 말을 걸고, 중요하거나 필수적이라고 여겨지면 정보를 보내준다.

누구든 자신의 머리카락을 회색에서 갈색으로, 또는 갈색에서 금발로 바꾸고 싶을 때는 염색약이 필요하다. 그냥 원한다고 해서 색이 바뀌지는 않는다.

무의식 역시 자신만의 지력을 지니고 있으며, 이 지력은 의식의 지력보다 훨씬 더 위력적이며 통제에 대해 저항적이다. 유일하게 가능한 대응 방법은 떠오르는 무의식의 다양한 형태와 유대관계를 맺는 것이며, 어떤 관계를 맺든 존중과 신중함, 그리고 '배우겠다는' 자세로 임해야 한다.

그런데 많은 경우 우리는 마녀에게 가진 것을 드러내라고 종용하면서도 정작 그녀의 메시지가 도착하면 그 중요성을 간과해 버린다. "기분이 안 좋아? 신경 끄자고!"가 일반적인 태도이다. 많은 마녀들은 두통이나 요통 또는 다른 신체적인 고통을 주어 의식적 에고가 자신을 함부로 취급한 것에 경종을 울린다. 따라서 우울한 느낌, 화 또는 다른 안 좋은 기분이 들면 그것을 메시지로 받아들여야 한다. 우리 안의 마녀가 이렇게 말하고 있는 것이다. "주파수를 맞춰. 귀를 기울여. 방송이 시작될 거야."

자, 지금까지 마녀에 관한 이야기들을 통해 그녀가 삶에 나타나는 방법이 다양하며, 적절한 대응 방식도 마찬가지로 다양할 수 있다는 것을 알게 되었다. 그러나 더 중요한 것은 역시 자신의 다크 페미닌과 유대관계를 맺는 것이다. 유대관계가 그녀의 존재를 존중하는 방식으로 형성되고, 그러면서도 인내를 발휘해 적절한 거리를 유지할 수 있다면 그녀에 대해 어느 정도 파악할 수 있게 된다. 이런 성공적인 유대관계는 우리 삶을 한층 풍요롭게 해주기도 한다. 그녀에게는 우리에게 줄 선물이 많다. 무엇보다 그녀는 우리의 창조성과 엄청난 양의 에너지가 저장된 창고의 열쇠를 갖고 있다.

5

물렛가락과 거미

좋은 엄마

오늘 나이든 여자의 생각은 열한 살짜리 노나에게 가 머물렀다. 두 달 전 노나는 임신하여 배가 부른 채 탈진한 모습으로 마을로 찾아들었다. 그녀가 배신당해 버려진 이야기는 마을 사람들의 심장을 울렁거리게 했고, 그녀는 받아들여져 보호를 받게 되었다.

얼마 지나지 않아 기적처럼 건강한 사내아이가 태어났다. 노나 역시 빠른 속도로 몸이 회복되었는데, 아기에게 필요한 것들에 대해서는 아무 생각이 없는 것 같았다. 그녀는 툭하면 아기를 나무 아래에 눕혀놓고 잠을 자거나 마을 남자들과 연애행각을 벌였다. 사람들이 여러 번 일러주어도 기저귀를 살펴보지 않아 아기의 가랑이 피부는 계속 쓰라진 습기에 노출되어 벌겋게 화상을 입은 것처럼 되었다. 아기가 자지러지게 울면 돌보기는 했지만 그것마저도 흥미가 떨어져버린 장난감처럼 안고 있는 것이 전부였다.

엄마가 이름을 지어주지 않아 아기는 마을 사람들에게 콜린이라는 이름으로 불렸다. 개중에는 아기를 자기가 데려다 기르겠다고 나서는 사람들도 있었다. 노나에게는 환영할 만한 제안이었다. 그렇게 되면 아기를 떼어놓고 자유롭게 연애를 하거나 다른 남자와 살림을 차릴 수 있을 것이었다. 그러나 나이든 여자는 더 나은 방법을 찾고 싶었다. 나이든 여자에게 노나는 외롭고 겁먹은 어린아이가 다 자란 것처럼 구는 것으로밖에 보이지 않았다. 노나에게는 콜린의 마더링(mothering, 엄마가 아이를 따뜻하고 세심하게 보살피는 일 - 옮긴이)을 배우는 것 못지않게 누군가의 자식으로서 보살핌을 받는 것이 절실했다. 반드시 방법을 찾아야 했다.

나이듦의 또 다른 과업 중 하나는 스스로 '좋은 엄마'가 되는 방법을 찾는 것이다. 오늘날 많은 노년 여성들은 정서적 흉터를 지니고 있다. 어린 시절에 다친 이후 내내 껴안고 있다가 무의식으로 묻어버렸던 상처들이 치유를 기다리고 있는 것이다.

대부분의 노년 여성들에게는 보살펴주는 엄마가 있었다. 이 여성들은 반대로 누군가의 엄마가 되어 이것을 되돌려주며 살았는데, 이들 중 많은 수가 마더링을 스스로에게 적용하는 법은 전혀 익히지 못했다. 우리는 수 세대 동안 여자가 스스로를 보살피는 것은 이기적이라는 잘못된 관념을 지니고 살아왔다. 이기적이라고 하는 이 관념은 여자들에게 엄청난 해악을 끼치며, 건강하게 나이드는 일에 대한 준비를 지극히 제한해 왔다. 여자들이 자신의 필요를 무시해 버리면 스스로의 엄마 노릇을 할 수 없기 때문에 나이가 들면서는 무기력해져 버린다. 따라서 노년에 다다르기 전의 나이가 좋은 엄마의 원형을 찾기에 알맞은 때일 수 있다. 이 여정을 떠나는 우리 모두에게는 그녀, 좋은 엄마 원형이 필요하다.

심리학자인 위니코트(D. W. Winnicott)에 따르면 엄마는 완벽할 필요가 없다. 위니코트는 '충분히 좋은(good enough)'이라는 신조어를 만들어내어, 사랑과 어느 정도의 역량을 갖춘 엄마라면 미비한 점이 있더라도 건강한 자녀를 기를 수 있다고 말했다. 문제는 엄마가 '충분히 좋은'의 기준에 미치지 못할 때 발생한다. '충분히 좋은'이 못 되는 엄마는 정서적으로 너무 가깝거나 너무 멀거나 한 경우이다. 너무 가까운 엄마는 매달리고 기대거나 항상 같이 있으면서 지배하려 한다. 너무 먼 엄마는 자유방임형이거나 집을 비우면서 과도하게 받아주며 베풀거나 냉담하게 방치한다. '충분히 좋은' 엄마는 아이에게 한계를 지어주며 양육한다. 인생의 나머지 반을 지나가는 여정에서 어린이와 원숙기의 여성 모두가 필요로 하는 것이 바로 제한과 양육의 균형이다. 다만 어린이들은 그 원천을 밖에서 찾고 성인 여성은 내부에서 찾을 뿐이다.

유년기의 박탈감에서 비롯된 상처는 치유될 때까지 없어지지 않는다. 이렇게 치유되지 않은 상처를 지니고 살아가는 여자는 자신이 상상하는, 다른 사람들이 어린 시절에 받았던 것 같은 완전한 사랑을 갈망한다. 여기에는 좋은 엄마란 '무조건' 사랑해 주고 내주는 사람이라는 판타지가 깃들어 있다. 이런 여자는 대개 원하는 유형의 사랑을 찾아서 수 년 동안 몇 차례의 결혼을 거치며, 셀 수도 없을 만큼 많은 우정을 만든다. 매번 이 사람이 그 사람이며, 앞으로 더 자신을 사랑해 주고, 베풀어주고, 세심하게 돌봐줌으로써 일생 찾아 헤맨 노고에 답해 줄 것이라고 믿으며 희망적으로 유대관계에 들어간다. 그러고는 유대관계가 진행됨에 따라 상대의 흠이 발견되면 배신당했다고 느낀다. 그녀에게는 제대로 이끌어줄 '충분히 좋은'의 내적 이미지가 없으며, 심지어 그녀는 '충분히 좋은'이라는 표현에 적대감을 느끼기도 한다. 그녀에게는 한계를 정해주고 때로는 속도를 늦추어 주면서 사랑해 주는 어머니의 경험이 없는 것이다.

진이 이런 문제를 지닌 여성이었다. 그녀는 대단히 매력적인 삼십대 분위기의 외모로 상담실을 찾아왔다. 그녀는 내게 몇 차례나 비밀을 지켜줄 수 있느냐고 확인한 뒤에야 자신이 사실은 52세라고 밝혔다. 진은 네 번째 남편인 조지와 헤어질 준비를 하고 있었다. 두 사람이 결혼한 지 일 년이 조금 넘은 시점이었다.

"결혼 전에 같이 살아보셨어요?" 내가 물었다.

"아뇨, 하지만 그랬으면 좋았을 뻔했어요. 그 사람이 어떤지 알 수 있었을 텐데요. 대단히 심술궂고 이기적인 사람이에요."

"노력은 해보셨나요?"

"말을 했죠. 하고 또 하고. 그래도 그는 달라지지 않았어요. 변명한다는 것이 고작 '피곤해' 아니면 '너무 바빠'예요."

"예를 하나 들어봐 주시겠어요?"

"음, 바로 어젯밤 일이에요. 그가 마티니를 마시며 앉아 있기에, 내가 그랬어요. '오늘밤 외출하면 안 돼? 우리 아무 데도 안 나가잖아. 시내에 가서 저녁 먹어.' 그 사람은 아무 말도 않고 그냥 한번 쳐다보더군요. 화가 났어요. 그런 모습을 전에도 본 적이 있어요. 그래서 뭐라고 말했는데, 정확히 뭐라고 했는지는 기억나지 않지만, 그 사람 정말로 치사하더라고요."

"치사하다는 건 어떤 행동인가요?"

"나를 참을 수 없대요. 그러더니 나와 이야기를 하지 않으려고 했어요. 내가 우는데도 달래주지도 않더군요. 그냥 '좀 어른이 돼봐.' 그러더라고요. 늘 그렇거든요. 그 사람은 내가 원하는 건 하나도 해주지 않아요. 재미있게 해주는 법도 일절 없죠. 심지어는 나와 같이 있는 것도 싫어해요. 그가 정말 미워요."

"여기 오신 이유는요? 어떻게 도와드릴까요?"

"그가 선생님을 만나봤으면 좋겠어요. 그러면 자기 행동을 알게 되겠지요. 이렇게는 더 살 수가 없어요. 나는 늘 행복하지 않았어요. 그 사람 말이, 내가 먼저 선생님을 만나면 그 다음에 같이 오겠다더군요. 그가 여기 찾아와서 자기가 바뀌려면 어떻게 해야 하는지 들어보겠다고 하면 나야 기꺼이 찾아오죠."

진과 나는 두 사람이 어떻게 하면 유대관계를 치유할 수 있을지에 대해 이야기를 나누었다. 그때까지는 솔직히, 그녀가 동의하기는 했지만 과연 정말로 이해했는지는 의심스러웠다.

그런데 예약된 상담 시간이 남아서 그녀와 좀 더 이야기를 나누다가, 유년기의 방치에 관한 끔찍한 이야기를 듣게 되었다. 진의 어머니는 몸이 편치 않은 사람이었다. 거의 매일 잠옷 차림으로 침대에 누워 있거나 거실 소파에 기대서 지냈다. 진은 세 살 때부터 제 손으로 먹을 것을 찾아 먹고, 혼자 잠자리에 들었던 것으로 기억한다. 잠자리라고는 하지만 주로 텔레비전 앞의 마룻바닥이었다. 그녀는 자신의 나이를 훨씬 넘어서는 책임을 짊어져야 했다. 그녀의 아버지는 두 가지 일을 해야 했고, 진은 아버지를 자주 보지 못했다. 그는 지친 몸으로 귀가하곤 했는데, 그런 그에게는 아픈 아내와 손길이 필요한 딸에게 할애할 인내가 거의 남아 있지 않았다. 진이 학교에 다닐 나이가 되었을 때, 첫 등교를 시켜준 사람은 같은 저소득층 주택단지에 살던 이웃이었다. 그나마 그 이웃 역시 그 하루 외에는 진의 기억에 남아 있지 않다. 열두 살이 되자 그녀는 학교에서 퇴학당하고 집에서도 나온 상태였다. 그때부터 그녀는 몸을 누일 수 있으면 아무 곳에서나 지냈다.

그러면서 진은 더 나은 삶이 가능하다는 것을 알게 되었고, 데이트할 부유한 젊은 남자를 찾기 시작했다. 어린 그녀의 눈에는 돈이 모든 것을 바꿔줄 수 있을 것 같았다. 그녀는 몸 가꾸는 법을 익혔고, 남자들의 관심을 끄는 법을 터득했다. 열일곱 살에 그녀는 첫 번째 부유한 남편을 얻었고, 마침내 모든 고통스러운 날이 끝났다고 생각했다.

그녀의 네 번째 남편인 조지는 상담 예약 시간보다 15분 늦게 찾아왔다. "나한테는 잘된 일인 것 같습니다." 그는 말했다. "진과 무얼 어떻게 해야 할지 모르겠어요."

조지가 자신의 이야기를 시작했다. 그 역시도 어린 시절 내내 자기 일에만 몰두하며 아이를 방치한 어머니의 작품임이 드러났다. 그가 진이 무얼 원하는지, 무엇을 필요로 하는지 전혀 모르겠다고 한 말은 전적으로 진실이었다. 왜냐하면 그녀가 원한 것은 그가 한 번도 경험해 보지 못한 것들이었기 때문이다.

만약 진과 조지가 함께 치유한다면 둘은 각자의 어린 시절의 박탈감을 공감하고 서로 충분한 이해를 나눌 수 있을 것이었다. 서로의 공통점들을 발견하며 상호 감정이입을 할 수 있었을 것이고, 그것이 그들의 치유에 도움이 되었을 것이며, 어쩌면 두 사람이 더 친밀해지는 계기가 될 수도 있었을 것이다. 그러나 두 사람 모두 그럴 의지 없이 오로지 상대에게 문제가 있다는 사실만 확인하려 들었다. 세 번째의 세션 후 진은 이혼소송을 제기하기로 결정했다.

"적어도 당신은 부자잖아." 그녀가 그에게 말했다. "난 실패한 이 결혼에서 뭘 좀 얻어내야겠어. 소송하는 동안 스파에 가서 당신과 결혼해 사느라 쌓인 스트레스나 풀어야겠네. 할 말이 더 있으면 변호사한테 해."

그 뒤로 두 사람을 다시 만나지 못했다. 조지는 다시 와서 상담하겠다고 예약을 하고 갔지만, 전화로 이제 괜찮다며 취소했다. 진은 과거에 자주 그랬던 것처럼 독일의 스파로 날아갔고, 그 동안 그녀의 변호사는 이혼 합의 조건을 가지고 고군분투했다.

진은 어린 시절에 태만한 어머니에게서 받은 상처를 치유해 줄 사람을 찾고 있었다. 그녀는 사랑과 보살핌을 갈구했으며, 끊임없이 다른 사람들에게서 그것을 찾았다. 그러나 그녀는 사랑을 오로지 방종과 숭배로만 이해했다. 그래서 항상 이 방종과 숭배에 관한 마법 같은 아우라를 매개로 유대관계를 시작했으며, 그것이 언제까지나 지속되어야 한다고 생각했다. 그러다 보니 상대의 평범한 흠이나 결함이 눈에 띄면 그것을 배신으로 받아들였다.

경험은 익숙함의 정신적 틀을 만들면서 내면에 자국을 남긴다. 우리는 상처 입은 경험이 퍼스낼리티에 미친 효과를 모른 채 틀에 박힌 행동을 하곤 한다. 진은 자신의 어머니가 부적격한 사람이었다고 생각했지만 그것이 잘못된 판단일 수 있다거나 자기가 환상과 성숙한 사랑을 혼동하고 있다고는 생각하지 못했다. 그녀는 해진 타이어 트랙이 똑같은 바퀴자국을 만들듯 계속해서 같은 패턴에 빠져들었다. 경험에 대한 인식이 적을수록 트랙으로 미끄러져 들어가 더 깊은 바퀴자국을 낼 확률은 훨씬 커진다.

가족이 모이는 자리에서 자기도 모르게 마치 어린 시절로 되돌아간 듯한 역할이나 행동을 하게 되는 경우가 이런 틀에 박힌 정신현상이 나타나는 대표적인 예이다. 나의 경우에는 집에 다니러 온 다 큰 자식들에게 나도 모르게 "우산 챙겨라"라거나 "접시는 식기세척기에 넣었니?"라는 말을 하고서는 당황할 때가 있다. 이것은 아이들이 여섯 살에서 아홉 살 때 가르치느라고 하는 말의 유형이다. 지금 아이들의 나이가 서른여섯과 서른아홉이니까 통제하려 든다는 소리를 듣기 십상인 것이다. 나는 내가 무슨 행동을 하고 있는지 곧 깨달았다. 그러나 자신이 어떤 행동을 하고 있는지 깨닫는 것만으로 틀을 벗어날 수 있는 것은 또 아니다. 해법은 행동 이면에서 진행되고 있는 것이 무엇인지를 인식할 줄 아는 것이다. 내적으로 무엇이 진행되는지 인식할 줄 아는 사람만이 틀을 깨고 행동의 패턴을 바꿀 수 있다.

진은 자신의 무의식적 패턴에 대해 아무런 인식이 없었고, 그 때문에 인생에서 만난 모든 사람들을, 그리고 네 번째 남편까지도 자신이 바라는 것을 해줄 능력이 없는 사람들 중에서 골랐다. 진은 사람과 사람 간의 적절한 사랑이 무엇인지, 그리고 베풀 줄 아는 사람이 어떤 사람인지를 배워야 했다.

마더링의 결핍은 마더링으로 치유할 수 있다. 문제는 '충분히 좋은' 엄마 노릇에 대해 오해하기가 쉽다는 것이다. 진은 자기가 어머니에게서 충분한 보살핌을 받지 못했음을 누구보다 잘 알고 있었다. 그래서 무수한 상처와 흉터에 대해 분노하고 자기 어머니를 비난했다. 그녀는 자신에게 마더링이 필요하다는 것도 알고 있었다. 그러나 진정한 마더링이 무엇인지에 대해서는 잘못 이해하고 있었다. 그 결과 남편들과 친구들을 만날 때에도 무조건 자기를 떠받들고 돌봐주는 사람만 찾았다. 그래 놓고서 매번 실망했고 그때마다 상대를 비난했다.

그러나 진은 파이터였다. 살겠다고 하는 이 강한 추진력이 없었으면 그녀는 유년기의 혹독한 방치에서 비롯된 고통을 버텨내지 못했을 것이다. 그녀는 다른 사람에게서 끊임없이 무조건적인 마더링을 찾았고, 엄청난 시간을 들여 스스로를 엄마가 아이를 보살피듯 돌보았다. 그녀의 젊어 보이는 외모는 일련의 수술의 결과였는데, 자신이 원하는 방식의 매력을 소유하기 위해서였다. 뿐만 아니라 그녀는 스스로에게 휴가 여행, 매니큐어, 가사 일을 돌봐주는 사람 및 각종 유형의 안락함을 제공했다. 그러나 이것들 중 무엇도 효과가 없었다. 이런 식의 자기 다독임은 상처가 존재하는 깊이까지 가 닿지 않았던 것이다.

진도 마찬가지지만 치유에 실패하고 상처를 더 키우는 많은 이들은 문제와 해결책을 밖에서 찾는다. 진은 치유보다 먼저, 이른 박탈감의 결과로 생긴 내적 비틀림이 무엇인지 알아야 했다. 이것을 확실히 이해해야 치유에 무엇이 필요한지도 알 수 있을 것이다. 그때까지는 그저 응석받이 어린아이나 마찬가지일 뿐이다.

진은, 좋은 마더링이란 한계를 정해주는 것이며 사랑하고 돌봐주되 불완전할 수 있음을 생각하지 못했다. 자신이 사랑을 바라보는 관점이 왜곡되어 있다는 것을 알아야 좌절을 견디는 법을 배울 수 있을 텐데, 내가 보기에 그녀는 한계를 짓거나 받아들이는 모든 능력이 심각할 정도로 부족했다. 그래서 자신에게 여러 가지를 주는 것에만 익숙할 뿐 자신을 성장시킬 수 있는 지침에 대해서는 무지했다. 스스로에게 좋은 엄마가 되어주고 싶다면, 무엇보다도 '안 돼'라는 단어를 배워야 했다. 그녀의 실수는, 자신이 꿈꾸는 완벽한 보살핌에 한계와 균형을 포함시키지 않은 것이다.

'충분히 좋은' 엄마가 자녀를 위해 한계를 설정하는 방법은 다양하다. 이런 유형의 어머니에게서 자란 아이들은 인생이 본질적으로 불완전하다는 것을 배운다. 이 아이들은 좌절을 견디는 힘을 내면화할 수 있게 되고, 원하는 것을 늘 가질 수는 없다는 것을 받아들일 줄 안다. 그리하여 스스로 적정한 한계를 설정하는 법도 익히게 된다. 반대로, 과도하게 방임하거나 지나치게 엄격한 어머니 슬하에서 자란 아이들은 일이 뜻대로 되지 않으면 좌절과 낙담에 휩싸인다.

한계란 어린아이들이 원하는 것보다는 필요로 하는 것의 카테고리에 더 어울리는 것들이다. 대부분의 아이들은 부모가 정해주는 한계에 반응하며 어느 정도의 좌절과 분노를 경험한다. 그럴 때 아이의 정서에 여리게 반응하지 않고 확고한 태도를 보이는 어머니가 아이를 성숙시킨다. 성숙은 어머니가 여전히 자기를 사랑하고 보살펴준다는 믿음 속에서 좌절을 경험할 때 얻어진다. 그런 모자간의 유대관계는 끝까지 살아남는다. 충분히 좋은 엄마가 설정하는 한계는 아이를 물리적인 해악으로부터 지켜주며, 아이에게 적절한 사회적 행동을 일러주며, 인간이 저지르기 쉬운 잘못을 몸소 시연해 주면서 장기적인 목적지로 가는 데 꼭 필요한, 좌절을 극복하는 태도를 가르쳐준다. 이런 지식들은 성인이 되어 치유할 무의식적 질료들을 발견하는 데 꼭 필요한 것들이다. 한계를 받아들이지 않고서는 육체적, 외부적인 한계가 무한정으로 늘어나는 나이듦의 과정에서 어떤 의미도 찾을 수 없다.

클라리스는 내면에 자국이 파인 것을 모르고 있다가 갑자기 그 결과에 맞닥뜨린 젊은 엄마였다. 어머니가 엄격하고 늘 화를 내는 사람이었기 때문에 클라리스는 딸 아만다를 낳으면서 자신은 자애롭고 잘 보살펴주는 엄마가 되겠다고 맹세했다. 아만다가 울음을 터뜨리면 클라리스는 그 즉시 원하는 것을 들어주었다. 아만다는 기어다니며 움직일 수 있게 된 날부터 걸음마를 할 때까지 어디를 가든 한 번도 제지를 당해본 적이 없었다.

유치원에 갈 나이가 될 때쯤 아만다는 요구가 많고 독불장군인 어린 소녀가 되어 있었다. 다른 아이들과 협력하거나 같이 놀 줄을 몰랐다. 클라리스는 사람들이 아만다를 좋아하지 않는다는 것을 눈치챘다. 또한 누군가가 자기를 좋아하지 않는다는 이야기를 해주면 아만다 역시 그 아이를 향해 엄청난 적개심을 품었다. 클라리스가 사람들 앞에서 어떻게 행동해야 하는지 아무리 설명해 주어도 아만다는 비명 지르기, 성화 부리기, 때리기로만 일관했다.

클라리스는 열심히 상담을 받았고, 곧 딸과의 사이에 작용하는 역학을 이해했다. 아만다가 흙 묻은 신발을 신은 채 거실 소파에 올라가는 부적절한 행동을 했을 때, 클라리스는 부드러운 음성으로 이렇게 말하곤 했다. "아만다, 착한 아이야. 소파에서 놀고 싶으면 신발을 벗으렴."

"싫어!"

클라리스는 뒤로 물러나 분노를 느끼기 시작했다. 소파에 덕지덕지 묻은 흙을 쳐다보면 화는 더욱 상승했다. 그러면 그녀도 폭발하여 아만다를 확 끌어내리며 새된 소리를 지르거나, 부글부글 끓어오른 채로 말없이 그 방을 나와버리곤 했다. 그녀는 어느 쪽을 택해도 화를 내는 것으로 끝이 나는 것이 끔찍했다. 클라리스는 한계를 설정하는 데 미숙했고, 그 결과 아만다는 끊임없이 자기 엄마를 이겨먹었다. 그녀와 아만다 모두 마더링을 시도할 때마다 실패하자 점점 더 화를 많이 내게 되었다.

클라리스가 아만다에게 하는 행동은 많은 여자들이 자기 자신에게 하는 것과 같은 방식이다. 이를테면 "이제부터 정말로 음식을 절제할 거야"라고 말해놓고도, 해가 갈수록 양이 점점 늘어나 좋지 않은 음식을 너무 많이 먹는 나날을 이어가는 것이다. 이런 여자들은 자신의 행동이 해롭다는 것을 알면서도 효과적인 한계를 설정할 줄 모른다. '사랑은 원하는 것을 뭐든 다 들어주는 것'이라고 여기기 때문에 한계 짓기를 마치 징벌처럼 생각하는 것이다. 그들은, 좋은 엄마란 아이에게 알맞은 한계를 정해주고 아이가 법석을 떨고 씩씩대는 동안 가만히, 애정을 가지고 그 한계를 지켜내는 사람이라는 생각을 아직 내면화하지 못했다. 스스로를 마더링하는 내면의 엄마와 여전히 보살핌을 기대하는 내면의 아이의 관계도 마찬가지다. 내면의 엄마는 자기 자신, 즉 상처 입었거나 미성숙한 내면의 아이를 버리지 않는다. 포기하거나 뒤로 물러서지 않고 그 자리를 지키는 것이다.

따라서 '충분히 좋은' 마더링에서 중요한 것은 '포용하는' 능력이다.

엄마는 아이의 분노 또는 좌절감의 긴장 상태를 아무 일도 아닌 척하지 않고, 그렇지만 자신이나 아이의 좌절에 대해 폭발하는 식으로 반응하지도 않으면서 포용할 줄 알아야 한다. 마찬가지로, 스스로 또는 내면의 허기진 아이에게도 "안 돼. 우유와 과자를 더 먹을 필요는 없어. 넌 지금 그냥 심심한 거야. 차라리 나가서 걸어!"라고 말할 수 있어야 한다. 내면의 아이가 소리 지르고 날뛰더라도 충분히 강한 에고를 지니고서 산책 나갈 결단을 내려야 한다. 그러면서 내내 단호하고도 부드러운 말투로 내면과 대화할 수 있어야 한다. 그녀가 스스로에게 계속해서 전해주어야 하는 메시지는 비난이 아니라 단지 새로운 방법을 익힐 필요가 있다는 것이다.

내면의 엄마로서 내면의 아이에게 보여주어야 하는 포용의 첫 번째 단계는, 모든 마더링이 그렇듯 옳지 않을 때 단호하게 '안 돼'라고 말하는 것이다. 이런 단호함에는 무엇이 옳은지 알고 있다는 뜻이 함축되어 있다. 두 번째 단계는 내면의 아이로 하여금 일어나는 일을 자세히 살펴볼 수 있게 돕는 것이다. 화가 나는 건 시작에 불과하다. 화를 내면서도 아이는 배워야 하고 이해하거나 변화해야 한다. 그렇지 않으면 화로 인해 저 무의식적인 자국들이 자라는 것을 부추기는 결과가 되고 만다.

우유와 과자의 예에서, 자세히 살펴본다는 것은 충동의 원천을 일차적으로 식별해 낸다는 의미다. 내가 심심한 건지, 배가 고픈 건지, 아니면 화가 난 건지? 그리하여 일단 먹는 행위를 차단하고 나면 다른 감정과 생각들이 의식 속으로 올라온다. 긴 과정을 거쳐, 제니는 자신의 끊임없는 폭식이 남자들을 멀리하기 위해 뚱뚱해지고자 하는 욕망에서 비롯되었음을 알게 되었다. 과거의 트라우마틱한 경험들 때문에 남자들에게 매력적으로 보이는 것에 대해 두려움을 갖게 된 것이다. 마샤는 독재적인 어머니와 신경전을 벌였는데, 자신이 적정량을 먹는 걸 거부하는 것으로 어머니의 통제에서 벗어나려 했었음을 깨달았다. 리사는, 스스로의 감정을 들여다봄으로써 자신이 분노를 참기 위해 먹는 것을 선택했다는 사실을 알아냈다. 이처럼 문제 행동의 이면에는 각자의 이야기와 감정이 숨겨져 있고, 이것들을 관찰하고 분석하는 것이 곧 삶의 의미를 찾는 길이다.

어머니의 포용은, 깨지기 쉽고 약하며 공격받기 쉬운 것들을 외부 세계로부터 보호하고 끌어안는 것이다. 오팔은 50세에 그림을 시작했다. 그녀는 늘 스케치하기를 좋아했지만 한 번도 자신의 재능을 확인해 보지 않고 살았는데, 이제 때가 된 것이다. 그녀는 자신에게 재능이 있을지도 모른다고 여기면서도 확신하지 못해 겁을 냈었다. 그래서 오랫동안 자기 그림을 혼자서만 간직했다. 그러다가 이 년 동안 그림 수업을 받았고, 그제야 그림 기법을 발전시키면서 자신의 작품을 남에게도 보여줄 수 있게 되었다. 오팔은 자신에게 어떤 유형의 마더링을 스스로 제공해야 하는지 이해했던 것이다.

지난 세대에는 사람들이 대가족을 이루며 서로 가까이에서 살았다. 부모는 나이가 들면 다 자란 자녀들의 집으로 들어갔다. 만약 실제로도 텔레비전 드라마 '월튼네 사람들'에서 그려지는 것처럼 대가족이 행복하고 친밀하게 같은 공간에서 살 수 있다면 그 방식 자체가 가족 구성원들의 마더링이 되었을 것이며, 이 조합이 여러 세대 동안 집단 사회의 이상으로 유지되었을 것이다. 그러나 이런 삶의 방식은 사라졌다.

지금 우리는 중요한 패러다임의 변화 한가운데서 살고 있다. 이제는 대가족들이 같은 마을에서 이웃하며 살지 않는다. 유동성과 거리로 인한 이 외부적 변화는 내적 변화와 발을 맞춘다. 집단 이상은, 자신들의 삶을 책임질 수 있다고 여기는 각 가족 구성원 또는 작은 단위의 개인주의로 대체되고 있다. 더 이상은 노년기의 구성원을 받아주려는 가족을 기대할 수 없다. 나이든 부모들은 성인이 된 자녀들로부터 수 마일 떨어져 노인 주택단지로 옮겨간다. 그리고 대부분의 이들 시니어들은 낯선 사람에게서 얼마간의 도움의 손길을 받으며 마지막 나날을 보낸다.

이제 노년기에 자식이나 손주들의 부양을 기대하는 시대는 지났다. 의미와 만족을 내면에서 찾을 수밖에 없다. 이 말은 중년기에 미리 내적 자원을 개발해 놓아야 한다는 뜻이다. 그림 형제가 수집한 이야기 중 '홀레 아주머니'에서 그려지는 내면의 '좋은 엄마'가 우리를 도와줄 것이다.

이 이야기는 '좋은 엄마' 원형의 본질에 대해 가르쳐주며, 필요한 태도와 기술을 배우고 내면화할 수 있는 방법을 일러준다. 우리의 주인공 로사는 동화 속 여주인공이 흔히 그렇듯 의붓어머니와 살고 있다. 의붓어머니는 잔소리가 심하고 거부적인 어머니의 상징이다. 좋은 엄마와의 경험이 필요한 로사에게 홀레 아주머니가 나타난다.

홀레 아주머니

옛날에 로사라는 여자아이가 의붓어머니, 의붓자매와 함께 살고 있었다. 의붓어머니는 로사에게 온갖 일을 다 시켰고, 친딸은 종일 빈둥빈둥 놀게 두었다. 로사는 전혀 불평하지 않고 매일밤 늦게까지 쉬지 않고 시킨 일을 다 끝냈다.

어느 날 로사는 우물가에 앉아 실을 잣고 있다가 물렛가락에 손가락을 찔렸다. 그런데 우물 위로 몸을 기울여 손을 씻으려다가 그만 물렛가락을 우물 속에 빠뜨려 버렸다. 로사는 집으로 가서 의붓어머니에게 무슨 일이 있었는지 말했다.

"다시 가서 찾아와." 의붓어머니는 화난 목소리로 말했다. "우물 바닥까지 내려가는 한이 있어도 물렛가락을 찾기 전에는 돌아오지 마라."

로사는 우물로 되돌아가 풍덩 하고 뛰어들었다. 정신을 잃었다가 깨어난 로사는 꽃이 핀 널따란 들판에 서 있었다. 길 근처의 조금 떨어진 곳에 아궁이가 하나가 있었다. 로사가 그쪽으로 가고 있는데 아궁이가 말을 걸었다. "다 타버리기 전에 빵을 좀 꺼내주세요."

로사는 멈춰 서서 빵을 꺼내준 다음, 다시 길을 따라 걷기 시작했다. 그런데 얼마 안 가서 사과의 무게 때문에 가지가 축 늘어진 사과나무가 나타났다. "사과 때문에 가지가 부러질 것 같아요. 나를 좀 흔들어주세요." 사과나무가 말했다. 로사는 멈춰 서서 나무를 흔들어 사과를 다 떨어뜨린 다음 다시 길을 나섰다.

다음에 로사가 만난 것은 젖이 퉁퉁 불은 암소였다. "내 젖을 좀 짜주세요." 암소가 말했고, 로사는 멈춰 서서 암소의 젖을 짰다. 그런 다음 로사는 계속해서 길을 갔다.

곧 로사는 작은 집에 다다랐다. 로사가 그 집의 문을 두드리려는 순간 문이 열렸고, 보기 흉하게 생긴 나이든 여자가 서 있었다. 로사는 달아나려고 뒤돌아섰지만 여자가 말했다. "겁내지 말아라. 내 이름은 홀레 아주머니란다. 널 해치지 않아. 나를 위해 일을 해주면 당분간 여기 있어도 돼. 매일 이불과 요 터는 걸 도와줄 사람이 필요하거든. 그래야 땅에 눈이 내릴 수가 있어."

로사는 그러겠다고 하고는 여러 날 동안 홀레 아주머니의 일을 도왔다. 로사가 시킨 일을 모두 다 잘해냈기 때문에 홀레 아주머니는 흡족해했다. 어느날 결국 로사는 슬퍼지기 시작했고, 집으로 돌아가고 싶었다. 로사가 향수를 앓고 있다고 이야기하자 홀레 아주머니는 앞치마 주머니에서 물렛가락 하나를 꺼내 로사에게 주었다. 그런 뒤 로사가 한 번도 보지 못한 문 하나를 보여주었다. 로사가 그 문으로 들어서자 황금이 쏟아져 로사의 옷에 달라붙었다.

로사가 집에 도착하자 의붓어머니는 황금을 보고 매우 기뻐하면서 곧장 자신의 친딸도 우물에 보냈다. 딸은 물렛가락을 일부러 우물에 던지고 풍덩 뛰어들어서 그 꽃이 핀 들판을 찾아갔다. 그러나 딸은 아궁이와 사과나무와 암소를 만났을 때 도움을 청하는 부탁에 모두 "아니요"라고 거절하고 계속해서 걸어갔다.

홀레 아주머니 집에 도착해서 초대에 응해 함께 지내게 되었지만, 일은 전혀 하지 않으려 했다. 다음날 홀레 아주머니가 말했다. "아마도 너는 집에 가는 게 나을 것 같구나." 게으른 딸은 기뻐하며 물렛가락을 받아들고 문 안으로 들어섰다. 그런데 이번에는 기대했던 황금이 쏟아진 것이 아니라 타르가 쏟아져 내렸다. 딸은 타르로 범벅이 된 채 집에 도착했다. 어머니와 함께 씻어내려고 애써보았지만 그 타르는 비누로도, 물로도 씻어낼 수가 없었다.

~~~~~~~~~

이야기꾼은 한 여자의 영혼이 지닌 네 가지 측면을 나타내기 위해 네 명의 인물을 등장시키고 있다. 이야기는 로사의 '충분히 좋은' 진짜 엄마의 부재로 시작된다. 로사에게는 부정적인 의붓어머니가 있다. 의붓어머니는 어떤 여자에게나 깃들어 있는, 요구가 많고 무감각하며 신랄하고 가차없는 무의식의 측면을 나타낸다.

중심인물인 로사는 에고의 위치를 차지한다. 이것이 로사가 의식적으로 생각을 하거나 스스로를 묘사하는 방식이다. 로사는 열심히 일하며 사려 깊게 행동하지만 자신의 대응이 적절한지 그렇지 않은지에 대한 분별력을 지니고 있지 않다. 의붓자매는 로사의 그림자이다. 그림자에는 자기본위, 게으름, 시기 등 로사가 지닌 모든 특질들이 있지만 의식적으로 인지하지 못할 뿐이다. 로사와 그림자 같은 자매는 인간의 퍼스낼리티에 깃든 극단적인 두 거울의 모습이다.

로사에게는 의붓어머니의 측면도 있다. 의붓어머니가 로사에게 일을 시키는 부분은 인간 내부의 강박적인 본성을 예증해 주는 대목이다. 이런 식의, 의식 있는 좋은 의도와 강박적인 통제에 대한 취약함 사이의 유대관계는 맡겨진 일을 다 받아들이고, 아무리 바빠도 도와달라는 청을 거절하지 않으며, 귀가해서는 남편과 자식의 요구를 들어주느라 정신없는 여자들의 모습이다. 의붓어머니의 측면은 스스로에게 너무 많은 것을 요구할 때 떠오른다.

의식적인 퍼스낼리티가 로사와 동일화될 때는 자기에게 의붓어머니가 깃들어 있다는 것을 알지 못한다. 자신에게 부과되는 의무가 외부적인 것이라고 생각하기 때문이다. 몇 년 전에 유행하던 '슈퍼맘'이라는 말은 모든 것을 다 해내려고 애쓰는 사람을 가리키는데, 이들은 누군가가 자기를 강압한다고 생각한다. 로사처럼, 강박의 원천이 외부에 있다고 느끼는 것이다. 현대의 로사는 일, 일가친척, 의무 등에 의해 떠밀린다. 이런 로사들은 흔히, 달리 어떻게 할 수 없었다고 말한다.

심리치료 세션에서 나는 가끔 이런 질문을 한다. "왜 그런 일들을 그냥 그만둬 버리지 않나요?" 의뢰인들은 의아하다는 표정을 지으며 대답한다. "그럼 누가 하나요?" "글쎄요. 아무도 안 할 수도 있지요. 그게 문제가 되나요?" 의붓어머니의 주문 아래 광적으로 밀어붙이며 계속해 일하다 보면 멈춘다는 생각은 불가능해 보인다. 얼핏 보면 여기에는 논리도 있어 보인다. "난 A, B, C를 해야 해. 그러고 나면 한숨 돌릴 수 있을 거야." 그러나 이 논리는, 세상 모든 일을 다 매듭지을 수 있고 세밀하게 완수할 수 있다고 하는 불가능한 전제에 기대고 있다.

쉰다섯 살인 제인에게도 이 문제가 있었다. 그녀는 교사였고, 지역 사회 활동에 앞장섰으며, 종종 손주들을 돌보았고, 그러면서도 완벽하게 집안일을 해냈다. 그러다가 우울증으로 심리치료실을 찾아왔다.

어린 시절 이야기를 하는 시간에 그녀는 자신의 어머니를 엄격하다고 표현했다. "아버지가 목사이셔서 엄마는 항상 우리가 다른 아이들의 본보기가 되어야 한다고 하셨어요. 조그만 도시여서 이웃 사람들의 일거수일투족을 서로 다 알았거든요. 아버지는 늘 바쁘셨죠. 자식 교육은 엄마에게 일임하셨고, 우리는 엄마 눈을 벗어날 수가 없었어요. 성적, 외모, 태도, 행동 모두가 속속들이 확인되었고, 매일밤 기도 전에 항상 개선이 필요한 부분을 지적받았죠. 우리 오빠는 아주 이른 나이에 반항을 시작했어요. 늘 말썽을 일으켰어요. 난 엄마의 기대에 부응하려고 노력했고요."

"그런데도 어머니한테서 인정받았다고 느낀 적은 전혀 없고요?"

"꼭 그런 건 아니었어요."

시간이 지나면서 제인은 어머니의 기대를 끝내 채울 수 없다는 것을, 그리고 자신이 무리해서 한 일들이 실제로는 어떤 의미를 지니고 있었는지를 이해하기 시작했다. 그녀는 '절대로 만족하지 않는 어머니'를 내면화하고 있었던 것이다.

제인은 한동안 모든 것을 멈추고, 자신의 어머니에게서 어떤 인정의 표시도 받지 못한 슬픔을 겪어낼 필요가 있었다. 유년기에 어머니와 주고받았던 상호작용을 스스로 내면에서 어떤 식으로 복제하는지 알아야 했다. 또 현재 자신이 하는 행위에 최소한의 보상만 주어지는 것에 대해, 그리고 현재 겪는 피로와 슬픔에 대해 살필 필요가 있었다. 이런 내적 감정들에 주의를 기울임으로써 그녀는, 로사처럼, 무의식을 향해 우물 아래로 내려가야 했다.

로사가 일단 아래로 내려가자 거기도 또 할 일이 있었지만 그 일은 두 가지 중요한 면에서 이전과는 다르다. 첫째, 그곳에서의 요청과 일에는 강박적인 요소가 없다. 일을 해달라는 요청은 강박적인 특질을 지니거나 자연적이고 본능적인 특질을 지니거나 둘 중 하나인데, 의붓어머니는 강박적인 특질을 나타낸다.

둘째, 이 세 가지 요청 모두는 음식물과 상관이 있다. 이 일들 중 어느 것이라도 거절하는 것은 뭔가가 잘못될 우려가 있다는 뜻이다. 이야기의 이 부분은 구약성서 전도서의 구절을 떠올리게 한다.

"모든 것에는 다 때가 있다. 하늘 아래서 일어나는 모든 일에는 다 정해진 때가 있다."

이 새로운 영토에서 로사를 맞이하는 각각의 요청은 그녀 — 그리고 우리 — 가 강박적인 감정을 비강박적으로 변환해야 한다는 정보를 주는 것이다.

로사는 첫 번째로 지나치는 아궁이로부터 "빵을 꺼내주세요"라는 말을 듣게 된다. 빵은 기본적인 음식물이기도 하지만, 다양한 종교에서 의미 있는 상징이기도 하다. 우리는 빵에서 단순히 몸의 자양분 이상의 것을 보는 것이다. 신약성서에는 "예수가 당신의 몸의 상징으로서 빵을 나누었다"고 되어 있으며, 현대의 기독교인들은 포도주에 빵을 곁들여 예수의 피와 살이라고 하는 상징적 의미를 이어오고 있다.

유대 신앙에서도 발효시키지 않은 빵을 사막에서의 자양물로 여긴다. 지금도 유대교의 미사 집전자들은 유월절 만찬에 빵을 나눠준다. 또 그리스 신화에서 수확의 여신인 데메테르는 곡식과 빵을 생산해 내는 대지의 어머니로서 만물을 자양하는 이미지로 나타난다.

즉 누구든 강박에서 놓여나 자연스러운 지점으로 옮겨가기 위해서는 신성한 자양물을 찾아야 한다는 것이다. 이 신성한 자양물은 에고의 수준에서 단순히 이해하는 것과는 다르며, 무의식에서만 찾을 수 있다. 긴장을 풀고 무의식을 향해 스스로를 열면 신성한 자양물의 원천이 우리 앞에 나타날 것이다.

로사가 두 번째로 지나친 것은 사과나무였다. 사과는 이중 상징의 의미를 지닌다. 사과는 많은 초기 여신들이 신성시한 사랑의 상징이면서, 의식화됨의 은유이기도 하다. 에덴동산의 사과는 앎, 즉 순진무구함에서 선악을 분별하는 지각으로 나아감을 상징했다. 순진무구하다는 것은 무의식의 상태로 있는 것이다. 영적 자양분과 의식화됨 두 가지 다 심리학적 의붓어머니의 지배로부터 벗어나기 위해 필수적인 것들이다.

세 번째 요소인 우유 역시 자양물의 기본적인 형태이지만, 이야기꾼은 여기에 추가적인 정보를 포함시킨다. 젖은 짜내지 않으면 말라버린다. 암소의 젖을 짜지 않고 내버려두면 자양분의 생산이 중단되는 것과 마찬가지로 우리의 내적 생산력도 방치하면 필연적으로 위축될 것이라는 이야기이다.

아주 실제적인 예로서, 음악에 재능이 있는 어린아이가 있는데 이 아이에게 전혀 음악을 할 기회가 주어지지 않는다면 어떨까? 당연히 아이의 소질이 개발될 여지는 없다. 젖을 짜주지 않은 암소처럼 재능이 고갈되어 버리는 것이다.

우유 또한 빵처럼 강박적 에너지의 지배를 타파하는 영혼의 상징이다. 예수가 목자로서 우유 통을 들고 있는 그림이 이런 상징성의 예이다. 이 외에도 우유에는 신들 스스로가, 단순히 공여하는 의미를 넘어서 인간이 제공해 주는 자양물을 필요로 하여 요구한다는 개념도 있다. 고대 그리스에서 우유와 꿀, 기름과 물을 신에게 바쳤고, 시베리아에서는 천둥을 동반한 폭풍우가 몰아치면 노한 신을 진정시키기 위해 땅에 우유를 부은 것이 그런 예이다.

이 자양물, 즉 우유의 원천인 암소는 자기 쪽에서 먼저 로사와의 접촉을 시도한다. 로사는 모종의 봉사를 요청받지만 먹는 데 초대받지는 못한다. 너무 이른 만찬은 섣부르기 십상이고, 쉽게 얻는 답은 낭패로 끝나는 수가 많기 때문이다. 그러므로 쉬운 답에 마음이 끌려도 계속해 나아가야 하는 것이다. 풍부한 영혼의 음식이 언제든 손에 닿을 수 있다는 걸 알지만, 로사도 우리도, 음식을 먹으려면 그 전에 더 많은 일을 해야 한다. 소극적인 상태에 머물러서는 깊고 영적인 방식으로 인생의 자양물을 얻을 수가 없다.

이것은 '나이든 여자와 떡' 이야기에서 오니의 동굴로 들어간 나이든 여자와 아주 비슷한 상황이다. 여자는 무의식이 주는 선물을 받기 위해 한동안 거기 머물며 열심히 일해야 했다. 그녀가 그저 동굴에 들어가 오니를 확인한 것만으로 충분치 않았던 것처럼, 로사 역시 우물 아래로 내려가 세 가지 상징을 보는 것만으로는 충분치 않은 것이다. 심리적 작용 중에는 천재일우의 가치나 내적 특질과의 첫 관련성을 획득한 다음 그 끈을 잃어버리는 경우가 종종 있다. 그 가치를 다시 얻으려면 반드시 뭔가 요구되는 일을 해야 하는데, 그것을 놓치는 것이다.

실제 생활에서는 명상법을 배우거나 심리치료실에서 영적 활동을 할 때 깊은 진실과 마주하는 순간을 경험하는 경우가 많은데, 이 경우에도 지혜를 성장시키기 위해서는 삼매의 시간이 필요하다.

로사 역시 여정을 계속하여 홀레 아주머니 집에 다다라, 추가적인 일을 해달라는 요청을 받는다. 이불과 요를 털어 눈을 내려 보내라는 것은 일 년 중에서 얼고 추운 동면의 시기로의 초대이다. 겨울에 내리는 눈은 새로운 생명이 활동 불능 상태이거나 무언가로 완전히 덮여 있다는 것을 상징한다. 그래서 때로 겨울은 우울 또는 침체의 시기이다.

사람들은 흔히 바쁘게 움직이는 것으로 이런 식의 침체와 우울의 위협에 대응하곤 한다. "기운 내!" "쇼핑 가자!" "뭐라도 하라고!" 그런데 이것들이 좋은 충고일 때도 있지만, 그럴 수 있는 때는 한정적이다. 살다 보면 무의식을 탐험하려고 시도하는 것 자체가 불가능할 때가 있다. 집에 불이 나는 것 같은 절체절명의 외적 요구가 닥칠 때이다. 이때는 불부터 끄는 것이 급선무이다. 불이 꺼지고 나야 상실과 불꽃의 의미에 대해 심사숙고해 볼 수 있다.

이야기의 첫 부분에서 우리는 의붓어머니의 지배를 받는 로사의 입장에서, 상징화된 문제를 살펴보았다. 로사의 퍼스낼리티 중 일부 또는 특질이 그녀의 행동을 건강하거나 합리적인 수준 이상으로 강박한다는 것이었다. 로사에게 필요한 것은 외부에서 찾을 수 없고, 자신의 영혼 속에 존재하는 것이다. 로사에게 절실한 것은 좋은 엄마의 원형이다. 홀레 아주머니도 로사에게 일을 요청하지만 의붓어머니가 시키는 것과는 근본적으로 다르다. 이야기의 앞부분에서 의붓어머니가 시켜서 로사가 한 일은 강압적이지만 홀레 아주머니를 위한 일은 심리적으로 의미 있는 작업이다.

로사는 더 이상 외적 이유로 일을 하지 않는다. 그녀는 오랜 강압적인 방식과 단절했으며 이제는 버텨내는 일만 남았다. 그러기 위해서는 내면의 필요성에 집중하는 것이 관건이다. 그래야 이런 유형의 일을 둘러싼 애매모호함과 긴장감을 인내를 지니고 이겨낼 수 있다. 과거와 단절을 선언하고 모든 움직임을 멈춘 채 스스로의 감정을 관찰함으로써 자신에게 필요한 것이 무엇인지를 알아내는 일에는 불가피하게 긴장감이 따르게 마련이다.

슈퍼우먼의 역할을 떨쳐내는 과정을 지나본 사람이라면 이것이 얼마나 힘든지를 알 것이다. 주위의 요구와 압력이 계속 이어질 뿐 아니라 이겨내야 할 내적 압력도 끊이지 않는다. 이것은 대지가 봄의 온기를 기다린 후에야 식물 속으로 타고 오를 수 있는 것처럼 기다려야 하는 인고의 시간이다.

기다림의 필수적인 과업은 매우 어렵다. 기다리면 보이지 않는 땅속의 씨앗이 움틀 것이라고 무의식이 일러주지만 눈에 보이지 않는 것을 믿기란 쉽지 않다. 이 불확실한 시간을 견디는 좋은 방법 중 하나가, 홀레 아주머니가 로사를 집으로 맞아들여 보호해 준 것처럼 친절하고 상냥하며 잘 돌봐줄 수 있는, 몇몇 내면의 또는 외부의 좋은 엄마를 찾아보는 것이다. 좋은 엄마의 역할은 통찰의 시간을 기다리는 동안 내면의 아이가 지닌 감정을 받아들여주고 지속적으로 자신감을 불어넣어주는 것이다.

심리치료에서 이 시기에 의뢰인들은 이런 말을 하곤 한다. "그렇지만 난 뭘 하죠? 바뀌는 게 없잖아요. 감정들을 느껴라. 그래서요?"

제인은 심리치료를 하면서 자기가 얼마나 좋은 엄마를 필요로 했는지 이해하기 시작했다. 처음에는 이런 감정이 드러날 때마다 쇼핑을 하거나, 외식 또는 밤늦은 야식을 먹는 것으로 스스로를 달랬다. 그러는 동안 엄청나게 살이 쪘고, 신용카드 빚은 감당하지 못할 정도로 늘어났다. 이런 식으로 스스로를 받아주고 무조건적으로 돌보는 것이 좋은 마더링이 아니라는 것을 이해할 때까지 이런 생활은 계속 이어졌다. 그동안의 그녀는 배고파서 사탕으로 배를 채우는 어린 소녀와 다를 바 없었다. 우리 모두 때로는 자신이 진실로 부족한 것, 정말 필요한 것이 무엇인지 알아낼 때까지 기다릴 필요가 있다. 배고프다는 사실을 잊어버리지 않되, 그냥 거기에 응하지 않고 기다려보는 것이다.

좋은 엄마의 요건 중 하나는 필요한 것이 무엇인지 이해하는 능력이다. 좋은 엄마는 우리가 바쁜 삶보다 의미 있는 삶을 원하면 그쪽 방향으로 이끌어준다. 제인은 열심히 일했지만 여전히 공허하다는 것을 확실히 알게 되었다. 그녀는 타인의 바람을 충족시키기 위해 일했다. 진짜 어머니와의 경험에서 창조된 내면화된 어머니가 그녀를 강박했다.

이것이 내면의 의붓어머니다. 이 의붓어머니는 몰아붙이기만 할 뿐 보살펴주지는 못한다. 의붓어머니는 그를 이용할 대상으로 볼 뿐이다. 돌봄과 이해는 오로지 내면의 좋은 엄마에게서만 나온다.

이야기꾼은 '홀레 아주머니' 속에도 숫자 3의 의미를 숨겨두었다. '식초 병 속의 여자'에서 여자가 세 번 돈 것을 기억하는지? 그 이야기에서 우리는 3이라는 숫자가 온전함과 과업의 완수를 의미한다고 배웠다. 즉 목적을 깨달을 때까지 계속해야 한다는 의미이다. 로사는 음식물을 거둬들이라는 요청을 세 차례 수행했다. 이것 역시 이야기꾼이 영적 또는 심리적 자양물을 배우고 또 배우라는 교훈을 전달하기 위한 장치이다. 이 반복의 과정은 깊은 배움의 한결같은 방식이다. 뭔가 얻고자 하면 움켜잡고, 실패하고, 다시 시도하고, 잡고, 실패한다. 그러나 매번 '잡기'의 경험이 조금씩 깊어지고 강해져서 마침내 통찰을 내면화하게 되는 것이다. 당연히 시간이 걸린다.

매리언은 은퇴하고서 한 달 만에 나를 찾아왔다. "나 혼자서 뭘 해야 할지 모르겠어요. 바쁘기는 한데 상실감이 느껴져요. 무엇도 만족스러운 것 같지 않고요." 매리언은 자신의 우물 속으로 내려가 탐색을 시작했다. 친구들과 예전 동료들이 일거리를 가져다주어도 아무 도움이 되지 않았는데, 깊은 명상이 그녀가 필요로 한 더 깊은 곳, 방향을 찾을 수 있는 곳으로 안내해 주었다.

처음에 매리언은 의기양양해했다. "강의실로 걸어들어 가는 순간 꼭 집에 돌아온 기분이었어요. 정확히 내가 도움을 필요로 했던 것이었어요."

이후 몇 년 동안 이따금씩 매리언에게서 근황을 전해 들었는데, 매번 그녀는 명상의 다른 단계에 도달해 있었다. 때로는 진저리를 쳤고, 또 때로는 이것이 자기가 택할 수 있는 유일한 방향이라고 여겨지는 것을 잡았다가 놓치고 다시 움켜잡았다. 그 과정은 길었지만 그럴 만한 가치가 있었다. 그녀는 그런 것들이 진실로 시간을 들일 가치가 있다는 것을 또 다시 배워가고 있었다.

심리치료사로 오래 일해 오는 동안 내가 만난 사람 중에는 스스로에게 무엇을 주어야 하고 어떻게 자양해야 하는지에 대해 아예 아무런 생각이 없는 여자도 있었다. 그러나 잘 살펴보면 삶에서 돌봐주어야 할 대상이 적어도 하나는 있는 법이다. 자식, 남편, 병든 부모, 강아지, 수집용 아프리카 제비꽃 등. 우리의 과업은 이를 통해 내면의 좋은 엄마를 찾는 것이다. 내면의 좋은 엄마에게서 스스로를 향한 자양의 적절한 방향을 찾는 방법을 배우면 된다.

이런 이야기를 처음 들으면 많은 여성들은 "좀 이기적인 것처럼 들려요"라고 반응한다. 그렇지 않고, 정반대다. 이기적으로 음식을 움켜쥐는 것은 굶주린 사람이다. 영양이 풍부한 사람은 자신의 필요만큼 타인의 필요도 똑같이 진심으로 염려할 줄 안다.

좋은 엄마의 원형인 홀레 아주머니는 아름답지 않다. 로사를 껴안고 우유와 과자를 주는 대신에 일을 해달라고 청한다. 우리 문화에서 좋은 엄마의 이미지는 한없이 베푸는 사람이다. 따뜻하고 사랑이 넘치며 편안한 모습으로 우리를 무릎 위에 올려놓고 얼러주는 사람이다. 그런 뒤 껴안고 노래를 불러준다. 좋은 엄마의 대중적 이미지는 여성 산타이다. 유아기에 각인되는 이런 이미지는 누구도 망치면 안 되는 엄마의 환상으로 자리잡는다. 실제 좋은 엄마의 원형은 이처럼 단순하거나 일차원적이지 않다. 좌절시키는 능력을 발휘하는 엄마는 미숙한 아이의 눈에는 흉하게 보이겠지만, 그것이야말로 일이 즉시 뜻대로 되어가지 않을 때 어떻게 해야 할지를 가르쳐주는 진정한 엄마이다.

프랜시는 쉰 살이 되던 생일에 나를 찾아왔다. "여기 온 것이 내게 주는 생일선물이에요"라고 그녀가 말했다. "정말이지 자꾸 구역질이 나는 것 외에는 불만이 별로 없어요."

"의사한테 진찰은 받아보셨어요?" 내가 물었다.

그녀는 웃었다. "그 말을 한 백 번은 들은 것 같아요. 네, 검사란 검사는 다 받아보았답니다. 의사들이 마지막에 하는 소리는 한결같아요. 몸에는 아무 이상이 없다는 겁니다. 다 내 머릿속에서 일어나는 거라더군요."

"그 말에 대해서는 어떻게 생각하세요?"

"정말로 몸이 아프지만, 그분들 말이 맞겠지요. 그런데 상상만으로 이럴 수가 있는지 정말 모르겠어요."

"나도 그냥 상상일 거라고는 생각하지 않아요." 내가 말했다. "내 생각에는 그 증상이 중요한 은유일 것 같아요. 당신의 무의식이 당신의 삶에 관해 무언가 꼭 해야 할 말이 있어서 그 이야기를 하려고 안간힘을 쓰느라 몸을 통해 소통하는 것이라는 생각이 들어요. 우리가 할 일은 그 메시지가 무엇인지 알아내서 당신이 어떤 식으로 응답할지를 결정하는 거예요. 혹시 짚이는 일이나, 살면서 토해내 버리고 싶은 일이 있었나요?"

프랜시는 아무 생각이 나지 않는다고 했다. 그녀의 인생은 그녀가 사랑하고 그녀를 사랑하는 친구와 가족들로 가득 채워져 있었다. 결혼은 만족스러웠고, 자식들이 다 따로 살기는 하지만 가까이 살고 있어 매일 자식이나 손주들 중 한 명 이상씩은 보고 지냈다. 스스로 묘사한 것처럼, 프랜시는 사랑이 넘치는 가족의 허브 역할을 하며 사는 것 같았다.

그런데 프랜시의 어릴 적 삶은 이와는 현저한 대조를 보였다. 그녀의 아버지는 자원 입대한 군인이어서 그녀의 가족은 자주 옮겨 다니며 살았다. 그녀의 어머니는 간호사였으며 가정 경제를 위해 오랜 시간 밖에서 일해야 했다. 어린 시절에 프랜시는 하루에 몇 시간씩 혼자 집을 지켜야 했다. 그녀는 삐걱거리는 소리가 들릴 때마다 낯선 사람이 침입하여 자신을 어디로 데려가 버릴까봐 무서워서 무수히 침대 아래에 숨었던 기억을 지니고 있었다.

조를 만나 결혼하면서 그녀는 따뜻하고 사랑이 넘치는 가정을 꾸리겠다고 굳게 결심했고, 누가 보기에도 성공한 것 같았다. 그런데 몇 년 전에 그녀의 아버지가 돌아가시고, 어머니가 그녀의 집으로 옮겨와 살게 되었다. "좋았어요. 엄마를 알게 되는 기회였죠"라고 그녀는 말했다.

"어머니가 얼마나 같이 계셨나요?"

"글쎄요." 프랜시는 말없이 기간을 헤아려보는 듯했다. "아마 7년쯤 됐나 봐요."

"구역질은 언제부터 하신 건가요?"

"아, 그때부터는 아니에요. 얼마 안 됐는데……." 그녀는 다시 말없이 날짜를 헤아렸다. "2년밖에 안 됐어요. 아니면 3년쯤."

"어머니는 주로 무엇을 하며 시간을 보내시나요?"

"처음에 오셨을 땐 상당히 활발하셨어요. 병원에 자원봉사도 나가시고, 교회 단체활동에도 적극적이셨죠. 그런데 차츰차츰 활동을 줄였어요. 건망증이 심해지고 분별을 잘 못하게 되셨거든요. 아, 우리 엄마가 치매라는 말씀을 안 드렸나요?"

프랜시가 구역질의 의미를 깨닫기까지는 시간이 걸렸다. 그리고 마침내 무의식으로 밀어넣었던 분노의 감정이 떠올라오기 시작했다. 우리는 이 마음과 몸의 커넥션 작용이 어떻게 일어나는지 완전히 이해하지는 못한다. 정서가 몸의 화학적 균형에 영향을 미치고 바꾸는 원리도 알지 못한다. 프랜시는 수많은 시간을 두려움과 공포에 떨어야 했던 어린 시절의 방치에 대해 어머니에게 분노하고 있었다. 그녀는 어머니가 치매에 걸려 또다시 자신에게 어머니의 부재 상황을 안겨준 것에 대해서도 분노하고 있었다. 그러나 상냥함과 보살핌을 중요하게 여기는 그녀의 가치관이 이런 분노를 억눌렀다. "치매에 걸리는 걸 본인이 어쩔 수는 없죠"라고 프랜시는 말했지만, 지적으로 이해하는 것이 감정을 바꾸지는 못했다. 감정들은 진짜였고, 내적인 물리적 변화를 일으켜 정말로 그녀의 위를 상하게 했으며, 결과적으로 구역질을 일으켰다.

"제가 어떻게 해야 하는 걸까요?"

"감정을 지닌 채로 계세요."

"엄마한테 소리를 지르고 싶어요."

"그게 바로 무언가를 '하는' 겁니다. 그냥 감정을 쳐다보면서 지내면 됩니다. 그것을 기록해 보세요. 숲으로 들어가서 소리를 지르세요. 자신에게 소리를 지르되, 감정을 다른 사람에게로 전가하지 마세요. 어머니에게도 감정을 표출하지 마세요."

서로 정반대인 두 극단, 즉 '이것 또는 저것(either/or)'이 늘 공존한다는 것은 대단히 중요한 개념이다. 프랜시의 경우 이 극단이 감정을 거부하면서 한편으로는 기분 좋아지려고 애쓰거나 혹은 소리를 지르는 식의 감정을 발산하는 행위로 나타나고 있었다. 그러나 극단을 피하는 방법은 중간에 앉아 양자택일 사이에 존재하는 긴장감을 경험하는 것이다. 중간에 머무는 것은 실제로 매우 끔찍한 기분이지만, 그곳이야말로 통찰과 이해로 가는 관문이며 가장 생산적인 지점이다.

프랜시가 감정을 지닌 채 있으려면 쉴 새 없이 어머니를 돌보는 것에서 벗어나 혼자 있는 시간이 필요했다. 그녀는 인근에서 낮 시간 동안 치매 노인을 돌봐주는 센터를 찾아냈다. 그렇게 해서 자신의 감정에 집중하게 되자, 감정의 상태가 사실은 생각 이상으로 '나쁜' 것으로 드러났다. 프랜시가 자각하게 된 감정은 이런 것들이었다.

"엄마가 싫어! 엄마를 싫어해야 하는 것도 싫고! 이 모든 잡동사니를 밑바닥에서 캐내야 하는 현실도 싫어. 도대체 엄마한테는 무슨 문제가 있었던 거지? 엄마는 멍청한 사람이 아니었어. 그런데도 어떻게 매일 오후에 나 혼자 남겨두고 나가버릴 수가 있었지? 내가 얼마나 무서웠을지 짐작도 못했다는 게 말이 돼? 나는 완전히 생쥐 같은 몰골로 내 그림자에도 소스라치곤 했다고! 왜 엄마는 나를 돌보지 않았던 거야?"

잇따른 엄청난 고통이 프랜시에게 휘몰아쳤다. 그래도 멈추지 않고 계속해서 내면으로 탐험해 들어가서, 죄책감을 느낄 만한 행동을 자제하되 분노를 띤 자신의 감정을 존중하는 법을 배움에 따라 서서히 구역질이 잦아들기 시작했다. 그러면서 그녀는 자신이 필요로 한 것들을 확인하고 그것들을 충족시킬 수 있는 조건들을 찾기 시작했다. 몇 달이 지나자 그녀의 분노는 어느새 측은지심과 이해에 자리를 내주게 되었다.

"아직도 구역질을 느끼는 날이 이따금 있어요." 프랜시가 말했다. "그럴 때마다 선생님이 해주신 은유에 대한 말씀을 떠올리면서 내가 뭔가 꽉 막힌 걸 토해내고 싶은 욕구와 싸우고 있구나, 하고 생각해요. 사실은 이런 증상이 나타난 것이 얼마나 고마운지 모르겠어요. 의미를 알고 나니까 모르는 사이에 내가 스스로를 저버리고 있다는 걸 알게 해주는 신호더라고요."

프랜시의 구역질은 억압된 두려움과 분노의 감정에서 비롯되었다. 프랜시가 이 두 감정을 계속해서 억누른 것은 이런 감정들이 자신의 가치관과 충돌하기도 했고, 유치한 방식으로 감정을 노출시키게 될까봐 두려웠기 때문이었다. 우리 모두에게는 통제를 상실한 행동을 할 때 유치한 반응이 튀어나올 가능성이 내재되어 있다. 나는 이것을 '성인 울화성 생떼'라고 부른다. 이것은 성인들이 비명을 질러대며 나중에 후회

할 말을 마구 뱉어내거나 순간의 정서에 완전히 압도되어 모든 균형감각을 상실하게 되었을 때를 가리킨다. 거의 대부분의 사람들이 정확히 이런 이유로 분노나 두려움을 억누른다. 프랜시는 자신이 잔인하고 혹독한 말을 하면서 어머니에게 상처를 주게 될까봐, 되돌릴 수 없는 후회를 하게 될까봐 두려웠던 것이다.

그러나 혹독한 말도 느껴볼 필요가 있고 어딘가에서 들어볼 필요가 있다. 그 어딘가가 언론이거나 제삼자이거나 또는 심리치료사이거나 상관없다. 가끔 새로운 의뢰인과 첫 세션을 시작하려 하면 그가 이렇게 선언하는 경우가 있다. "제 어린 시절은 참 끔찍했지만 부모님이 나름대로 최선을 다한 건 이해해요." 이처럼 '이해'를 하고 있는 경우에는 의뢰인과 내가 해나가야 할 치유 작업이 평소보다 훨씬 더 힘들다. 감정이 떠오르기 전에 머리로 이해하는 것은 인식의 아래쪽에 정신적 암을 지니고 있는 것이나 마찬가지이기 때문이다. 거기서는 암이 사방으로 퍼져나갈 수밖에 없다. 그것은 통제를 잃는 것의 반대에 있는 극단이다.

심리치료는 프랜시에게 통찰과 변화의 내적 장소로 성공적으로 나아가기 위해 꼭 필요한 한계, 보살핌, 그리고 방향을 제공해 주는 그릇이었다. 이 그릇이 없으면 프랜시는 자기 어머니를 향한 분노를 행동으로 표출하거나, 아니면 그렇게 될 것이 두려워 그것을 의식 아래로 다시 우겨넣었을 것이다.

이제, 좋은 엄마 원형과 관련해 아래 아메리카 원주민인 체로키 족에게서 전해 내려오는 또 다른 이야기를 통해 '견제'의 가치에 대해 생각해 보자.

할머니거미, 해를 훔치다

옛날, 세상이 시작될 때는 동물들이 사는 곳에 빛이 전혀 없었다. 해는 세상의 반대편에 사는 이기적인 인간들이 차지하고서 자기들만 빛을 누렸다. 동물들은 모여서 어떻게 하면 해를 훔쳐올지 의논했다.

"내가 갈게." 주머니쥐가 말했다. "나한테는 크고 더부룩한 꼬리가 있으니까 거기다 해를 숨겨 돌아오면 될 거야." 주머니쥐가 길을 떠나자 동물들은 모두 마음을 졸이며 기다렸다. 그러나 주머니쥐는 운이 나빴다.

세상에, 주머니쥐가 아무 문제없이 해를 찾아내 더부룩한 꼬리에 난 털 아래에 한 조각을 단 것까지는 좋았는데, 해가 너무 뜨거워서 그만 털이 몽땅 타 버리고 말았던 것이다. 주머니쥐는 너무 아파서 큰소리로 비명을 질렀고, 그 바람에 사람들이 우르르 몰려와서 해 조각을 도로 가져가 버렸다. 주머니쥐는 가죽이 드러난 민숭민숭한 꼬리로 돌아올 수밖에 없었다.

"상관없어." 대머리수리가 말했다. "내가 갈게. 나는 빠르게 날 수 있어. 사람들이 내 머리에 얹힌 해를 보게 되더라도 절대로 나를 따라잡을 수는 없지." 그리하여 이번에는 대머리수리가 해의 땅으로 날아갔다.

대머리수리의 계획은, 해가 얼마나 뜨거운지를 감안하지 않은 것만 빼면 잘 맞아떨어졌다. 대머리수리가 해를 한 조각 훔쳐내 머리에 얹자마자 깃털이 타기 시작했다. 대머리수리가 큰소리로 울자 사람들이 몰려와 가까스로 해 조각을 낚아챘고, 가련한 대머리수리는 벌겋게 덴 민머리로 마을에 돌아왔다.

동물들은 매우 낙담했다. 그들은 모여 앉아서 어떻게 해야 할지에 대해 토론하고 언쟁을 벌였다. 마지막으로 조용한 목소리가 말했다. "내가 갈게." 동물들이 바라보니 할머니거미가 목소리의 주인공이었다. 할머니거미는 몸집이 아주 작아서 모두들 그녀가 그처럼 힘든 일을 하지 못할 거라고 확신했다. 그러나 누구도 다른 아이디어를 내놓지 못했기 때문에 모두 할머니거미의 의견에 찬성했다.

우선 할머니거미는 데지 않도록 해를 담아 가져올 수 있는 진흙 솥을 준비했다. 그런 다음 세상의 맞은편으로 거미줄을 하나 쳤다. 그녀가 너무 작은데다 거미줄은 너무 얇아서 사람들 중 누구도 그녀를 알아채지 못할 것이었다.

도착한 그녀는 재빨리 해 한 조각을 잡아 가져간 솥에 담고, 서둘러 거미줄을 따라 되돌아왔다. 세상에나, 세상의 이쪽 편에 빛이 비추기 시작하니까 동물들이 모두 얼마나 기뻐했는지.

그때부터 빛뿐만 아니라 불도 생기게 되었다. 그리고 그때부터 그릇 만드는 법에 대한 지식도 전해 내려오게 되었다.

~~~~~~~~~~

이 체로키 민담과 비슷한 이야기들이 세계 여러 곳에서 전해 내려오는데, 여기서는 사람이 동물로 바뀌었다. 미국 원주민은 동물과 인간 사이의 연관성을 이해하며, 가치 있는 인간됨의 교훈을 위해 동물 이야기를 자주 들려준다.

전 세대에 걸쳐 동물은 인간의 본능을 상징하는 데 이용되어 왔다. 예를 들어 우리는 무조건적인 사랑과 충성의 본능을 개에 비유한다. 개가 주인공인 이야기는 대개 충성심의 중요성을 강조한다. '할머니거미, 해를 훔치다'에서는 우리 내부의 세 가지 서로 다른 본능적 측면들이 세 동물, 즉 주머니쥐와 대머리독수리, 그리고 할머니거미로 나타나 있다. 셋 다 현대의 도시에서 쉽게 접할 수 있는 동물들은 아니다.

이야기는 총체적인 어둠 속에서 시작된다. 어둠은 겨울이 계속되는 기간 동안 사람을 눈에 띄게 침체시킨다. 아이슬란드와 먼 북쪽 나라들에는 겨우내 하루 한두 시간 동안만 어슴푸레한 빛이 비치며, 오랜 세월에 걸쳐 사람들은 집안에 특별한 조명을 설치하는 방법을 개발해 왔다. 사람에게는 빛이 필요하다.

심리학에서 어둠은 의식적인 자각이나 통찰의 결핍을 상징한다. 본능적으로 우리는 자신이 하는 말에 이런 의미를 얹는다. "어둠 속에 갇힌 것 같았어"라든가 "그 문제에 서광이 비치는 것 같았어.", "마치 내 머리 속에 전등이 반짝 하고 켜지는 기분이야" 같은 말들이 그런 예이다. 뿐만 아니라 역사적으로 '계몽되지 않은(unenlightened)' 시기를 '암흑시대'라고 부르는 것도 마찬가지다.

이야기꾼은 통찰을 얻는 것, 즉 빛 또는 해를 얻는 것이 쉬운 과정이 아니라는 사실을 일깨운다. 동물들은 세 차례에 걸친 시도를 해야 했다. 이제는 독자들도 이것이 '거듭해 반복하는 것'의 상징임을 알 것이다. 이해에 도달하기 위해서는 반드시 반복과 시행착오가 뒤따른다는 것이다.

자원한 첫 번째 동물 또는 퍼스낼리티의 한 가지 측면은 주머니쥐였다. 주머니쥐는 야행성 동물, 어둠의 피조물이다. 밤눈이 밝은 다른 동물들과 마찬가지로 주머니쥐는 밤에 먹이를 찾고 낮에 잠을 잔다.

왜 주머니쥐가 실패했는지 알아보기 위해 이 동물에 대해 좀 더 알아볼 필요가 있다. 우선 주머니쥐가 똑똑한 동물이 아니라는 것부터 시작하자. 뇌 크기가 집고양이의 십오 분의 일 정도인 주머니쥐는 오로지 반복적인 행동으로만 먹이를 구한다. 주머니쥐는 밤마다 늘 같은 길로만 다니며, 자신이 원하는 먹이인지 아닌지를 구별하지 않고 닥치는 대로 먹는다. 이 분별력의 결핍은, 늘 다니던 길에서 죽어 있는 다른 주머니쥐를 발견해도 먹어버리는 식으로 확장된다.

사람으로 치면 대중심리학에서 유행시키는 모든 것을 받아들이는 덫에 빠지는 것과 같다. 대중심리학적 연구가 늘 어느 정도 적절한 필요에서 나오는 것이기는 하지만 주머니쥐 스타일의 사람들은 허섭스레기나 허술한 거짓에서 건강한 통찰을 슈아낼 줄 모른다. 쏟아져 나오는 대중심리학에서 가치 있는 것들을 구별해 소비할 줄 모르면 결국 우리도 주머니쥐처럼 형질 전환에 실패하고 말 것이다.

주머니쥐는 흔히 '기절한 척하기'라는 행동도 한다. 이 방어기재는 주머니쥐가 옆으로 누워 입을 벌린 채 침을 흘리면서, 사체에서 나는 듯한 사향 냄새를 분비하는 행동이다. 그러면 다른 동물은 사냥할 상대가 죽어버린 것에 혼란스러워하며 그냥 지나가 버린다.

우리는 '방어를 위한 부정하기'를 할 때, 주머니쥐의 졸도를 흉내 낸다. 개중에는 주변에서 어떤 일이 벌어지고 있는지 혹은 벌어졌는지 관심을 꺼버리는 식으로 '주머니쥐 놀이'를 하는 사람도 있다.

"그는 좋은 남편이었어요"라고 멀이 말한다.

"어머니! 아버지는 우리 모두를 때리곤 했어요. 끔찍한 사람이었다고요!" 그 딸은 이렇게 대답할 수도 있다.

밖에서 보면 이상할 수 있겠지만 멀은 주의 깊게 보지 않거나 잊어버렸다.

주머니쥐 놀이의 또 다른 양상은 이렇게 변명을 늘어놓기도 하지만 근본적으로는 위협받는 기분에 근원을 두고 있다. "그래, 이따금 우리를 때리기는 했어. 하지만 특별히 다른 뜻이 있는 건 아니었어. 그냥 스트레스를 받아서 그런 거였잖아."

이런 식으로 현실을 회피하거나 부정하는 주머니쥐 놀이는 당장의 충돌과 대결을 피해 우회할 수 있다는 장점은 있지만, 표면 아래에 숨어 있는 문제를 해결해 줄 수는 없다.

프루던스가 이 효과 없음의 한 예이다. 프루던스의 남편은 툭하면 아들을 놀렸다. 아이 아버지는 그게 다 장난이었다고 했지만 그 속에는 적대적인 날카로움이 내포되어 있었다. 소년은 점점 더 화가 났다. 아들이 할 수 있는 건 고작 소극적인 분노의 표출이었지만, 그것이 아버지에게는 앙갚음이 되었다. 아버지가 제시간에 맞추어 가면 아들은 항상 늦게 도착했다. 아버지가 성공한 사람이었기 때문에 아들은 실패자가 되었다. 아버지가 책임감이 있었으므로 아들은 늘 깜빡 잊어버렸다. 프루던스는 남편과 아들을 떼어놓는 일로 인생을 소비했다. 아들을 감싸고 아버지를 진정시키는 중재자 역할로 대부분의 세월을 보냈다. 그녀는 표면 아래의 문제를 부정하거나 무마하는 식의 패턴으로 주머니쥐 놀이를 하고 있었던 것이다.

또 다른 여성인 완다도 주머니쥐 놀이를 했다. 그녀는 아들을 떠받드는 가정에서 자랐다. 아버지와 남자 형제들은 그녀를 가장 어리고 유일한 여자아이로 귀여워하면서도 아무 것도 할 줄 모르는 아이로 치부했다. 완다는 가족에게 자신이 느끼는 것들을 털어놓아 본 적이 없었다. 결혼하고 나자 남편 역시 그녀를 같은 식으로 대했다. 50세가 되었을 때 완다는 다가오는 이혼의 전조등 앞에서 뻣뻣하게 굳은 채 꼼짝도 못하고 서 있는 자신을 발견했다. 그녀는 혼자가 된다는 두려움 너머의 감정들을 깨닫지 못했다.

주머니쥐에 관한 또 하나의 재미있는 사실은 이 동물이 공룡 시대에도 살았다는 것이다. 즉 주머니쥐는 고대의 동물이며 원시 동물이다. 마찬가지로 우리 안에도 고대의 원시적인 본능이 존재한다. 아이를 낳아본 여성이라면 이 날것의 본능이 문명화된 겉모습 아래에 여전히 살아 있음을 경험해 보았을 것이다. 병원은 새로운 생명이 건강하게 태어날 수 있게 모니터하고, 진단하고, 분만을 촉진하는 정교한 첨단 장비들로 가득 차 있다. 그러나 정작 분만의 순간에 새 생명을 밀어내어 개별 존재로 탄생시키는 것은 본능의 힘이다.

그러므로 주머니쥐의 지적 능력과 원시적 본성이 좀 부족하다 해도 우리는 그것에 감사해야 한다. 무엇이 되었든 새로운 것을 배우는 것은 일종의 과정이며, 주머니쥐는 그 시작 지점이다. 천천히, 차근차근, 때로 주머니쥐 놀이를 할 수도 있겠지만, 일단 시작하는 것이다. 도중에 머뭇거리기도 하겠지만 통찰을 향한 여정을 시작하면 된다. 주머니쥐처럼 밤마다 계속해 나아가, 똑같은 땅을 탐색하고 찾을 수 있는 건 뭐든 끌어모은 다음 되돌아올 수도 있다. 이런 것이 결국 호기롭게 '시작'을 할 수 있게 하는 원시적인 결단력이다.

주머니쥐는 꼬리로 해를 운반하려다 꼬리가 타버린다. 그래서 오늘날 주머니쥐의 꼬리는 민숭민숭하다. 꼬리는 척추의 연장인데, 인간에게서는 퇴화하고 없다. 이 초기 발달 단계는 꼭 필요한 시작점이지만, 추가적인 기술을 습득하지 않고 너무 많은 것을 이루려고 하면 결국 우리를 태워버린다.

주머니쥐의 새끼 돌보기는 원시적 수준이며, 인간이 이 단계에 머무르는 것이 왜 해로운지를 말해준다. 젊은 주머니쥐는 일 년에 두세 번 새끼를 밴다. 태어난 새끼는 각자 알아서 어미의 주머니에 기어올라가 젖꼭지를 찾아 물어야 하며, 일단 어미의 몸에 정착하면 자랄 때까지 거기서 움직이지 않는다. 나중에 새끼가 이 '달라붙음'에서 자유로워지면 그때부터는 스스로 자신을 챙겨야 한다. 어미가 밤마다 어기적거리며 늘 다니던 길로 나가면, 새끼도 어미의 등으로 기어올라가 떨어지지 않게 꼬리를 꼭 잡고 따라나선다. 어미 주머니쥐는 다른 동물들이 새끼들을 이리저리 떼로 몰고 다니는 식으로 새끼를 데리고 다니지 않는다. 새끼 주머니쥐로서는 거의 보살핌을 받지 못한 채 적자생존의 규칙에 내던져지는 셈이다.

이 자유방임형 마더링의 측면은 누구나 가지고 있는 속성이다. 스스로를 위해 최소한의 것만 하고 마는 것도 이에 해당된다. 내 경우에는 개인적 성장을 위해서나 직업적으로나 밤에 꿈을 꾸면 아침에 깨어 바로 기록해 두어야 하는데, 이를 태만히 하면 주머니쥐 어미처럼 최소한의 것만 함으로써 자기 이해를 증진시킬 수 있는 기회를 버리는 결과가 된다. 새로 태어나는 통찰은 이런 유형의 미니멀 마더링보다는 더 많은 보살핌을 받아야 한다.

사실 오늘날의 많은 여성 노인들은 미니멀 마더링을 받으며 자랐다. 그들은 가족 모두가 일을 해야 하는 농장이나 조그만 마을에 살았고, 그 어머니는 아이들을 돌보는 데 쓸 시간이나 에너지가 거의 없었다. 그래도 그들은 대개 이런 유형의 미니멀 마더링에 잘 적응했다. 이모나 고모, 조부모, 언니나 사촌들이 주변에 있어서 필요한 보살핌을 그때그때 주었기 때문이다. 문제가 생겨도 이 공동체 중 누군가는 반드시 그것을 해결했고, 일이 계속 잘못되어 가는 경우는 별로 없었다.

이와는 달리 주머니쥐 유형의 어머니에게 창조적이거나 어떤 면에서 특별한 딸이 있는 경우, 이런 딸은 주머니쥐 어머니가 제공해 줄 수 있는 최소한의 것보다 더 많은 것을 필요로 하며, 다른 자원을 찾지 못하면 난관에 빠진다.

요즘 이런 식의 주머니쥐 마더링을 쉽게 접할 수 있는 것은 십대에 아이를 낳은 어린 엄마들에게서이다. 이 소녀들이 방치되면 건전한 성인으로 성장하는 데 필요한 마더링을 받지 못한, '어린 성인'이라는 새로운 세대가 생겨날 것이고, 그 자녀들도 마찬가지일 것이다. 지금도 우리가 사는 세상에는 열한 살짜리 '노나' 같은 어린 성인들이 너무 많다.

주머니쥐가, 더듬거리며 통찰로 나아가는 첫 걸음을 떼는 일을 의미한다면 우리의 이야기꾼이 제시하는 다음 단계는 대머리수리의 에너지이다. 대머리수리는 직관적 식별력을 의미한다.

대머리수리가 강한 날개로 땅에서 높이 솟구쳐 올라 공중에서 내려다볼 때의 시선은 우리와는 현저히 다르다. 이 동물에게는 대단히 멀리까지 시야를 확보하여 아래에 무엇이 있는지 조망하는 능력이 있다. 예리한 시력은 먹이를 찾을 지점을 식별할 수 있게 해준다. 대머리수리는 내적인 힘의 은유이다. 우리로 하여금 생각과 감정을 지닌 채 높은 곳에서 조망할 수 있게 하고, 결정적인 무언가를 식별해 내 그것에 집중할 수 있게 한다. 우리는 이러한 직관적 식별력과, 원하는 목표에 근접해 가는 능력을 개발해야 한다.

대머리수리는 죽은 동물을 확인하고 쏜살같이 내려앉아서는 갈고리처럼 휜 부리로 먹기 좋게 살을 가르고 찢는다. 이렇게 가르고 찢는 것은 우리 모두가 수행해야 할 자기 검열의 과정인 분석하고 이해하기 위한 분투를 의미한다. 그러나 대머리수리가 가르고 찢는 대상은 짐승의 썩은 고기, 즉 죽은 동물이다. 이 점에서 대머리수리의 상징은 경고의 차원으로 전환된다. 이 말은 분석 능력 — 질긴 가죽을 가르고 찢어 그 속에 감춰진 지적 이해의 수준에 도달하는 힘 — 이 반드시 적절한 정서와 결합해야 한다는 것이다. 감정에 의해 인간적으로 순화되지 않은 지력 또는 사고는 부패한 고기만을 생산할 뿐이다.

상담을 시작하고 나서 이내 프루던스는 자신이 주머니쥐 놀이를 하고 있었음을 깨닫기 시작했다. 그녀는 왜 그토록 오래 그 놀이에 머물러 있었던가? "아들을 보호하고 싶었던 거죠. 아니면 남편을 사랑하고 이해했기 때문이거나. 둘 다일 수도 있겠지요." 그녀는 이처럼 날카로운 부리를 이용해 가능성들을 가를 줄 아는, 말하자면 깊이 생각하고 분석할 수 있는 능력을 지니고 있었으며, 상황을 명확히 볼 수 있었다. 그녀의 문제는 제자리를 맴돌기만 할 뿐 앞으로 나아가지 않는 것이었다.

"이 모든 것들에 대해 어떤 기분이 드나요?" 내가 물었다.

"그건 오래전이었어요. 지금은 정말로 아무 느낌도 없어요."

그녀는 죽은 고기를 씹으며, 자양물이 될 것을 찾는 데 실패하고 있었다. 그녀가 추구한 삶에는 감정이라는 생명력이 결여되어 있었기 때문에 자신을 형질 전환시켜 줄 수가 없었던 것이다.

대머리수리는 흉하고 위협적인 모습을 하고 있다. 남미에 살 때 더러 강둑에 일렬로 앉아 있는 대머리수리를 본 적이 있다. 어부가 팔다 남은 죽은 생선을 버리거나 푸주한이 도살한 가축의 상한 고기 부위를 내던질 때를 기다리고 있는 것이다. 작은 몸집의 새들이 짹짹거리면서 폴짝폴짝 뛰어다니고 아래위로 부지런히 날아다니면서 씨앗이나 부스러기들을 찾아다니는 동안, 대머리수리는 큰 몸집으로 길고 벗어진 목을 움츠린 채 대머리를 앞으로 쭉 내밀고 앉아 있었다. 이 보기 흉한 생물이 창공을 높이 가로지르던 그 아름다운 새들이라는 것이 상상이 되지 않을 정도였다.

과정이 힘겨워지자 프루던스의 성미가 점차로 흉한 양상을 띠기 시작했다. 그녀는 남편을 대놓고 비난해 댔는데, 그가 실제로 잘못한 것이든 자신이 지어낸 것이든 상관없었고, 현재뿐 아니라 지나간 일들까지 무차별로 공격했다. 아들이 말을 듣지 않는 것에 대해서도 사실 여부와 무관하게 짜증을 냈다. 그리고 이런 언짢은 상황들을 생기게 했다는 이유로 나한테도 화를 냈다. 그러나 이는 프루던스만의 이야기가 아니다. 사람들이 겉으로 보이는 것 아래를 탐색하고 싶어 하지 않는 이유로 드는 첫 번째가 바로 이것이다. 프루던스는 앞서 심리상담을 했던 친구에 대해 불평을 늘어놓았다. "내 친구는 완전히 바뀌었어요. 심술궂고, 언짢고, 시무룩하고, 자기밖에 모르고, 정말 별나고, 재미라고는 없게 되어버렸죠. 나도 그애처럼 분노나 슬픔, 애도를 풀어놓아 버리면 다시는 울음을 그치지 못하게 될까봐 두려워요." 프루던스의 대머리수리가 지닌 보기 흉한 측면이 참을성의 결핍이라는 형태로 떠오른 것이다.

이야기꾼은 큰 변화의 시기를 겪을 때 우리가 대머리수리 같은 기분이 된다는 것을 이해하고 있었다. 그러나 이야기꾼은 이 역시 과정이며, 거기서 멈추기에는 이르다는 교훈을 들려준다. 대머리수리는 결국 실패하지만, 높이 날아오르며 원하는 목표를 식별하고 참고 뭔가가 다가오기를 기다리는 능력만은 누가 뭐래도 '과정'의 귀중한 측면들이기 때문이다.

이어서 세 번째 캐릭터가 등장한다. 이야기에서 주머니쥐와 대머리수리가 다 실패하고 난 후 자원한 동물은 할머니거미다. 할머니거미의 첫 번째 행동은 해를 담을 솥을 진흙으로 두텁게 빚은 것이었다. 할머니거미는 열을 보존하면서도 타버릴 위험을 피하기 위해서는 준비하는 시간이 필요하다는 것을 이해한다. 바로, 자기 인식을 향한 과정이다.

할머니거미는 이 행동을 통해 우리 스스로의 인간다움에 더 가까이 다가간다. 우리는 상상할 수 있는 온갖 형태와 디자인으로 된 항아리, 꽃병, 찻주전자, 물주전자를 가지고 있다. 실생활에서 사물을 담기 위해 꼭 필요한 물건이기 때문이다. 마찬가지로 아주 깊은 수준의 내면에서도 뭔가를 담는 것은 매우 중요하다. 여자의 몸은 그 자체가 새로운 생명을 담는 용기이다. 태아를 안전하게 품고 아이가 혼자 살아갈 수 있을 때까지 성장시키는 것이다.

이렇듯 통찰을 포용하고 받아들이는 것은 무엇보다 중요하다. 어린아이들은 포용에 관해 터득하지 못한 사람들의 가장 적절한 예이다. 아이들은 이렇게 말한다. "보세요, 엄마. 저 남자는 못 걸어요."

어린아이들은 자신들의 정서도 포용하지 못한다. 아장아장 걷는 나이의 아이들은 특히나 화가 나면 소리를 지르고, 발로 차고, 얼굴이 새빨개지고, 물고, 때린다. 이들의 맹렬함은 한계를 모르며, 마치 옆에 있는 꽃병에 뛰어내려 깨진 꽃병에 머리를 다치는 것만큼이나 위험하다. 이 또래의 아이들에게는 그 일이 일어나는 곳이 식료품점 계단이거나 일요일 아침 교회의 정문 계단이거나 상관없다. 아이들의 기분은 곧바로 밖으로 튀어나온다. 아이를 보호하고, 꽃병 또는 다른 사람의 귀를 보호하기 위한 포용은 그 종류가 무엇이든 '좋은 엄마'의 몫이다.

포용력의 결핍은 성인에게서도 일어날 수 있다. 심지어 통찰을 얻는 과정에서도 정신의 혼란과 이에 따른 포용력의 결핍이 나타나기도 한다. 강렬한 각성의 느낌에 광적으로 매달려 많은 젊은이들이 컬트(cult, 어떤 체계화된 예배의식, 특정한 인물이나 사물에 대한 예찬, 열광적인 숭배, 나아가서 그런 열광자의 집단 또는 교주를 숭배하는 종교 단체를 의미하는 말 – 옮긴이)의 제물이 된 것이나, 내가 '그룹 정키스'(group junkies, 집단 마약중독자 정도로 해석 가능함 – 옮긴이)라고 부르는 사람들이 찰나적인 각성에 지나치게 도취하여 무리를 지어 다니면서 '하이'(high, 마약에 의한 황홀경 – 옮긴이)를 찾는 것이 그런 예이다.

큰 맥락 속에서 자신의 좌표를 찾지 못한 채 한없이 부풀어 오르면 어떤 믿음이나 통찰도 낭패로 끝나고 만다. 이런 이들은 다른 사람에게 강박적이 되고 작은 일도 참지 못하며, 정서가 격정적인 상태로 끓어오르면 스스로를 태워버리기도 한다. 이들의 감정은 어디서 발사되는지 모르는 정서적 미사일과 같다. 그래서 "늦었잖아!"라며 이유를 묻지도 않고 소리를 지르고, 잘못해서 무언가를 엎질렀을 때 "제기랄! 방금 바닥을 닦았다고!"라는 식으로 반응한다.

물론 감정의 분출이 늘 불필요한 것은 아니다. 이따금 누군가의 말로 인해 눈물을 쏟아내 버리는 순간이 필요한 법이다. 영화〈센스 앤드 센

서빌리티〉에서 젊은이가 마침내 사랑을 고백해 오자, 엠마 톰슨이 연기한 여자 주인공이 자신도 어찌해 볼 수 없이 크게 소리 내어 흐느껴 우는 장면이 있는데, 딱 알맞은 예라고 할 수 있다. 여주인공은 '포용'이 아니라 '꽉 채워져 막힌' 채로 살아온 것이다. 감정이 막혀 있으면 진짜 감정이 아닌 감정을 느끼는 척하며 살게 된다.

심리적 그릇의 유형은 몇 가지로 나뉜다. 첫째 유형은 정서를 붙잡아 그것에 집중하는 능력이다. "아무런 행동도 하지 말고 스스로가 느낄 수 있게 해주세요"라고 나는 의뢰인들에게 말한다. "감정이 무엇에 대한 것인지를 알아봐야 합니다."

대개는 이렇게 하기를 꺼린다. 당연히, 이 감정이 뜨거운 감자와 같아서 즐겁지 않은 경우가 대부분이며 그런 만큼 붙잡고 있기가 힘들기 때문이다. 평소에 우리는 어떤 식의 행동을 할 때 자신이 느끼는 내적 긴장의 일정량을 함께 내보낸다. 이것은 뜨거운 감자를 떨어뜨리는 것과 똑같은 과정이다. 감자가 손에서 떨어지는 순간 뜨거움은 가시지만 감자는 으깨지고 바닥은 엉망이 된다.

그럴 것이 아니라 감정을 포용할 그릇을 찾는 것이 방법이다. 많은 여성들에게 일기가 그 역할을 해준다. 일기를 쓰는 동안은 안전하게 감정을 탐색할 수 있고 아무 말이나 할 수 있다. 일기는 사적인 것이어서 스스로 불타버리거나 남을 불태워 버릴 여지가 거의 없다.

심리치료도 그릇의 또 다른 형태이다. 심리치료사는 판단하지 않고 있는 그대로 받아들여주기 때문에 감정들을 붙잡아둘 수 있게 도와준다. 우리에게는 느낌을 털어놓고 들어줄 사람이 필요하다. 그렇지만 가족과 친구는 최선의 청자라고 할 수 없다. 우리를 사랑하는 이들은 종종 꼭 필요한 객관성이 부족하다.

반면에 심리치료사는, 감정 또는 생각을 지닌 채 한동안 '앉아 있어

보라'고 제안하고, 다음 생각으로 옮겨가기 전에 이전 생각을 더 깊이 탐색할 수 있게 조언하면서, 과정을 늦춰가며 정보의 흐름을 조절하고 통찰을 수용하게 도와줄 수 있다. 또 정보를 보태주고 대안이 될 만한 관점을 소개해 주기도 한다.

조용히 '있는' 시간 역시 또 다른 그릇이다. 가만히 있는 것은 정신의 질료가 부글부글 거품을 내며 뭉근히 끓어오르기를 기다려 가치 있는 무언가가 의식 속으로 들어오게 하는 일이다. 요즘처럼 요란한 시대에는 많은 사람들이 조용하게 지내는 습관을 잊어버렸다. 피트니스센터에 같이 다니는 여자 하나는 같은 시간에 거기서 마주칠 때마다 이런 사실을 내게 일깨워준다. 아마 내가 다니는 곳도 다른 피트니스센터나 별 다를 바 없이 소란할 것이다. 곳곳에 텔레비전과 음악이 켜져 있다. 여자 탈의실 옆에 조그맣게 앉을 공간이 마련되어 있는데, 자전거를 타거나 러닝머신에서 걷다가 아이디어가 떠오르면 나는 항상 커피나 차 한 잔을 들고 그곳에 들어가 앉아 몇 분 정도 메모를 한다.

그 조그만 공간에도 텔레비전이 한 대 있어서 누가 있거나 없거나 항상 켜져 있는데, 내가 들어갈 때 사람이 없으면 나는 텔레비전을 꺼버린다. 그런데 이 여자가 따라 들어오면 여지없이 다시 켠다. "소리가 들리는 게 좋아요"라고 그녀는 말한다. 그런 뒤에는 탈의실로 들어가 누군가와 큰소리로 이야기를 주고받기 시작하는데, 이미 그 소리 때문에 텔레비전에서 흘러나오는 소리는 들리지도 않을 정도이다. 나로서는 침묵이 그녀에게 불안을 야기하는 것이라고 혼자 결론 내리는 것 외에는 어떻게 할 도리가 없다. 불행히도 우리 모두는 소음에 의존하도록 길러지고 있다.

침묵하며 내면을 향해 걷는 것, 무언가가 이루어질 때까지 말없이 지켜보는 것은 여자들에게는 아주 오래전부터 내려오는 방식이다. 신약성서에는 목자들이 아기 예수를 만나고서 해외로 나가 자기들이 본 것을 모두에게 전했다고 쓰여 있다. 그들은 외적 메신저들이었다. 그러나 마리아는 오히려 여성 특유의 내면화를 예증해 주었다. 바로 "그러나 마리아는 이 모든 것들을 마음속에 간직하고 되새겨 보더라"(누가복음 2장 19절 - 옮긴이)라는 대목이다. 즉 오로지 안을 향해 나아가고 곰곰이 생각해 볼 때에만 첫 번째의 감정에 다다를 수 있으며, 그런 뒤에야 우리 삶에서 경험한 다른 감정들의 의미도 이해할 수 있다.

할머니거미가 세상의 반대편에 친 거미줄은 얇았지만 이 동물을 데려다주기에 충분할 만큼 윤곽이 선명한 길이었다. 거미줄이 그것을 친 거미에게만 종속적이라는 것은 특기할 만한 사실이다. 즉 일부 신세대 컴퓨터 똑똑이들이 생각하는 것과는 달리 모든 거미줄(인터넷의 웹을 빗대어 이름 - 옮긴이)이 고속도로인 것은 아니다. 다만 사물의 사이를 연결해 준다는 점은 같다. 하나의 거미줄은 한 지점을 다른 지점으로 연결한다. 그리고 거미는 자신의 내부로부터 자원, 즉 이곳에서 저곳으로 움직여갈 수 있게 해주는 물질을 생산하여 자신만의 길을 만들고 나아갈 수 있다.

각각의 거미줄이 각자의 내부에서 뻗어나오기 때문에 이것은 자신의 본성과 연결된, 자신이 걸어가고자 하는 유일한 자신의 통로가 된다. 자신의 퍼스낼리티를 비즈니스, 창조, 탐험에 맞추었으나 한 번도 비즈니스 세계로 들어가 보지 못한 이들, 창조를 해보지 못한 예술가들, 한 번도 탐험을 해보지 못한 탐험가들은 모두 자신만의 내적 거미줄이 아닌 데서 움직인 탓에 제대로 활동하지 못한 여성들이다. 각자가 자신만의 거미줄을 쳐야 하는 것이다.

나이가 들어가면서 얻게 되는 축복 중 하나는 외적으로만이 아니라 내적으로도 자신만의 길을 발견할 자유가 주어진다는 것이다. 더 이상은 가족, 친구, 지역사회의 기대에 부응하는 것이 최대의 과업이 아니다. 이것은 더 애정 어리고, 더 까다로우며, 더 이기적이고, 다른 이를 덜 배려하며, 체면에 덜 구애되거나 예의 바름과 정중함에 덜 신경 쓰는 스스로를 발견할 자유의 시간을 맞이했다는 의미다. 많은 여성들이 힐다가 어느 날 내게 했던 것과 똑같이 말하거나 생각한다.

"나한테 남은 날이 얼마인지는 모르지만 유한하다는 건 알아요. 그날들을 내가 누구인지를 발견하고 '나'로 사는 데 쓰려고 계획하고 있어요. 호레이스나 자식들 또는 손주들이 그걸 좋아하든 좋아하지 않든 말이죠. 눈치가 있으면 그들도 각자 알아서 대응하겠지만 그런 걸 걱정할 수는 없어요. 심장마비 때문에 놀라고 나니까, 아무 준비도 없이 조물주를 만나 인생을 오롯이 다른 이들이 원하는 대로만 살아서 정말 내가 누군지 알 수 있는 실마리도 못 찾았다는 말을 하고 싶지는 않았어요."

할머니거미의 이야기는 인식의 획득 — 해를 가져오는 것 — 이 길고 어려운 과정이라는 사실을 일깨워준다. 한동안 어둠 속에서 먹이를 찾아다니는 일을 기꺼이 해야 하며, 지구 반 바퀴를 돌아 낯선 곳에 가는 일도 마다 하면 안 된다는 것. 그런 후 자신만의 통로를 따라가면 꼭 필요한 통찰을 얻을 수 있다는 것. 그러기 위해 내부로부터 실을 자아내고, 찾아내는 것들을 포용하는 일에 항상 시간을 내주어야 한다. 보살피고 한계를 정해주는 어머니를 자신의 내부에서 길러야 한다. 그녀만이 견디고, 객관화할 줄 알고, 포용하는 기술을 개발할 수 있게 우리를 안내해 줄 유일한 존재이다.

참아내고 견디는 힘을 지닌 좋은 어머니를 통해 수용의 또 다른 측면을 보여주는 이야기가 있다. 아이를 길러본 여자라면 누구라도, 참고 무언가가 개발될 때까지 기다리는 일의 중요성을 안다. 다음은 구약성서에 나오는 이야기다.

리스바의 불침번

옛날에 리스바라는 이름의 여자가 살았는데, 그녀는 사울 왕의 후처였다. 여자는 이 통치자에게서 두 아들을 낳았다. 한동안 평화로운 치세가 이어졌으나 사울이 야훼의 신임을 잃게 되는 시기가 닥쳐왔다. 그의 통치권은 다윗이라고 하는 목자의 도전을 받게 되었다. 다윗과 사울은 치열하게 싸웠으나 마지막 승자는 다윗이었다. 다윗은 사울과 사울의 아들 한 명을 죽였다.

기근이 몰아쳤다. 기근은 삼 년간 계속되었다. 다윗은 기도했다. 야훼의 응답은 사울이 저지른 그릇된 행동에 대한 응보로 기근을 내렸다는 것이었다. 다윗은 사울의 남은 아들 일곱을 찾아냈다. 그리고는 사울의 행동에 대한 죗값으로 일곱 명 모두를 나무에 매달아 죽이라고 명령했다. 이 중 두 명이 리스바가 낳은 아들이었다. 다윗은 이들의 시체를 묻어주지 말고 두라는 추가적인 형벌도 지시했다.

이 일이 일어난 때는 봄보리를 수확하는 시기였다. 리스바는 시체를 묻어주지 않았다는 사실을 알고는 죽은 아들들이 뉘어 있는 곳 옆의 바위에 밤이고 낮이고 앉아서 독수리와 짐승들이 달려들지 못하게 지켰다. 어느덧 시월이 되었고 비가 내리기 시작할 때쯤 다윗이 여자의 기나긴 불침번에 대해 전해 들었다. 어머니로서의 그녀의 행동에 감동한 다윗은 사울과 그 아들 요나단의 뼈를 다른 자식들의 시체가 있는 곳으로 옮겨주었고, 가족 공동묘지에 묻힐 수 있게 했다.

━━━

리스바는 상처 입은, 또는 죽은 내면을 결코 저버리지 않겠다고 서

약하는 좋은 어머니의 상징이다. "언제나 너를 지켜줄게"라고 말하는 어머니다.

이처럼 깊은 헌신을 이해하기는 쉽지 않다. 사실 우리 자신에게 이를 적용시켜 생각해 보면 이런 보살핌이라는 건 상상하기도 힘들 정도다. 고등학교 때 낙담되는 말을 해서 기를 꺾어놓곤 했던 선생님들, 어머니나 아버지가 상처를 주는 말이나 행동을 했던 때를 떠올려 보자. 우리는 이미 오래전부터 이 상처들을 덮기 위해 남에게 내보이는 이미지를 만들어왔고, 너무 오랫동안 이 '덮개' 아래에서 생활해 왔다. 그리고 덮어놓은 상처들이 이제는 아무런 영향력이 없다고 안심하기에 이르렀다. 그것들은 먼 기억 속에서만 존재하는 것이라고 생각한다.

거트루드 역시 누군가가 물으면 분명히 이렇게 답했을 것이다. 그만큼 거트루드는 충만한 삶을 살았다. 그녀의 친구들은 거트루드가 행복한 여자라고 생각했고 그녀 자신도 십분 동의했다. 누구도 그녀를 상처가 있다거나 신경증 환자라고 여기지 않았다. 그러다 예순여섯 살에 그녀는 암을 앓게 되었다. 그녀의 가족은 그녀가 가능한 한 오래 살기를 바랐지만, 의사는 몇 달밖에 남지 않았다고 했다.

몸이 암에 대항해 싸울 수 있으려면 매일 엄청난 알약을 삼켜야 했고, 균형 잡힌 영양식을 먹어야 했다. 거트루드는 둘 다를 거부했다. 간호사가 약을 가져다주면 삼키는 척했다가 혼자 있을 때 뱉어버리곤 했다. 식사는 거의 손대지 않은 채 식반에 남겨졌다.

친구들, 가족들, 그리고 병원 관계자들이 설득하고, 간청하고, 위협하고, 빌었다. 거트루드는 마지못해 그들이 원하는 대답을 했지만 정작 약과 식사가 도착하면 그렇게 하지 못했다. 이따금 가족들이 집에 가지 않고 병상을 지키면서 을러대다시피 하면 음식을 조금 삼키기는 했지만 대개는 그 즉시 게워냈다. 모두들 혼란에 빠졌다. 마침내 의사는 이 문제가 심리적인 것이라고 판단하고 심리치료사를 불렀다.

누군가가 육체적으로 약해지면 주위 사람들이 그 상황에 대해 느끼는 긴박감이 형성되게 마련이다. 거트루드에게 필요한 최우선 사항은 그녀를 살리고자 하는 사람들에게서 전해지는 이 강렬한 압박감으로부터 그녀를 보호해 주는 일이었다. 그녀에게는, 스스로를 감싸 안을 '그릇'을 만들어 외부에서 몰아치는 원치 않는 돌봄의 손길을 차단하고, 남은 에너지를 방어에 쓸 수 있게 통로를 만들어줄 심리치료사가 필요했다.

거트루드의 심리치료 세션들은 식사시간에 이루어졌다. 그녀는 식반을 물끄러미 보다가 울음을 터뜨렸다. 상처받기 쉬운 유년기에 고아원에서 노기에 찬 기혼의 여성 직원 앞에서 강압적으로 밥을 먹어야 했던 두려움과 분노의 기억이 떠올라온 것이다. 그녀의 어머니가 남편과 이혼 소송을 벌이느라 돌볼 겨를이 없던 딸을 고아원에 맡겨둔 탓이었다.

마침내 완고한 아일랜드 노부인인 할머니가 거트루드를 고아원에서 구해냈다. 이 노부인의 목표는 거트루드를 그 엄마 같은 사람이 되지 않게 하는 일이었다. 할머니에게는 겁먹은 어린 소녀에게 줄 보살핌이나 상냥함이 거의 없었다. 소녀에게 하루 중 가장 싫은 때가 저녁식사 시간이었다. 저녁을 먹을 때마다 할머니는 거트루드의 잘못을 일일이 거론하는 긴 설교를, 그녀의 부모가 잘못한 것들까지 곁들여 늘어놓았다. "할머니는 늘 장황한 설교를, '몸을 곧게 펴고 앉아라, 입을 다물고 음식을 씹어라, 접시를 말끔히 비워라. 이렇게 먹여주는 사람이 있다는 걸 고맙게 여겨라'라는 말로 끝맺곤 했어요."

거트루드는 흐느꼈다. "밤마다 죽을 만큼 힘들게 음식을 삼켰지만 식사시간의 반은 먹은 걸 게워내면서 보냈어요."

심리치료사와 거트루드는 조그맣고 겁에 질린 아이(거트루드 내면의 상처 입은 아이를 가리킴 - 옮긴이)를 지키는 리스바였다. 이윽고 아이는 수프를 먹어보겠다고 했다. 심리치료사가 닭고기 수프를 만들었다. 어린 소녀는 국수도 좋아했다. 두 사람은 아이스크림을 시켜서 함께 먹었다. 거트루드가 너무 쇠약해서 글을 쓸 수 없었기 때문에 심리치료사가 녹음기를 가져다주었다. 거트루드는 말하고, 또 말하고, 울다가, 저주를 퍼붓다가 그 어린아이에게 말을 걸었고, 그 아이를 사랑하기 시작했다.

그것은 몸은 따라갈 수 없는 영혼의 치유였다. 거트루드는 자신과 가족의 평안 속에서 세상을 떠났다. 가족 중에는 노부인과 부모도 있었다.

거트루드는 너무 약해서 혼자 설 수 없었지만 그녀와 심리치료사는 함께 리스바가 될 수 있었다. 그들은 스스로 곁에서 지켜주는 좋은 어머니의 내적 측면이 되었다. 두 사람은 함께, 의미가 분명해지기도 전에 감정을 훔쳐가 버리는 선의의 포식자들, 즉 가족을 일정 거리 밖으로 물러서게 했다.

거트루드와 같은 경우는 흔치 않다. 그러나 우리 모두에게, 감정을 훔쳐가는 주변인들은 있다. 우리를 사랑하는 이 사람들은 부정적인 감정으로부터 우리를 떼어놓는 일에 대단히 공격적으로 매달린다. 대부분의 경우 이런 격려는 어린 시절부터 시작된다. 내게는 존 삼촌 — 아마 누구의 인생에도 존 삼촌은 있을 것이다 — 에 대한 기억이 있다. 어쩌면 한 명이 아니었을 수도 있다. 존 삼촌은 내가 울거나 토라져 있으면 늘 장난을 걸었다.

장난은 "저기 웃음 하나가 있네"라는 말로 시작되었다. "아, 보인다! 저기 있네. 입이 한쪽으로 실룩거리기 시작하네. 아마 웃음을 오래 네 입 속에 넣어두지는 못할걸." 삼촌은 결국 그 부조리한 상황이 웃음으로 끝날 때까지 고집스럽게 장난을 계속하곤 했다. 그러면 원래의 감정은 어디론가 묻혀 사라져버렸다.

언젠가부터 우리는 스스로의 존 삼촌 역할을 하며 살아간다. 시간이 없다고 생각하면서도 이렇게 말한다. "일하러 가야 해. 저녁 준비를 해야 하고, 빨래도 해야 해. 힘내자고." 감정은 온데간데 없다. 통찰할 기회는 있었지만 진정한 통찰로 갈 수 있는 유일한 고속도로인 감정이 자취를 감춘 것이다. 우리에게는 내면의 리스바, 최초의 고난과 삶의 여정 도처에서 마주치는 감정들을 보호해 줄 좋은 어머니의 원형이 필요하다.

때때로 우리는 중요한 감정에만 관심을 기울여야 한다고 생각하는데, 이런 생각은 일종의 함정이다. 그래서 분노나 비탄, 열정 같은 감정을 위해서는 기꺼이 발길을 멈추지만 상처가 되는 느낌 또는 기분처럼 단순한 감정은 그냥 지나친다. 우리는 과거가 중요하다는 것은 이해하지만, 당시의 사건에 감정을 얹는 것은 어려워한다. 그것들이 이미 '죽은' 감정처럼 느껴지기 때문이다. 그러나 리스바는 마치 '죽은' 것 같은 문제, 또는 중요하지 않은 감정이 존중해야 할 감정이라는 사실을 일깨운다. 필요한 시월의 비가 내릴 때까지 방심하거나 태만하지 않고 그것들을 지켜주어야 한다는 것이다. 그러려면 사소한 기분과 일상의 상처들을 낱낱이 느끼고, 리스바와 마리아, 거트루드처럼, 그것들을 내면에서 곰곰이 생각해 보는 시간이 필요하다.

인생의 후반부는 삶의 본질과 의미를 찾아가는 내적 여정이다. 이를 위해 우리는 삶의 유한함을 받아들이는 것에 대해, 그리고 살아 있는 동안 상실이 어떻게 개별 인생이라고 하는 직물의 부분이 되어왔는지에 대해 함께 이야기를 나누었다. 또한 거부하고 '그림자' 속에 억압해 둔 자신의 특질들, 그리고 다크 페미닌의 측면들이 어떤 식으로 의식화되어야 하는지에 대해서도 알아보았다. 그리고 이 장에서는, '좋은 어머니'의 원형이 우리 속에 있으며, 그녀를 불러내 '온전한 존재'로의 여정에 동행할 수 있다는 이야기를 하고 있다.

모든 원형적 에너지가 그렇듯 좋은 어머니는 내적인 존재이므로 본능적, 직관적 에너지와 정서를 통해서만 그녀를 경험할 수 있다.

지금까지 우리는, 내적 욕구를 충족시키기 위해 어둠 속에서 어기적어기적 더듬으며 다닐 때 주머니쥐의 에너지로 그녀가 처음 나타난다는 것을 배웠다. 이어 그녀는 대머리수리의 에너지로 나타나 멀찍이 물러서서 조망할 수 있게 우리를 도와준다. 그런 다음 할머니거미의 에너지인 그녀가 나타나 수용과 자기 제어의 길을 일러주고, 우리가 이해하고 성장할 수 있을 때까지 기다린다. 그녀는 우리가 자신을 되돌아볼 수 있도록 도와주기도 하는데, 종종 우리가 듣고 싶어 하지 않는 메시지를 꿈, 정서, 또는 우리가 저지르는 실수의 형태로 보내준다.

내면의 '좋은 어머니'는 보살핌과 한계에 대해 이해하며, 그런 그녀의 존재는 우리가 균형을 배울 수 있는 에너지로 작용한다. 그녀는 영적 자양물을 약속하되, 필요한 것을 얻기 위한 필수적인 과업을 요청하기도 한다. 이것이 내적 활동이며, 여기에는 외적 목표로부터 에너지를 거둬들이고, 정서를 따라서 그 근원을 찾아가는 여정이 포함되어 있다.

6

섬과 매
내 안의 남성성

밤공기에 늦봄의 부드러운 온기가 스며 있었다. 긴 비가 그치고, 태양은 매일 더 깊숙한 땅 속까지 온기를 보냈다. 몇 주일 전 세리나가 세상을 떠났다. 그녀가 묻힌 곳에 심어두었던 노란 장미가 처음으로 봉오리를 맺었다. 마을 전역에서 미국박태기나무와 서양배나무가 개화를 마무리하고 있었고, 한 주 전만 해도 새로 난 어린잎에 불과했던 나뭇잎들이 이제는 초록색 잎사귀를 펼치고 있었다.

어둠이 내린 지 한 시간여가 지났다. 사람들은 아주 오래 산 옹이투성이 참나무의 청회색 나뭇잎 아래 모여 앉았다. 나이든 여자는 사람들의 영혼의 방향을 가늠해 보면서 주위를 둘러보았다. 여자의 눈길이 자신의 손자 — 혹은 증손자일 수도 있었지만 기억이 나지 않았다 — 에게 머물렀다. 그는 눈꺼풀을 살짝 아래로 내린 채 입술을 살짝 벌리고 나무에 비스듬히 기대 있었다. 손자의 눈길이 향하는 대로 시선을 좇아가니, 거기 메다가 있었다. 메다는 달이 세 번 뜨는 동안의 시간 전에 막 여성성의 본령으로 들어간(월경의 시작을 가리킴 - 옮긴이) 소녀였다. 소년의 시선을 알아채자 메다의 입술에 어렴풋한 미소가 떠올랐다. 두 사람 사이에는 사향의 향이 감돌았다. 나이든 여자는 한숨을 내쉬었다. 여자의 한숨에 지난 기억들이 얹혀 있었다.

여자의 눈은 계속해서 마을 사람들의 배치를 살폈다. 오래전부터 짝이었던 남녀들은 서로 가까이 앉아 있었다. 이들이 서로 손을 뻗거나 만지는 행동들이, 모인 이들 전체에서 물결처럼 오고갔다. 봄 밤의 따뜻하고 부드러운 느낌이 짝을 이룬 사람들 사이에서 고스란히 전해지고 있었다.

그러나 모두가 그런 것은 아니었다. 그웬린은 남편 옆에 앉아 있었지만 그녀의 마음은 공터 맞은편의 숀에게 가 있었다. 그웬린은 달이 백 번 뜨는 시간도 더 전에 결혼한 사람이다. 그런데 달이 서너 차례 뜨는 시간 전쯤 숀이 마을에 나타났을 때, 그녀의 눈은 자신의 가정에서 떠나버렸다. 노나도 숀에게 매혹되어 있었고, 이웃 마을 여자들까지 더러 숀을 보러 찾아오고는 했다. 숀에게는 마법 같은 느낌이 있었다. 그의 어두운 눈은 여자에게 한 번도 꿈꿔보지 못했던 것을 약속하는 듯했다. 단 한 마디도 하지 않고 그는 상대를 모험으로 초대했다.

나이든 여자는 이 남자를 기억했다. 여자의 인생에 들어왔던 남자의 눈빛은 회색이었고, 보폭이 더 넓었고, 이름은 숀이 아니었다. 그렇더라도 둘은 같은 사람이었다. 외모, 사람의 마음을 끄는 힘, 숨결이 몸에서 빠져나가는 느낌, 이런 것들이 모두 같았다. 여자들이 그를 필요로 하면 언제든 모험이 시작되었다.

나이든 여자가 숀을 보았을 때, 겉모습에서는 특별히 끌릴 요소를 찾지 못했다. 그러나 드러나는 껍데기 너머를 보기 시작하자 거기 모든 것이 있었다. 이제 여자는 그를, 푸른 연못 위에 비친 그의 영상과 나란히 보듯 관찰했다. 그의 이미지는, 한쪽은 견고했고, 다른 한쪽은 유동적이며 불안정했다. 여자는 자신의 과거에서 배운 의미에 집중하면서 이 이미지들을 함께 마음의 눈으로 불러왔다. 여자의 중재는 그웬린과 숀의 관계가 끝나면서 동시에 종결될 것이었다. 그러나 이런 유형의 유대관계가 지니는 중요한 내적 목적은 '행복하게 오래오래'에 있지 않다.

이미지를 불러내는 원시적인 에너지가 곁을 스쳐가고 내부를 통과해 지나갈 때 여자는 이날 밤에 들려줄 알맞은 이야기를 생각해 냈다. 여자는 그웬린이 이 이야기를 귀 기울여 듣기는 하겠지만 그녀의 귀에 스며들지는 않을 것이라는 사실도 알았다. 그러나 때로는 듣는 이가 나중에 필요한 상황에서 기억해 내 주기를 바라는 것만으로도 이야기를 하게 되는 때가 있는 법이다.

아리아드네

아주 오래전 먼 땅에 미노스라는 왕이 살았다. 이 왕에게는 아들 하나가 있었는데 이웃 나라를 방문했다가 목숨을 잃었다. 미노스는 이웃 나라 왕에게 아들의 죽음에 대한 책임을 추궁했다. 그리고는 죗값으로 일곱 명의 어린 청년과 일곱 명의 어린 처녀들을 9년마다 자신에게 보낼 것을 요구했다.

미노스에게는 반은 황소, 반은 사람인 또 다른 아들이 있었는데, 미노타우로스라는 이름의 끔찍한 괴물이었다. 이웃 나라에서 보내진 청년과 처녀들은 미노타우로스의 먹잇감으로 희생되었다.

미노타우로스가 너무 위험해서 사람들 사이에서 살 수가 없었기 때문에 미노스 왕은 건축가인 다이달로스에게 아무도 탈출할 수 없는 미궁을 짓게 했다.

거기가 미노타우로스가 살 곳이며, 젊은 희생자들이 들여보내지는 곳이었다.

미노스 왕에게는 딸도 있었는데, 젊고 아름다운 딸의 이름은 아리아드네였다. 아리아드네는 어릴 때는 아버지에게 대단히 헌신적이었으나, 나이가 들면서 마음이 변하고 있는 것을 스스로 느꼈다. 어느 날 그녀는 창밖을 내다보다가 이웃 나라에서 희생제물로 도착한 사람들 중에, 지금껏 보았던 사람들 중 가장 아름다운 젊은이를 보게 되었다. 그의 이름은 테세우스였으며, 그녀는 첫눈에 그를 사랑하게 되었다.

그러나 테세우스와의 관계는 미노스 왕이 절대로 허락하지 않을 것이기 때문에 아리아드네는 아무도 모르게 일을 꾸미기로 했다. 그녀는 어떻게 해서든 테세우스를 구해서 그를 차지해야 했다. 그녀는 어두워질 때를 기다려 다이달로스를 찾아가 무시무시한 미궁의 미로를 빠져나올 비밀을 알아냈다. 그런 다음 테세우스를 은밀히 불러 말했다.

"떠날 때 나를 데려가신다면 탈출할 수 있는 비밀을 알려드릴게요. 나는 상상할 수 있는 그 어떤 것보다 더 당신과 함께 있기를 원해요."

테세우스는 그렇게 하겠다고 약속했고, 그녀는 실 한 타래를 건네주었다.

"들어갈 때 입구에 실 끝을 매어두세요." 그녀가 말했다. "실을 손에 든 채 풀면서 걸어가세요. 그러면 떠날 준비가 되었을 때 실을 따라 되돌아 나올 수 있어요."

테세우스는 실을 받아 아리아드네가 가르쳐준 대로 했다. 그는 복잡한 미로의 어느 통로 끝에서 미노타우로스가 잠들어 있는 것을 발견하고는 그 괴물을 죽이려고 달려들었다. 끔찍한 싸움이 시작되었고, 마침내 괴물은 죽었다. 테세우스는 내려두었던 실타래를 잡고 입구로 되돌아왔다.

기다리고 있던 아리아드네와 테세우스, 그리고 테세우스의 용맹함 덕분에 놓여난 다른 어린 청년과 처녀들은 일제히 달려 배에 올라탔고 급히 배를 띄웠다. 하루를 꼬박 항해하여 마침내 밤이 되었을 때 갑자기 바다가 거칠어졌다.

그들은 황급히 근처 항구에 정박했고, 그곳의 바닷가에서 두 연인은 밤새 사랑을 나누었다. 새벽녘에야 잠이 들었던 아리아드네는 얼굴에 어리는 아침 햇살 때문에 잠에서 깨어났다. 테세우스 쪽으로 팔을 뻗었던 그녀가 눈을 떴다. 바닥에 깔았던 부드러운 잎사귀들은 그녀 옆에 그의 몸이 누워 있었던 흔적을 뚜렷이 보여주고 있었지만, 그는 가버리고 없었다. 아리아드네는 바다를 바라보았다. 테세우스의 배라는 걸 겨우 알 수 있을 정도로 먼 거리에, 그녀를 태우지 않은 그의 배가 떠나가고 있었다.

테세우스가 왜 그녀를 버리고 간 것인가에 대해서는 다양한 버전이 있다. 어떤 이들은 그가 다시 돌아가려고 했지만 신이 그러지 못하게 했다고도 하고, 또 다른 이들은 단순히 그가 그녀를 잊은 것이라고도 한다. 어느 경우이든, 아리아드네는 여러 달 동안 자신의 운명을 믿을 수 없어 하며 비탄에 잠겨 테세우스가 돌아오기를 기다렸다. 그녀는 스스로 배신한 아버지에게로 다시 돌아갈 수 없고, 사랑하는 사람에게도 버림받았기 때문에 삶이 끝난 느낌이었다. 마침내 그녀가 계속해서 살아갈 어떤 희망도 찾지 못해 모든 걸 포기하려는 순간, 한 젊은이가 — 그는 신이었다 — 섬에 있는 그녀를 발견했고, 둘은 곧 사랑에 빠졌다. 그는 그녀를 자신의 거처로 데려갔다. 두 사람이 함께 지낸 것은 또 다른 이야기지만, 여기서 말해주고 싶은 것은, 그의 사랑은 그녀의 남은 인생 내내 변하지 않은 진실한 사랑이었다는 것이다.

~~~~~~~~~~

이 고대 그리스 신화는 한 여자가 아버지, 괴물, 그리고 숀의 다른 버전인 테세우스를 거치며 겪는 경험을 들려준다. 이 남자들은 현실의, 또는 외부 세상의 진짜 남자이면서 동시에 내적으로 여성들에게 도움이 되는 에너지들을 나타내기도 한다. 여자가 나이가 들어가면서 완수해야 할 과업 중에는 바로 이들, 내면의 남성적 본성과 의식적인 관계를 발전시키는 일이 포함된다. 융 학파의 심리학자들은 이 남성적 에너지를 '아니무스' 또는 '여성 자아의 남성성'이라고 부른다. 동양 사상의 '양(陽)'이라고 이르는 에너지와 가깝다.

모든 인간은 내적인 지배적 성향과 '반대 성적(反對性的) 에너지'를 동시에 지니고 태어난다. 여성의 지배적 성향은 여성성이고 남성성은 반대 성적 측면이다. 여성, 특히 중년과 그 이후의 여자들은 자신의 내면에 있는 남성적 에너지에 대해 분명히 인식해야 한다. 왜냐하면 이것이 인격의 많은 부분을 차지하고 있기 때문이기도 하고, 힘과 기술의 원천이기도 하기 때문이다.

그러려면 남성성이라고 명명되는 이 특질들을 확인하는 것부터 시작해야 한다. 중국의 음양에 관한 생각이 남성성을 정의하고 그것이 여성성과 어떻게 다른지 설명하는 데 도움이 된다. 중국인들은 남성성을 양의 에너지(陽氣, 아이콘에서 흰 부분)라고 부르며 능동적, 위계적, 합리적이며, 태양, 낮, 세상에 질서를 부여하는 영웅의 이미지와 결부시켜 생각한다. 또 여성성 또는 음의 에너지(陰氣, 아이콘의 검정 부분)는 수동적, 혼돈적, 비이성적이라고 여기며, 달, 밤, 그리고 숲의 원시적 어둠의 이미지를 지니고 있다.

우리가 이 소위 '여성성'과 '남성성', 또는 음양적인 사고를 이해하는 데는 두 가지의 주요한 어려움이 있다. 첫째는 우리가 여성성과 남성성의 특질 중 한 쪽 것만을 지니고 있다고 생각하는 것이다. 여성성과 남성성은 동전의 양면처럼 서로 연결되어 있기 때문에 사실 한 쪽 성의 특질만 지니는 것은 심리학적으로 불가능하다. 그런데도 여전히 "여자는 정서적이고 남자는 논리적이다" 같은 말들이 심심치 않게 들리며, 이 잘못된 관념은 두 성 모두에게 타격이 된다.

두 번째는 우리가 지닌 특질들을 여성적인 것과 남성적인 것으로 구분하는 일이 적절한가 하는 타당성을 이해하기가 어렵다는 것이다. 그간의 가치 판단으로는 각 카테고리 안의 특질들에 대해 다분히 일방적이었다. 남성성에 관련된 특질들은 우월한 것으로, 여성성에 관련된 특질들은 열등한 것으로 보아온 것이다. 여자들이 '너무 감성적'이라는 이유로 조롱받거나, 합리적이기보다는 정서적이라는 이유로 저평가되는 경우를 많이 보았을 것이다. 따라서 '이것 아니면 저것' 식으로 여성적, 남성적 특질을 인위적으로 갈라놓는 사회에서 자란 이들은 여자는 오로지 여성성을, 남자는 오로지 남성성만을 지닌다고 생각하는 자신의 관념을 바꾸는 작업부터 해야 한다. 특히나 여성성이 열등하다는 생각을 내면화 해 온 사람들은 이 상처를 치유하는 일을 과업 속에 포함시켜야 한다.

역사적으로 우리 문화는 남자의 허락을 받지 않고 전통적인 여성 역할에서 너무 벗어나는 여자들에 대해 눈살을 찌푸려 왔다. 20세기 초, 수많은 캘리포니아의 건물을 디자인한 건축가 줄리아 모건은 여자를 받아주는 미국 학교가 없어서 유럽에서 공부해야 했으며, F. 스코트 피츠제럴드의 아내인 젤다는 끝내 자신의 작품을 진지하게 받아들여줄 사람을 찾지 못했다. 우리가 어릴 때도 이런 환경은 크게 다르지 않았다. 여성운동의 영향으로 변화가 모색되기는 했지만 여전히 많은 것들이 마무리되지 못한 채 산적해 있다.

우리의 고유한 측면으로서 남성적 특질을 인식하고 받아들이는 과업은 여성적, 남성적 특질들이 상반되면서도 상호보완적이라는 것을 이해한다는 전제에서 시작되어야 한다. 들숨과 날숨이 짝을 지어 이루어지는 호흡이 이런 상호보완적 반대의 예이다. 낮과 밤, 뜨거운 것과 차가운 것, 단 것과 신 것도 모두 서로를 보완해 준다. 추운 날 자동적으로 뜨거운 수프에 끌리는 것이나 여름에 차갑고 사각거리는 샐러드를 먹는 것도 마찬가지다.

여성성과 남성성은 반대적이며, 반대적인 것은 긴장을 조성한다. 예를 들어, 뭔지 내키지 않아서 소극적인 기분이 될 때 적극적인 행동을 한다는 것은 쉬운 일이 아니다. 머리와 가슴을 동시에 써서 판단을 내리는 것도 마찬가지로 어렵다. 스스로를 한 쪽 또는 그 반대쪽으로 바라보는 편이 훨씬 쉽다. 그러나 문제는 우리가 정작 전체의 한 부분으로만 존재하려고 애쓰면 오히려 불편한 상황의 한복판에서 헤매게 되는 일이 더 자주 생긴다는 것이다. 지나의 경우가 그랬다.

"나는 정말 열심히 했어요"라고 그녀가 내게 말했다. "정말이지 기분 좋고, 다정하며, 사랑이 넘치는 아내가 되고 싶었어요. 우리 엄마는 그렇지 않았거든요. 엄마가 아버지를 존중하지 않았다는 건 확실해요. 아버지는 일벌레였고, 엄마는 잔소리꾼이었어요. 엄마는 아버지가 우리와 시간을 보내지 않는다고 비난했어요. 툭하면 '아버지답게 좀 굴어'라고 했죠. 또 집 안팎을 손보지 않는다고 바가지를 긁었어요. 엄마는 아버지가 집에 잘 안 들어온다고 끊임없이 잔소리를 했지만 내 기억으로는, 아버지가 그 때문에 더 밖으로 돌았던 것 같아요. 나는 내 남편에게 다정하고 사랑스럽게 굴겠다고 맹세했죠. 남편이 집에 있고 싶고, 나나 아이들과 함께하는 걸 좋아하게 만들겠다고요. 그래서 어떻게 됐을까요?"

"나는 두 차례 결혼을 했어요. 둘 중 아무도 가족생활에 참여하지 않았죠. 첫 남편은 알코올 중독자였어요. 아, 결혼할 때는 중독자가 아니었지만 결국 그렇게 됐어요. 그러니 몸은 집에 있었지만, 실제로는 집에 없는 것과 같았죠. 지금 남편은 술은 안 마시지만, 마찬가지로 집에 없는 것과 같아요. 늘 텔레비전을 보고 있거나 골프, 낚시를 하러 나가고 없죠. 내가 이 세 가지를 얼마나 싫어하는지 알면서 신경도 안 써요.

난 한 번도 잔소리를 한 적이 없어요. 대신에 아주 상냥한 목소리로 부탁하죠. 그러면 그는 무시해 버려요."

지나는 남편과 아내 사이에서 요구되는 역할과 용인되는 행동들이 엄격히 나눠져 있다고 믿었다. 그녀는 대단히 온유한 여자로 지내고 싶어 했고, 남편이 아버지나 왕처럼 언제나 모든 책임을 져주는 사람이기를 바랐다.

그 다음주에 지나의 남편과 첫 상담이 이루어졌다. "내 생각에 지나는 자신을 좀 제대로 볼 필요가 있어요. 정말로 자기 어머니와 똑같은 잔소리꾼이거든요. 이래라, 저래라. 장롱에 왜 새로 페인트칠을 안 하느냐, 차에 기름이 떨어진 이유가 뭐냐 등등. 끊임이 없어요. 늘 특유의 여자애처럼 징징거리는 목소리로 들들 볶아요. 그래 놓고서 자기가 소리만 안 지르면 내가 좋아할 거라고 여기는 것 같아요."

지나가 말을 자르고 끼어들었다. "하지만 여보, 당신이 해줘야 할 일이 너무 많으니까요. 당신을 괴롭히고 싶진 않지만 어떻게 해볼 수가 없어서 그래요. 내가 하기엔 너무 힘든 일들이 있잖아요. 당신에게 몇 가지만 해달라고 부탁하는 것이 지나치다고는 생각하지 않아요."

그녀는 계속해서 징징대는 목소리 아래에 화를 살짝 숨긴 채 말했다. 지나는 자신이 악전고투를 해가며 여성적인 가면을 유지하고 있다는 것을 알고 있었다. 그것이 부모의 영향인 것도 확실했다. 친정어머니가 남녀 성 역할을 갈라서 보는 태도가 지나에게로 그대로 전달된 것이다.

처음에는 친정어머니, 그 다음엔 지나, 두 사람 모두는 한 쪽으로 치우친 듯한 남자들과 결혼했다. 그들의 남편들은 처음에는 여성성을 거의 지니지 않은, 충분히 남성적이어서 모든 것을 해줄 것 같은 남자로 보였다. 그러다가 이들이 기대했던 역할을 지속할 수 없는 순간이 오자, 두 여자는 미노타우로스가 되었다. 그들은 빠른 정서적 판단에서 한 발 물러서서 논리를 감정에 적용해 보는 내적 능력을 찾아내지 못했다. 그들에게는 이 기술이 결핍되어 있었다. 일단 상대와의 관계에서 어려움을 느끼면 문제를 해결하기 위한 방편으로 독단적인 태도를 보이거나 미발달되고 왜곡된 사고방식을 탐색하는 식으로 내적 능력을 발현했다.

이렇게 여자아이와 남자아이가 해야 할 적절한 행동을 구분하는 것은 거의 모든 문화에서 아이들이 태어나는 순간부터 시작된다. 가치에 대한 관점은 달라졌지만 구태적인 사고방식은 아직도 남아 있다. 여전히, 여아인 유아는 사랑스럽고 천진난만하게 보면서 그 아이의 남자 동기들은 거친 장난꾸러기라고 여긴다. 여아에게는 훨씬 더 부드러운 어조로 말하고, 만지는 것도 아주 조심스럽다. 이것이 어린 소녀들이 더 약하다고 생각하는 미묘한 메시지의 시작인 것이다. 이런 자장가를 기억하는지?

여자아이는 무엇으로 만들었을까?
여자아이는 무엇으로 만들었을까?
설탕과 양념, 그리고 온갖 좋은 것들,
이런 것으로 여자아이를 만들었지.

여기서 양념은 고춧가루나 후추가 절대 아니고, 계피 같은 향기로운 것들을 의미한다.

우리는 어린아이 때부터 상충되는 메시지를 들어왔다. 자신이 원하는 사람이 되라는 말과 자신의 본성을 억누르라는 충고를 동시에 들어온 것이다. 그러니 우리의 남성적 측면이 건강하지 못하거나 부정적이 된 것은 놀랄 일도 아니다. 여성의 남성적 잠재력은 합리적이기보다는 완고한 쪽으로 왜곡되어 의견을 고수하기만 할 뿐 새로운 생각을 품지 못하는 경향을 띠게 되었다. 그 결과는 꽉 막힌 외골수가 되는 것이다. 지나 같은 여성들은 상황을 자기 식으로 해석하여 그것을 참으로 믿는다. 그러나 주변 사람들은 비난받는다고 느끼고 좌절한다. 그녀와의 관계는 대화로 시작하여 벽에 달려가 부딪히는 느낌으로 끝맺는다. 어떤 정보나 논리도, 자신의 내적 남성성과 의식적 유대관계를 맺지 못한 여자의 확신을 흔들 수가 없다. 이런 여자들은 자신이 완벽히 알고 완벽히 이해하고 있다고 믿는다.

아리아드네 신화는 부정적인 내면의 남성성을 이해하는 데 도움을 준다. 이야기에서 아리아드네는 삶의 전환기에 서 있다. 바야흐로 변화와 떠남을 모색하는 시기이다. 이것은 적절하고 정상적인 발달 단계이지만, 이야기꾼은 아리아드네가 내세우는 핑계를 통해 그녀가 건강한 방식으로 이 능력을 내면화하지 않았다는 것을 귀띔해 준다.

삶의 모든 것들은 '리뉴얼(renewal)' 해야 하는 지점이 있다. 여름 꽃은 아주 여러 번 개화하지만 결국 씨만 남기고 졌다가 처음부터 다시 시작해야 한다. 뉴잉글랜드에 살 때 나는 서리, 즉 외부적 추위가 식물의 개화를 멈추고 지게 하는 것이라고 여겼다. 그런데 더 따뜻한 지방으로 이사한 후에 똑같은 여름꽃이, 서리라고는 찾아볼 수 없는 날씨에도 더 이상 피지 않고 지는 것을 보았다. 꽃이 피고 지는 것은 생명의 본질이었다.

아버지나 왕의 에너지도 리뉴얼이 필요하기는 마찬가지다. 그러나 미노스는 그 능력을 상실했다. 왕관을 물려받을 다음 세대, 즉 아들이 죽은 것이다. 기형의 의붓아들이 남아 있지만 절대로 왕국을 다스릴 수는 없다. 미노스 왕은 비탄에 잠겨 복수를 위한 희생자들을 요구한다. 그리하여 이웃 나라에서 청년과 처녀들을 보내오면 도착하자마자 죽인다. 한때는 좋게 보였던 젊음이 이제는 가질 수 없는 고통의 유물일 뿐이다.

이 이야기가 은유라는 것을 이해하지 않으면 누구든 아리아드네가 자신의 근원인 가족으로부터 벗어나야 하는 청년기라는 것 정도를 이해하는 데서 그칠 것이다. 그러나 상징주의적인 관점에서 잘 살펴보면 미노스 왕이 여성 정신의 한 측면임을 알 수 있다. 왕이라는 지위는 내면의 남성적 에너지를 나타낸다. 이 이야기에서는 불행히도 이 남성적 에너지가 완고하게 굳어서 리뉴얼이 필요한 상태다.

남성적 에너지의 내적 측면이 완고하고, 모질며, 복수심에 불타게 되었음을 발견해 내는 일에는 나이 제한이 없다. 미노스 왕은 큰 변화에 직면했을 때 흔히 나타난다. 그는 원래의 삶의 방식에 매달린 나머지, 변화를 요구하는 징후는 무엇이든 죽여버리고 싶어 한다. 미처 아들을 놓아줄 준비가 안 되어 있는데 그 아이가 결혼해 버리면 아들과 며느리의 모든 행동이 싫어지는 것과 마찬가지다. 다른 지방으로 이사했을 때 새로 살게 된 곳의 못마땅한 점들이 속속들이 눈에 들어오는 것도 마찬가지다. 즉 변화에 따른 모종의 상실감을, 비난할 대상을 찾아 해소하려는 것이다. 미노스 왕의 에너지는 '한때' 왕국을 지배하는 통치력이었으나 상당히 다른 무언가로 변해버렸다.

이런 완고하게 굳은 남성적 에너지는 똑같은 일에 너무 오래 종사한 여자들에게서 자주 보인다. 오랫동안 같은 방식으로만 살아서 딱딱하고 융통성 없는 태도가 몸에 밴 것이다. 미노스 왕이 오랫동안의 왕 노릇을 통해 지배적인 어머니의 가면을 쓰고 있는 것과 마찬가지다. 이 왕은 '어떻게 살아야 한다'는 자신만의 버전으로 지어진 미궁에 자녀들의 영혼을 가둔다. 그리고 오로지 과거 속에서만 살면서 삶의 새로움과 개선에 응답하지 않으며, 그 진가를 알아차리지도 못한다.

그런가 하면 남성 에너지가 여성을 내부에서부터 공격하는 경우도 있다. 흔히 죄책감, 두려움, 근심이라고 하는 것들이다. 이 에너지는 주로 오랫동안 지켜져 온 전통에 반기를 들려고 할 때 떠오른다. 가족의 전통에 어긋나는 결혼을 한다거나, 개종한다거나, 어린 시절부터 가족들 사이에서 옳다고 믿어온 것과 다른 식으로 행동한다거나 하는 모든 것들이 '아버지/왕' 원칙을 배신하는 것이다. '아버지/왕'은 법과 질서, 전통을 원하기 때문이다.

이 이야기에서 부정적인 에너지의 해법은 분명하다. 미노타우로스를 죽이는 것이다. 그리고 이 일은 아버지의 속성, 즉 가부장적 남성성의 측면인 논리, 이성, 또는 권위로는 이룰 수가 없다. 내면의 괴물을 죽이는 데는 합리성이나 지적 통찰 또는 권위를 넘어서는 무언가가 필요하다. 무조건 가부장적 에너지에 기대게 되면 자신의 느낌을 기존 질서에 반하는 것으로 여겨 부정하거나, 같은 이유로, 기껏 상황을 분석해 놓고도 아무 것도 할 수 없게 되기가 쉽다. '아버지/왕' 에너지는 반복해 나타나지만 한번 굳어버리면 스스로 변화하기가 힘들다. 미노스는 다이달로스를 고용해 괴물 — 아들 — 이 살아갈 미궁을 짓게 한다. 왕 에너지가 부정적이 되면 이렇게 내면의 괴물을 먹이고 보호하는 데 쓰이게 되는 것이다.

이야기에 나타난 또 다른 유형의 내적 원천은 영웅의 에너지이다. 영웅은 새로운 시각으로 상황을 바라보게 하는 힘을 지닌 이들이다. 테세우스로 대표되는 영웅 에너지는 대담하고, 무서움을 모르며, 기꺼이 위험을 감수한다. 우리는 종종 자신의 내적 에너지를 파악하기 전에 그것을 다른 사람에게 투사하여 찾아낼 때가 있다. 다른 사람의 퍼스낼리티에서 자신에게 필요한 용기나 자유로운 영혼을 찾는 것이다. 그리고 그로 하여금 자신을 구해내게 한다.

"결혼생활이 시들어버리자 내게는 뭘 할 수 있는 힘이 전혀 남아 있지 않았어요." 바버라가 말했다. "그때 빌이 나타났고 그와 사랑에 빠졌어요. 그 일이 계기가 되어 이혼하게 되었죠. 한동안은 행복했는 데……."

이런 유형의 투사는 배워둘 만한 측면이 있지만 한계 또한 분명하다. 자칫하면 이 에너지의 소유자를 완전한 남자라고 믿게 되기 때문이다. 그래서 상대에게서 부족한 부분을 발견하면 좌절하고 화를 내게 된다. 자신이 그런 상대에게 의존하고 있기 때문이다. 이렇게 되면 자신의 영혼에서 내적으로 필요한 에너지를 찾을 수 있다는 자각을 하기가 어렵다.

따라서 변화를 모색할 때는 영웅 에너지 단독이 아니라 여성성도 끌어내 함께 이용해야 한다. 테세우스가 미궁에서 빠져나올 수 있게 방법을 찾아준 것은 아리아드네였다. 이전까지는 미노타우로스에게 죽임을 당하지 않았다 해도 미궁에서 빠져나올 수가 없어서 낭패였는데, 정서적(여성적) 에너지와 적극적인 영웅(남성적) 에너지가 결합함으로써 비로소 과업이 완수될 수 있었다.

많은 여자들이 미궁에 갇혀 지낸다. 몇몇 성공한 여배우의 자식들이 쓴 글 중에, 경력과 대중적 이미지가 어떻게 해서 자기 어머니에게 그토록 중요한 것이 되었는지에 대한 내용이 있는데, 한결같이 처음에는 창조적 에너지의 발현이었던 것이 나중에는 어떤 값을 치르고라도 성공을 유지해야 한다는 강박으로 변했다고 했다. 이 경우 미노타우로스는 성공에 얽매인 여자의 강박을 상징한다. 이 강박은 어머니와 자녀 사이의 정서적 연결을 압살하며, 어머니 자신과 아이가 원하는 것이 무엇인지를 파악할 수 있는 능력을 파괴한다. 가족 체계와 정서(청년과 처녀들)가 강박(미노타우로스)의 희생제물이 되는 것이다.

우리가 직접 겪어온 강박의 예로는 1950년대의 완벽한 주부상(像)이 있다. 도리스 데이(미국의 배우, 가수 - 옮긴이)와 준 클리버(고전적인 시트콤 '비버에게 맡겨'에 나온 전업주부 - 옮긴이)가 롤모델이 되어, 화장법과 굽 높은 구두 그리고 반짝거리는 부엌 바닥의 대변자가 된 것이 그런 예이다. 아이라 레빈(미국의 추리소설 작가 - 옮긴이)의 소설《스텝포드 와이프》(The Stepford Wives, 1972년작. 2004년 프랭크 오즈 감독에 의해 동명으로 영화화되기도 함 - 옮긴이)는 미노타우로스에게 사로잡힌 여자들의 마을을 보여준다. 이 유별난 스텝포드 괴물은 완벽에의 강박이었다.

지금까지 미노스 왕의 모습을 통해 '아버지 / 왕' 에너지를 탐색하면서 여성의 내적 남성 에너지가 완고하게 굳어버리는 경우를 살펴보았지만, 사실은 이 에너지가 때에 따라서 오히려 건강하게 발현되는 경우도 있다는 것을 간과해서는 안 된다. 구약성서인 '사무엘서'에서는 이스라엘의 통치자들의 승계를 일러주는데, 각각의 경우에 왕은 무질서와 혼란으로 괴로움에 처한 백성의 필요에 따라서 통치를 시작한다. 이처럼 조직적인 '아버지 / 왕' 에너지는 사람들을 함께 끌어당기는 데 필요하다.

사울의 경우를 보면, 사람들이 위협에 질려 '목소리를 높여 울자', 그는 특단의 권위로써 이에 답했다. 황소를 조각조각 잘라 자신의 권위를 받아들이지 않는 이는 누구라도 같은 식으로 그의 가축을 멸하겠다고 을렀던 것이다. 성서에는 이렇게 적혀 있다. "그들이 한결같이 따라 나섰다. 그가 그들을 세어보니…… 이스라엘 사람이 삼십만 명이었다." 사람들은 조직하고 통제할 강력한 능력을 지닌 지도자를 필요로 했고, 사울은 건강한 지도자였던 것이다.

돌이켜 생각해 보면, 집이 소란스러운 아이들로 가득 차 있던 시절에 나는 사랑과 웃음과 순수한 기쁨을 느꼈었다. 그때 나는 진실로, 내 아이들이 내게 내려진 가장 기쁘고 멋진 선물이라고 믿었다. 수많은 시간이 정서의 넘쳐남으로 채워졌던 나날이었다.

그러나 그 소란과 웃음의 와중에도 이를 닦고 자질구레한 집안일을 해야 할 필요는 있었다. 아이들은 사랑받아야 하고 엄마는 사랑을 주어야 하는 게 마땅하지만, 그럼에도 우리 모두에게는 체계와 방향 지시가 필요했다. 우리 가족도 여성적 정서와 남성적 체계 둘 다를 동시에 지니지 못했더라면 버텨내지 못했을 것이다. 어느 가정이든 한 부모 또는 양쪽 부모가 이것들을 잘 혼합해서 제공하는 것이 정석이다. 측은지심이 없이 다스리면 너무 엄격하고 여성적인 온유함이 결여되며, 반대로 오로지 정서로만 다스리면 혼돈을 불러오는 결과가 되기 십상이다. 두 부모가 모두 있으면 두 가지를 동시에 제공해 줄 수 있고, 한 부모 가정의 아이들은 건강하게 혼합한 여성성과 남성성을 제공해 주면 된다.

사울 왕은 혼돈에 체계와 권위를 통한 질서를 부여할 필요에 대해 이해하고 있었으며, 측은지심으로 다스릴 줄 알았다. 그러나 나중에 그가 완고해지자 왕국에 혼란이 닥쳤고, 어린 영웅 다윗이 그 자리를 승계했다. 다윗은 영웅에서 성장해 왕이 되었고, 그의 아들 솔로몬이 다음 왕위를 이었다.

작고한 여배우 오드리 햅번은 이 건강한 '아버지 / 왕'의 남성적 에너지를 성공적으로 내면화한 여성에 속한다. 그녀는 자신의 감정을 부드럽고 섬세한 태도로 말했다. 인생 후반부에 그녀는 전세계의 어린이들에게 필요한 것을 제공해 주는 일에 삶의 중심을 두었다. 그녀는 어린이들의 기아와 질병 그리고 가난에 대해 지구촌 공동체가 응답해야 한다는 사실을 절감했다.

그녀의 정서적 감수성은 조직하고 행동하는 능력과 합쳐졌다. 그녀의 존재는 아이들을 먹이고 치료하는 프로그램을 개발하고 실행하는 원동력이 되었다. 그녀가 이야기하고 영상을 보여주기 시작하자, 이전까지 대부분의 미국인들이 들어본 적도 없는 나라의 아이들이 어떻게 사는지 그 실상이 하나하나 드러나기 시작했다. 만약 그녀가 행동하지 않고 오로지 '느끼기만' 했다면 단지 여성적 에너지만 사용하는 반쪽의 퍼스낼리티를 구현했을 것이며, 그녀가 '느끼기는 했는데' 힘든 아이들을 보살피지 않는 현실에 대해 불평하고 비난만 했더라면 아마 부정적인 남성성에 사로잡히고 말았을지도 모른다. 그러나 그녀는 '느끼고, 위험을 감수하고, 체계화하고, 조직하는 능력'을 보여주었고, 이것은 그녀가 영웅 및 '아버지/왕'의 남성적 에너지들을 여성적 에너지와 통합했다는 방증이 된다.

이 두 가지 남성적 에너지, 즉 '아버지/왕'과 영웅의 속성은 모든 여성의 영혼 안에 내재되어 있지만 동시에 나타나지는 않는다. 정신이 평온하고 건강한 상태로 작동할 때는 이 두 가지 서로 다른 유형의 에너지가 교대로 움직이거나 주기적으로 발현된다. 우리는 이 에너지들이, 특히 '아버지/왕' 에너지가 완고해질 위험을 안고 있다는 것을 안다. 그럴 때는 일정한 유형의 변화가 필요한데, 고정되고 체계적인 에너지에서 위험을 감수하는 에너지로의 변화에 필요한 것은 정서이다. 정서가 완고한 '아버지/왕' 에너지를 일단 멈추고, 위험을 감수하는 에너지를 북돋아 새로운 곳에서 정착하고 내면화할 수 있게 해준다.

물론 끊임없이 변화하며 사는 일은 반드시 대가를 요구한다. 그 동안 만난 의뢰인들 중에는 어린 시절에 부모님의 직업이나 다른 이유 때문에 끊임없이 옮겨 다니며 산 사람들이 많다. 이 어린아이들 중 많은 수는 해마다 옮겨 다녔다. 더욱이 최근에 만난 어린아이 하나는 자기 어머니와 함께 길거리 생활을 하고 있어서 매일 옮겨 다녔다. 이들은 한 가지에 전념하지 못하는 환경적 어려움을 지니고 있었다. 내일 떠나야 할지도 모르는 환경에 처한 사람이 특정한 과업이나 인간관계에 전념하기란 어려울 수밖에 없다. 이런 사람들은 변화에 대처하는 기술 외에 체계와 안정성의 결핍을 치유할 방법을 찾아야 한다.

내가 어렸을 때는 사는 곳을 옮기는 사람이 드물었다. 그래서 6년 동안의 초등학교 시절 우리 학교로 전학 왔던 단 두 명의 아이들 이름을 지금까지 기억할 정도다. 한 명은 4학년, 한 명은 6학년 때 이웃으로 이사 왔다. 그럴 만큼 세대가 안정되어 있던 시대였기 때문에, 당시 우리에게 주어진 과업은 내면의 영웅 에너지를 찾는 것이었다. 우리에게는 위험을 감수하고 말에 올라 용을 죽이러 떠날 수 있는 용기가 필요했다.

이야기 속에서 용을 처치하는 것은 늘 영웅이다. 왕국을 차지하는 것도 늘 영웅이다. 왕국을 차지함으로써 영웅은 '아버지 / 왕'의 자리를 물려받는다. 그러다 어느 날 변화가 필요해지고 영웅 에너지가 또다시 투입되어야 하는 시기가 온다. 우리 삶에서도 이 순환이 계속해서 이루어진다. 따라서 적절한 시기마다 변화를 잘 수용하는지 스스로 살필 줄 알아야 한다.

개중에는 가사와 출산에 관련된 영역 외에서는 '아버지 / 왕' 에너지의 권위적인 측면을 아예 개발하지 않는 여성들이 있다. 남편이 완고하고 둔하다는 것을 알게 된 리사도 그런 여성이었다.

"25년 동안 결혼생활을 해왔어요. 이제는 벗어나고 싶어요"라고 그녀가 말했다.

"이혼을 생각하시는 건가요?"

"아니요. 그를 떠나고 싶은데 뭔가가 발목을 잡아요. 사랑 때문은 아니에요. 그를 사랑하지 않은 지 오래됐거든요. 두려움 같아요. 혼자서 어떻게 살아야 할지를 모르는 거죠. 젊을 때 결혼하면서 부모님과의 삶에서 남편과의 삶으로 옮겨갔죠. 이젠 혼자서 사는 모습은 상상조차 할 수 없어요."

이것은 다양한 버전으로 늘 들어온 이야기이다. 때로는 약간의 사랑이 남아 있기도 하고, 또 때로는 연민의 감정이 남아 있기도 하지만, 이 변화의 어느 쪽에도 여자와 그 남편 사이의 유대관계는 남아 있지 않다. 그럼에도 여자를 잡아당기는 요소는 돈이거나, '아이들을 위해서'일 경우가 종종 있다. 그러나 가장 주된 요소는 그녀들의 내적 남성성이 너무 미개발된 나머지 홀로서기를 상상도 할 수 없다는 점이다.

이들 중 많은 여성들에게 존재하는 두려움은 이런 것이다. '만약 홀로서기를 배운다면 난 누구와도 관계를 맺고 싶어지지 않을 거야.' 사실은 오히려 그 반대이다. 여자가 홀로서기를 배우면 달리 선택의 여지가 없어서가 아니라 함께하고 싶다는 이유로 사람을 만날 자유가 생긴다. 다만 그 기술이 쉽게 얻어지지 않을 뿐이다.

이난나의 왕국

고대 수메르에 이난나라는 여신이 살았다. 그녀는 왕국을 다스려야 했으나 거기에 필요한 힘을 지니고 있지 않았다. 게다가 필요한 지식은 그녀의 아버지인 엔키가 보관하고 있었다. 그녀는 바다를 건너 아버지를 만나러 갔다.

이난나는 아버지가 자신과 힘을 나누는 걸 꺼려할 것이라는 판단 하에 그를 취하게 만들었다. 술이 점점 취하자 엔키는 힘을 차례대로 하나씩 딸에게 건네주었고, 그때마다 아난나는 재빨리 받아 챙겼다. 아난나는 필요한 힘을 모두 얻자 배를 타고 바다로 저어나갔다.

엔키는 정신이 들자 자신의 힘을 가장 어린 딸에게 다 주어버린 것을 후회했다. 그는 즉시 내줬던 힘을 되찾는 일에 착수했지만 매번 맞붙을 때마다 이난나가 아버지를 이겨버렸다.

이난나는 아버지로부터 받은 모든 힘을 고스란히 지니고 자신의 왕국 바닷가에 이르렀다. 그리고 획득한 힘 위에 자신의 여성적 속성을 더하여 통치를 위한 준비를 끝냈다. 엔키도 이 모습을 보고는 그녀를 축복해 주었다.

~~~~~~~

엔키는 실제 삶에서 많이 볼 수 있는 좋은 아버지와 닮았다. 좋은 아버지는 자신의 속성을 딸에게 전해준다. "세상은 이렇단다. 내가 아는 걸 모두 줄 테니 받아가렴."

그런데 실은 아버지들이 이런 것들을 의식하면서 주는 것은 아니다. 그래서 엔키는 술에 취한 상태에서 힘을 건네준다. 본질적으로 아버지들은 이 선물을 자식들의 말을 듣고 주는 것이 아니라 어떻게 행동하는가를 보고 준다. 의사소통이 직접적이고 정중하며 공격하지 않고도 충돌을 가라앉힐 수 있는 아버지는 딸에게 시나브로 선물을 전해준다. 딸은 아버지가 가르치려 했던 것이 무엇이든 상관없이 아버지라는 존재를 통해 은연중에 어떻게 행동할지를 배운다.

즉 내면의 아버지 또는 남성성 역시 '지혜'라고 하는 선물들을 의식적인 방법으로 주지 않는다. 하루 날 잡고 앉아서 무의식적 에너지가 들어와 주기를 기다리는 것이 아니라, 무의식으로 여행을 떠나야 한다는 의미다. 그곳에서 필요한 것을 얻기 위해 노력하고, 다시 빠져나와서는 이룬 것들을 지키기 위해 싸워야 한다는 것이다.

오늘날 딸이 집을 떠나는 시점에 이르면 많은 아버지들은 이를 받아들이기 힘들어 한다. "돌아오너라"라고 아버지들은 말한다. "차에 기름 넣는 건 안 잊어버렸니? 보험을 어느 정도나 들어야 하는지 잘 알고 있어? 은퇴 계획은 세웠고?" 이것은 이난나를 추격하는 엔키의 모습이다.

엔키가 딸을 추격하고 딸이 달아나야 하는 상황을 심리학적으로 보면 그렇게 해야 딸이 강해지기 때문이다. 우리 내면에는 획득한 것을 가지고 달아나려는 마음, 정서, 행위가 자리하고 있다. 만약 특정한 통찰이 가치가 있다고 여겨지면 그것을 지키기 위해 기꺼이 싸워야 한다. 무언가가 싸워서 지켜낼 만큼의 가치가 있다고 판단이 되면 실제로 싸워 지킴으로써 우리는 더 강해진다. 부모나 영혼이 제공하는 모든 것이, 특히 딸에게는, 옳기만 한 것은 아니다. 그것에 대해 가치를 부여하고 판단을 내리는 것은 오로지 딸의 몫이다.

"남편이 살아 있을 적엔 꽤 잘 지냈어요. 함께 골프 치고, 여름엔 전국 여행을 다녔죠. 사는 게 물 흐르듯이 수월하게 흘러갔어요. 부부가 함께 오래 살면 다 그런 줄 알았죠." 이니드가 말했다.

"처음엔 그가 죽고 나서도 둘이서 하던 일을 나 혼자서 계속했어요. 그러다가 아주 이상한 걸 발견하기 시작했어요. 전에 늘 하던 것들이 전혀 흥미가 없어졌는데, 그게 꼭 혼자여서가 아니라는 거예요. 물론 남편과 RV 차를 타고 즐기던 여행을 혼자서 가거나 혹은 다른 사람과 가게 되면 남편과 했던 것과 너무 달라서 즐기지 못하는 것도 있었지만, 내가 말하는 것은 그것과는 다른 거예요. 원래 내가 그것들을 안 좋아했었다는 느낌이 드는 거예요."

"아침 일곱시에 일어나는 것만 해도 그래요. 남편과 늘 일곱시에 일어났거든요. 일어나서는 커피를 마시고 샤워하고 옷 갈아입기 전에 신문을 읽곤 했죠. 그런데 지금 나는 일어나서 하루를 시작하는 게 좋아요. 비가 오나 맑으나 산책을 나가죠. 그런 게 너무 좋아서 마치 교회에 있는 것 같은 기분이 들어요. 알고 보니 이런 식인 것들이 꽤 많더라고요."

"그제야 내가 뭘 원했는지, 뭘 좋아했는지 정말로 생각해 본 적이 전혀 없었다는 걸 깨닫게 되었어요. 그 동안 그냥 남편이 원하는 것에 맞추기만 했던 거예요. 남편이 없는 상황이 되어서야 나 혼자서, 내가 진정으로 원하는 게 무언지를 파악하려고 애쓰면서 정말 힘든 시간을 보냈어요. 지금은 내가 왜 그렇게 오래 기다렸는지 의아할 정도예요. 그 동안 내내 아버지와 어머니가 원하는 대로 따르며 살다가 그리고는 남편이 원하는 대로 살았는데, 이제야 스스로에 대해 책임을 져야 할 때가 온 거예요."

이니드는 내적 남성성을 개발하지 못한 경우였다. 자신이 바라는 것을 자문해 보지 않고 살았던 것이다. 몰랐기 때문에 그녀는 원하는 것을 지키기 위한 권한을 연습해 볼 필요도 없었다. 남편이 세상을 떠나고 나서야 그녀는 혼자 서게 되었고, 비로소 내적 남성성, 즉 스스로가 원하고 필요로 하는 것들을 얻기 위한 싸움의 필요성을 발견해 낸 것이다.

엔키가 이난나를 뒤쫓은 것과 똑같은 방식으로, 남성성의 떠오르는 측면은 우리를 추격하여 우리가 지닌 기술을 처음으로 써볼 수 있게 한다.

"내가 ……를 기억하고 있나? 잊어버리지 않게 목록을 좀 적어봐야겠어. ……하기 전에 다른 사람에게 상담을 받거나 책을 한권 더 읽어보는 게 낫겠지?"

이런 것들이 모두 무언가가 정말로 옳은지를 판단하는 방법들이며, 속도를 늦추고 새로운 행동의 체계를 개발하는 데 도움을 주는 기술들이다.

이 내적 남성 에너지를 바라보는 또 다른 방법은 이것을 발달적인 관점에서 이해하는 것이다. 아이가 발달 단계를 거친다는 것은 모두가 알고 있을 것이다. 똑같은 식으로, 내면의 남성 에너지도 발달 단계상의 다양한 시기에 따라 각기 다르게 작동한다.

남성 에너지의 최소한의 발달 또는 제1단계는 물리적으로 일어난다. 나온 지 오래됐지만 최근에서야 보게 된 비디오 한 편을 육체적 남성 에너지에 대한 뛰어난 사례로 들 수 있다. 실베스터 스탤론이 주인공 람보를 맡고 브라이언 데니히가 보안관으로 열연한 영화 〈퍼스트 블러드(First Blood)〉(우리나라에서는 〈람보〉라는 제목으로 개봉되었다 – 옮긴이)가 그것이다.

람보는 세상과 상호작용하면서 문제를 육체적으로 해결했다. 영화 내내 그는 거의 말을 하지 않는다. 영화 속의 주요한 극적 상황 역시 그가 보안관과 구두로 주고받는 식으로는 일어나지 않는다. 그건 그의 캐릭터와 맞지 않는다. 보안관도 람보 못지않게 육체적인 수준에서 움직이는 캐릭터이다. 그는 현 상태를 유지하고 원칙을 지키는 사람이지만 권한 이행을 위한 유일한 수단은 완력이었다. 그가 덜 완고하게 자신의 권위를 드러냈더라면 극한 충돌을 피할 수 있었을 것이다.

이 보안관이 영화 속에서 적시한 것은 법이 한번 무너지면 혼돈이 일어나게 된다는 것이었다. 물론 그의 말이 옳다. 다만 그가 생각하지 못한 것은 측은지심과 공감(여성성)이 없는 법(남성성) 역시 똑같이 비인간적이라는 점이다. 이 보안관은 자신에게 맹목적으로 복종할 것을 기대하며, 그렇게 하지 않을 때는 물리적인 응징을 가해야 한다고 여겼다.

남성성 발달의 첫 단계인 육체적 수준을 보여주는 또 다른 사례는 테네시 윌리엄스의 희곡 《뜨거운 양철지붕 위의 고양이》의 주인공 비프이다. 비프는 육체적인 남성적 정체성을 지닌 의기소침한 청년이다. 그의 빛나는 시절은 고등학교 때 풋볼 팀에서 활약하던 때였다. 그 이후로 그의 인생은 빛이 바랬다. 인생이 의미나 가치를 지니려면 남성성 발달의 다음 단계로 진전해야 하는데, 여러 이유로 그는 전성기를 떨쳐버리지 못한다. 그는 강렬한 분노와 슬픔을 느끼며 이를 달래기 위해 술을 마시지만, 이는 결과적으로 육체적 에너지를 소진시키며 좌절감만 안겨줄 뿐이다.

스포츠 관람을 즐기는 사람은 누구든 육체적 남성성 발달 단계의 첫 단계를 경험한다. 풋볼 선수에게 많은 돈을 지불하고 관중석에서 소리를 지르며 응원하는 행위를 통해 육체적으로 그들과 합일되는 느낌을 맛보는 것이 그런 예이다.

남성성의 육체적 단계가 도움이 되는 것은 필요할 때 자동적으로 행동에 옮기는 특유의 능력이다. 이 일차적인 물리적 반응은 우리가 모종의 위기에 봉착했을 때 이용하는 에너지다. 즉 육체적인 행동을 통해 일을 수행하게 하는 에너지다. 상당히 실용적이라고 할 수 있다.

딸이 울면서 당신에게 전화를 걸어왔다고 하자. "거기 있어. 내가 갈게"라고 대답하고 딸의 집으로 달려가 보니, 갓난아기는 배앓이 때문에 찢어지는 소리로 울고 있고, 설거지는 산더미같이 쌓여 있으며, 집 안은 폭탄 맞은 상태에, 큰 아이들은 텔레비전 앞에 풀로 붙여놓은 것처럼 들러붙어 있다. 당신은 텔레비전을 끄고 열살배기 손자를 부엌으로 보내 식기세척기를 돌리게 하고, 여덟살배기에게는 거실에 흩어진 장난감들을 줍도록 시킨다. 그러는 동안 당신은 세탁물에서 냄새 나는 종이기저귀를 골라낸 다음 세탁기를 돌리고, 한데 모은 쓰레기는 봉지에 싸서 밖에 내놓는다. 동시에 당신은 차를 마실 수 있게 물을 끓이기 시작한다.

한 시간이 채 못 되어 저녁식사 준비가 시작되고, 집은 최소한의 질서를 되찾는다. 위의 두 녀석들은 제 방으로 가서 숙제를 하고 있고, 딸과 갓난아기는 낮잠을 자고 있다. 당신은 깊은 한숨을 쉬면서 이런 것들이 가능한 '힘'이 '존재함'에 감사한다. 자신이 이제 인생의 그 단계에 있지 않음에, '그리고' 남성적인 육체의 에너지가 필요할 때 소환될 수 있음에 모두 감사한다.

앞서 테세우스에게서 보았던 영웅 에너지는 일차적 또는 육체적 수준을 넘어서는 에너지이다. 이야기 속의 테세우스는 젊은이들 속에 끼어 미궁으로 가겠다고 자원했다. 그는 미노스의 왕국으로 가서 미노타우로스를 죽여야 한다는 목적을 지니고 있었다. 영웅 에너지는 이처럼 목적을 향해 행동하게 하고 도전에 응하게 한다. 영웅 에너지에는 어려운 모험과 맞서야 할 때를 위한 용기가 깃들어 있기 때문이다. 옛날이야기의 영웅들이 용을 죽이러 나서거나 괴물로부터 마을을 지킬 때 보여주는 행동이 바로 이런 것이다.

1960년대에 나는 아버지가 테세우스였던 몇 가족을 알고 지냈다. 이 남성들은 민족주의의 용들과 맞서 싸우는 데 인생을 바쳤다. 실제로 그들의 활약에 힘입어 많은 용들이 제거되었다. 그들은 한 마디로 영웅이었다. 그러나 가정에서 그 아내들은 아이를 양육하고, 카풀 운전을 하고, 피아노 연습을 감독하고, 배관공을 불러 집수리까지 혼자서 해결하느라 행복하지 않았다. 그들은 점차 '결혼한 한 부모'로 변해 갔다. 처음에는 영웅적인 매력이 유효했지만, 이 아내들이 인생의 또 다른 측면으로 움직여 나아가는 동안 남편들은 여전히 영웅의 여정을 계속하면서 문제가 생겼다. 어떤 가정은 간격을 메울 수 있는 방법을 찾아낼 수 있었지만, 그렇지 못한 가정도 있었다. 트로이 전쟁에 출전하여 십 년 동안 집을 비웠던 '율리시스'의 이야기를 기억할 것이다. 그의 아내인 페넬로페는 남편의 귀향을 인내심을 가지고 기다릴 수 있는 여자였다. 1960년대의 아내들 중에서도 페넬로페 같은 이들이 있었다. 그러나 이 끈을 끝내 놓치는 여자도 있었다. 영웅이 자기 길을 가는 동안 아내와 아이들은 다른 유형의 남자를 찾아 떠났다.

이런 식으로 결혼이 실패할 경우, 자신의 내면에서 어떤 것이 전 남편에게로 자신을 밀어붙였는지 이해하는 여성들은 당장의 실망을 이겨내고 두 번째 결혼에서는 더 나은 선택을 할 수 있다. 그러나 자신의 내면을 이해하기보다는 남편의 성격을 비난하는 것에만 몰두하는 여성들은 두 번째 선택에서도 마찬가지로 실망을 맛보게 될 확률이 높다.

이것은 일이 잘못되었을 때 누구라도 빠지기 쉬운 함정이다. 실패를 남편에게 투사하며, 문제를 그의 잘못과 동일시하고, 통탄스러운 사태에 대해 그를 비난하는 것이다. "내 남편은 너무 꽉 막힌데다 지루해." "완고하고 독재적이야." "믿을 구석이 없고 어찌나 비열한지." 이 중 순간의 감정을 분출해 내는 이상의 의미를 지닌 말은 없다. 실제로 도움이 되는 것은 이런 질문들이다.

"이런 성격을 가진 사람이 어떻게 해서 내 인생의 큰 그림에 완벽하게 맞아떨어졌지? 이 선택이 실수가 아니라 의미 있는 것이 되려면 어떻게 해야 할까? 꽉 막혔거나 지루하거나 지배적이거나 보수적이거나 믿을 수 없는 사람을 선택한 것은 내 안의 무엇이었을까? 내 안에서 이와 똑같은 에너지가 있는 곳은 어딜까? 나로 하여금 그렇게 살게 한, 또는 그렇게 하게 한 것은 무엇이었을까? 내가 스스로에 대해 간과한 것은 무엇일까?"

이런 도움 되는 질문들이야말로 우리를 성장과 변화의 길로 이끌어준다.

우리가 찾는 남성성의 내적 에너지는 다양한 방식으로 발생하며, 여러 허구적인 남성 캐릭터로 인격화된다. 우리 삶에서나 문학작품 속에서 자주 보이는, 경직된 '아버지/왕'의 에너지가 더 유연한 영웅 에너지로 대체되는 둘 사이의 '순환'이 이런 예이다.

그리고 또 한 가지, 현명한 노인의 유형이 있다. 이것은 고차원적인 지혜의 원천이 현명한 노인으로 인격화된 것인데, 〈스타워즈〉 영화에 등장하는 주름투성이의 나이든 남자 요다가 여기에 해당한다. 요다는 젊은 영웅들에게 '포스'라고 부르는 에너지에 대해 가르치는 인물로서, 그가 바로 현자, 즉 현명한 노인이다.

우리가 지닌 에너지의 측면 중 이 현자의 측면은 싸움으로 돌입하지 않는다. 싸움은 영웅의 임무이다. 현자는 권위와 법을 옹호하지도 않는다. 그건 '아버지/왕'의 임무이다. 내면의 현명한 노파가 일상생활의 균형을 유지시켜 주는 데 비해, 남성 노인으로 인격화되는 이 지혜의 에너지는 여성의 영혼을 초월적인 수준으로 고양시키는 역할을 한다. 즉 우리 내면의 요다는 의미를 찾을 수 있게 돕는 존재다.

이렇듯 여성 내면에 있는 남성적 에너지의 각 측면은 저마다 플러스극과 마이너스극을 지니고 있다. '아버지/왕'의 플러스극은 안정성, 신뢰감, 양질의 판단, 확신 등의 속성을 지닌다. 마이너스극은 이런 속성이 극단으로 치달아 안정성이 완고함으로, 신뢰감이 융통성 없음으로 변해버린 경우이다.

또 테세우스 혹은 영웅적 에너지는, 내적 성장을 방해하거나 살면서 간과했던 측면의 개발을 저해하는 상황들을 깨뜨릴 수 있게 돕는 역할을 한다. 영웅은 주로 용을 파괴하기 위한 여정에 나서는 경우가 많다. 영웅 에너지의 플러스극은 신선한 공기를 불어넣으며, 이 환기를 통해 우리는 새로운 시각으로 변화를 창출할 방법을 모색할 수 있다. 문제는 역시나, 영웅 에너지에 너무 오래 머물러 있으면 그 속에 갇힌다는 것이다.

영웅의 부정적인 결말은 영원한 소년, 즉 '푸에르 아이테르너스'(puer aeternus, 모성 콤플렉스의 한 예로서, 영원히 어른으로 성장하지 못함을 나타낸다. 그리스 신화의 디오니소스를 가리키기도 함 – 옮긴이)가 되어 언제까지나

용을 쫓아다니는 것이다. 이렇게 되면 남자 본인의 실생활뿐 아니라 그와 관계를 맺은 여자까지도 힘들어지게 된다. 트로이전쟁의 영웅 율리시스가 10년 동안이나 돌아오지 않자, 그 아내인 페넬로페는 수많은 구혼자들 중 한 명과 결혼하는 상황을 피하기 위해 낮에는 수를 놓고 밤에는 그것을 풀어내는 일을 반복해야 했다. 물론 그때는 율리시스가 젊어서 그랬던 것이고, 나이가 들어감에 따라 그의 여행 기간도 짧아졌다.

마지막으로 현자의 에너지가 지닌 플러스극은 우리가 떠나야 하는 여정과 그 의미에 대한 지혜를 나누어준다는 것이다. 그런데 이 에너지 역시 과도하면, 강연을 길고 지루하게 늘어놓거나, 얘기가 사방팔방으로 뻗쳐 끝간 데를 모르거나, 너무 현학적이 되어 지식을 알려주기는커녕 듣는 이를 졸게 만드는 지경이 되고 만다.

종종 우리는 이 남성성의 측면 중 잃어버린 것 또는 상처 입은 것들을 되찾기 위해 노력해야 할 때가 있다. 옛이야기들을 보면 이 '자각'을 개발하기 위한 필수적인 노력이, 여주인공이 왕자를 찾기 위해 그 전에 완수해야 하는 과업의 형태로 상징화되는 경우가 많다. 잘 알려진 신데렐라 이야기에서도 여주인공은 잿더미에서 완두콩과 렌즈콩을 골라내는 임무를 완수해야 했다. 다음의 러시아 민담은 이 과업의 또 다른 유형을 들려준다.

빛나는 매 피니스트의 깃털

옛날에 세 명의 소녀가 아버지와 함께 살았다. 위의 두 소녀는 허영심이 많고 자기밖에 몰랐으며, 가장 어린 소녀는 대부분의 시간을 집안일을 하며 보냈다. 아버지가 가장 예뻐한 딸은 이 셋째였다.

아버지는 읍내에 다니러 갈 일이 있으면 항상 딸들을 불러서 무엇을 갖고 싶은지 물어보곤 했다. 위의 두 딸은 옷, 손수건, 귀걸이 같은 것들을 사달라고 했는데, 막내는 매번 빛나는 매 피니스트의 깃털을 청했다. 아버지는 위의 두 딸들의 선물은 언제나 사가지고 왔지만, 번번이 막내가 원하는 깃털은 구하지 못한 채 돌아왔다. 그러던 어느 날 그는 읍내의 관문을 지나다가 몸집이 조그만 노인 한 명을 만났다. 노인은 손에 상자 하나를 들고 있었는데 그 상자에 빛나는 매 피니스트의 깃털이 들어 있었다.

"깃털 값으로 얼마를 쳐 주면 되겠소?" 아버지가 물었다.

"천이오." 노인이 대답했다.

아버지는 값을 치렀고, 가장 어린 딸에게 줄 선물을 가지고 집으로 갔다.

그날 밤 소녀는 자기 방에 혼자 있을 때 상자를 열었다. 그러자 깃털이 상자 밖으로 날아오더니 잘생긴 왕자로 변했다. 왕자와 소녀는 이야기를 나누었고, 사랑에 빠졌다. 언니들이 무슨 소리를 듣고 문을 두드리기 시작했다.

"누구와 이야기하고 있어?"

"아무도 아니야. 혼잣말을 하고 있어."

"그럼 우리도 들어갈게."

왕자는 곧 매로 변해서 깃털 하나를 남겨두고 창밖으로 날아갔다. 언니들이 들어왔지만 아무도 발견할 수 없었다. 다음날 밤에도 똑같은 일이 일어났지만 이번에는 언니들이 아버지에게로 갔다.

"어린 동생이 방에 누군가를 들였어요"라고 그들은 말했다. 그러나 아버지와 언니들이 방으로 들어서기 전에 왕자는 매로 변해서 이번에도 깃털 하나만 남기고 날아갔다. 아버지는 아무도 없는 것을 보고는 언니들을 꾸짖었다.

세 번째 날 밤, 언니들은 동생 방에 몰래 숨어드는 사람이 누구든 잡아버리자고 결심했다. 그들은 날카로운 바늘과 칼을 창문틀에 잔뜩 박아두었다. 그 방문자가 창으로 들어올 것이라고 생각했기 때문이다.

막내는 왕자가 오지 않자 잠이 들어버렸다. 매 피니스트는 방 안으로 들어가려고 해보았지만 날개를 베이고 말았다. 이어서 그는 소녀를 불렀지만 소녀는 듣지 못했다. 다만 꿈속에서 이렇게 말하는 소리를 들었다.

"나를 찾고 싶으면 쇠로 만든 구두 세 켤레를 닳아 없애고, 무쇠 지팡이 세 개를 부러뜨리고, 돌로 만든 웨이퍼(wafer, 얇고 바삭하게 구운 과자. 흔히 '와퍼'라고 함 - 옮긴이) 과자 세 개를 다 갉아먹으면서 아홉 땅을 세 번, 열 왕국을 세 번 지난 곳까지 와야 해요."

어린 소녀가 잠에서 깨어나자 피가 보였다. 소녀는 지체 없이 쇠 구두와 무쇠 지팡이를 만들고 웨이퍼 세 개를 모아 여정에 나섰다. 도중에 소녀는 세 명의 나이든 여자들에게서 은과 금으로 만든 선물을 받았다. 은으로 된 물레와 금으로 된 물렛가락, 은 접시와 금 달걀, 그리고 은으로 된 자수 틀과 금 바늘이 그것들이었다. 그리고 공도 하나 받았다. "공을 굴리렴." 첫 번째 나이든 여자가 말했다. "뒤를 따라가. 그러면 가야 하는 장소로 데려가줄 거야."

소녀는 공을 따라서 종일 걷고 또 걸었다. 마침내 세 켤레의 쇠 구두, 무쇠 지팡이 세 개가 다 닳고 돌 웨이퍼 세 개도 다 갉아먹었을 때 소녀는 피니스트가 사는 도시에 도착했다. 그러나 이미 피니스트는 빵 굽는 사람의 딸과 함께 살고 있었다.

소녀는 금과 은으로 된 보물들 한 벌씩과 피니스트를 맞바꿔 가며 사흘 밤 동안 피니스트와 함께 있었다. 그러나 빵 굽는 사람의 딸이 피니스트에게 강한 약을 먹여놓아서 그는 깊이 잠들어 버렸고, 사랑하는 사람이 자기를 찾아온 것을 알지 못했다. 사흘째 되는 날 밤, 더 이상은 맞바꿀 것이 남아 있지 않자 소녀는 울기 시작했다. 눈물 한 방울이 그의 뺨에 떨어졌고 그 순간 피니스트가 깨어났다. 두 연인은 소녀의 집으로 되돌아와 결혼했다.

이 이야기는 내적 남성성, 즉 영성의 또 다른 측면에 대한 정보를 전해주며, 자신의 내부에서 이 측면을 발견할 수 있는 방법에 대해 몇 가지를 일러준다.

우리와 어린 여주인공이 통과해야 하는 과정은 막내딸이 이 에너지를 '원하기' 때문에 시작된다. 그녀는 원하는 것을 얻지만 곧바로 잃어버리고, 이것을 되찾기 위해 매우 힘든 일을 해야 한다. 마치 이난나가 지배 능력을 갖기 위해 싸운 것과 마찬가지다. 우리 '무의식적 자아(셀프)'의 가치 있는 내적 측면들이 노력을 요구하는 것이다.

이야기의 시작에는 한 아버지와 세 딸이 있다. 가장 어린 막내딸이 이야기의 중심 캐릭터이다. 상징적으로 이 막내딸은 여성적 에고를 나타낸다. 두 언니는 막내딸 ― 그리고 우리 ― 의 알려지지 않은 부분, 즉 그림자 측면이다. 이 그림자는 온갖 무의식적인 탐욕, 허영, 그리고 질투인데, 의식의 수준에서는 막내딸에게 이런 속성이 없는 것처럼 보인다. 그녀는 집안일을 도맡아함으로써 다른 이들을 돌보는 참하고 사려 깊은 가족 구성원으로서의 모습으로 나타난다. 언니들과 달리 그녀는 선물로 오로지 깃털 하나만을 요청한다.

이야기에서 일깨워주듯, 에고는 자신이 스스로 어떻다고 의식하는 것과 어긋나는 특질을 감지하지 않으려는 경향이 있다. 앞서 3장에서, 마땅치 않은 특질들을 무의식으로 밀어넣는 우리의 모습을 관찰한 바 있다. 바로 이 이야기에서 우리의 여주인공이 하는 행동이다. 그녀는 스스로를 '착하다고' 생각한다. 탐욕 또는 '착하지 않은' 측면들은 그림자거나 언니의 부분들이다. 이야기가 가리키는 내용은 우리 모두가 경험한 것들로, 우리 자신의 그림자 또는 '그다지 좋지 않은' 부분들이 매우 활동적으로 되어 곤란하게 변하는 경우들이다.

이 무의식적인 곳에서 활동하는 것은 위험한 일이다. 무의식적인 질투와 시샘 때문에 괴로운 관계를 받아들여야 할 때는 더욱 그렇다. 여기서는 어린 소녀가 빛나는 매 피니스트, 즉 자신의 영적 자아와의 관계를 이어가지 못했다. 피니스트가 무의식의 그림자로부터 끊임없이 공격을 받았기 때문이다. 결국 무의식의 그림자인 두 언니는 떠오르는 영성인 매 피니스트에게 상처를 입혔다.

이것이 외부 세상에서 어떻게 작동하는지 알아보기는 쉽다. 자신의 지난 삶에서 칼에 베인 듯 날카롭고 손상이 심한 '실수'를 저질렀던 경우들을 떠올려 보자. 우리는 대개 "그게 어디서 비롯된 거였지?"라며 의아해한다. "어떻게 그런 말을 할 수 있었을까? 나 그 정도로 나쁜 사람은 아닌데." 물론 그런 말을 하는 자아의 측면이 분출된 곳은 그림자이다. 의식적인 유대관계를 형성하여 내면의 그림자의 요구를 들어주지 않는 한, 난데없는 파괴적 돌출 행동은 더 심각해질 것이다. 이 이야기는 영적으로 성장하기 위한 노력에 공격과 상처가 따를 것이라는 점을 분명히 경고해 주고 있다.

다음은 남편으로 하여금 결국 가정상담소를 찾게 만드는 무수한 유사 사례 중 하나이다. 에드는 대단히 성공한 사업가였다. 그의 아내 준은 첫 아이를 낳으면서 직장생활을 접었다. 아이들이 집을 떠나고 나서도 그녀는 학교나 직장으로 돌아가지 않았다. 그녀는 주어진 삶을 즐겼다. 그녀는 남편에 대해 질투나 시샘 같은 것을 느껴본 적이 한 번도 없었다. 툭하면 알람시계가 싫다고 하면서도 남편과 절대로 잠자리의 위치를 바꾸려 들지는 않았다는 것 정도가 유일한 갈등이었다. 그녀의 삶에 대한 이야기를 들어보면, '만사형통이네'라고 생각할 수도 있을 것이다. 한 가지만 빼고는.

준에게는 말로 에드를 찔러대는 습관이 있었다. 이에 관한 최근의 에피소드는 에드가 주빈으로 참석한 파티에서 일어났다. 앞으로 고객이 될 가능성이 있는 큰 회사 소속의 손님 한 명이 축하의 인사를 했을 때였다. "브라우닝과 계약하신 것 축하합니다."

준이 중간에 끼어들었다. "듣자니 웃겨서 눈물이 다 나오려고 하네요. 사업상의 거래 하나 가지고 마치 대단한 일이라도 해낸 것처럼 구시네요. 저이는 그냥 운이 좋았던 거예요. 제가……."

그녀는 에드가 쏘아보는 눈빛을 깨닫고 말끝을 흐렸다. "농담한 것뿐이야." 나중에 그 문제로 다툴 때 그녀는 이렇게 말했다.

그러나 에드는 준의 '실수'와 그의 성공에 대한 무의식적 질투에서 비롯된 신랄한 말에 이미 상처를 입은 후였다. 그렇게 실수가 발생하고 나면 준은 공격의 대상을 스스로에게로 옮겨 자책에 빠지곤 했다. "미안해서 어쩌지"라고 그녀는 거듭 말했다. "정말로 상처 줄 생각은 아니었어. 난 남편을 사랑해."

준은 내면의 남성적 에너지를 발달시키지 못했기 때문에 행복하지 않았고, 남의 신경을 긁어댔다. 상대를 이끌지 못하고 지배하려 했으며, 남편에 대해서는 대단히 비판적이었다. 그녀는 자신만의 남성적 에너지를 개발하여 경쟁심에 의한 질투를 치유할 필요가 있었다.

매 이야기가 열어놓은 유일한 가용 남성 에너지는 아버지이다. 아버지는 '아버지/왕' 원형이 투사된 존재로서, 좌중의 실세이다. 즉 과단성 있는 행동, 권력과 통제력의 원천이다. 그런데 이야기의 아버지에게는 모자란 점이 있다. 그림자 언니들이 허영과 물욕을 부리는데, 그들이 욕망하는 것들을 무조건 사주어서 허영심을 기르는 결과를 낳게 만든 것이다. 또한 그들은 질투심과 시기심이 많은데, 아버지는 이것을 멈추기 위한 행동을 하지 않는다.

실제로 이런 아버지들이 있다. 남부에 살던 어린 시절에 나는 이런 남성성을 예증하는 남자를 본 기억이 있다. 그러면 부당한 상황에 대해서조차 이렇게 말할 것이다. "자, 설탕아가씨. 그런 건 묻지 마라. 네가 신경 쓸 건 아무 것도 없단다." 이런 겉치레의 위로는 다툼을 피하기 위해 상대의 행동을 막아버리는 금지의 명령과 같다.

지금도 이런 목소리가 치고 들어와 "착하게 굴어!"라고 간곡히 당부하는 순간들이 있다. 어린 시절부터 스스로의 조언을 받아들이기 전에 멈춰 서서 이런저런 남의 말에 귀를 기울이게끔 배워온 탓이다. 나의 남성성 중에서 이 측면이 지닌 아젠다는 아무 것도 하지 않는 것이 타당해서가 아니라 행동하는 것이 어렵거나 때로는 고통스럽기까지 하기 때문에 '아무 행동도 하지 말 것'을 권유한다. 만약 그 상황에서 행동을 하면 이 내면의 목소리는 내가 '폭발'할까봐 겁을 낸다. 내 행동이 '착하지' 않은 결과로 이어질까봐 아예 처음부터 관여하지 않으려 한다. 이것은 "다른 방법을 찾아봐" 또는 "열까지 세어봐"라거나 항상 "네가 이해해라"는 식의 부적절한 충고를 일삼는 것과 똑같은 내면의 목소리이다.

여러 모로 이야기 속의 아버지는 1950년대의 전통적인 텔레비전 드라마 속 아버지이다. 다정하고, 선물을 한아름 안겨주며, 자식들을 사랑하지만, 이런 행동들을 넘어선 영역에서는 개입하지 않는다. 50년대의 아버지는 결정적인 문제에서는 늘 비껴나 있었고 자녀들에 관해 통찰이 얕았다.

이야기의 여주인공 역시 일어나고 있는 역학에 맞서 좀 더 단호하게 행동하지 않는 아버지 때문에 괴로움을 겪는다. 준처럼, 소녀에게는 내적 훈육이 필요했다.

아버지에게 계속해서 빛나는 매 피니스트의 깃털을 요구한 것에서 짐작하듯, 우리의 여주인공은 성장을 위한 내적 필요에 대단히 집중했다. 이야기꾼이 영성의 상징으로 선택한 것은 매였다. 매는 사냥하는 날짐승이며, 이 점에서 영웅과 같은 속성을 지니고 있다. 훈련 받은 매는 높이 날아올라 먹잇감을 겨냥해 급강하하며, 먹잇감을 낚아챈 후에는 주인의 손으로 돌아온다. 이것은 매가 끈으로 묶인 채 먹이에 집중하고 떠난 자리로 되돌아오는 것처럼 연결을 유지한 채 지상의 목표물 위쪽으로 이동하는 능력을 상징한다.

기독교 신앙에서는 훈련 받은 새가 개종자 또는 성자를 상징한다. 개종자와 성자들은 종교적 실천에 가장 적극적인 사람들이며, 매의 이미지와 정확히 들어맞는다. 매를 다루는 사람들은 날카로운 발톱에 다치지 않기 위해 꼭 가죽 옷을 입어야 하는데, 이는 매가 대상을 꽉 움켜쥐는 적극적인 태도의 이미지임을 보여준다.

매는 북유럽 신화에서도 주요한 역할을 한다. 북유럽의 신들 사이에서 중요한 역할을 하는 풍요의 여신 프레이야가 매의 가죽을 지니고 있는데, 이것을 걸치면 영혼으로 변하여 지하세계로 여행을 떠났다가 지식을 얻어 되돌아올 수 있다. 매의 가죽과 깃털은 형질 전환과 초월의 힘을 지니고 있어서 사람을 변화시키며 다른 세상 또는 다른 차원으로 데려간다.

우리 이야기에서도 깃털이 내려주는 선물은 형질 전환과 차원 이동의 능력이다. 이것은 인생을 정신적 또는 형이상학적 입장에서 이해할 수 있게 해주는 영성의 선물이다. 즉 연결성을 유지한 채 높이 솟아올라 위에서 바라볼 수 있게 하는 능력을 가리킨다.

앞서 이야기의 상징을 통해 이 에너지 — 매의 깃털 — 의 위치를 파악하기가 매우 힘들다는 이야기를 했다. 그러나 우리의 여주인공은 포기하지 않는다. 초지일관한 결과 소녀는 — 또한 우리는 — 내면의 현명하고 심오한 곳으로부터 선물을 받게 된다. 이야기꾼은 우리 에너지의 이 심장부를 현명한 노인으로 형상화했다. 지혜의 구현이라 할 수 있는 이 현자의 이미지는 우리에게 대단히 친숙하다. 수많은 그림에서 볼 수 있는 흰 수염이 풍성한 나이든 남성 — 심지어 신도 이렇게 그려진다 — 이 다 이런 예이다.

이 영성은 매우 귀중하다. 노인이 제시한 깃털의 가격은 천이었다. 천이라는 수가 어린 소녀와 새의 작은 일부인 깃털을 한데 모아주었다. 그러나 영성이 소녀의 것이 되려면 그 전에 한 가지 해야 할 일이 있었다. 기다림, 바라는 것에 대한 흔들림 없는 마음, 비싼 대가 뒤에 소녀가 얻은 것은 몇 번 안 되는 접촉이었고, 그것으로 연결은 끊어졌다. 우리가 내적 영성과의 연결을 요청하고 싶을 때도 마찬가지다. 우리 역시 기다려야 하고, 바라는 대상에 공을 들여야 하며, 자기 수양이라는 형태로 대가를 치르면서, 이루어질 때까지 자신의 내적 원천에 의지해야 한다. 그러고도 얻을 수 있는 건 희미한 실마리이다. 해야 할 일이 더 남아 있다는 뜻이다.

소녀가 매와 접촉하는 방식은 우리들 중 많은 수가 스스로의 영성과 만나는 방식과 유사하다. 살다 보면 때로 다른 사람과 깊은 소통을 나누는 순간이 있다. 대단히 진실하고 정직해서 자신이 변화되는 느낌을 받게 되는 순간이다. 그 순간이 얼마나 그리운지 우리는 어떻게 하면 다시 그런 순간을 경험할 수 있을까 하는 간절한 바람을 지니기도 한다. 성당에서 혹은 바닷가에 서 있을 때도 이런 느낌을 경험할 때가 있다. 그러나 나중에 같은 장소에 가도 마음은 이미 다른 것에 가 있고, 무엇을 느꼈든 그 감정은 이미 사라지고 없다. 그것들은 문에 서 있던 그 노인이 주는 선물이며, 잡고 나면 다음 순간에 사라져버린다.

영혼 또는 신성(神性)의 세계에서 온 선물을 놓치지 않고 밀접한 관계를 유지하기 위해서는 확고하고 결연한 태도가 요구된다. 이야기의 아버지, 즉 소녀 내면의 '아버지 / 왕' 에너지가 취약한 부분이 이것이다. 이 아버지는 언니들이 매에게 상처 입히는 것을 막아주지 않았다.

피니스트가 상처를 입고 어린 소녀를 불렀을 때 소녀는 듣지 못했지만 꿈을 통해 그를 찾아갈 수 있는 방법을 알게 되었다. 어린 소녀에게 나아갈 바를 알려준 것은 무의식이다. 이것은 흥미롭고 기분 좋은 개념이다. 무의식의 어딘가가 발견되기를 원한다는 것이고, 마치 의식적인 에고가 연결을 원하는 것과 마찬가지로 무의식도 연결의 순간을 기다리고 있다는 귀띔이기 때문이다. 이 메시지는 문에 서 있던 현명한 노인이 아버지 앞에 나타난 장면에서 이미 한 차례 접한 것이다. 현실에서 우리가 바닷가, 교회에서 경험해 보았거나 다른 사람과의 관계에서 느꼈던 그런 기분이 바로 어딘가로부터 온 선물이었다. 의식의 수준에서는 이런 것들을 불러올 수가 없다.

매가 소녀에게 준 정보를 살펴보면 무의식은 길을 일러줄 뿐 절대로 완제품을 안겨주지 않는다는 것을 알 수 있다. "이렇게 하고, 저렇게 한 후, 이렇게 하세요"라고 그는 말한다. 이 말은 "어떤 장애든 다 닳아 없어질 때까지 이것들을 되풀이하세요"라는 뜻이다.

이 정보는 선물이다. 어린 소녀가 그것을 정확히 이해하지 못할 수도 있다. 왜냐하면 이것은, 아침에 일어났는데 어제까지 아무런 해법도 찾지 못했던 문제에 대해 불현듯 뭘 해야 할지 알게 되는 그런 유형의 앎이기 때문이다. 소녀가 아는 것은 쇠 구두 세 켤레, 쇠 지팡이 세 개가 닳아 없어지고, 돌로 만든 웨이퍼 세 개를 다 갉아먹을 때까지 가야 자신이 원하는 것을 뚜렷이 볼 수 있는 장소에 도착할 수 있다는 것뿐이었다.

쇠는 '아버지 / 왕' 에너지의 상징물이며, 동화에서는 종종 몸집이 작은 철인(iron man, 鐵人)으로 등장한다. 이 원형은 이야기 속 아버지에게 부족한 남성성의 측면인 엄함과 내구력의 속성을 지닌다. 이것들은 영적 탐색을 위한 훈련 과정에 필수적인 요소들이다.

쇠는 또한, 사람들이 한때 이것이 천상의 별에서 땅으로 온 것이라고 믿었기 때문인지, 마술적 속성도 지니고 있다. 쇠가 마녀와 여러 사악한 것들을 물리칠 수 있다고 믿어, 아기 어머니나 산파들은 쇠못을 요람에 넣어둠으로써 아이를 보호하려 했다. 또 뱀파이어로 의심되는 존재의 심장에 쇠말뚝을 박아넣어 영원한 죽음을 확실시하려 했다. 쇠의 이러한 속성은 선하고 견고한 권위의 은유가 되었다.

즉 자신의 영성에 접근하기 위한 과정에서 우리는 '아버지 / 왕'의 남성성이 지닌 훈육과 체계성, 그리고 준엄한 권위를 받아들이는 법을 배워야 하며, 이 에너지가 선하게 쓰일 수 있게 노력해야 한다는 것이다. 결국 이 이야기의 쇠 구두는 전통적으로 여성성의 상징인 구두에 쇠의 속성을 결합함으로써 내적 남성성(쇠)과 내적 여성성(구두)의 융합을 이뤄내고 있다고 볼 수 있다.

구두가 여성성의 상징이라는 것은 이 물건이 땅 또는 대지의 어머니와 연결되어 있기 때문이다. 이것이 바로 구두가 지닌 여성적 자양의 속성 — 우리를 따뜻하고 보송보송하게 지켜주며, 베이거나 찢기지 않게 막아주고, 붙들어주고 포용해 주는 등 어머니와 닮은 특성들 — 이다. 구두는 또한 비옥함의 상징이기도 하다. 갓 결혼한 부부의 마차나 자동차에 구두를 묶어두는 풍습은 이런 의미에서 비롯된 것이다. "당신들의 결혼이 풍요롭기를!"의 상징적 의미이다.

따라서 쇠 구두를 신으라는 지시는 이런 의미로 이해할 수 있다. '지금 네가 가진 남성적 에너지에 일정한 권위와 체계를 보태라. 엄한 훈육이 없이는 영성의 성장을 추구할 수 없을 것이다. 단, 이 남성성은 반드

시 녀의 여성성(비옥함, 자양의 본성)과 연결된 상태여야 한다. 그래야 남
성성이 가혹하고 가차없거나 구원받지 못할 지경으로 빠지지 않는다.'

무의식의 지시에 따르면 구두 외에 지팡이도 쇠로 만들게 되어 있다.
여주인공이 지시 받은 것이 여정에 쇠 구두 세 켤레와 쇠 지팡이 세 개
를 지참하라는 것이었다. 이것은 두 말 할 것 없이 지속적으로 균형을
유지한 채 여정을 계속하라는 의미이다. 낙마를 경계하고 외부에서 지
원되는 힘을 이용하여 꼿꼿이 버티라는 것이다. 지팡이 역시 내적 균형
을 잡아주고 길을 찾게 도와주는 도구이다.

최근에 어린 손녀와 쇼핑을 하러 간 적이 있다. 우리는 돌아다니다
가 자이로스코프(gyroscopes, 항공기나 선박 등의 평형 상태를 측정하는 데
사용하는 기구 - 옮긴이) 기구를 보고 만지며, 그것이 어떤 원리로 똑같은
방향을 유지하며 움직이게 해주는지 알아보면서 즐거운 시간을 보냈
다. 가게의 판매원이 이와 똑같은 원리를 이용하여 배가 수평을 유지
하는 것이라는 내용을 포함하여 친절한 미니 강의를 해주었다. 가게를
나서면서 설명을 들어도 모르겠다는 생각을 하며 손녀를 보았더니, 희
한하게도 여섯 살 난 손녀는 나보다 그 정보를 훨씬 더 편안하게 받아
들이는 것 같았다.

편안해했던 손녀를 떠올리며 나중에 이 이야기의 상징에 대해 다시
생각해 보니, 지팡이가 요즘으로 치면 자이로스코프라는 생각이 들었
다. 우리에게 알맞은 방향으로 계속해 나아가게 해주는 내면의 자이로
스코프가 없기 때문에 지팡이가 필요했던 것이다. 인간은 늘 언덕 저
편으로 굴러떨어지고 거꾸로 착지하는 존재이므로, 이 이야기는 이런
위험에 대해 경고해 주면서 조심하라는 당부를 들려주고 있는 것이다.

이야기의 주인공이 여정에 동반한 세 번째 아이템은 돌 웨이퍼다. 그
녀의 과업은 자신의 영성이 희망을 가지고 기다리는 땅에 도착하기 전

에 이것들 세 개를 모두 갉아먹는 것이다. 돌은 신성한 힘 또는 생명력을 담고 있는 그릇이다. 또한 온전함의 상징이기도 하다. 예수 그리스도는 스스로를 영적인 바위라 칭했으며, 베드로를 가리켜 자신을 반석으로 하여 그 위에 그의 교회를 세우는 자라고 했다.

여러 사회에서도 마찬가지로 돌이 생명 에너지를 품고 있다고 믿었다. 누군가를 기리고 싶을 때 그와 똑같이 생긴 석상을 만들어 세웠으며, 석상 속에 그의 영혼이 깃들어 있다고 생각했다. 사랑하는 이의 무덤가에 돌을 세우는 풍습도 마찬가지의 근원을 지니고 있다.

이야기꾼은 이러한 돌과 웨이퍼의 이미지를 결합하여 초월성 또는 신성(神性)을 표현했다. 따라서 우리의 여주인공이 이것을 씹어먹어야 했던 것은 내면화를 위한 과제의 의미였다. 웨이퍼가 신성으로 형질 전환하는 것은 기독교 성찬식의 고대 선례이기도 했는데, 믿는 자가 웨이퍼를 삼키면 거룩한 에너지의 일부가 되는 것이다. 이것은 곧 빠르고 쉬우며 뻔하고 표피적인 이해를 피해서 나아가야 한다는 의미이다. 요청하고 이해하여 내면화하는 데 필요한 만큼의 시간이 걸려야 한다는 것이다. 우리도 각자의 영성을 찾기 위해서는 진실을 흡수할 때까지 조금씩 갉아서 씹어먹어야 한다.

첫 번째 나이든 여자가 여주인공에게 건넨 것은 공이었다. 공은 방향을 가리킨다. 융 학파의 이론에 따르면 각 개인은 무의식적 자아, 즉 셀프를 지니고 있는데, 이것이 노파의 공처럼, 심리학적으로 성장할 수 있게 우리를 이끌어주는 내면의 안내자라고 했다.

현대인들은 자신의 신체에 관한 미래가, 태어나기도 전에 이미 DNA에 프로그램 되어 있다는 생각을 편하게 받아들인다. 유전학에 따르면 푸른 눈, 붉은 머리카락, 옅은 피부색과 신장이 수정 단계에서부터 유전자에 의해 결정되며, 심지어 환경과 생활 습관이 질병에 가장 큰 영향을 미친다고 하지만 사실은 특정한 질병에 대한 취약함도 미리 결정되어 있다고 한다.

마찬가지로, 우리의 정서적 또는 심리적 성장의 열쇠를 쥐고 있는 것이 셀프다. 셀프는 인간의 타고난 심리적 잠재력을 저해할 수 있는 가능성을 지니고 있지만(영양 불량이 신체적인 잠재력을 저해하는 것도 이와 똑같은 방식이다), 그럼에도 불구하고 존재하면서 끊임없이 펼쳐지는 정서적 청사진이 내재된 유일한 곳이다. 에고 ― 우리가 평상시에 스스로에 대해 생각하는 부분 ― 가 기꺼이 귀를 기울이려고만 하면 셀프가 안내자가 되어준다. 이야기에서 셀프는 굴려진 공이다. 따라가는 수밖에 없다.

그런데 공이 보이지 않고, 공이 굴러간 길을 눈으로 확인할 수 없을 때는 어떻게 방향을 알 수 있을까? 우리는 오로지 감각으로 확인하면서 경험한 것이어야 진실이라고 믿는 시대를 살아가고 있다. 덕분에 우리는 눈으로 보고, 귀로 듣고, 손으로 만지고, 코로 냄새 맡고, 입으로 맛볼 수 있는 것만 기꺼이 그 존재를 믿는다.

느긋해지라고 이야기꾼은 제안한다. 우리에게는 필요할 때 쓸 수 있는 선물들이 주어져 있으니 걱정하지 말라고 한다. 금과 은으로 된 물건들, 즉 남성성과 여성성이 바로 선물로 주어진 내적 자원들이다. 귀 기울여 듣고, 이것들을 회전시키면 된다! 생각과 감정들을 데굴데굴 굴리는 것이다! 자신의 건강한 여성성(은)과 연결된 건강한 남성성(금)에 대해 계속해 배워나가다가 마지막 순간에 정서를 과업에 적용하는 것만 확실히, 아주아주 확실히 하면 된다. 목적지에 이르러 정서, 즉 눈물 한 방울을 떨어뜨림으로써 마침내 자신의 영적 본질과 결합하는 것이다.

이 여성성과 남성성의 결혼은 '그 뒤로 행복하게 오래오래'를 보증해

주지는 않는다. 그러나 둘의 결합은 우리 자신의 온전함을 창조해 내는 전체 퍼즐의 한 조각이며, 내면의 영성을 찾으려 할 때 반드시 일어나야 하는 필요 불가결한 내적 합일이다.

7

황금 새
삶의 의미

엘리자베스가 스스로의 잿빛 음울함에 휩싸인 채, 늦은 밤 이야기가 다 끝날 때까지 앉아 귀를 기울이던 그 모임의 밤으로부터 거의 일 년이 지났다. 오늘밤에는 마을의 가족들이 저마다 잠을 자러 조용히 일어나 집으로 돌아간 뒤, 나이든 여자는 엘리자베스와 함께 있기로 마음먹었다. 두 사람은 오두막으로 갔다. 나이든 여자가 불을 피웠고, 두 사람은 나란히 앉아 말없이 밤을 새웠다. 하늘이 밝아오기 전에 엘리자베스는 몸을 일으켜 문 쪽으로 걸어가기 시작했다. 물을 가르듯 흔들림 없는 느리고 침착한 걸음걸이였다. 그녀의 앙상한 양팔이 앞뒤로 흔들리는 모습이 불규칙하고 율동감이라고는 없어서, 나이든 여자가 보기에 그녀는 아이들이 만든 나무막대기 인형 같았다. 엘리자베스는 문 앞에 멈춰 서서 뒤로 돌아섰다. 그녀는 나이든 여자를 한참 동안 바라보았다. 그녀의 입이 무슨 말을 하려는 듯 벌어졌다가 돌아서는 순간 다물어졌다. 그녀는 문밖으로 나가 숲속으로 사라졌다.

중재 기간 동안 나이든 여자의 귀에 호숫가에서 엘리자베스가 울부짖는 소리가 들린 것 같은 밤들이 며칠 있었지만, 그건 어쩌면 코요테 소리였을지도 모른다. 마을 사람들 몇몇이 사냥을 나갔다가 얼핏 그녀를 본 것 같다고도 했지만 확실치는 않았다. 그녀는 달 열한 개가 뜨는 만큼의 시간이 지난 후 돌아왔다. 그녀는 숲의 사슴에게 배웠음직한 확실하고 가벼운 발걸음으로 성큼성큼 마을로 들어섰다. 뒤로 당겨 한데 묶은 머리는 완전히 흰색으로 변해 있었고, 피부는 진한 올리브색으로 그을려 있었다. 그녀의 옆에는 키가 크고 머리카락이 흰 남자가 있었는데, 이름이 코막이라고 했다.

두 사람은 엘리자베스가 내내 살았던 집으로 함께 들어갔다. 그러나 이제 그녀는 집 안에서보다 밖에서 지내는 시간이 더 많았다. 그녀가 하루나 이틀 정도 모습을 감추는 건 다반사였고, 안 보인다 싶으면 어느새 뿌리나 씨앗들을 가지고 돌아왔다. 그것들은 새로 만든 그녀의 넓은 뜰의 한 부분이 되었다. 이 식물들은 새로운 장소에 뿌리를 내리고서 엘리자베스의 보살핌 속에서 남다르게 번성했다. 그것들의 잎과 씨, 꽃과 뿌리는 사람들을 위로하고 치유했다. 자신이 일하는 땅의 빛깔과 똑같이 갈색으로 그을렸으며, 흰 서양톱풀처럼 호리호리하고 유연한 엘리자베스는 영혼의 죽음이 임박해 마을을 떠났다가 치유된 채로, 남을 치유할 수 있는 힘을 지니고 돌아왔다.

노년을 준비하는 일은 흩어진 조각들을 모으는 일이기도 하다. 그러기 위해 엘리자베스처럼 우리도 숲으로 들어가야 한다. 숲은 각자의 무의식이다. 그곳에서 우리는 그림자에서 떨어져 나간 조각들, 남성성과 여성성, 그리고 잃어버렸거나 있는지조차 몰랐던 자신의 부분들을 찾을 수 있다. 또 필요한 길 안내와 지혜도 거기에 있다.

이 무의식의 안내자 역할을 하는 것이 셀프이다. 셀프는 깊은 곳에 자리한 내핵으로서 처음부터 우리와 함께 해왔고, 따라서 우리의 진정한 본성을 알고 있기 때문에, 방향과 의미 또한 셀프로부터 찾을 수 있다. 단, 이 발견은 말하기보다는 듣기를 통해 이루어지는 것이 특징이다. 그래서 능동적으로 움직일 때 가장 편안해하는 사람들은 발견하는 일을 힘들어하기도 한다.

여러 종교 또는 영적 수행에서는 이런 현상을 다른 말로 표현한다. 셀프라는 심리적 표현 대신에 '신의 계시'라는 개념으로 이해하는 이들도 있고, 초월적인 힘이나 영적 생명력이라고 부르는 이들도 있다. 모세와 불타는 가시덤불 이야기에 나오는 고대 이스라엘인들은 이 내적 자원을 'I AM THAT I AM'(스스로 있는 자. 하느님이 모세에게 스스로를 가리켜 한 말. 출애굽기 – 옮긴이)이라고 이르는 기운찬 힘과 동일시했으며, 페르시아 수피교의 시인 루미(Rumi)는 이 에너지를 이렇게 노래했다.

내 눈이 빛나는 건 '또 하나(Another)'의 내부가 있기 때문이며,
물이 화상을 입힌다면 그 뒤에 불이 있다는 것이다. 이해하겠는가?

무엇이라고 부르든, 심리학자와 종교적인 사람들 모두가 이 내적 에너지의 경험에 대해 묘사하는 내용은 한결같다. 이 에너지가 전지(全知)적이며, 개별 인간보다 더 크고, 개별 인간의 통제 밖에 있으며, 이것과 접촉하는 유일한 길이 경험이라는 것이다.

자신이 속한 문화 속에서 '나이든 여자'가 되어가는 과정 중에 수행해야 할 과업들이 몇 가지 있지만 여기에 더해야 할 것이 삶의 의미를 발견하는 과업이다. 따라서 잃어버렸던 것들의 특질을 인식하고, 상반되는 내적 속성 사이의 긴장상태를 수용할 수 있게 되면 다음으로 해

야 할 것이 삶의 의미심장함을 찾는 방법을 알아내는 것이다. 또한 이
것은 의식적인 에고 이상의 것인 셀프, 즉 '또 하나(Another)'로의 여정
을 통해서만 찾을 수 있다.

이런 유형의 심오한 내면으로 향하는 길은 상처를 안고 시작하게 된
다. 엘리자베스는 상처를 '의식'하게 된 순간 어린아이들을 더 이상 가
르칠 수 없을 만큼 고통스러워했다. 그럼에도 그녀는 치유를 위해 숲으
로 들어가야 했다. 엘리자베스는 정서로부터 분리되는 경험을 했지만,
우리 각자의 상처는 다 다르다. 그러나 상처가 무엇이건 여정을 시작하
는 동기가 될 수 있다. 게다가 나이가 들어가면서는 치유가 필요할 때
바로 치유하는 것이 중요하다는 생각을 하게 되는 경우가 많다. 나이가
들면서 자신만의 의미를 발견하는 것이 다급해지기가 쉽기 때문이다.
구약성서 시편에 이 감정의 강렬함을 표현한 시가 있다.

목마른 사슴이 시냇물을 찾아 헤맬 때의 갈급함같이
오 주여, 내 영혼이 당신을 찾아 갈급히 헤맵니다.

그러나 황금 새 이야기를 들어보면 비록 의미가 아무리 갈급하더
라도 그것을 획득하는 것이 단순한 과업이 아니라는 것을 알게 된다.

황금 새와 여우

옛날에 왕과 세 아들이 궁전에서 살고 있었다. 궁전 바깥에는 사과나무 한
그루가 서 있었는데, 황금 사과가 열리는 나무였다. 어느 날 아침 사과 하나가
사라졌다. 왕은 큰아들에게 사과나무 아래에 앉아 경계를 서라고 했는데, 밤
이 되자 이 소년은 잠이 들어버렸다. 이튿날 아침 사과 한 개가 더 없어졌다.

둘째 날 밤에 왕은 둘째 아들을 내보내 망을 보게 했으나 둘째 아들 역시 잠이 들어, 날이 밝았을 때는 사과 하나가 더 사라지고 없었다. 왕으로서는 셋째 날 밤, 셋째 아들에게도 같은 일을 시키는 수밖에 없었다. 셋째 아들은 깨어 있었고, 자정에 황금 새 한 마리가 날아오는 것을 보았다. 소년은 화살을 쏘았으나 새는 황금 깃털 하나만 떨어뜨린 채 날아가 버렸다.

이튿날 아침, 소년은 깃털을 왕에게 가져다주면서 자기가 본 것을 이야기했다. 왕은 깃털의 아름다움에 넋을 잃었다. 그는 꼭 황금 새를 잡아야겠다고 결심하고는 즉시 큰아들을 보내 새를 찾게 했다.

소년은 말을 달려 가다가 숲 가장자리에 앉아 있는 여우를 만났다. 큰아들이 여우를 쏘려고 하자 여우가 앞발을 내밀며 "멈추세요! 쏘지 마세요. 그러면 황금 새를 찾는 데 요긴한 조언을 해드릴게요." 큰아들은 총을 내려놓았다.

"곧 마을이 나타날 거예요." 여우가 말했다. "마을에는 여관이 두 군데 있어요. 한 군데에서는 사람들이 노래하고 춤추고 있을 것이고, 나머지 한 군데는 텅 빈데다 초라해 보일 거예요. 떠들썩한 여관으로 가지 말고 적막한 곳으로 가세요." 여우는 이렇게 말하고는 달아나버렸다.

큰아들이 마을로 들어가니 여우가 말한 대로였다. 그러나 초라한 여관이 너무 을씨년스러워 보여서 도저히 발길이 그쪽으로 향하지 않았다. 큰아들은 즐거운 여관으로 갔고, 이내 황금 새를 찾는 임무 따위는 잊어버렸다.

얼마 후 왕은 큰아들이 돌아오지 않는 것으로 결론짓고, 둘째 아들에게 새를 찾아오라고 보냈다. 이 어린 남자에게도 같은 일이 일어났고, 그 또한 자기 형과 마찬가지로 즐거운 여관 속으로 자취를 감추었다.

결국 왕은 제일 어린 아들을 보내는 수밖에 없었다. 막내아들 역시 여우를 만났다. 그런데 형들과 달리 막내아들은 여우의 충고에 따라 초라한 여관에서 단잠을 잤다. 그리고 이튿날 아침 다시 길을 떠났다가 여우를 또 만났다.

"내 등에 타세요." 여우가 말했다. "성으로 데려다드릴게요."

막내아들은 여우 등에 타고 단단히 붙잡았다. 곧 그들은 커다란 성 앞에 이르렀다. 성문 앞에는 병사들이 잠들어 있었다. "병사들을 지나쳐 가세요." 여우가 말했다. "안에 들어가면 황금 새가 나무 새장에 들어 있을 거예요. 이 새장 옆에는 비어 있는 황금 새장이 있을 텐데, 절대로 황금 새장을 건드리지 말고 그냥 나무 새장째 황금 새를 들고 나와야 해요."

막내아들은 여우에게 고맙다고 인사하고 성안으로 들어갔다. 그런데 그만 황금 새장의 아름다움에 넋을 잃고 말았다. 그가 새장을 열어 황금 새를 옮기려고 하는 순간 새가 날카로운 소리로 울었다. 그 소리에 병사들이 깨어나 달려들었다. 병사들은 막내아들을 옥에 가두고 말았다.

그 성의 왕은 막내아들에게 황금 말을 찾아서 잡아오면 용서해 주겠다고 했다. 황금 말만 잡아오면 목숨을 살려줄 뿐 아니라 황금 새까지 선물로 주겠다는 것이었다.

막내아들은 이 임무를 완수하기 위해 달려가다가 자기를 도와주었던 여우와 다시 만나 동행하게 되었다. 둘은 황금 말이 있는 축사에 다다랐다. 여우가 충고했다.

"안장이 두 개 있을 거예요. 하나는 나무로 된 것이고, 나머지 하나는 황금 안장이에요. 말에 황금 안장을 얹지 마세요. 그럼 낭패가 될 거예요."

그러나 막내아들은 햇볕 아래서 은은히 빛나는 아름다운 황금 안장을 보자 유혹을 이기지 못했다. 그가 황금 안장을 말 잔등에 얹는 순간 말이 큰소리로 울었고, 궁전 안의 사육 담당자들이 모두 깨어 달려와 막내아들을 사로잡아 감옥에 던져넣었다.

이 성의 왕은 황금 성에 사는 아름다운 공주를 데려오면 막내아들을 풀어주겠다고 했다. 게다가 공주를 데려오면 황금 말도 포상으로 제공하겠다고 했다.

이번에도 여우가 기다리고 있었다. 막내아들은 여우의 등에 올라타고 황금 성으로 달려갔다. 여우는 성 안으로 들어가 공주에게 입맞추면 공주가 순순히 따라올 것이라고 이야기해 주었다. "그러나 공주가 부모님께 작별인사를 하겠다고 해도 승낙하면 안 됩니다. 큰일이 생길 거예요." 막내아들은 그러겠다고 했지만 공주가 울면서 간청하는 바람에 작별인사를 허락하고 말았다. 여우의 예측은 사실로 드러났다. 성의 왕은 막내아들을 감옥에 가두어버렸다.

결국 막내아들은 또다시 여우가 도와주어서 공주를 데리고 성을 빠져 나왔다. 막내아들도 톡톡히 교훈을 얻은 뒤여서 그때부터는 여우의 말에 충실히 따랐다. 그리하여 황금 말을 되찾을 수 있었으며, 마침내 황금 새도 손에 넣었다.

~~~~~~~~~

이야기는 나무에 열린 황금 사과를 황금 새가 훔쳐가는 데서 시작한다. 훔치는 행위는 중요한 은유이다. 우리 삶에서 일어나는 어떤 유형의 '절도'도 모두 우리에게 상처를 입힌다. 우리가 가치 있게 여기는 무언가 — 우리 자신의 일부일 수도 있는 — 가 도둑맞거나 사라지는 상황을, 이야기에서는 황금 사과의 실종을 상징으로 하여 우리에게 환기시키고 있다.

훔치는 방법은 많고 해석도 다양하다. 낮에 훔치는 것은 빤하고 눈에 훤히 보인다. 심리학적으로 이런 유형의 절도는 명백한 자기현시이다. 그런데 황금 새는 한밤에 몰래 숨어드는 도둑이다. 이런 유형의 도둑은 무의식에서 보내오는 것이다. 무의식이 의식을 급습하는 것이다. 이야기에서 황금 새가 황금 사과를 가져가는 것의 은유는 무의식이 우리에게 가치 있는 무언가를 제거해 버리고 있다는 뜻이다. 이것이 무슨 의미일까?

황금 사과를 도둑맞는 것은 몇몇 감정과의 연결이 끊어졌을 때이다. 이럴 때는 무례한 일을 당하고도 아무런 감정을 느끼지 못한다.

나는 종종 "그 일로 어떤 느낌을 받았나요?"라고 의뢰인에게 묻는다.

"그 사람이 혼란스러워하더라고요."

"네. 그랬겠지요. 그런데 당신은 어떤 기분이었는가 하는 거죠."

"무슨 일인지 이해가 되더라고요."

"좋아요. 그런데 기분은요?"

이런 문답은 짧을 수도, 길게 이어질 수도 있다. 그런 후 마침내 의뢰인은 이렇게 선언한다. "화가 나요!"

그런데 이것은 시작일 뿐이다. 아직 갈 길이 멀다. '화' 아래에 묻힌 것을 발견하는 데까지 가려면 길거나 짧은 과정을 지나야 한다. 이 사례에서 가공의 여성은 자신이 무례한 일을 당해서 상처받았을 때의 기분을 발견해 냈지만 대개 사람들은 기분이 상할 만한 상처를 숨겨버린다. 게다가 상처는 우리가 찾아야 할 최후의 목표가 아니다.

분노의 너머로 가는 데 가장 중요한 것은 한동안 자신의 이 감정과 함께 앉아 있는 것이다. 무엇을 '하려고' 애쓰지 말고 그저 지나가게 두는 것이다. 그런 다음에야 상처의 뿌리에 가 닿는 것이 가능해지기 시작한다. 그러면서 자라면서 배운 대로, 분노는 잘못된 감정이기 때문에 자신에게 분노하거나 상처받을 권리가 아예 없다고 지레 믿어버린 것일지도 모른다는 것을 스스로 깨닫게 된다. 감정에 대한 권리를 도둑맞아 버렸으며, 그걸 훔친 이는 다른 누구거나 무례함 자체가 아니라 내부에 있는 무엇이라는 것도 알게 된다. 즉 감정을 의식적으로 자각하는 능력을 도둑맞았는데, 도둑은 인간이 아니라 내면의 새였고, 그 새가 자신의 정당한 소유물을 물고 날아가 버린 것이다.

이야기에서는 이 귀한 보물에 무슨 일이 생겼는지 파악하기 위한 첫 시도에서 성공하지 못했다. 먼저, 위의 두 아들들에게 감시의 임무가 주어졌지만, 그들은 퍼즐을 풀기 위해 필요한 일을 하지 않고 잠들어 버렸다.

이것은 우리들 각자의 나태심을 나타낸다. 여기서 나태하다는 것은 뭔가 옳지 않은 일이 벌어지고 있다는 것을 알고, 그 일을 일으킨 누군가에 대해 강한 분노를 느끼면서도 진상을 알아내기 위한 각성 상태를 유지하지 못한다는 것이다. '각성 상태의 유지'는 힘든 감정을 계속해 느끼는 것이기 때문이다. 따라서 '각성 상태를 유지'한다는 것은 우리를 어지럽히는 유혹을 이겨낸다는 것을 의미한다.

감정을 지닌 채 머물며 자신에 대해 알아야 할 것이 무엇인지를 배우는 것이 중요하지만, 그러지 못하기 때문에 우리는 남의 이야기로 시간을 때우고, 먹고, 쇼핑을 한다. 이런 행위들은 일종의 약물이나 마찬가지다. 먹는 일과 주의를 흐트러뜨리는 것들로 스스로를 무감각하게 만들어가며 살아가는 것이다. 나무 아래서 정서적인 잠에 곯아떨어져, 자신이 누구인지, 누가 우리 것을 훔쳐가는지 알아채지 못한다.

이야기에서 흥청거리는 여관을 선택하는 아들들이 바로 우리의 이 부분이다. 무엇이 우리 것을 훔쳐갔는지 알아내기 위해 여정을 시작하지만 얼마 못 가 멈춰버린다. 위의 가상 사례에서의 여성이 자신이 화가 나 있음을 깨닫지도 못한 상태와 마찬가지다. 미처 각성하기도 전에 스위치가 꺼지고 우리는 내면에서 벗어나 외부로 나와버린다. 그러면 다음 단계는 투사와 비난이다. 급기야 소송도 불사한다. 이쯤 되면 '행위'의 소용돌이에 휩싸여, 일어나고 있는 일에 대해 자신이 뭔가 조치를 취하고 있다는 착각에 빠져들었다는 것을 알지도 못하는 상태가 된다. 그러나 사실은 그 모든 야단법석이 다 회피에 불과하다.

물론 이것을 이해하기란 쉽지 않다. 결국은, 누군가가 우리에게 뭔가를 했고, 그것이 우리의 분노의 감정과 연결되고, 우리가 그에 상응하는 뭔가를 한다는 것이다. 때로 우리는 뭔가를 하면서 살고 있다는 확신을 갖기 위해 자신의 행동을 '의로운 분노'로 포장한다. 나름대로는 세상에 드러난 악을 제거하고 있는 것이다. 그러나 어떻게 해야 우리가 하는 일들이 단순한 행동 이상의 것이 될 수 있을까? 도둑맞은 사과를 되찾기 위해 나름대로 뭔가를 했는데, 많은 경우 그것이 표면적인 행위에 그치게 되는 건 왜일까?

최근에 텔레비전 뉴스쇼에서 학교 버스 사고에 대해 다룬 적이 있다. 조그만 마을의 아이들을 싣고 인근의 스포츠 행사장으로 가는 길이었는데 버스가 길을 벗어나는 바람에 운전기사는 물론 많은 아이들이 목숨을 잃었다. 크나큰 비극이 아닐 수 없었다.

사고 직후 변호사들이 대거 그 마을로 몰려갔고, 소송이 봇물 터지듯 이어졌다. 버스 회사, 학교, 타이어 제조사, 안전벨트 제조 회사, 운전기사의 가족, 도로 감독 기관과 여러 사건 당사자들이 모두 소송에 휘말렸다. 그 결과 몇몇 가족은 백만장자가 되었고 몇 년 후까지도 여전히 소송 중인 가족이 여럿 되었다. 와중에 어느 프로그램 해설자가 슬픔이라는 문제에 대해 질문했다.

적절한 문제 제기였다. 두 개의 소송에 대해 결과를 기다리고 있던 어느 어머니는 이 질문에 대해 실제로 애도할 시간이 없었다고 대답했다. 그녀는 사고가 있기 전의 나날들을 추억하면서, 그때만 같으면 어떤 비극의 순간도 함께 견뎌낼 수 있었을 것 같다고 했다. 모두가 함께 기억하고 울 수 있었을 것이며, 함께 이야기를 나눌 수 있었을 것이라고 했다. 그러나 사고 이후 누구 할 것 없이 변호사와 뭘 하느라 바빴다고 그녀는 말했다. 모두가 자신의 분노로 바빴으며, 공동체 전체가 그녀와 함께 애도해 주지 않았고 그녀 역시 다른 이들과 함께 슬퍼하지 않았다고 했다. 그녀의 말에 따르면, 다른 사람들은 어떤지 몰라도 자신은 삼 년이나 지났지만 사고 이후 한 번도 평온을 느껴보지 못했다고 했다.

평온의 결핍은 의미 있는 형질 전환이 이루어지지 않은 데서 비롯되는 것이다. 앞서 무례한 일을 당한 여성의 경우에서 보았듯이 '화'가 첫 번째로 느껴야 하는 감정이기는 했지만, 이 가족들은 거기서 멈춰버렸다. 그들은 첫 감정을 방향 표지판으로 받아들이지 않고 영구적인 가치를 지닌 것으로 오해해 받아들였다. 흥청거리는 여관 앞에서 의미 있는 행위를 잘못 판단해 버린 것이다. 그 결과 상실과 슬픔이 더 나쁜 증오, 비난, 탐욕으로 전환되어 버렸다.

우리는 휘황찬란한 여관이 과도한 물질주의의 한 유형이거나, 마을의 부모들이 변호사를 찾은 것과 같은 또 다른 표피적 행동에 지나지 않음을 기억할 필요가 있다. 이 부모들은 자신들이 하는 소송이, 같은 일이 또 일어나지 않게 하는 '옳은 행동'이라는 생각을 하고 있었겠지만 사실은 이런 유형의 행동은 앙갚음일 뿐이다. 앙갚음에는 치유의 효능이 거의 들어 있지 않다.

소송에 개입된다는 것은 뭔가를 하고 있다는 환상을 불러일으킨다. 거기에는 애도는 물론, 그처럼 끔찍한 상실을 어떻게 삶에서 의미 있게 받아들일 수 있을지 이해하기 위한 분투는 사라지고 없다.

사람들이 이런 식으로 과업을 회피하는 선택을 하게 되는 이유는 많을 것이다. 탐욕과 비난 같은 신경증적 영향력이 다른 선택을 인식하지 못하게 막는 것일 수도 있고, 이런 유형의 여정을 떠날 필요도 욕구도 없어 보이는 여성들도 있다. 나의 숙모인 마사는 숲으로 걸어들어 가는 것에는 아예 관심이 없는 인물의 좋은 예이다.

마사 숙모는 노년까지도 상당히 만족스러운 삶을 살았으며, 내가 아는 한은 자기 통찰도 거의 없는 분이었다. 숙모는 가족들을 위해 한결같이 하루 세 끼 식사를 차려냈으며, 가족들이 다 떠나자 혼자 먹을 음식을 만들었다. 그리고 늘 하던 대로 집안을 깨끗이 유지했다. 월요일에는 세탁을, 화요일엔 다림질을 했으며, 수요일에는 청소를 하는 등 요일별로 나누어 집안일을 해나갔다. 물론 일요일에는 교회에 갔다.

숙모가 꽤 연로해지시자 나는 일손을 도울 사람이 필요하지 않느냐고 여쭤보았다. "아니. 누가 일을 해주러 오면, 맙소사, 나는 뭘 해야 할지 모르잖니." 숙모의 대답은 늘 이랬다.

마사 숙모는 그림자나 아니무스를 발견하는 것에는 아무런 관심이 없었다. 내면의 셀프가 숙모에게는 바보 같아 보였다. 그녀의 하느님은 저 위 하늘에 계셨고, 할 일은 집에 있었다. 이따금 나는 숙모네의 크고 오래된 부엌에서 숙모가 빵을 굽는 동안 차를 마시곤 했는데, 내가 무의식에 대해 이야기하면 숙모의 반응은 이런 식이었다. "그렇구나, 얘야. 거기 있는 냄비 집게 좀 건네주련?" 마사 숙모는 정직하고 관대하게 인생을 산 훌륭한 여성이었다. 있는 그대로의 삶 속에서 행복해하셨다. 홀로 숲속에서 악전고투하던 많은 시간 동안, 나는 숙모를 질투하기도 했었다.

그러나 나는 나이가 들면서 어느 위치든 두 지점의 '적절함'을 결정하는 건 우리가 아니라 셀프라는 것을 믿게 되었다. 마사 숙모에게는 자기 인식의 분투 없이 사는 것이 맞았다. 그건 그녀의 천성이 아니었다. 그러나 숙모 같은 삶이 많지는 않다. 대다수 사람들의 삶에는 숲을 헤매다니는 필연적인 과정이 포함되어 있다.

이야기에서 가장 어린 아들은 기꺼이 탐색에 나서는 영웅 에너지이다. 그는 더 많이 알고 싶어 한다. 그는 기꺼이 깨어 있으면서 문제를 알아내고 그런 후 여정을 떠나는 우리 자신의 한 측면이다. 우리 각자의 내면에 깃든 이 영웅 에너지는 혼자서 여행을 떠나지는 않는다. 우리에게도 저마다 기다려주는 여우가 있다. 여우는 귀 기울여 듣는 방법만 알면 놀라운 정확성으로 우리를 안내하고 방향을 일러주는 직관적 에너지이다.

그러나 우리 문화에서는 듣는 법을 배우는 것이 쉽지 않다. 여자들은 외적 규범, 일시적 유행 또는 가치들의 급물살 속에서 산다. 직관적 정보와 소통하는 끈들은 곧잘 작동 불능 상태에 빠진다. 그래서 여자들은 메시지를 분명하게 들어도, 귀 기울여주고 심각하게 받아들여줄 다른 사람을 찾기가 어렵다는 것만 알게 되기가 십상이다. 언젠가 친구의 지인인 내과의사와 토론을 한 적이 있다. LA에서 격식 없이 모이는 자리였고, 토론의 주제는 의사와 환자 간의 유대관계의 변화였다. 누군가가 사람들이 자신의 몸에 대해 더 많은 정보를 얻는 시대가 되었다는 이야기를 했다. 그 의사는 이것이 내과의사의 권위를 침해하게 될지도 모른다는 우려를 표했다. "결국 제대로 이해하지는 못할 텐데 말이죠. 질병과 의학은 대단히 복잡한 분야니까요"라고 그는 말했다.

나는 그가 말한 복잡성의 평가를 부정하지는 않았지만, 덧붙여 환자가 자신의 몸에 대해 지니는 다양한 유형의 지식이 진지하게 받아들여지고 활용되어 의사와 환자의 공동 협력 형태로 나아가야 되지 않겠느냐는 의견을 내놓았다. 그러면서 나는 최근 내 몸에 관련해 겪은 경험담을 곁들였다. 얼마 전 나는 갑자기 아픈 일이 있었는데, 직관적으로 담낭에 이상이 생긴 것을 알아챌 수 있었다. 그 동안 한 번도 담낭 질병의 전조증상이 없었는데도 몸의 어느 부분에 염증이 생긴 것인지를 정확히 알 수 있었던 것이다.

"아마 학교에서 해부학이나 생리학 수업 시간에 들은 게 기억난 것 아닐까요?"라고 그는 말했다.

"아니요. 그런 수업은 들은 적이 없어요."

"혹은 가족 중에 이 병을 앓은 사람이 있는 것 아닌가요?"

"아니요."

"아무튼 선생님은 보통 사람들보다 교육 수준이 높으시니까요. 아니면 요행으로 딱 맞춘 것일 수도 있고요."

이 말을 끝으로 그는 더 이상 나와의 대화에 관심을 보이지 않았고, 그것이 내 의견을 물리치는 그의 전술이었다. 그는 직관적 방식의 앎이 있다는 것을 믿지 않았다.

내 경험으로 이런 의사는 드물지 않다. 많은 여성들이 자신의 몸에서 일어나는 것들을 이해하는 능력에 얽힌 이야기들을 들려주었는데, 안타깝게도 그들 대부분이 자신이 아는 것들에 대해 이야기할 때마다 불신과 몰이해에 부딪혔다고 했다. 내가 아는 한 여성은 두통, 착란, 현기증을 동반한 증상에 시달리다가 병원에 갔더니 의사가 내이(內耳) 감염인 것 같다고 말했다.

"난 그렇게 생각 안 해요"라고 그녀가 의사에게 말했다. "뇌에 문제가 있어요. 오른쪽 측두엽 말이에요."

그러나 진단은 내이 감염으로 내려졌고, 처방도 그렇게 나왔다. 그녀는 의사의 진단을 믿고 처방에 따라 충실히 약을 먹었지만 증세는 사라지지 않았다. "뇌 사진을 좀 찍어보고 싶어요. 우측 측두엽에 문제가 있는 게 맞는 것 같아요"라고 그녀는 의사에게 말했다.

이후로도 온갖 다른 진단과 처방을 다 내리고 효과가 없자 그제야 의사는 뇌 사진을 찍게 했다. 결국 그녀의 뇌에서 종양이 발견되었는데, 그 위치가 어디였을까? 오른쪽 측두엽이었다!

의학의 발전이 이루어낸 성과를 무시하려는 것이 결코 아니다. 단지 객관적이고 합리적인 과학과 나란한 길에 서 있는 여우에 대해 이야기하는 것이다. 대부분의 사람들이 내면의 여우가 실재하는 것을 믿지 않는다는 사실에도 불구하고 우리 자신의 내적 에너지를 개발하고 유효하게 만드는 일이 반드시 필요하다는 이야기를 하는 것이다.

이 능력이 내 삶의 모든 영역에 미치는 것은 아니다. 다른 때, 다른 영역에서는 이 능력이 감지되지 않을 때가 많다. 나뿐 아니라 대부분의 사람이 그렇다. 그래서 더욱 직관적 지혜를 지각하기 위한 노력을 계속해야 한다. 그렇지 않으면 삶의 진실에 다가가는 이야기를 듣지 못하게 되고, 엉뚱한 곳을 헤매면서 아무런 낌새도 알아채지 못하게 된다.

우리의 영웅 에너지인 막내아들도 일단 여정에 나서기는 했지만 실수를 거듭 되풀이한다. 그의 직관은 나무 새장을 택하라고 일러주지만 그는 황금 새장에 손을 대 새를 잃어버린다. 그 다음번에도 직관은 나무 안장을 선택하라고 하지만 그는 황금 안장을 얹다가 말을 잃어버린다.

우리의 어린 영웅 에너지는 매우 인간적이다. 그 속에는 성급하게 행동하려는 경향이 깃들어 있다. 원하는 것을 단기간에 이룰 수 있을 것이라고 생각하는 것이다. 우리도 마찬가지다. 반짝거리는 매혹적인 겉모습에 혹해 지레 판단해 버리려는 성향은 누구에게나 있다. 셰익스피어의 희곡《베니스의 상인》에 나오는 모로코 왕자가 이런 행동 방식을 보여준 예이다. 세 개의 상자 중 적절한 것을 선택하면 포샤 아가씨와 맺어질 수 있는 시험에서, 그는 납과 은 상자를 지나쳐 황금 상자를 골랐다. 그가 상자를 열자 둘의 결합을 허락하는 포샤의 초상화가 아니라 두개골이 들어 있었다. 함께 들어 있는 메시지는 이랬다.

반짝인다고 다 금은 아니라는 말,
자주 들어왔을 것이다.
많은 이들이 목숨을 팔아
내 겉모습만을 좇는구나.

이야기꾼은 겉으로 확실해 보인다고 해서 속단해 버리는 일의 위험성에 대해 우리를 일깨워준다. 모로코 왕자처럼 우리의 어린 영웅 역시 황금에 현혹된다. 그는 내면의 직관적 에너지를 신뢰하지 못한다. 숱한 이야기는 물론 우리 삶에서도 이와 똑같은 경고는 수없이 거듭된다. 납 상자나 나무 새장 또는 안장을 선택하면 더 좋은 일이 생길 것임을 믿기란 어려운 일이다.

셀프와 삶의 의미를 찾는 것은 난관과 잘못된 판단을 내릴 여지를 동시에 내포한 긴 과정이다. 너무 서두르거나 황금의 광채에 눈이 멀면, 꼭 밟아야 하는 단계를 지나쳐 버리고 날카롭게 우는 새와 발길질하는 말에서 끝나버릴 수가 있다. 이것은 우리 대다수가 살면서 몇 번씩은 거치는 실수이다. 조그만 나무 인형 피노키오가 주인공이자 제목인 이야기에서처럼 우리는 '기적의 들판'에다 밤새 묻어두는 것만으로 금화 네 잎을 수천 개로 바꿀 수 있을 것이라고 믿으며 계속해서 똑같은 함정에 빠진다.

이야기의 막내아들은 실수를 저지를 때마다 여우 또는 내면의 직관에게서 도움을 얻어 다음 과업으로 나아간다. 그러면서 황금 말을 얻을 때까지 황금 새를 가질 수 없고, 공주를 얻을 때까지 황금 말을 가질 수 없다는 사실을 배워 나간다. 목표를 향해 나아가는 과정에는 반드시 거쳐야 하는 일들이 있음을 알게 되는 것이다.

마찬가지로, 우리들 각자가 인생의 의미를 발견하기 위해서도 통과해야 하는 단계라는 것들이 있다. 나 역시도 어찌어찌 지름길을 찾았다며 스스로의 똑똑함에 자축하는 때가 종종 있었는데, 그때마다 어려움이 닥치거나 출발했던 자리로 되돌아가는 것으로 마무리되곤 했다.

아는 사람 중에 스텔라라는 여성이 있는데, 그녀는 각 단계를 밟아나가는 데 매번 충분한 시간을 들이는 사람이었다. 심지어 자녀들이 서

둘러 달라고 청해도 결코 조급해하지 않았다. 스텔라의 다 큰 자녀들은 아버지가 세상을 떠난 후 자기 어머니에 대해 걱정이 많았다. 스텔라와 조는 자신들의 이층짜리 집에서 50년을 함께 살았다. 그들은 이웃이 바뀌는 것을 내내 지켜보았으며, 완전히 연로한 뒤에는 어두워지면 집밖에 나가지 않았다. 그러나 여전히 스텔라는 자기 집과 장미정원을 사랑했다. 그곳이 그녀의 집이었다.

그녀의 아들 중 한 명이 자기 어머니에게 딱 알맞은 은퇴자 복합단지의 아파트를 찾아냈다. 그 집은 스텔라가 살던 옛 집과는 달리 새로 지은 건물에 유지보수도 완벽했다. 아들인 자신과 가족이 근처에 살아서 쉽게 드나들고 늘 지켜볼 수 있어서도 좋았다. 스텔라는 아들과 함께 아파트를 둘러보기는 했지만 그리로 이사하지 않겠다고 했다. "이런 집을 찾아주다니 고맙구나. 그런데 나는 아직 모르겠어"라고 그녀는 말했다.

스텔라의 딸 팻시는 몇 에이커의 땅과 집을 소유하고 있었다. "엄마가 우리 쪽으로 이사 오면 좋겠어요. 버드와 내가 우리 집 뒤쪽에 아담한 별채를 지어드릴게요. 그러면 엄마만의 공간을 갖고 장미를 기를 수 있어요. 심지어 집과 정원을 엄마가 원하는 대로 직접 설계해 보셔도 돼요."

"고맙구나, 얘야." 스텔라가 말했다. "그런데 아직은 모르겠어."

스텔라의 여동생이 은퇴해서 플로리다에 정착해 편지를 보내왔다. "여기 정말 좋아. 언니도 이쪽으로 와서 함께 지내요. 언니가 늘 플로리다를 좋아했던 것 기억나지?"

스텔라는 이렇게 답장했다. "고마워. 플로리다 정말 좋지. 너도 사랑하고. 그런데 아직은 모르겠어."

오랜 시간에 걸쳐 스텔라는 자신의 여우와 우정을 쌓아왔다. 여우는 살면서 닥치는 여러 선택의 순간에 스텔라에게 좋은 조언을 해주었는데, 이번에는 의견이 정해지지 않은 것 같았다. 스텔라는 기꺼이 기다릴 생각이었다. 그녀는, 만일의 경우 집을 팔고 이사를 하더라도 그것이 다른 이가 좋을 거라며 마련해 둔 장소에 앞뒤 재지 않고 뛰어든 결과가 아니라는 확신을 갖고 싶어 했다. 스텔라는 흥청거리는 여관과 반짝거리는 새장을 피하는 방법을 알고 있었다.

우리 이야기의 막내아들에게는 스텔라의 지혜가 없었다. 그는 직관을 소홀히 여겼다. 그리고 황금을 원했다. 그는 하나가 좋으면 둘은 더 좋을 것이라는 생각의 함정에 빠졌다. '황금 새? 좋지. 그런데 황금 새장은 왜 안 되겠어? 황금 말이 멋지면 황금 안장이 안 될 이유가 뭐람.' 이런 식으로 외적인 것에 눈이 멀면 언제나 여우의 메시지는 소실된다. 직관을 소홀히 다루면 그 결과는 늘 괴로움이다.

황금 새는 의미와 지혜를 찾을 수 있는 내면의 장소를 상징한다. 이야기꾼은 이 탐색의 과정이 시행착오로 가득 차 있음을 알려주고 있다. 이 과정은 돌진을 허용하지 않는다. 거기엔 지름길도 없다. 한 가지의 통찰로는 황금 새를 얻을 수도 없다. 오로지 끊임없이 노력하는 것이 의미를 찾는 유일한 길이다. 이야기의 마지막에서 막내아들은 '그것'을 얻는다. 그는 공주와 황금 말, 황금 새를 모두 얻어서 성으로 돌아온다.

금세기가 끝나가고 있다. 어떤 깊은 밤이라도 깨어 있으면 누구나 황금 새를 찾을 수 있다. 더구나 지금은 여성이 제 목소리를 찾을 수 있는 시대이다. 우리가 스스로를 치유할 수 있다면 사람들에게도 치유에 대해 들려줄 수 있는 사회 분위기가 마련되었다. 사회가 여성의 지혜, 연장자의 지혜를 필요로 하는 때에 마침 우리가 그 나이에 접어들고 있다. '나이든 현명한 여자'가 되는 길은 많다.

수피 시인 루미가 말했다.

단순하다. 네가 너를 티끌이라고 생각했다가

이제 숨결이라는 걸 알았다는 건,

이전에는 무지했고 지금은 좀 더 알게 된 것일 뿐.

우리가 더 정확히 알아야 할 것들은 여전히 남아 있다. 확실한 것은 우리가 알아야 할 진실이 우리 자신의 현재, 존재해 온 과거, 걸어가야 할 미래에 관한 것이라는 사실이다. 또한 우리의 진실은 패러독스로 가득하다. 보편적인 동시에 개별적이며, 외부에 존재하는 동시에 내면에 존재하기도 한다. 찾을 수는 있지만 좇는다고 모두 손에 넣을 수는 없다. 다만 어둠에 대해 충분히 인식하고 나면 비로소 거기에서 빛을 찾을 수 있다. 이것이 무의식적 자아, 즉 셀프의 방식이다.

에필로그

그날 '나이든 여자'는 종일 준비를 하느라 바빴다. 해가 지고 밤이 되면 일주일 간의 의식이 시작될 것이었다. 여자는 기억을 더듬었다. '의식은 6월마다 시작되고, 이번이 가만 보자 마흔 번째던가? 아마 마흔한 번째일 거야.' 여자는 한숨을 내쉬었다. 의식이 거듭되면서 여자의 여정은 점점 더 깊은 층으로 내려갔다.

오늘밤은 마을에서 세 명의 여자들이 새로 의식의 회합에 참여할 것이었다. 이 새로운 '나이든 여자들'은 아주 젊었다. 아마 오래전에는 '나이든 여자'도 신입의 연장자들과 같았을 것이다. 머리카락이 드문드문 세고 검은 머리가 고스란한, 그리고 더 이상 월경을 하지 않는 시기. 때가 되어 그들은 회합에 참여하고 그 주 동안 다른 여자들과 함께 언덕으로의 여정을 떠나게 된 것이다.

엘리자베스가 나갔다 돌아온 것이 이제 서른두 번째, 아니 서른세 번째였다. 마을에서 가장 나이가 많은 여자인 제타는, 지난 겨울 '나이든 여자'가 두려워했을 정도로 건강이 위태로웠지만 여전히 생존해 있었다. 제타는 보름달이 천이백 번 뜨는 동안의 세월을 살았으며, 마을의 나이든 여자들 회합에 참여한 것은 오백 번이 넘었다. '나이든 여자'가

가만히, 제타에게서 배운 것들을 모두 떠올리는 동안 만족스러운 미소가 얼굴을 스쳤다. 이윽고 여자가 큰소리로 말했다. "제타보다 더 많이, 나는 그들 모두에게서 배웠으며, 그들은 나로부터 배운다." 이것이 회합의 방식이었다.

오늘밤에 여자는 이야기를 준비할 필요가 없었다. 사실상 그 주는 여자가 또 다른 이야기를 하기 전에 지나갈 것이었다. 한 주 동안 여자들은 작은 참나무 숲이 우거져 동물과 새들의 쉼터가 되어주는 언덕 사이의 깊숙한 곳에서 함께 머물게 되어 있었다. 더 나이가 많은 여자들과 이제 시작하는 신입의 여자들이 서로 이야기를 나눌 것이었다.

이제 회합의 일부가 된 각각의 여자들은 스스로의 삶의 이야기를 발견하기 위한 신성한 여정에 나섰다. 낱낱의 이야기들은 온갖 방법으로 모든 여자들의 인생 이야기로 합쳐질 것이다. 그리고 훨씬 더 많은 방식으로 다시 유일무이한 개개의 이야기가 될 것이다. 둘이서 같은 길을 걷는 여자들은 없었다. 어떤 여자도 한 곳에서 원하는 것을 다 보지 못했다. 어떤 여자들은 그림자를 보았고, 더러는 폭풍우를 보았다. 시작하기에 충분한 만큼의 지식 없이 이곳에 도착하는 여자는 아무도 없었다. 저마다의 내부에 신성(神性)이 깃들었고, 또한 의미에 대한 갈증이 존재했다.

언덕이 추웠기 때문에 여자는 조심스럽게 무거운 양모 덮개를 펼쳤다. 여자는 아끼던 양에게서 이 양모를 거두어들였던 날을 기억했다. 어린 양이 태어나는 것을 도왔던 일, 그 양이 그만 길가에 처박혀 목이 부러질 위험에 처했던 것도 기억하고 있었다. 여자가 손과 팔을 엄마 품처럼 따뜻한 양털 속으로 뻗어 가까스로 다리와 목을 꼭 잡아 끌어내자 양은 마치 새로 태어난 것 같은 기세로 펄쩍 뛰어올랐었다. 여자는 이 양모 덮개에 특별한 친밀감을 느끼고 있었는데, 그건 아마 덮개를 쓸 때마다 탄생을 도왔던 기억과 함께 그 양이 떠오르기 때문일 것이다.

여자는 큰 솥을 가져갔는데 음식은 장만하지 않았다. 필요한 먹을거리는 언덕에서 쉽사리 구할 수 있을 터였다. 야생동물들도 있을 것이고, 숲과 언덕사면은 온통 신선한 풀로 뒤덮여 있었다. 고사리가 파릇파릇 돋아나고 민들레가 부드러울 시기였다. 천지에 널린 괭이밥으로 녹색 소스를 만들면 어떤 동물로 요리를 해도 맛있을 것이다. 또 히솝풀이 잠자는 곳 주변의 공기를 향기로 가득 채워줄 것이다. 여자는 벌써 이 주간의 좋은 기운이 풍기는 맛과 냄새를 느낄 수 있었다.

양모 덮개를 등에 두르고 여자는 다른 여자들을 만나러 언덕을 향해 걸었다. 여자들이 지혜의 웅덩이에 새로운 앎을 더하기 시작하는 오늘밤, 보름달이 뜰 것이다.

여자들이 저마다 필요한 것들을 찾기 위해 들여다보는 이 웅덩이는, 지혜가 잠기고 잠겼던 지혜가 다시 되비쳐지는 곳이었다. 회합에 참여하기 위해 월경의 시기를 지나온 여자들은 누구나 필요한 곳에 지혜를 부여할 책임을 지니고 있었다. 이것이 지혜의 회합이 지닌 의미였다.

이렇게, 오늘날까지 이어져 왔다. 나이든 여자가 된다는 것은 앞서 간 고대 이래의 여자들과 함께 이 회합에 참여한다는 것이다. 나이든 여자가 된다는 것은 자신의 인생 이야기를 찾고, 거기서 의미와 지혜를 이끌어내는 작업을 한다는 것이다. 이것이 더 이상 피를 이용하지 않고 새로운 삶을 창조하는 모든 여자들을 위한 일거리이다. 왜냐하면 우리가 바로, 다가올 세대를 위한 고대의 여자들이 될, 그 사람들이기 때문이다.

감사의 말

~~~~~~~~

책이 나오기까지 도와주신 많은 분들께 감사드린다. 계속해서 원고를 읽고 조언해 준 아일린 머데이 박사, 장시간 상징에 대해 함께 토론하고 피드백을 제공해 준 낸시 로빈슨 박사, 편집을 도와주고 격려해 준 폴 코커리, 격주 저자 모임을 함께해 준 쇼새너 코브린, 컴퓨터 시대로 나를 이끌어준 짐 와이어, 계약에 관한 조언을 해준 에이드리언 밀러, 모두에게 감사하며, 나의 에이전트인 셰리 비코프스키의 노고에도 감사한다.

또한 짧지 않은 세월 동안 나를 찾아와 함께해 준 많은 여성들에게도 깊은 감사를 드린다. 책 속에서는 의뢰인들을 허구의 인물로 가공해 소개했지만 실제로 심리치료실에서 만난 수많은 이들은 값을 헤아릴 수 없을 귀한 가르침을 내게 주었고, 그들과의 만남으로 내 삶이 얼마나 풍요로워졌는지 모른다.

마지막으로 내 가족과 친구들. 책을 쓰는 힘든 여정 동안 끊임없이 지지해 주고, 참고, 사랑을 보내주어 고맙고, 사랑한다.

옮긴이의 말

~~~~~~~~~~

　대부분의 사람들에게 나이드는 일은 세상에서 가장 긍정하기 힘든 일일 것이다. 나이듦의 아름다움, 나이든 사람에게만 허락되는 지혜, 나이듦 속에 깃든 온갖 좋은 것들을 다 나열해도, 그리고 그 모든 것에 동의해도 역시 나이드는 일은 기껍지 않다. 그래서인지 노화를 늦춰준다는 문구를 달고 나온 상품이 어지러울 만큼 많이 눈에 띈다. 그러나 엄밀히 말하면 나이듦에 따르는 노화를 늦추는 비책은 건강을 유지하는 것, 즉 먹을거리의 절제와 운동뿐이다. 그 외의 것들은 다 눈가림이거나 미봉책이며, 육체와 정신의 아노미를 부추기는 사행적인 것들이라 해도 과한 말은 아닐 것이다.

　결국 지속적인 효과는 없는 온갖 상품에 기대어 노화를 막아보려고 무리해서 악전고투하다가 어느 순간 어쩌지 못해서 바람직하지 않은 태도를 스스로 용인해 버리는 중년과 노년의 모습. '나이들면 어쩔 수 없어', '너도 나이들어 봐' 같은 심술 섞인 체념은 자신은 물론 타인에게도 나이듦에 대한 공포를 부추길 뿐이다.

　나이듦은 시간과 긴밀한 연관을 맺고 있다. 시간을 되돌리거나 멈추지 못하는 한 나이듦을 막을 수는 없다. 따라서 나이듦의 문제에서 중요한 것은 노화를 늦추거나 막는 것이 아니라 '어떻게 나이들 것인가' 이다.

정말로 어떻게 해야 '좋게' 나이들 수 있을까? 이 책은, '대한민국에서 여자로 살기, 여자로 나이들기'에 대한 구체적인 이야기는 아니지만 우리를 포함해 모든 여자들에게 매우 보편적이고 실질적인 방안을 제시해 주고 있다. 저 미봉책들 외에 다른 방법, 내적인 방식으로 '잘' 나이드는 일에 조금이라도 관심이 있는 이라면 얼마든지 힌트와 아이디어와 따끔한 충고와 진심 어린 위로를 얻어갈 수 있을 책이다.

저자는 삼십여 년 동안 중년 이후의 여성들을 중심으로 심리치료를 해온 필드 전문가이자 교육학 박사이고, 그 자신이 노년의 여성이다. 책의 첫머리에 어느 날 화장실 거울에서 나이든 낯선 여자와 마주친 저자 자신의 에피소드는 사실 우리 모두의 '어느 하루'일 것이다. 모르긴 해도 저자 역시 나이듦의 지혜가 절실한 순간이 많았을 것이다. 그래서 이 책은 그야말로 실제적이다.

저자는 여러 나라의 신화와 민담, 전설에서 선택한 이야기를 들려주고, 거기서 주옥같은 나이듦의 지혜를 뽑아 설명해 준다. 또한 우리 주변에서 자주 벌어지는 일들을 자신의 의뢰인의 사례를 통해 부연 설명한다. 그리고 길을 제시해 준다. 카를 구스타프 융의 분석심리학을 바탕으로, 살면서 자기도 모르게 억눌러온 무의식의 여러 측면들과 어떻게 손을 잡을 것인지에 대한 길 안내가 주를 이룬다. 인정고 싶지 않아했던 자신의 부정적인 측면들이 무의식에 고스란히 남아 있다가 나이듦의 과정에서 다양한 형태로 솟구치는 것에 대해 자세하고 친절한 상담을 해주어 대비하게 한다.

옮긴이로서, 이 책에서 가장 사랑스러운 부분은 각 장의 앞부분, 아직도 부족 단위의 공동체적 삶이 유지되는 가상의 공간에서 지혜로운 어른이자 어머니 역할을 하는 '나이든 여자' 주변에서 벌어지는 일들을 다룬 부분이다. 이 부분만 떼어놓으면 마치 유려한 필치의 짧은 소설을 읽는 기분이 들 만큼 문학적이며, 동시에 폐부를 찌르는 깊이가 있다. 설명적이지 않지만 마음을 움직이는 힘이 있다.

이 책, 대중적이기는 하지만 심리학의 전문적인 식견이 많이 포함되어 있다. 무의식에 깃든 마녀적 원형이라 할 다크 페미닌 등 자료가 많지 않아 더 상세히 부연하지 못한 부분이 마음에 걸린다. 그러나 이해하기에 무리는 없을 것이며, 공감하기에는 부족함이 없을 것이다. 그것이 우리가 공유하는 나이듦에 따르는 감정, 무의식, '원형'의 힘이다.

내면에 깊이 자리한 무의식과 억눌린 자신의 그림자, 그리고 인류가 공유하는 원형에 대한 이해가 우리의 나이듦을 더욱 풍요롭게 해줄 것이라고 믿어 의심치 않는다.

개인적으로 신화와 옛이야기의 상징 캐내기를 무척 즐기며, 바야흐로 나이듦의 지혜가 절실한 시점에 만난 책이라 애정이 깊다. 옮긴이와 크게 다르지 않은 '우리들'이라면 깊이 공감할 수 있을 것이다. 옛날 옛적 이야기들은 언제 읽어도 재밌고, 또 새롭다.

박은영